国家出版基金项目
NATIONAL PUBLICATION FOUNDATION

抗日战争专题研究

张宪文 朱庆葆 主编

第六辑
战时经济与社会

晋西北抗日根据地的商业贸易

韩晋成 著

江苏人民出版社

图书在版编目(CIP)数据

晋西北抗日根据地的商业贸易 / 韩晋成著. — 南京：江苏人民出版社，2023.9
(抗日战争专题研究 / 张宪文，朱庆葆主编)
ISBN 978-7-214-28272-9

Ⅰ.①晋… Ⅱ.①韩… Ⅲ.①抗日根据地—贸易史—研究—山西 Ⅳ.①F729.6

中国国家版本馆 CIP 数据核字(2023)第 148066 号

书　　名	晋西北抗日根据地的商业贸易
著　　者	韩晋成
责任编辑	张延安
装帧设计	刘葶葶
责任监制	王　娟
出版发行	江苏人民出版社
地　　址	南京市湖南路 1 号 A 楼,邮编:210009
照　　排	江苏凤凰制版有限公司
印　　刷	苏州市越洋印刷有限公司
开　　本	652 毫米×960 毫米　1/16
印　　张	28　插页 4
字　　数	320 千字
版　　次	2023 年 9 月第 1 版
印　　次	2023 年 9 月第 1 次印刷
标准书号	ISBN 978-7-214-28272-9
定　　价	98.00 元

教育部哲学社会科学研究重大委托项目
2021年度国家出版基金资助项目
南京大学“双一流”建设卓越计划项目
“十四五”国家重点出版物出版专项规划项目

合作单位

南京大学　北京大学　南开大学　武汉大学
复旦大学　浙江大学　山东大学
台湾中国近代史学会

学术顾问

金冲及　章开沅　魏宏运　张玉法　张海鹏
姜义华　杨冬权　胡德坤　吕芳上　王建朗

总　序

张宪文　朱庆葆

日本侵华与中国抗日战争是近代中国最重大的历史事件。中国人民经过14年艰苦卓绝的英勇奋战，付出惨重的生命和财产的代价，终于取得伟大的胜利。

自1945年抗日战争结束至2015年，度过了漫长的70年。对这一影响中国和世界历史进程的重大事件，国内外历史学界已经做过大量的学术研究，出版了许多论著。2015年7月30日，在抗日战争胜利70周年前夕，中共中央政治局就中国人民抗日战争的回顾和思考进行集体学习，习近平总书记发表重要讲话，指示学术界应该广为搜集整理历史资料，大力加强对抗日战争历史的研究。半个月后，中共中央宣传部迅速制定抗日战争研究的专项规划。8月下旬，时任中共中央宣传部部长刘奇葆召开中央各有关部委、国家科研机构和部分高校代表出席的专题会议，动员全面贯彻习总书记的讲话精神，武汉大学和南京大学的代表出席该会。

在这一形势下，教育部部领导和社会科学司决定推动全国高校积极投入抗战历史研究，积极支持南京大学联合有关高校建立抗战研究协同创新中心，并于南京中央饭店召开了由数十所高校的百余位教授、学者参加的抗战历史研讨会。台湾“中国近代史学会”也派出十多位学者，在吕芳上、陈立文教授率领下出席会议，共同协商在新时代深入开展抗战历史研究的具体方案。台湾著名资深教授蒋永敬在会议上发表了热情洋溢的讲话。经过几个月的酝酿和准备，南京大学决定牵头联合我国在抗战历史研究方面有深厚学术基础的北京大学、南开大学、武汉大学、复旦大学、浙江大学、山东大学及台湾“中国近代史学会”，组织两岸历史学者共同组建编纂委员会，深入开展抗日战争专题研究。中央档案馆和中国第二历史档案馆也积极支持。在南京中央饭店学术会议基础上，编纂委员会初步筛选出130个备选课题。

南京大学多次举行党政联席会议和校学术委员会会议，专门研究支持这一重大学术工程。学校两届领导班子均提出具体措施支持本项工作，还派出时任校党委副书记朱庆葆教授直接领导，校社科处也做了大量工作。南京大学将本项目纳入学校“双一流”建设卓越计划，并陆续提供大量经费支持。

江苏省委、省政府以及江苏省委宣传部，均曾批示支持抗战历史研究项目。国家教育部社科司将本项研究列为哲学社会科学研究重大委托项目，并要求项目完成和出版后，努力成为高等学校代表性、标志性的优秀成果。

本项目编纂委员会考察了抗战历史研究的学术史和已有的成果状况，坚持把学术创新放在第一位，坚持填补以往学术研究的空白，不做重复性、整体性的发展史研究，以此推动抗战历史研究在已有基础上不断向前发展。

本项目坚持学术创新，扩大研究方向和范围。从以往十分关注的九一八事变向前延伸至日本国内，研究日本为什么发动侵华战争，日本在早期做了哪些战争准备，其中包括思想、政治、物质、军事、人力等方面的准备。而在战争进入中国南方之后，日本开始实施一号作战,将战争引出中国国境,即引向亚太地区,对东南亚各国及东南亚地区的西方盟国势力发动残酷战争。特别是日军偷袭美军重要海军基地珍珠港,不仅给美军造成严重的军事损失,也引发了日本法西斯逐步走向灭亡的太平洋战争。由此,美国转变为支援中国抗战的主要盟国。拓展研究范围,研究日本战争准备和研究亚太地区的抗日战争,有利于进一步揭露日本妄图占领中国、侵占亚洲、独霸世界的阴谋。

本项目以民族战争、全民抗战、敌后和正面战场相互支持相互依靠的抗战整体,来分析和认识中国抗日战争全局。课题以国共两党合作为基础,运用大量史实,明确两党在抗日战争中的地位和作用,正确认识各民族、各阶级对抗日战争的贡献。本项目内容涉及中日双方战争准备、战时军事斗争、战时政治外交、战时经济文化、战时社会变迁、中共抗战、敌后根据地建设以及日本在华统治和暴行等方面,从不同视角和不同层面,深入阐明抗日战争的曲折艰难历程,以深刻说明中国抗日战争的重大意义,进一步促进中华民族的伟大复兴。

对于学界已经研究得甚为完善的课题,本项目进一步开拓新的研究角度和深化研究内容。如对山西抗战的研究更加侧重于国共合作抗战;对武汉会战的研究将进一步厘清抗战中期中国政治、经济、社会的变迁及国共之间新的友好关系。抗战前期国民党军队丢失大片国土,而中国共产党在十分艰难的状况下,在敌后逐步收复失地,建立抗日根据地。本项目要求各根据地相关研究课题,应在以往学界成果基础上,着力考察根据地在社会改造、经济、政治、人才培养等方面,如何探索和积累经验,为 1949 年后的新中国建设提供有益的借鉴。抗战时期文学艺术界以其特有的文化功能,在揭露日军罪行、动员广大民众投入抗战方面,发挥了重要作用。我们尝试与艺术界合作,动员南京艺术学院的教授撰写了与抗日战争相关的电影、美术、音乐等方面的著作。

本项目编纂委员会坚持鼓励各位作者努力挖掘、搜集第一手历史资料,为建立创新性的学术观点打下坚实基础。编纂委员会要求全体作者坚决贯彻严谨的治学作风,坚持严肃的学术道德,恪守学术规范,不得出现任何抄袭行为。对此,编纂委员会对全部书稿进行了两次“查重”,以争取各个研究课题达到较高的学术水平,减少学术差错。同时,还聘请了数十位资深专家,对每部书稿从不同角度进行了五轮审稿。

本项目自2015年酝酿、启动,至2021年开始编辑出版,是一项巨大的学术工程,它是教育部重点研究基地南京大学中华民国史研究中心一直坚持的重大学术方向。百余位学者、教授,六年时间里付出了艰辛的劳动,对抗战历史研究做出了重要贡献!编纂委员会向全体作者,向教育部、江苏省委省政府以及各学术合作院校,向江苏凤凰出版传媒集团暨江苏人民出版社,向全体编辑人员,表示最崇高的敬意和诚挚的感谢!

目　录

导　论

一、研究的缘起

商业是人类第三次社会大分工的产物，是人类进入文明时代的标志，[①]历来在经济社会中占有重要地位。[②] 尽管传统的“士农工商”排序及“重农抑商”政策都表明，在漫长的中国历史进程中，商业在大部分时间内受到了程度不同的限制，但在社会生产力的不断发展和商品交换日趋频繁的背景下，商业仍然扮演了相当重要的社会角色，也经历了类似两宋这样的鼎盛时期，留下了璀璨的商业文化。

伴随着物质的极大丰富，国内市场早已由“卖方”市场转向“买方”市场。21 世纪以来，传统商业受到严峻挑战，商业随着全球范围内 5G、智能交通、物联网、人工智能和区块链等新技术的迅速发

---

① 山西省地方志编纂委员会编：《山西通志》第 26 卷《商业志・商业贸易篇》，北京：中华书局，1998 年版，第 1 页。

② 商业贸易是指商品收购、调运、储存和销售等经济活动。在我国，一般对内称商业，对外称贸易。

展发生了颠覆性的革命。各种交易形式日新月异，商品流通速度更加快捷，生产者、经营者、消费者之间的联系愈加紧密，商业对社会的影响力已渗透到日常生活的方方面面。如今的华夏大地，线上交易渐成主流、实体经营压力日增、流量用户成为关键词汇，商业资本仍然风头强劲，海量的用户基数及丰富的应用场景不断催生出互联网巨头，各类直播平台层出不穷，产城一体化、大型商业综合体等新的业态竞相涌现，大量“90后”“00后”互联网原住民作为主力消费者走入社会，凡此种种，不一而足。互联网技术与商业的深度融合、传统商业的信息化赋能，把商业的繁盛推向了一个新的高度。

与商业模式日新月异相对应，商业的内涵和外延也在逐渐发生着变化。传统的分级批发代理模式和零售商营销体系日渐式微、经历重构，线上交易带来了对包括既有城乡实体商业网络和集市等传统交易模式的巨大冲击、对大量实体商业从业人员的就业压力、对传统商业消费体验过程的收割，等等。愈来愈多的传统行业趋于消亡，曾经的“七十二行”还有几行？对商业革命利弊作何评价？值得深入思考。

然而，商业毕竟是经济发展、技术水平、文化传统、地域风俗等因素的综合体现。万变不离其宗，商业未来的发展仍需遵循其自身规律。因此，加强对商业贸易历史的研究，重新审视这个最古老的行业，对提高认识、把握和驾驭之以使其更好地服务于社会，维护民族产业安全和社会经济稳定具有相当的现实意义。

发达的商业是国家强盛的基础。诚如王孝通所言：“凡政治修明者，商业必盛，政治窳败者，商业必衰；反之亦然，商业盛者其国罔不兴，商业衰者其国罔不亡。盛衰与亡之间，丝毫不爽。呜呼，世之论治者可以鉴矣!”①

王充《论衡·卷十二谢短篇》曰:“夫知古不知今,谓之陆沉……夫知今不知古,谓之盲瞽。”《中国革命根据地商业史》序言写道,“历史和现实是紧密相连、不能分割的,历史是凝固了的现实,现实是历史的延续和发展。只有充分了解过去,才能正确认识现在,科学地把握未来”,“今天的中国是昨天中国的延续和发展”。② 因此,全面系统地研究商业的历史,从历史中了解商业的产生、发展过程及其规律,有助于做好今天的商业工作,预测未来商业的发展趋势。因此,有必要深化对商业贸易史的研究。目前,对商业的研究总体还显得偏少,对晋西北商业贸易史的研究更是凤毛麟角。③ 本书以晋西北抗日根据地商业贸易为主题,对相关史料进行了搜集、整理、分析和总结,藉以推进对此领域的深入研究。

二、学术史回顾

1. 抗日根据地商业贸易及相关研究

根据地商业贸易是商业史研究的一个重要领域,对其研究情况的梳理有助于增进对本书学术背景的了解。

近年来,学界在根据地商业贸易研究方面取得了一定进展,其

① 王孝通:《中国商业史》,北京:团结出版社,2007年版,“序言”。

② 刘录开、钟廷豪主编:《中国革命根据地商业史》,北京:中国商业出版社,1997年版,第1页。

③ 商业部商业研究所编《革命根据地商业回忆录》一书收文39篇,内容覆盖8个根据地,无一篇涉及晋绥革命根据地;张正明著《明清晋商及民风》(人民出版社2003年版)中《山西十六商人》一节所列16家晋商无一家来自晋西北。

中对陕甘宁边区商业贸易的研究最集中，成果最多。[①] 对晋察冀、晋冀鲁豫根据地商业贸易的研究也逐步深入。相形之下，对晋西北抗日根据地商业的研究最为薄弱。

对根据地商业的研究著作基本都是根据各根据地有关商业贸易方面的档案和相关史料进行整理和系统分析，针对商业贸易领域某一特定课题开展的研究。目前，以中共创建的所有抗日根据地商业贸易为对象进行的整体研究较少，主要有刘录开、钟廷豪主编的《中国革命根据地商业史》[②]和商业部商业研究所编印的《革命根据地商业回忆录》[③]，前者是仅有的关于各根据地商业史的论著，内容纵贯土地革命战争、抗日战争、解放战争各个时期，后者汇集了各个根据地商业的具体史料。

以整个抗日根据地商业贸易为题的论文也较少，在已有研究中：杨青对根据地私营商业政策和私营工商业生存发展过程进行了考察，认为从抗日战争开始中共逐步形成了正确的私营工商业政策，但杨的论述集中于陕甘宁边区和晋察冀边区，对其他根据地涉及较少；[④]徐秀春论述了抗战期间中共制定的一系列方针政策使根据地商业得到恢复和发展，而且打破了敌人的经济封锁，促进了根据地内外物资交流，例证则以陕甘宁边区为主；[⑤]于松晶、薛微则

---

① 郑启东：《1995—2005 抗日战争时期经济研究述评》，《抗日根据地研究》，2008 年第 3 期，第 217 页。

② 刘录开、钟廷豪主编：《中国革命根据地商业史》，北京：中国商业出版社，1997 年版。

③ 商业部商业研究所编：《革命根据地商业回忆录》，北京：中国商业出版社，1984 年版。

④ 杨青：《抗战时期党的私营工商业政策与抗日根据地的私营工商业》，《中共党史研究》，2004 年第 1 期，第 52 页。

⑤ 徐秀春：《抗日战争时期中国共产党的商业政策》，《北京商学院学报》，1998 年第 2 期，第 51 页。

对抗日根据地物价情况、成因、治理过程和经验教训进行了论述。①

在对各个抗日根据地商业贸易开展的研究中以陕甘宁边区数量最多。主要的著作有:陕甘宁边区财政经济史编写组、陕西省档案馆编辑的大型资料汇编《抗日战争时期陕甘宁边区财政经济史料摘编》②全面反映了抗战时期边区经济建设情况,由总论、农业、工业交通、商业贸易、金融、财政、互助合作、生产自给、人民生活9个部分构成,共400余万字,其中商业贸易部分内容丰富、翔实,是研究边区商业贸易的重要文献;陕甘宁革命根据地工商税收史编写组、陕西省档案馆合编的《陕甘宁革命根据地工商税收史料选编》③收录了边区1935年10月至1950年工商税收方针政策、法令、条例、规章、制度、办法、工作总结、调查报告、领导人讲话及与工商税收密切相关的财经方面的史料,为研究边区商业提供了翔实的资料。

在所有根据地中围绕陕甘宁边区商业贸易进行研究的论文数量最多、类型最全且涉及了商业贸易的方方面面。

对抗战前之陕甘宁商业研究方面,秦燕从城乡集市贸易、贩运贸易两方面对抗战之前的陕甘宁商业进行了研究,论述了抗战前陕北商业有所起色的原因,指出集市贸易活跃、坐商寥落而行商发达是抗战前陕北商业之特点,该文从时间跨度上拓宽了对边区商业的研究,有助于对边区商业更全面的了解。④

---

① 于松晶、薛微:《抗日根据地物价管理》,《历史档案》,1999年第1期,第125页。

② 陕甘宁边区财政经济史编写组、陕西省档案馆编:《抗日战争时期陕甘宁边区财政经济史料摘编》,西安:陕西人民出版社,1981年版。

③ 陕甘宁革命根据地工商税收史编写组、陕西省档案馆编:《陕甘宁革命根据地工商税收史料选编》,西安:陕西人民出版社,1985—1986年陆续出版。

④ 秦燕:《近代陕北的商业贸易》,《延安大学学报》,2001年第4期,第75页。

刘录开、李永对陕甘宁边区商业的总体情况进行了研究，从政策、商业成分、商业发展这三方面分四个阶段对抗战时期的陕甘宁边区商业进行了论述，对边区商业发展脉络进行了梳理。① 其他作者则分别从边区私营商业政策、公营商业、私营商业、集市贸易、盐业运销及物价、税收等方面进行了较为详细的论述。

对边区私营商业政策的研究方面，王致中、魏丽英强调了抗战时期我党在理论和实践两方面对发展私营工商业所做的积极的探索和创造，指出政策转变对促进当时边区工商业经济的健康发展、保障战时军需民用、促进边区生产和突破经济封锁以争取抗战最后胜利发挥了极其重要的作用②；陈志杰对边区政府私营商业政策进行了具体剖析，指出边区政府在税收、信贷等方面执行的扶持私商的一系列正确的经济政策是边区商业得以迅速发展的主要因素；③王洪敏、齐凯雁等也围绕商业政策的变迁对边区私营商业发展进行了论述。④

对边区公营商业的研究方面，李祥瑞认为边区公营商业发展经历了三个阶段，即 1937 年 7 月至 1940 年 12 月自流的单纯采购性质的阶段；1941 年 1 月至 1942 年 12 月从自流向管理贸易的过渡阶段；1943 年 1 月至 1945 年 8 月从部分管理到全部管理的阶

---

① 刘录开、李永：《抗战时期陕甘宁边区的商业》，《北京工商大学学报》，1991 年第 S1 期，第 1 页。

② 王致中、魏丽英：《伟大的历史性创造——论抗战时期陕甘宁边区的私营工商业政策与实践》，《甘肃社会科学》，1995 年第 5 期，第 57 页。

③ 陈志杰：《抗战时期陕甘宁边区私营商业发展的政策因素》，《社会科学家》，2003 年总第 104 期，第 150 页。

④ 王洪敏：《抗战时期陕甘宁边区私营商业研究》，首都经贸大学 2009 年届硕士学位论文；齐凯雁：《略论抗战时期陕甘宁边区商业之发展概况》，《传承》，2010 年第 5 期，第 10 页。

段,边区公营商业可分为政府统一经营和各机关、部队、学校分散经营两类。[①] 陈志杰指出抗战期间边区公营商业数量不多但能力比较强,皖南事变之后公营商业由供给型转为经营型,取得了很大成绩,为克服经济、财政困难发挥了重要作用。[②]

对边区私营商业的研究方面,王晋林认为抗战时期陕甘宁边区经济得以繁荣的一个重要原因是边区私人资本主义的发展与壮大,其中边区私营商业是私人资本主义经济重要的组成部分;[③]魏建克、高尚斌对边区私营商户恢复、中小型私营商户兴起、私营商业地区分布、业务变化,边区政府对私营商业的管理过程等进行了具体论述,对私营商业进行了比较深入的论述;[④]许建平描述了边区私营商业的发展状况,总结了边区私商的特点。[⑤]

对边区集市贸易的研究方面,黄正林以农村经济发展背景下的集市贸易、骡马大会为例,简单叙述了在边区政府工商业政策下私营商业的繁荣景象,[⑥]并对边区传统手工业兴衰的政策原因进行了探讨,肯定了手工业增长对边区乡村农业经济结构的变化和对

---

① 李祥瑞:《抗战时期陕甘宁边区的公营商业》,《西北大学学报》,1984 年第 4 期,第 102 页。

② 陈志杰:《抗战时期陕甘宁边区公营商业的构成与经营》,《抗日战争研究》,2004 年第 2 期,第 100 页。

③ 王晋林:《抗战时期陕甘宁边区商业发展的政策因素及原因》,《社科纵横》,2010 年第 1 期,第 108 页。

④ 魏建克、高尚斌:《抗日战争时期陕甘宁边区私营商业兴存考析》,《抗日战争研究》,2010 年第 4 期,第 103 页。

⑤ 许建平:《抗日战争时期陕甘宁边区私营经济的发展》,《中国经济史研究》,1995 年第 3 期,第 125 页。

⑥ 黄正林:《抗战时期陕甘宁边区的农村经济研究》,《近代史研究》,2001 年第 3 期,第 132 页。

乡村小城镇和集市贸易的形成以及乡村商业活跃所起的推动作用;①曹平论述了陕甘宁边区集市沿革和发展的具体情况，指出边区政府正确的经济政策、工业和农业经济的大发展、人民群众生活水平的提高以及边区市场和运输业条件的改善，是边区集市发展的主要原因;②董世超、张小兵对陕甘宁边区集市贸易的演进和发展进行了论述，指出边区集市在继承原有市场和商事习惯的基础上，出现了贸易中心区域位移、交易习惯变化和专营市场形成等现象，而集市贸易的繁荣稳定了战时经济秩序，对支援抗战、取得抗日战争胜利起到了重要作用。③

对边区盐业运销的研究方面，李祥瑞对边区盐的产销及其经济地位进行了论述，认为抗战时期中共中央和西北局、边区政府对盐的产、运、销给予了极大注意，从而在革命根据地经济史上写下了光辉的一页;④黄正林对20世纪三四十年代边区盐业这一主要输出品的发展过程、盐业生产的所有制结构、各年份产量、生产组织和运销情况、盐业对边区总体经济的影响等进行了深入研究。⑤

对边区物价和货币政策的研究方面，李建国论述了边币发行后边区物价上涨和政府平抑物价通胀的过程;⑥任学岭分析了边区

---

① 黄正林:《论抗战时期陕甘宁边区的手工业》,《天水师范学院学报》,2003年第4期，第57页。

② 曹平:《抗战时期陕甘宁边区集市的发展及其原因》,《中国延安干部学院学报》,2010年第3期，第86页。

③ 董世超、张小兵:《抗战时期陕甘宁边区的集市贸易》,《理论导刊》,2014年第2期，第102页。

④ 李祥瑞:《抗战时期陕甘宁边区盐的产销及其经济地位》,《西北大学学报》,1987年第2期，第117页。

⑤ 黄正林:《抗战时期陕甘宁边区的盐业》,《抗日战争研究》,1999年第4期，第120页。

⑥ 李建国:《试论陕甘宁边区的通货膨胀与反通货膨胀措施》,《抗日战争研究》,2007年第2期，第157页。

政府运用金融与贸易政策相结合的措施以稳定边币、禁止法币的斗争经过，总结了边、法币斗争的历史经验。①

此外，李俊良从工商税收角度对边区商业进行了论述；②李建国就近代西北地区鸦片贸易、烟毒贻害这一普遍性、社会性问题进行了论述，提及了国民政府事实上实行“寓禁于征”的“禁烟”政策，从中可了解西北烟毒问题对晋西北的影响。③

总体而言，对陕甘宁边区商业的研究数量较多，涉及面较广，但大多是从单一领域或从某个方面展开论述，系统性、全面性研究仍嫌不足，缺乏整体有机整合各方面资料的专著。因此，对于陕甘宁边区商业的研究仍有提升空间。由于陕甘宁边区与晋西北根据地在政治、经济、地理乃至文化习俗等方面的相似性和两者间天然的密切联系，上述成果对晋西北抗日根据地商业研究有着重要的参考价值。

被誉为“敌后模范的抗日根据地”的晋察冀边区商业贸易工作有许多可圈可点之处。主要有魏宏运主编的《抗日战争时期晋察冀边区财政经济史资料选编》④分《总论编》《农业编》《工商合作编》《财政金融编》，其中第三编为《工商合作编》，包括了工业、商业、合作事业等方面的内容；魏宏运主编的《晋察冀抗日根据地财政经济史稿》⑤亦是重要史料。

---

① 任学岭：《论陕甘宁边区的边、法币斗争》，《延安大学学报》，1997年第2期，第28页。

② 李俊良：《抗战时期陕甘宁边区的工商业税收》，《西北大学学报》，1989年第2期，第113页。

③ 李建国：《试论近代西北地区的鸦片烟毒问题》，《新疆大学学报》，2005年第6期，第77页。

④ 魏宏运主编：《抗日战争时期晋察冀边区财政经济史资料选编》，北京：中国财政经济出版社，1990年版。

⑤ 魏宏运主编：《晋察冀抗日根据地财政经济史稿》，北京：档案出版社，1990年版。

有关晋察冀抗日根据地商业贸易的论文较多，其中，张永刚从边区合作社的商业类型、经营特点、历史作用等方面对边区合作社事业进行了论述；①张照青从边区物价总体状况、物价问题成因、政府对物价的调控和管理、历史评价等四个方面论述了物价这一事关边区经济发展的全局问题的发展经过；②傅尚文论述了北岳区采取的包括粮食专卖和缉私在内的措施，取得了与敌人粮食斗争的胜利；③张洪芳对边区粮食短缺问题产生、粮食贸易政策及实施过程、粮食贸易所取得的成效等进行了论述；④魏宏运对边币发行，边币与法币、杂币、伪币的斗争过程进行了论述，对边币在活跃根据地经济、稳定金融、促进生产以及财政调度、人民生活改善等方面发挥的积极作用进行了评价；⑤张励声对边区在金融战线上建立独立自主的货币制度以及对敌伪货币斗争的过程进行了论述；⑥唐锡林论述了边区政府采取的扶持政策促进了私商与合作社商业的迅速发展，⑦并对边区商业的几种所有制成分及其表现进行了考察；⑧文君从货币、集市贸易、粮食斗争三个方面论述了边区对敌经济斗争过程，指出贸易战和货币战与军事斗争的互相配合是最终

① 张永刚:《抗战时期晋察冀边区的合作社商业》,《山东师范大学学报》,2008 年第 2 期,第 112 页。

② 张照青:《抗战时期晋察冀边区物价问题研究》,《中国经济史研究》,2008 年第 3 期,第 108 页。

③ 傅尚文:《晋察冀边区北岳区的粮食战》,《历史教学》,1985 年第 2 期,第 13 页。

④ 张洪芳:《抗战时期的晋察冀边区粮食贸易研究》,河北大学 2011 届硕士学位论文。

⑤ 魏宏运:《论晋察冀抗日根据地货币的统一》,《近代史研究》,1987 年第 2 期,第 27 页。

⑥ 张励声:《抗战时期晋察冀边区银行和货币战》,《南开学报》,1983 年第 5 期,第页。

⑦ 唐锡林:《晋察冀抗日根据地的经济政策》,《历史教学》,1988 年第 2 期,第 17 页。

⑧ 唐锡林:《试论晋察冀抗日根据地的工商政策》,《烟台师院学报》,1987 年第 2 期,第 52 页。

战胜强大敌人的保证;[①]孙宝根、任晓玲论述了边区面对敌伪经济封锁和有组织的走私,有针对性开展缉私活动,从制度上完善进出口商品目录、税率,加强缉私力量,动员群众参与,通过货币、粮食、毒品缉私,粉碎了敌人的阴谋,保证了根据地经济工作的顺利开展。[②] 赵立伟从集市贸易的恢复和发展、管理与改造、结构和交易及对敌功能四个方面对边区集市贸易情况进行了论述。[③]

晋冀鲁豫抗日根据地商业贸易研究的主要著作有魏宏运主编的《抗日战争时期晋冀鲁豫边区财政经济史资料选编》[④]分《总论编》《农业编》《工商合作编》《财政金融编》,其中第三编《工商合作编》包括工业、商业、合作事业部分;赵秀山主编的《抗日战争时期晋冀鲁豫边区财政经济史》[⑤]。

有关晋冀鲁豫商业贸易的论文有:魏宏运《晋冀鲁豫抗日根据地的商业贸易》[⑥]和《论晋冀鲁豫抗日根据地的集市贸易》[⑦],其中关于集市贸易一文指出了抗战时期的集市贸易是坚持和建设根据地不可缺少的一个方面,根据地集市既是分散自由的又是统一的有组织的,集市连接着生产和消费且在促进生产、提供军需、调剂

---

① 文君:《抗战时期晋察冀根据地对敌经济斗争述论》,《漳州师院学报》,1997 年第 1 期,第 67 页。

② 孙宝根、任晓玲:《抗战时期晋察冀根据地缉私述论》,《石家庄经济学院学报》,2008 年第 3 期,第 113 页。

③ 赵立伟:《晋察冀边区集市研究》,河北大学 2005 年硕士学位论文。

④ 魏宏运主编:《抗日战争时期晋冀鲁豫边区财政经济史资料选编》,北京:中国财政经济出版社,1990 年版。

⑤ 赵秀山主编:《抗日战争时期晋冀鲁豫边区财政经济史》,北京:中国财政经济出版社,1995 年版。

⑥ 魏宏运:《晋冀鲁豫抗日根据地的商业贸易》,《历史教学》,2007 年第 12 期,第 5 页。

⑦ 魏宏运:《论晋冀鲁豫抗日根据地的集市贸易》,《抗日战争研究》,1997 年第 1 期,第 143 页。

人民群众物资余缺及战胜伪币、扩大抗日货币流通等方面发挥着重要作用，使根据地经济呈现出繁荣景象。孙建刚、史红霞《试述晋冀鲁豫抗日根据地的贸易“统制”政策》①则论述了根据地面临敌人经济封锁时采取的贸易统制政策出台、演变和调整、法规和实施逐步完善的经过，对贸易统制政策绩效进行了评价。毛锡学《抗战时期晋冀鲁豫边区的对敌经济斗争》②论述了根据地对内自由贸易、对外统制粮食的政策。邢永光的《抗战时期晋冀鲁豫边区的粮食安全》③论述了根据地采取的加强粮食生产、扩大粮食征收范围、建立合理负担政策下的救国公粮制度及精兵简政、内外粮食调剂、开展生产节约运动等措施，在粮食斗争中战胜了敌人，确保了根据地的粮食安全。倪立敏的硕士论文以抗战时期晋冀鲁豫边区物价为题对根据地变动特征、引起物价上涨原因、边区政府为稳定物价采取的措施、边区物价管理工作的效果与启示等问题进行了剖析。④

关于山东等革命根据地商业贸易研究的主要著作有薛暮桥的《抗日战争时期和解放战争时期山东解放区的经济工作》，其中对山东解放区贸易管理、货币斗争进行了系统研究；⑤朱玉湘主编的《山东革命根据地财政史稿》也包括了许多商业方面的内容。⑥

---

① 孙建刚、史红霞：《试述晋冀鲁豫抗日根据地的贸易“统制”政策》，《前沿》，2011 年第 12 期，第 109 页。

② 毛锡学：《抗战时期晋冀鲁豫边区的对敌经济斗争》，《许昌师专学报》，1986 年第 4 期，第 48 页。

③ 邢永光：《抗战时期晋冀鲁豫边区的粮食安全》，河南大学 2010 届硕士学位论文。

④ 倪立敏：《抗战时期晋冀鲁豫边区物价问题探讨》，河北大学 2009 届硕士学位论文。

⑤ 薛暮桥：《抗日战争时期和解放战争时期山东解放区的经济工作》，济南：山东人民出版社，1984 年版。

⑥ 朱玉湘主编：《山东革命根据地财政史稿》，济南：山东人民出版社，1989 年版。

2. 晋西北抗日根据地商业贸易及相关研究

(1) 关于山西商业的研究情况

明清以降，山西商业的地位举足轻重，围绕该课题的研究方兴未艾。主要著作有：山西省史志研究院编的《山西通志》《商业志(商业贸易篇)》《商业志(供销合作社篇)》《粮食志》《对外贸易志》①及渠绍淼、庞义才所编的《山西外贸志》上(初稿)。② 山西省政协《晋商史料全览》编辑委员会编纂的《晋商史料全览》对晋商分类型、分地域进行了系统论述，全书分两个系列，一个为商镇卷、金融卷、字号、会馆、宅院、家族人物等 6 卷，每一卷都有丰富的商业内容，其中以商镇卷、金融卷为多；③另一个是地市卷，共 11 卷，晋西北商业内容主要集中于忻州卷、吕梁卷。④

其他论著有：张正明、孙丽萍、白雷等人编写的《中国晋商研究》收录了晋商经营管理、兴衰探索、山西票号性质及作用、晋商生活各个层面的最新研究成果，从不同侧面探讨了晋商在近 500 年恢宏历史画卷中的运行轨迹；⑤刘建生、刘鹏生撰写的《晋商研究》对晋商崛起、发展与兴盛、晋商典当业、晋商与山西近代工业、晋商与国内商帮和欧美商人比较等方面进行了论述，对东口(张家口)、

---

① 山西省地方志编纂委员会编：《山西通志》第 26 卷《商业志·供销合作社篇》，北京：中华书局，1998 年版。

② 渠绍淼、庞义才编：《山西外贸志》上(初稿)，太原：山西省地方志编纂委员会办公室，1984 年印行。

③ 山西省政协《晋商史料全览》编辑委员会编：《晋商史料全览》(全六册，金融卷、商镇、字号、会馆、宅院、家族人物卷)，太原：山西人民出版社，2007 年版。

④ 山西省政协《晋商史料全览》编辑委员会编：《晋商史料全览》(每市一册共 11 册)，太原：山西人民出版社，2006 年版。

⑤ 张正明等主编：《中国晋商研究》，北京：人民出版社，2006 年版。

西口(杀虎口)的深入研究是该书的特色之一;①他们编写的《山西近代经济史》从整体经济背景的角度对山西商业进行了审视;②乔志强主编的《山西通史》对山西近代商业进行了概括;③穆雯瑛对晋商兴衰、边贸、票号、伦理文化、逸事传闻等内容进行了收集和论述。④

其他论文有:刘建生、刘鹏生从阎锡山复兴商贸的措施、山西对外贸易的片面性和不平衡性等方面对抗战之前山西商业贸易进行了论述;⑤景占魁论述了20世纪30年代阎锡山对外贸事业的重视以及在"造产建设"过程中采取了有效的措施,促进了山西外贸事业发展,对于推动山西"造产建设"发展、保护民族工业起到了积极作用。⑥

(2) 对晋西北抗日根据地商业贸易的研究

研究晋西北抗日根据地商业贸易的著作有:晋绥边区财政经济史编写组、山西省档案馆编写的《晋绥边区财政经济史资料选编》⑦是研究晋西北根据地商业贸易的基础性参考文献;刘欣、景占魁主编的《晋绥边区财政经济史》对边区总体经济及各个领域的发展进行了论述,也是进行这方面研究重要的参考著作;⑧由晋蒙两

---

① 刘建生、刘鹏生:《晋商研究》,太原:山西人民出版社,2005年版。

② 刘建生、刘鹏生:《山西近代经济史》,太原:山西经济出版社,1992年版。

③ 乔志强主编:《山西通史》,北京:中华书局,1997年版。

④ 穆雯瑛:《晋商史料研究》,太原:山西人民出版社,2001年版。

⑤ 刘建生、刘鹏生:《阎锡山与山西商业贸易》,《晋阳学刊》,1996年第2期,第97页。

⑥ 景占魁:《阎锡山与20世纪30年代山西对外贸易》,《经济问题》,2000年第6期,第59页。

⑦ 晋绥边区财政经济史编写组、山西省档案馆编:《晋绥边区财政经济史资料选编》,太原:山西人民出版社,1986年版。

⑧ 刘欣、景占魁主编:《晋绥边区财政经济史》,太原:山西经济出版社,1993年版。

省区税务局、档案馆等单位合编的《晋绥革命根据地工商税收史料选编》主要汇编了根据地各项工商税收的方针政策、税收法规、征管文件等史料。[①]

这方面的论文有：山西省史志研究院编辑的《根据地经济建设研究》论文集，该书系包括晋绥边区在内的各个根据地经济建设领域的论文合集，其中相当部分涉及了晋西北抗日根据地的商业贸易；[②]王勇浩对山西三大抗日根据地商业构成与发展、商业发展的主要原因、根据地商业的作用等进行了论述；[③]张晓玲对边区区域性集市网络形成过程及其因果关系、根据地集市贸易的作用进行了分析；[④]刘波简要论述了晋西北根据地贸易政策在抗战前期从混乱到统一、抗战后期从被动转入主动、解放战争时期又经历了放松继而再次收紧的变化过程。[⑤]

此外，涉及晋西北抗日根据地商业贸易[⑥]的专著有山西省史志院编辑的《晋绥革命根据地史》[⑦]《晋绥革命根据地政权建设》[⑧]，魏

---

① 山西省财政厅税务局、内蒙古自治区税务局、山西省档案馆、内蒙古自治区档案馆编：《晋绥革命根据地工商税收史料选编》，太原：山西人民出版社，1986 年版。

② 王庆成：《华北各抗日根据地对外贸易统制政策初探》，山西省史志研究院编：《根据地经济建设研究》，太原：山西人民出版社，1997 年版，第 246 页。

③ 王勇浩：《试析山西抗日根据地的商业》，《山西农业大学学报》，2008 年第 5 期，第 513 页。

④ 张晓玲：《抗战时期晋绥边区的集市贸易》，《历史教学》，2014 年第 10 期，第 42 页。

⑤ 刘波：《晋西北革命根据地贸易政策的演变》，山西大学 2010 届硕士学位论文。

⑥ 晋绥根据地由晋西北根据地和大青山根据地两部分组成，本文所称晋西北根据地在地理上主要指位于黄河以东、汾军公路以北、同浦路以西、内长城以南之地域。见刘欣、景占魁主编：《晋绥边区财政经济史》，太原：山西经济出版社，1993 年版，第 6 页。

⑦ 山西省史志院编：《晋绥革命根据地史》，太原：山西古籍出版社，1999 年版。

⑧ 山西省史志院编：《晋绥革命根据地政权建设》，太原：山西古籍出版社，1998 年版。

宏运、左志远主编的《华北抗日根据地史》[①]，陈廷煊的《抗日根据地经济史》[②]，张国祥主编的《山西抗日战争史》[③]，牛崇辉编著的《晋绥革命根据地研究》[④]，张玮的《战争·革命与乡村社会——晋西北租佃制度与借贷关系之研究》[⑤]，岳谦厚、张玮的《黄土·革命与日本入侵——20世纪三四十年代的晋西北农村社会》[⑥]，杨世源主编的《晋绥革命根据地货币史》[⑦]等。

涉及此内容的论文还有：韩志宇对边区工商税率演变、工商业政策变化过程进行了研究，从促进税收角度对商业贸易的具体情况作了分析；[⑧]郝建贵、郝品论述了晋西北农业银行成立发展的过程，对其历史作用进行了评价；[⑨]金丰、李树萱对抗战时期边区政府采取了保障军民生活费与事业费的措施，通过重点发展农业，进而带动了手工业和商业贸易的发展、提高了农民积极性、巩固了革命根据地的过程进行了论述；[⑩]李树萱、牛丽平对边区财政政策颁布的历史背景、不同时期的实施情况、经验教训等进行

---

① 魏宏运、左志远主编：《华北抗日根据地史》，北京：档案出版社，1990年版。

② 陈廷煊：《抗日根据地经济史》，北京：社会科学文献出版社，2007年版。

③ 张国祥主编：《山西抗日战争史》，太原：山西人民出版社，1992年版。

④ 牛崇辉编著：《晋绥革命根据地研究》，北京，中国广播电视出版社，1994年版。

⑤ 张玮：《战争·革命与乡村社会——晋西北租佃制度与借贷关系之研究》，北京，中国社会科学出版社，2008年版。

⑥ 岳谦厚、张玮：《黄土·革命与日本入侵——20世纪三四十年代的晋西北农村社会》，太原：书海出版社，2005年版。

⑦ 杨世源：《晋绥革命根据地货币史》，北京，中国金融出版社，2001年版。

⑧ 韩志宇：《晋绥边区工商税政策的演变》，《近代史研究》，1986年第4期，第277页。

⑨ 郝建贵、郝品：《抗战时期的晋西北农民银行》，《山西文史资料》，1999年第1期，第162页。

⑩ 金丰、李树萱：《晋绥根据地是怎样解决财政问题的》，《经济问题》，1983年第8期，第39页。

了论述。[1]

从现有资料和研究成果可以看出，对山西商业的研究主要围绕"晋商"展开，有关晋西北商业的内容寥寥无几，只有穆雯瑛、刘建生等人分别对忻崞帮（忻县、崞县即今忻府区和原平县西部，都属于晋西北范畴）、晋西北宁武商人赴关外经商[2]和右玉杀虎口贸易兴衰过程[3]进行了论述。

目前，学界对晋西北抗日根据地的研究已扩展到了社会经济各个领域，但对根据地商业的研究还比较薄弱。一是专门研究的论文数量不足，仅有王勇浩、刘波两篇硕士论文对该课题进行了研究，此外数量不多的研究仅限于史料的整理、汇集。二是对史料的挖掘、对各种馆藏档案与文献资料的整理和应用潜力很大。三是系统、全面的研究基本是空白，现有资料和论文都是对晋西北商业贸易某个领域或对个别现象的论述。总之，对晋西北根据地商业贸易的研究有很大的提升空间。

三、运用的史料及其相关问题讨论

史料是开展历史研究的基础。本书所使用的史料主要来源于山西省档案馆馆藏原始档案资料、民国政府有关调查资料、史志资料、抗战日报、张闻天晋陕调查报告以及当代史学研究资料。

（1）档案资料

本书相当部分的篇幅来自山西省档案馆馆藏原始档案资料，

---

① 李树萱、牛丽平：《关于晋绥边区财政问题的探讨》，载山西省史志研究院编：《根据地经济建设研究》，太原：山西人民出版社，1997 年版，第 162 页。

② 穆雯瑛：《晋商史料研究》，太原：山西人民出版社，2001 年版。

③ 刘建生、刘鹏生：《晋商研究》，太原：山西人民出版社，2005 年版。

内容包括了中共晋西区党委、行署所作的系列报告、总结，各种经济、贸易、物价等方面的调查研究材料，颁发的各类贸易法规、指令，各类文件、指示等，对于了解和复原当时的贸易政策及商业状况是十分宝贵的第一手资料。

一些重要档案对本书的成书起到了决定性的作用。中共晋西区党委所作的《晋西区党委经济建设材料汇集——商业贸易》，对晋西北抗日根据地成立之前到 1941 年底晋西北地区的商业贸易情况进行了细致的描述和翔实的分析。《晋绥四分区生产建设经济状况》《碛口市商业调查总结》则为了解抗战期间根据地商业情况提供了丰富的史料。抗日民主政府杨邦舟、杨兴汉所作的《关于货物、货币变迁调查统计》对抗战前后十余年间兴县的物价和贸易情况进行了调查了解，八分区贸易分局所作的《物价、合作社股金、私商作坊资本的统计》《关于合作社工作几个问题的整理》、晋绥军区第八分区《晋绥军区第八分区机关部队家务生产供给情况报告》等史料，为开展这方面的研究提供了更加具体的资料。

晋绥边区银行贸易局第八分行(金融)局(贸易)编印发行的总计 27 期《经济旬报》的发现尤为难能可贵。已发现的刊物时间跨度为 13 个月(原始档案材料佚失了第十九、二十等两期)。第一期发行于 1944 年 6 月 25 日，第二十七期发行于 1945 年 7 月 27 日。每期的出版时间并不确定，间隔时间亦长短不一，一般间隔时间为 10 至 15 天，短者如第七期与第八期为 8 天，长者如第五期与第六期之间达 80 天。所刊登内容范围包括八分区、临县、静五区等地，对晋西北抗日根据地及沦陷区的金融、贸易、物价等方面情况都作了详细记载。每期内容包括了本币牌价(从第七期开始单独设立)、金融、贸易、当期物价四个栏目，既有文字记叙，又有表格内容。在恶劣的战争条件下生存和发展起来的《经济旬刊》，既体现了办刊者的专业水平,更反映出了他们强烈的事业心。正是这种对信仰的坚持和敬业精神,使得后人在开展相关研究时能详细了解到战争状态下晋西北抗日根据地商贸工作的真实样貌。

《晋西北金融贸易资料》是一份特别的档案,完整记录了1942年11月19日在延安附近的一个农场里召开的专门研究晋西北金融和商业政策的会议过程。虽然陕甘宁和晋绥的财政一体化资料早已见诸公开的资料,但是如此详细记录具体决策过程的史料则鲜为人知。通过档案资料,不仅可以看到商业贸易政策变动的脉络,更可了解到决策者的思路轨迹,使后人不仅能知其"然",更能知其"所以然",对于准确理解和运用史料有着极大的帮助。其中的《漫谈晋西北金融的记录》,对会议过程作了更详细的记载。在这份珍贵的史料里,可以发现参加会议的都是未来新中国经济、贸易、金融领域中核心人物的名字,牵头的领导人是叶季壮(时任陕甘宁边区政府物资局局长,新中国成立后长期担任对外贸易部部长、党组书记),参加的专家有苏子仁(即乔培新,时任陕甘宁边区银行调查处处长,新中国成立后历任中国银行董事长、中国农业银行行长)、丁冬放(时任中共中央政治研究室中国经济组副组长,新中国成立后任中国人民银行副行长)、王思华(时任中共中央研究院中国经济研究室主任,新中国成立后任国家统计局局长)、李炳之(新中国成立后任军事医学科学院副院长)、陈应中(时任中共中央财经部科长,新中国成立后任华南海关关长,广东省统计局副局长、局长,省计划委员会副主任,著有《社会主义经济统计学》一书)。他们都或曾就读于北大、清华,或曾经赴美访学、赴日求学,信仰坚定、学养深厚。可以看出,彼时身处艰苦的抗战环境中的中共,在金融贸易领域同样是精英荟萃、人才济济。也为解答中共为什么在贸易领域同样能够取得成功这一问题从另一个角度提供了合理的注脚。

（2）山西通志和地方史志等资料

本书也大量使用了山西地方史志资料，主要有山西省地方志编辑委员会编的《山西通志》（商业志、对外贸易志、粮食志）、《山西外贸志》（初稿）上、晋绥边区财政经济史编写组、山西省档案馆编印的《晋绥边区财政经济史资料选编》（总论编、工业编、农业编、金融贸易编、财政编）、山西省政协《晋商史料全览》编辑委员会编的《晋商史料全览》等。作者对《吕梁地区志》《忻州地区志》及晋西北 21 个县的县志中商业贸易为主的有关内容进行了系统的梳理并尽己所能做了分类和分析，力求使本书内容更加充实。

（3）民国政府调查资料

《中国实业志》是由民国政府实业部贸易局在 20 世纪 30 年代组织进行的一项庞大的调查工作，已出版部分包括了江苏、浙江、山东、湖南、山西五省。原计划应是对全国各地进行全面调查，却因战争原因未竟其功。已经汇编成册的五省资料为研究民国经济提供了极其珍贵的研究成果，时至今日，对中国近代经济史研究和地方志编纂仍具有极高的参考价值。1937 年 1 月出版的《中国实业志》（山西省）分上、中、下 3 册，共分 9 编、54 章，内容涵盖了总论、工业、商业、农林畜牧、矿业、工业、特种商业、金融和交通等内容，详细记载了包括晋西北各县在内的山西 105 个县 1928 年至 1936 年在上述领域的状况，20 世纪 90 年代以来，晋西北各地在编纂地区志、县志时大量使用了该书的史料。对于同一史实有多处记载情况，如《中国实业志》（山西省）和区、县史志材料均有记载的内容，反复进行比对和印证。《中国实业志》（山西省）3 册亦是本书所引用史料的又一重要来源。

（4）张闻天晋陕调查报告

抗战期间，位于陕北的神府县是晋西北抗日民主政府管辖的两个直属县之一（另一个为兴县）。1942年2月—1943年3月，中共中央调查团张闻天一行对神府县8个自然村、兴县二区14个村、陕北米脂县的杨家沟等地的社会、经济、政权组织等进行了重点调查，并对抗战前后晋西北各个地方的土地占有、社会阶层、民众生活与消费、私营商业利润等情况都作了了解和分析。其中，该调查报告以神府杨家沟地主马维新所经营的崇德厚历年账册为依据所记录的交易、物价记载尤为详尽，为本书提供了极为宝贵的参考资料。

（5）抗战日报等报刊资料

中共晋西北抗日民主政府创办和发行的《抗战日报》登载的经济方面的信息也非常丰富，这些内容一方面为研究提供了重要的背景资料，另一方面为书中有关章节的展开补充了许多具体的例证，使得论述更加连贯、完整。

（6）当代各种资料、论文

刘欣、景占魁主编的《晋绥边区财政经济史》的史料内容从体例上较为全面，亦被作者引注较多。同时，商业贸易的研究离不开社会经济的方方面面，岳谦厚、张玮所著《战争·革命与乡村社会——晋西北租佃制度与借贷关系之研究》《黄土·革命与日本入侵——20世纪三四十年代的晋西北农村社会》及张玮所著《战争·革命与乡村社会》等均以晋西北为题展开，其研究方法和内容启发了作者的思路，并为本书的成书提供了参考。

四、研究思路和主要内容

晋西北商业贸易在地域、文化、商业历史沿革等方面具有独特性。本书的研究思路是对抗战之前晋西北商业的兴起、繁华、衰落的过程与影响及导致这些起伏产生的内外因素进行考察，重点探究本地区商业资源、商业禀赋及相关要素在整体商业活动中所起的作用，注重商业贸易与整体经济的关系，把商业贸易活动置诸整个地区经济社会发展的大背景之下，探讨商业贸易与农业、工业、手工业之间以及区域内部产业与贸易之间的相互关系，通过适当的定量和定性分析来了解商业贸易在晋西北抗日根据地经济建设中所发挥的重要作用。

本书从自然条件、资源禀赋入手，依次对晋西北战前农业、工业、手工业及社会经济状况进行了概述，对本地区商业贸易的基本情况、相关内容进行了梳理，对晋西北抗日根据地商业贸易振衰起弊之过程、商业成分、物价变化之情况详加论述和分析，对根据地各个具体的商业要素及其相互之间的关系等进行了研究，对商业贸易在促进内外物资流通、保障军政民供给、推动晋西北抗日根据地社会经济发展等方面发挥的历史作用作了评价和总结，是一本全面论述晋西北抗日根据地商业贸易的著作。全书共分五个部分。

导论主要从研究意义的缘起、学术史回顾、运用的史料及其相关问题讨论、研究思路和主要方法、学术创新与不足等方面进行了论述。

第一章主要叙述了晋西北的自然条件、抗战之前的社会经济状况。

第二章论述了抗战之前晋西北商品种类、商品输入输出、流通渠道、商业网络、市镇商业、集市贸易、商业经营形式以及晋西北商人群体等。详述了民初以来晋西北民众商业观念发生改变、本地商业从业人员增多的情况，认为抗战之前晋西北商业的繁荣具有一定的内生性因素。进一步论述了民国以来晋西北自给自足的自然经济逐步被打破，与区域外经济联系日益密切，商业贸易转而活跃，对生产的促进作用加强。战前晋西北商品化、市场化程度提高，对都市经济的依赖增加，与区域外市场的联系更加密切。

第三章主要分析了商路改道、晋钞贬值、境内手工业销路断绝及随之而来的战争破坏、“晋西事变”等一系列事件对晋西北抗日根据地商业贸易的不利影响。叙述了晋西北抗日民主政府建立和完善商业贸易管理机构、颁行和规范各项商业贸易政策，及对之逐步调整、组织开展境内外贸易活动、商业贸易存在问题及改进和提升的过程。

第四章对晋西北抗日根据地商业成分、集市贸易等的具体情况、特点等进行了整理和总结。

第五章对抗战爆发之前及抗战期间的晋西北物价变化及与贸易的关系进行了论述。对引起物价变化的因素进行了梳理，对抗日政府采取的平抑物价、发展贸易的各项措施及其实施过程作了归纳和评价。

第六章对晋西北抗日根据地商业贸易工作对巩固政权、促进经济发展、稳定金融、支持财政等方面发挥的重要作用进行了分析和总结。

五、学术创新与不足

视角创新。围绕“商品化”这一主旨，本书从对晋西北根据地自然资源、禀赋的论述入题，对传统自然经济背景下该地区农业和手工业等实体经济及其逐步商品化的情况进行了分析，以此为基础，对晋西北商业贸易的传统与特点、抗战爆发前后区域内外贸易关系及其演变、商业贸易政策实施过程进行了考察，尤其注意其中各个方面相互关联、各个因素之间互为因果、各个行业存在的继承和发展关系。以行业发展的规律为主线来组织史料并对商业历史展开考察和论述，在思路上具有创新性。

在具体论述中，努力做到定性和定量相结合、文字表述与图表描述相结合。在对同一事项的论述引用两种以上相关史料时，对原始资料的记载和数字进行互相印证，力求事实明晰、数据准确、逻辑合理。如叙述 1935 年晋西北各县亩数时，分别运用了《民国实业志》（山西省）、地区志、各县县志等史志资料，结合其他资料，对这些内容进行条分缕析，对涉及的各类数字反复验证，确保如实反映历史原貌。其他史实的论述过程与此类同。

内容创新。本书的某些研究内容是他人缺乏系统论述或尚未涉足的领域，对晋西北抗日根据地抗战爆发前后商业基本情况及其特点的系统论述，对引起商业衰落的人为因素的探究，对晋西北手工业、商业等行业的归纳、总结等均属首次。

资料创新。本书围绕商业主体，把散见于各个类型的文献资料进行了系统收集和整理。本书运用的部分史料，如山西省档案馆所藏经济贸易方面的原始档案具有很高的学术价值，部分史料甚至为学界首次发掘和使用。

当然,亦存在诸多不足之处。首先,本书主要依据大量的原始档案和调查资料,但原始档案数量仍嫌不足,其中个体商户、民众消费等方面的案例尤为缺乏。其次,田野调查和访谈还有欠缺。再次,对商业贸易史的研究,除掌握大量史料外还须具有开阔的眼界和科学的方法,需融合历史学、国际贸易、商业学等多学科的理论和专业知识,并涉及商业变迁、现代商业发展趋势等诸多方面。鉴于自身能力有限,在某些问题的研究上难以到位,导致本书与原来的设想存在一定差距。

第一章　晋西北自然条件及抗战前的经济社会状况

第一节　自然条件

山西素有“表里山河”之称、“华北屋脊”之谓，地理位置非常优越。明末清初的军事地理学家顾祖禹在《读史方舆纪要》中对此做了高度概括：“山西居京师上游，表里山河，称为完固，且北收代马之用，南资盐池（解池）之利，因势乘便，可以拊天下之背而扼其吭也”，“盖语其东，则太行为之屏障；其西，则大河为之襟带”，“且夫越临晋、泊龙门，则泾渭之间可折棰而下也；出天井、下壶关，邯郸、井陉而东，不可以惟吾所向乎？是故天下之形势，必有取于山西也”。

晋西北（本文亦作“晋西北地区”）泛指山西省西北部地区，是华北和西北两大区的结合部，在抗日战争中的战略位置十分重要。

一、位置、区域范围

民国以来的晋西北是一个地理概念，在行政上，晋西北地区南部和北部分属冀宁道、雁门道、山西省第一、第二专员公署等不同的行政单位管辖。抗日战争爆发后，晋西北地区统一属于山西省政府第二游击区行政主任行署（简称第二游击行署）管辖范围。第二游击行署辖35县，辖区人口350万，土地面积6万多平方公里，约为全省总面积2/5左右。设有第二、第四、第八、第十一共4个行政督察区，其中第二行政督察区包括岢岚、保德、忻县、崞县、静乐、宁武、神池、五寨、河曲、偏关、代县等11县，第四行政区包括临县、方山、岚县、兴县、离石、中阳、石楼等7县，第八行政区包括交城、文水、徐沟、清源、太原、阳曲、榆次、太谷、祁县、汾阳等10县，第十一行政区包括朔县、左云、平鲁、大同、右玉、山阴、怀仁等7县。管辖范围包括了黄河以东、石楼、中阳、汾阳以北、同浦路以西、外长城与平绥路以南之广大地域。①

“晋西事变”后，1940年1月，成立了晋西北抗日根据地（其时抗日民主政权仍沿用第二游击行署旧称，1941年8月改称晋西北行署），在晋西北设立了第二、三、四、八等四个行政区及兴县和神府两个直属区。实际管辖区域包括黄河以东，汾离公路以北，同浦路以西，横贯偏关、朔州、神池等地的内长城一线以南地域，现属于吕梁市（除汾离公路以南之孝义、中阳、石楼、交口等数县外的其余部分）和忻州市（同蒲路以西部分）辖区。地理坐标位于东经110°51′—112°76′，北纬37°15′—39°66′。

1943年11月，晋西北行署改称晋绥边区行政公署，分为晋西北区和大青山区，晋西北抗日根据地北部区界又到达此前外长城一线，与大青山根据地绥南专区相邻，西隔黄河与陕甘宁边区相望，南部以

---

① 中共中央财政部：《晋绥边区社会政治概况》，1940年6月29日。晋绥边区财政经济史编写组、山西省档案馆编：《晋绥边区财政经济史资料选编》（总论篇），太原：山西人民出版社，1986年版，第1—3页。

汾离(汾阳至离石)公路与国统区为界，东缘达同浦路、平绥路。其地理位置坐标为东经110°39′—113°30′，北纬37°15′—40°30′。

著名作家穆青称晋西北抗日根据地“是敌后具有重要战略地位的解放区之一，为华北、华中、华南各解放区与陕甘宁边区唯一的交通孔道，也是保卫陕甘宁边区、保卫党中央的重要屏障。如果将整个解放区比作一个正在抵御外侮的巨人，陕甘宁边区是中国解放区的首脑，那么就其地区的位置来看，晋绥边区就是中国解放区的咽喉。晋西北的八分区和六分区，就是当时中央通向华北、华中等各个敌后抗日根据地的要道”。①

二、地形、地貌、河流

晋西北地区地形地貌上属丘陵山地，北高南低，山势皆为东北—西南走向，吕梁山为其主脉，其余还纵列着洪涛、管涔、芦芽、云中、关帝诸山，海拔多在800—1400米之间。本区呈现以黄土残塬和丘陵起伏为主的沟壑地貌，黄土冲沟和梁峁丘陵相间分布，地面切割破碎，水土流失剧烈。左云、右玉、平鲁一带，多为风蚀严重的波状丘陵。河曲、保德、偏关等地以峁状丘陵为主，部分梁峁丘陵的顶部偶见雏形沙丘或沙地。兴县以南至石楼等地，为梁峁状丘陵，沟壑纵横交错，地形支离破碎。各山之间依河流走势分布有小型河谷和冲积扇，岚县、静乐、岢岚、五寨、神池等地分布有小型山间盆地。在东部由北向南分布着连珠式、略呈阶梯式的三个大盆地。以自然地形划分，晋西北可划分为西北部山岳地带以及东部的大同盆地、忻州盆地、太原盆地，其中忻州盆地又称忻定盆地，太原盆地又称晋中盆地。

---

① 穆欣：《晋绥解放区鸟瞰》，太原：山西人民出版社，1984年版，第1页。

晋西北的河流走向大多由东向西，源短流急，注入黄河，其余向东、向北分别注入汾河、海河。以吕梁山为界，由东向西之河如苍头、偏关、县川、朱家川、岚漪、蔚汾、湫水诸河及由北川河、小东川河和南川河汇聚成的三川河由北至南轸列依次注入黄河，发源于管涔山的汾河，年径流量 26.6 亿立方米，是山西最大的河流，亦是黄河之第二大支流，在万荣县荣河镇庙前村汇入黄河，全长 713 公里，流域面积 39 721 平方公里，约占全省总面积的 1/4，流域内人口约占全省人口的 40%。汾河在晋西北境内主要流经宁武、静乐、娄烦、太原、清(源)徐(沟)、交城、文水、汾阳等地，期间在娄烦接纳了发源于岚县之岚河，在介休接纳了发源于交城之文峪河。汾河上游从河源①雷鸣寺②到太原兰村的上游河段，全长约 200 公里，流经区域面积达 7 705 平方公里，河道宽达 100—200 米，东南流向太原后转西南方向行汾河地堑，变成汾水流域。吕梁山北部的源子河、恢河是桑干河河源主流，其中源子河从左云县截口山发源，恢河发源于宁武管涔山分水岭村，年径流量为 4.65 亿立方米，在山西境内全长 252 公里，流经区域面积 15 464 平方公里，在晋西北主要流经朔县，最后进入海河水系。

晋西北地区大的山脉与小型峁梁交错起伏，河流穿行其间，形成关塞耸峙、桥梁星布、高山为堡、江河为堑的局面，地形上山岳可与平川依托，便于部队隐蔽腾挪，利于运动转输，进攻防守均可，极富进退回旋余地。地理位置、天然形胜(关、岭)，加之历代修筑之

① 2011 年，经山西省水文水资源勘测局在第一次全国水利普查时确定汾河发源地为神池县太平庄乡西岭村。《探访母亲河，汾河源头在神池》，《山西日报》，2013 年 7 月 22 日，第 3 版。

② 雷鸣寺此前一直被认为是汾河源头。见山西省地方志编纂委员会编著：《山西通志·水利志》(第十卷)，北京：中华书局，1999 年版，第 29 页。

军事工程（内外长城、三关关隘等）等因素，使晋西北历来成为兵家必争之地，客观上却增加了商品流通的困难。

三、气候、植被

晋西北与全省其他地区相比，平均气温低，无霜期短。越往北则气候愈冷，许多地方无霜期只有 2—4 个月。太原盆地西部和边缘地带海拔最低，无霜期最长，最长超过 200 天，平均达 160 天。本区气候属温带大陆性季风气候区，以“恒山—内长城”一线为界，南北又大致可分为暖温带半干旱区、中温带半干旱区。[①] 由于季风作用与各季不同气团的影响程度，形成季节的差异。此线以北之中温带半干旱区干旱少雨、风大沙多、日照充足、蒸发强烈，冬寒长、春暖快、夏热短、秋凉早，气温的年较差、日较差大，无霜期短而多变。该线以北之朔州“地处极边，山高风猛，种迟霜早”。[②] 清代马振文增修《偏关志·卷上〈风土〉》记载，地处内长城之偏关“偏于西北，地势最高，苦寒特甚……晋北土质干燥，气候较寒，山田高从，无川灌溉，所凭藉者雨泽耳，故晴雨稍有失时，偏成灾歉”。[③] “恒山—内长城”一线以南的暖温带半干旱区基本上春夏秋冬四季分明：春季低温干旱，风多雨少；夏季短促暖热，雨量集中；秋季凉爽，气候宜人；冬季漫长寒冷，雪少干燥。[④]《永宁州志》记载，时属本州之方山县境内“四面峰峦回合，山泽之气相逼，故地气寒多而暖少。

① 张维邦：《山西省经济地理》，北京：新华出版社，1987 年版，第 19 页。

② 刘士铭修，王霷纂，李裕民点校，山西省雁北行署地方志办公室、三晋文化研究会雁北分会整理：《朔平府志》卷 12《艺文志·奏议》，《请免卫所屯田起科疏》，北京：东方出版社，1994 年版，第 884 页。

③ 卢银柱校注：《偏关志》，北京：中国文史出版社，2007 年版，第 69 页。

④ 贾维桢、尚永红、孙海声主编：《兴县志》，北京：中国大百科全书出版社，1993 年版，第 32 页。

入春，正、二、三月，虽时届春和，而风雪之际，严凝之气，宛然如深冬。是以草木虽然欣欣向荣，犹未畅茂。入夏之后，惟六月稍热，然亦不若炎蒸。一交新秋，由金风簌簌，透体欲栗。至秋分前后，气肃阮霜，不待霜降之期，九月间即雨雪寒气总至皆入民室，闭寒而成冬。严冬，冰雪在地，寒风刺骨，地冻三尺，春深方释”。①

由于地理位置、海拔、地形地貌、降水、积温等综合因素的作用，晋西北各地即使在同一区域内相邻地域之气候亦大相径庭。如岚县河川从敦厚至曲立，滩地连绵，号称晋西北的“米粮川”，而离此不远的北部山地张家湾，因地势较高，气候寒冷，只能种植莜麦，连谷子也不能种植。② 方山一县之域从北到南即分为严寒湿润农业气候区、高寒湿润农业气候区、温凉微旱农业气候区、温暖干旱农业气候区四个小气候区。严寒湿润区只适合林、牧业，温暖干旱区农作物却可两年三熟。③ 离石县域也分为四个类似的小气候区。④

本区因海拔较高，气温偏低，总体比较干燥。区域内降水量不一，大部分地区年降水量在 500 毫米左右，降水呈东南向西北递减趋势。⑤ 大同、原平、忻州、太原盆地与黄河沿岸地区（偏关至吉县）年降水 400—500 毫米，吕梁山脉附近年降水 500—600 毫米，山脉以西地区丘陵区年降水 450 毫米。区域内丰水年降水 600—700 毫米，缺水年降水 200—300 毫米。从具体地域上看，太原盆地缺水

---

① 方山县地方志编纂委员会编：《方山县志》，太原：山西人民出版社，1993 年版，第 52 页。

② 康茂生主编：《岚县志》，北京：中国科学技术出版社，1991 年版，第 128 页。

③ 方山县地方志编纂委员会编：《方山县志》，太原：山西人民出版社，1993 年版，第 53 页。

④ 李文凡主编：《离石县志》，太原：山西人民出版社，1996 年版，第 54 页。

⑤ 张维邦：《山西省经济地理》，北京：新华出版社，1987 年版，第 8—12 页。

年200—300毫米，大同盆地及黄河沿岸区域缺水年150—240毫米，右玉、平鲁、偏关、宁武、五寨、静乐、岚县缺水年60—100毫米。① 整个晋西北都属缺水区，流传已久的民谚“不怕天旱，就怕靠天吃饭”“旱田改水田，一年顶三年”②是当地气候条件的真实写照。

由于抵御自然灾害的能力较弱，晋西北地区干旱、大风、沙尘暴、雹灾、局地暴雨洪涝、霜冻等灾害性天气比较频繁，有时一年之内数灾同至。离石县在唐永徽元年（650年）至明成化十三年（1477年）的828年间，共发生较大旱灾59次，平均每14年一次。明洪武元年（1368年）至清顺治元年（1644年）的277年间共发生大中旱灾61次，平均每4.5年一次。1911—1948年的38年间共发生大中旱灾16次，平均每2.3年一次。受灾周期越来越短，灾情日益严重。③ 宁武县从民国三年（1914年）到民国二十年（1931年）的18年间，县境以内及周边地区发生旱涝灾9次，平均每2年就有一次旱涝灾害。④

晋西北地区历史上森林密布，牧草丰茂，植被良好，历来是中原华夏民族农耕文化与北方草原部落游牧文化相互碰撞、融合的交集之地，著名的“马邑之战”、刘渊称帝即发生在今之朔州和离石。北宋以前，晋西北地区总体上植被良好，居民以游牧为主，种植业仅局限于少数军事据点，耕地处于广大牧区的包围之中。据《史记·货殖列传》记载：“龙门碣石北，多马、牛、羊、旃裘、筋

---

① 张维邦：《山西省经济地理》，北京：新华出版社，1987年版，第13、16、323页。

② 山西省忻州市地方志编纂委员会编：《忻县志》，北京：中国科学技术出版社，1993年版，第603页。

③ 李文凡主编：《离石县志》，太原：山西人民出版社，1996年版，第51页。

④ 宁武县志编纂委员会办公室编：《宁武县志》，北京：红旗出版社，2001年版，第86—90页。

角。”又说龙门以北“地边胡，数被寇，人民矜懻忮，好气、任侠为奸，不事农商”。① 北魏郦道元所著《水经注》记载晋西北丘陵区“杂树交荫，云垂烟接”，“翠柏峰烟，清泉灌顶”。唐宋时期的吕梁山是一个重要林区，森林主要在岚州。吕梁山东侧，今静乐县的汾河西畔、太原市西面各山，其中包括晋祠所在地的悬瓮山，还有交城县北的狐爷山，皆有森林。这些山都是吕梁山的支脉，这分明显示吕梁山的林区已到达汾河西岸的山麓。② 北宋初年乐史所著《太平寰宇记》载：“火山（今河曲）、保德、宁化（今宁武）间山林饶富。”《旧唐书·地理志》记载，静乐（包括娄烦）在隋唐时曾是皇家牧苑，唐时北方边境最多养马达“七十万，色别为群，望之如云”。而“各处监吏虽分，而统系于楼烦”。③ 能承载如此之多的马匹，也从另一个方面反映出当时晋西北的植被茂盛之状。离石、柳林（古之西河县）等地也是古木参天、草莽丛生的原始森林区。《周书·王罴传》载：“京洛材木，尽出西河。”《水经注》云：“西河旧处山林。”④一些地名也印证了这一点，方山县之马坊就是因为方山、开府一带沟川水草丰茂，“晋国草广，牧马扎坊”而得名，自古统兵将领或农民起义者，多在此屯军养马，聚义起事。⑤

唐宋以降，晋西北生态平衡的局面被逐渐打破。历代统治阶

---

① 吕梁地区地方志编纂委员会编：《吕梁地区志》，太原：山西人民出版社，1989 年版，第 103 页。

② 史念海：《历史时期黄河中游的森林》，《河山集》二集，北京：三联书店，1981 年版，第 269—270 页。

③ 李国成：《娄烦史话》，北京：文物出版社，2008 年版，第 28 页。

④ 山西省柳林县志编纂委员会编：《柳林县志》，北京：海潮出版社，1995 年版，第 161 页。

⑤ 方山县地方志编纂委员会编：《方山县志》，太原：山西人民出版社，1993 年版，“概述”第 1 页。

级大兴土木、乱采滥伐以及战争破坏，造成了晋西北森林面积日趋减少。据文献记载，唐代中叶以后，秦岭、陇山一带的树木已砍伐殆尽，不能够满足建筑宫殿的需要。“近山无巨木，求之岚胜间”（《新唐书》卷137《裴延龄传》），开封城中兴修宫殿的材木远取于吕梁山，只是砍伐的地区更扩大了些。岚州本是唐代砍伐树木的旧地，宋代则又扩大到岚、石（即石州，今离石）、汾阳。离石有南川、北川、东川三条河，下游汇成三川河，流入黄河。当时运输离石县木材，当是由这些河流运出的。据历史地理学家史念海先生考证，现在汾阳县时为汾州府治所在，位于吕梁山东麓，所以这也是一处砍伐树木的林场。汾阳林场的林木由汾阳附近一条小河冲漂到汾河中再行运出。北宋末年有一年汾阳附近大旱，小河水涸，于是“修楠巨梓”，积压的竟达数万株。可见当时的汾州也是一个砍伐巨木的场所。[①]《宋史·兵志四》记载，欧阳修和韩琦关于募员开垦晋西北沿边土地以增强边防力量的报告提到，招募弓箭手，“视山坡川原，均给人二顷。其租，秋一输，川地亩五升，(坡)(坂)原地三升，毋折变科徭。仍指挥以山险为屋，以便居止”，就是用分配任务的办法垦荒。[②]《柳林县志》记载，北宋“靖康之变”（发生于1127年）后，金兀术入中原乱兵放火焚烧，沿黄河一带森林区沦为烟海；宋嘉定六年（1213年），蒙古族统兵南下，史称“贞祐之变”，又放火焚烧一遍，晋西沿黄河大面积的原始森林遭受致命摧残。[③] 而金元以后，从明代中叶开始，黄河中游森林进一步受到毁灭性破坏，晋北

① 史念海：《历史时期黄河中游的森林》，《河山集》二集，北京：三联书店，1981年版，第276页。

② 王书平：《人文离石》，太原：山西人民出版社，2011年版，第131页。

③ 山西省柳林县志编纂委员会编：《柳林县志》，北京：海潮出版社，1995年版，第161页。

雁门、偏关之间长城附近三关森林被破坏就是一个典型的例子。①

明代以后，农牧业生产强度加大，对森林的破坏也日益明显。明代实行军屯、民屯、商屯“三屯”对边防军规定了毁林开荒任务，《天下郡国利病书》述“天下兵卫邻近间旷之地，皆分亩为屯”。军、民、商争相锄山为田，使屯田“错列万山之中，岗阜相连”。《明经世文编》记载“自永宁（今离石）至延绥屯田，即山之悬崖峭壁，无尺寸不耕”。开垦强度之高似无以复加。清初为稳定社会、发展生产，鼓励官民在晋西北垦荒，这种无节制的垦殖，最终给本地区带来了生态灾难。尤以康乾以来，盲目毁林垦荒、焚林为田，南方等地流民也来此开荒，森林几至荡然无存。② 事实上，晋西北地区这种对森林人为破坏的状况一直持续到新中国成立初期。清末民初静乐县仍“有不少外来户入山穴居阔林地，毁林开荒，伐木为薪，毁坏森林”。③ 据作者社会调查了解和相关档案资料记载都表明，直到新中国成立前后，岚县、兴县等地仍有许多来自邻近各县或本地人多地少的一些农民到边远山区毁林“种山地”“安山庄子”。④ 这些被毁的林地都是坡度较大的山地。《吕梁地区志》对晋西北地区“农业区域逐渐扩大而牧区缩小”⑤的变化趋势进行了记载。

在各种人为因素的作用下，晋西北植被快速退化。据《古今图

---

① 史念海：《历史时期黄河中游的森林》，《河山集》二集，北京：三联书店，1981 年版，第 294—295 页。

② 王书平：《人文离石》，太原：山西人民出版社，2011 年版，第 131—133 页。

③ 静乐县志编纂委员会编：《静乐县志》，北京：红旗出版社，2000 年版，第 132 页。

④ 中共晋绥分局研究室：《怎样划分农村阶级成分？》（1946 年 9 月），晋绥边区财政经济史编写组、山西省档案馆编：《晋绥边区财政经济史资料选编》（农业编），太原：山西人民出版社，1986 年版，第 334 页。

⑤ 吕梁地区地方志编纂委员会编：《吕梁地区志》，太原：山西人民出版社，1989 年版，第 103 页。

书集成》记载，河曲一带古代是一片森林区，明初河曲翠峰山尚“松白杂木林”“松柏苍茫”。[①] 然而到明末清初时，森林已基本被砍伐完毕。清道光年间，河曲知县曹春晓曾颁发《劝民种树谕》。清同治十一年县志记述“河邑山童无木”，可知当时林木已罕见。据推测，河曲现存许多庙宇和古建筑上的松柏椽、檩、梁大都从本（地）山所伐。[②] 宁武是晋西北森林资源最丰富的地方，但到明代中叶，森林也遭到大规模破坏，宁武守将及朝廷官史陆琛、胡松、张四维、吕坤等纷纷上疏，提议沿三关植树防戍。至万历年间，德花岭一带植起若干官树。[③] 应是有所弥补。

历代对森林植被的持续破坏引发了当地生态恶化，使当地土壤失去保护，水土流失逐年加剧。清康熙《静乐县志》记载该县“清初原为平地者而年被冲决，多变为沙地、盐碱地，原为丘陵、坡地者而水土日有严重流失，多为壑为沟了”。[④] 而史志材料里的岚县变得“农田减少，风沙增大，旱年增多，水位下降，林牧业萎缩”。[⑤] 生态环境的恶化，一方面“严重制约了农业生产的发展”；[⑥]另一方面，由于覆盖地表之黄土土质松软，汛期又多暴雨，径流对失去植被的地表切割强烈，冲沟密布，土壤侵蚀严重，使晋西北成为黄河中游水土流失最为严重的地区之一。

---

① 河曲县志编纂委员会编：《河曲县志》，太原：山西人民出版社，1989 年版，第 164 页。

② 河曲县志编纂委员会编：《河曲县志》，太原：山西人民出版社，1989 年版，第 164 页。

③ 宁武县志编纂委员会办公室编：《宁武县志》，北京：红旗出版社，2001 年版，第 159 页。

④ 静乐县志编纂委员会编：《静乐县志》，北京：红旗出版社，2000 年版，第 113 页。

⑤ 康茂生主编：《岚县志》，北京：中国科学技术出版社，1991 年版，第 2 页；山西省柳林县志编辑委员会编：《柳林县志》，北京：海潮出版社，1995 年版，第 161 页。

⑥ 康茂生主编：《岚县志》，北京：中国科学技术出版社，1991 年版，第 2 页。

四、矿产资源

晋西北境内山峦连绵、沟壑纵横，适于兵家驰骋、辗转腾挪，利于长期坚持、抵御强敌。但环境封闭、交通不便，是发展经济的不利条件，“给农业生产和其他经济建设事业的发展带来了相当的困难”。① 然而，晋西北并不肥沃的土地下面埋藏着煤、铁、金、银、铅、锰、硝、硫磺、石膏等蕴藏。②

煤炭：晋西北煤炭资源丰富，山西六大煤田中的大同煤田、宁武煤田、西山煤田、河东煤田等四个煤田或全部或部分位于晋西北境内，储量大、分布广（民国年间晋西北除岢岚、五寨、方山③尚未有煤矿发掘外，其余各县普遍有煤产）④、品种全（除无烟煤外，赋存气煤、肥煤、焦煤、瘦煤、贫煤、弱粘结煤、长焰煤、褐煤等煤种），⑤为发展各项事业提供了能源保障。

铁：晋西北冶铁有两千多年的历史，春秋战国时期交城狐爷山西冶川就有坩埚炼铁。汉元封元年（前 110 年），在大陵（今文水县）一带“设有铁官，实行官卖，管理冶铁”。⑥ 宁武、静乐、河曲、偏

---

① 刘欣、景占魁主编：《晋绥边区财政经济史》，太原：山西经济出版社，1993 年版，第 44 页。

② 中共中央财政经济部：《晋西北的自然地理社会政治经济概况》（1940 年 6 月 29 日），晋绥边区财政经济史编写组、山西省档案馆编：《晋绥边区财政经济史资料选编》（总论编），太原：山西人民出版社，1986 年版，第 5 页。

③ 方山现有大武、店坪等煤矿。

④ 中共中央财政经济部：《晋西北的自然地理社会政治经济概况》（1940 年 6 月 29 日），晋绥边区财政经济史编写组、山西省档案馆编：《晋绥边区财政经济史资料选编》（总论编），太原：山西人民出版社，1986 年版，第 6 页。

⑤ 丁钟晓编著：《山西煤炭简史》，北京：煤炭工业出版社，2011 年版，第 155 页。

⑥ 吕梁地区地方志编纂委员会编：《吕梁地区志》，太原：山西人民出版社，1989 年版，第 181 页。

关、保德、阳曲、临县均产铁。除阳曲抗战前用新法开采外，余均用土法。据《民国实业志》(山西省)记载，临县招贤铁矿是民国年间山西5个铁矿之一，[①]所产之铁是褐铁与赤铁的混合矿床。依当地土质情形判断，储藏量应相当丰富。即就1940年基础略加整理，每日欲得10吨矿石并不难办到，当地铁厂即以此项矿石用土炉炼生铁，估计各厂全数开工，每日均约可出产生铁5吨左右。离铁矿不远，有厚度8尺以上的煤矿。因此，当地炼焦及铸造工业相当发达。静乐西马坊为磁铁矿与锰矿相邻，且含有锰的成分，此矿曾经为太原炼钢厂开采，矿量多，储存矿石数量亦相当多，矿质甚好，含铁成分在50%—70%之间。据当地露头矿脉推测，储藏量相当大，应为晋西北最好的铁矿。[②] 阳曲(现古交)河口也蕴藏铁矿石，1934年西北实业公司建立河口铁矿探矿处(后由晋绥兵工局接办)，时有工人760余人，用手工方式在紫金沟、磨石沟开采铁矿。[③] 1935年，西北实业公司在宁武成立采矿处，宁武铁矿始采掘外运。1936年，宁武采矿处雇佣成年男工240人，当年共采得矿石7 000余吨，并陆续用大车、畜力运到火车站，待转外地。[④]

锰：静乐西马坊有锰矿，为战前太原西北实业公司炼钢厂所开采。据说氧化锰的成分达50%以上，为最好的锰矿。直到1941年，矿口外尚有西北实业公司开采出的多量矿石堆积。战前有许多锰矿石运到太原。

---

① 临县志编纂委员会编：《临县志》，北京：海潮出版社，1994年版，第227页。

② 中共中央财政经济部：《晋西北的自然地理社会政治经济概况》(1940年6月29日)，晋绥边区财政经济史编写组、山西省档案馆编：《晋绥边区财政经济史资料选编》(总论编)，太原：山西人民出版社1986年版，第6页。

③ 古交市地方志办公室编：《古交志》，太原：山西人民出版社，1996年版，第214页。

④ 宁武县志编纂委员会办公室编：《宁武县志》，北京：红旗出版社，2001年版，第267页。

其他金属矿：根据晋绥四分区有关资料记载，离石、中阳交界处产铜，临县、离石交界处产铅、银（距离招贤镇不远，招贤、大武交界处），代县产砂金，五寨芦芽山据说有金矿，离石银洞山产锡。①

其他非金属矿：河曲、偏关、阳曲、离石产硫磺，而以阳曲出产最多。② 离石硫产于成家庄，临县、离石产石膏颇富，主要产于临北成庄沟牛家山。③ 此外，河曲、偏关还产硝石。硫磺、硝石均属军事工业重要原料。保德有古生物的化石，俗名土龙骨，每年产 20—30 万斤，均往外销售（龙牙骨百斤价 70 元，龙骨 10 元）。④ 河曲产黑矾，可做染色辅料。⑤

第二节　经济状况

一、农牧业生产

晋西北土地分为水地、平地、山地三种。“水地是可以引水的

① 晋绥四分区：《四分区生产建设经济状况》（1941 年），山西省档案馆馆藏档案：A29－1－3－1。

② 中共晋西区党委：《晋西北硝、硫、盐及其他非金属矿的变迁》（1941 年 12 月），晋绥边区财政经济史编写组、山西省档案馆编：《晋绥边区财政经济史资料选编》（工业编），太原：山西人民出版社，1986 年版，第 129 页。

③ 晋绥四分区：《四分区生产建设经济状况》（1941 年），山西省档案馆馆藏档案：A29－1－3－1。

④ 中共中央财政经济部：《晋西北的自然地理社会政治经济概况》（1940 年 6 月 29 日），晋绥边区财政经济史编写组、山西省档案馆编：《晋绥边区财政经济史资料选编》（总论编），太原：山西人民出版社，1986 年版，第 5 页。

⑤ 中共晋西区党委：《晋西北硝、硫、盐及其他非金属矿的变迁》（1941 年 12 月），晋绥边区财政经济史编写组、山西省档案馆编：《晋绥边区财政经济史资料选编》（工业编），太原：山西人民出版社，1986 年版，第 129 页。

平地，平地一般是河边的又是山脚下的平地，山地即山上的土地”。[①] 三种土地通常又各分为上、中、下三等，各种类型和等级的土地质量参差不齐，适宜种植的粮食（经济）作物种类亦不尽相同，产量相差很远。[②] 晋西北大部分地区的地貌特征以山地丘陵为主，土地中大部分是山地且等级不高。如《静乐县志》所总结的“旱地多，水地少；坡地多，平地少；瘠地多，沃地少”[③]的“三多三少”。平地中也有部分是大水漫灌，盐荒四野。旧《交城县志》记载，该县“西北皆崇山峻岭，耕其间者强半”。坡陡田倾，土薄地瘠，年遭雨水冲刷土流肥失。即便是东部平川地带，也因处于山前洪积扇裙与汾河冲积平原交接之处，耕地起伏不平，西营、洪相一带地势低凹、下湿盐碱，“春天白茫茫，夏季水汪汪”。[④] 雁北的山阴等平川地带也都有大片大片的盐碱地。[⑤]

表 1.1 1935 年晋西北各县农田亩数统计表

县别	水地	平地	河滩地	山坡地	碱地	荒地	总计
阳曲	6 705.52	320 432.66	106 966.79	779 177.09	308 563.07	113 417.26	1 635 262.39
徐沟	6 099.79	99 003.75	46 459.29	41 344.67	25 583.40	1 797.00	220 287.90
清源	7 406.00	190 093.00	66 508.00	5 903.00	40 090.00	—	310 000.00
交城	17 976.00	99 245.00	16 689.00	158 020.00	56 955.00	—	347 885.00
文水	40 091.00	403 267.00	—	39 392.00	94 653.00	—	577 403.00
岢岚	612.00	33 958.00	2 342.00	241 499.00	48.00	14 074.00	292 533.00

① 张闻天选集传记组、中共陕西省委党史研究室、中共山西省委党史研究室编：《张闻天晋陕调查文集》，北京：中共党史出版社，1994 年版，第 12 页。

② 张玮：《战争·革命与乡村社会》，北京：中国社会科学出版社，2008 年版，第 77 页。

③ 静乐县志编纂委员会编：《静乐县志》，北京：红旗出版社，2000 年版，第 113 页。

④ 交城县志编纂委员会编：《交城县志》，太原：山西古籍出版社，1994 年版，第 188 页。

⑤ 李志斌、黄冀：《山阴县志》，北京：中国华侨出版社，1999 年版，第 59 页。

续表

县别	水地	平地	河滩地	山坡地	碱地	荒地	总计
岚县	256.00	198 818.20	23 725.86	384 004.62	5 374.00	14 753.70	586 932.38
兴县	58 184.00	77 485.00	—	730 850.00	3 191.00	—	869 710.00
汾阳	9 834.00	445 319.00	32 566.00	222 547.00	53 372.00	—	763 438.00
临县	5 819.00	39 123.00	24 489.00	912 446.00	25 492.00	—	1 007 369.00
离石	6 649.39	45 756.47	14 298.73	426 922.79	6 650.80	—	500 278.18
方山	6 153.00	19 221.00	4 885.00	234 488.00	4 697.00	—	369 444.00
宁武	369.00	24 045.00	5 124.00	200 408.00	194.00	—	230 140.00
神池		183 934.00	36 823.00	503 291.00	60.00	—	724 108.00
偏关	21.00	83 203.00	2 738.00	240 872.30	—	31 405.50	358 239.80
五寨	—	199 240.00	10 629.00	435 497.00	69 968.00	—	715 334.00
忻县	2 238.00	306 495.00	58 271.00	323 525.00	8 914.00	—	699 443.00
静乐	719.50	182 689.70	225.00	753 486.00	5 379.80	—	942 500.00
崞县	42 033.00	670 714.00	98 111.00	18 874.00	39 690.00	—	869 422.00
保德	1 288.00	16 960.00	1 301.00	189 262.50	655.00	—	290 467.50
河曲	5 351.00	61 188.00	8 330.00	341 093.00	753.00	—	416 715.00
总计	217 805.20	3 700 190.78	560 481.67	7 182 902.97	750 283.07	175 447.46	11 954 173.15

资料来源：实业部国际贸易局编《中国实业志》（山西省）上册第二编“山西经济之鸟瞰”第一章“农业经济”，上海：华丰印刷铸字所，民国二十六年版，第 2—9 页（乙）。

晋西北地区一方面是土地等自然条件先天不足，另一方面“少得可怜而又捉摸不定的雨量严重制约了土地财富的增值力”①。因此，晋西北耕地总体质量较差、禀赋不高。根据国民政府 1935 年的统计，晋西北各县水地占耕地总数的 1.8%，低于全省平均数之

① 张玮：《战争 · 革命与乡村社会——晋西北租佃制度与借贷关系研究》，北京：中国社会科学出版社，2008 年版，第 36 页。

2.82%；平地占耕地总数的30.95%，低于全省平均数之39.28%。[①] 两项合计低于全省平均数10个百分点，说明晋西北耕地等级在全省范围内是比较低的。

静乐县耕地状况在晋西北内地就较为典型，1936年全县水浇地只占耕地总数的0.03%，其余都是旱地。[②]

表1.2 静乐县几个年份耕地情况

年份	耕地面积(亩)			农业人均(亩)
	总计	水地	旱地	
1933	265 040			2.6
1936	1 114 713	370	1 114 343	9.46
1939	584 090	300	583 790	5.88
1946	1 159 847	1 050	1 158 797	9.8

资料来源：《静乐县志》，第一章"耕地、劳力、农具"，静乐县志编纂委员会编：《静乐县志》，北京：红旗出版社，2000年版，113页。

晋西北生产条件较好的耕地集中于岚县、静乐、方山、临县、岢岚、五寨、神池等部分河谷、盆地及同浦路旁之各大平原，这些地方分布有不连续和不对称的黄土台丘，有冲积、洪积扇发育。盆地地表由黄土覆盖，地面平坦，土质肥沃，耕作方便，是主要的产粮区。

纬度、海拔、降水、土壤、积温(热量)等条件的差异，造成了晋西北各地之间农作物的种类、构成和轮作方式之不同。本区主要农作物有莜麦、谷子、马铃薯(俗名山药蛋、土豆)、玉米、高粱，豌豆、小麦、大麦、荞麦、黑豆、黄豆、芸豆、小豆、绿豆，蚕豆、扁豆、糜

① 实业部国际贸易局编：《中国实业志》(山西省)第二编"山西经济之鸟瞰"第一章"农业经济"，上海：华丰印刷铸字所，民国二十六年版，第1—2页(乙)。

② 静乐县志编纂委员会编：《静乐县志》，北京：红旗出版社，2000年版，第113页。

子、黍子、稻子、胡麻等20余种。各地依海拔、坡度、降水、日照条件不同，各类作物种植比例不一。沿黄河各县如兴、临、河曲、保德、离石、中阳等县，海拔在1 000米以下、600米以上，主要种植谷子、麻子、黑豆及各种豆菽类、麦子（愈南愈多）、高粱、玉米、荞麦、西比（蓖）麻（北则胡麻多）、山药等，其中以糜、谷为主。① “除少数海拔较高的地方外，基本为两年三熟”。② 地区渐往东移至方山、静乐、岚县、岢岚、五寨、神池，宁武等县，则高度达1 000米以上，一般的在1 600—2 000米，气候特别寒冷。某些地区日照亦感不足，所以主要农作物以莜麦、山药、胡麻和荞麦为主，在高度较低地区，糜谷、豆菽类、高粱等亦可种植。雁北地区也主要种植莜麦、胡麻、山药，一年一熟。在太原及崞县两平原地带农作物两年三熟，主要种植高粱，次为谷子等，不过平原一般的东西都可以种，③种麦较多。晋西北大部分地方粮食作物以秋粮为重，夏粮为轻，秋粮播种面积和产量占80%，夏粮占20%。秋粮作物以莜麦、谷子、马铃薯、豆类、糜黍、玉米、高粱为主，夏粮作物以小麦、豌豆为主。④

除位于盆地和滩地里的少数高等级耕地产量较高外，晋西北大部分地方主要靠广种薄收的生产方式，亩均产量历来较低。晋西北很早就有“河曲保德州，十年九不收”的民谚，人民比喻晋西北是“地无百斤之粮产”。⑤ 清康熙《静乐县志》载，本县大量开荒拓

---

① 晋绥边区财政经济史编写组、山西省档案馆编：《晋绥边区财政经济史资料选编》（总论篇），太原：山西人民出版社，1986年版，第5页。

② 张维邦：《山西省经济地理》，北京：新华出版社，1987年版，第311—312页。

③ 晋绥边区财政经济史编写组、山西省档案馆编：《晋绥边区财政经济史资料选编》（总论篇），太原：山西人民出版社，1986年版，第5页。

④ 静乐县志编纂委员会编：《静乐县志》，北京：红旗出版社，2000年版，第120页。

⑤ 甘惜分：《烽火中的晋绥十年》，王金平主编：《兴县文史资料》第10辑，2011年3月，第46页。

地致“亩分虽有增加,而收十不当一”。① 由于自然条件制约、生产技术仍然是“二牛抬杠”或人力拉拽式粗放耕作,肥料投入先天不足,“有的地方一年也不施一次肥,全靠来往飞禽走兽施与”。② 加之自然灾害频发之影响,农业生产形成了靠天吃饭、广种薄收之局面,群众有“种在地下,收在天上”之说。③ “风调雨顺丰收,久旱不雨歉收”。④ 粟子、玉米一般亩产100斤,小麦、糜子一般亩产40—50斤。由于70%—90%的耕地分布在山坡上,水土流失非常严重,形成“愈穷愈垦,愈垦愈穷”的恶性循环。1936年,静乐县播种面积104.7万亩,产量6 901.5万斤,亩均65斤,人均691斤;1949年全县粮播面积101.4万亩,产量5 702.8万斤,亩均56.2斤,人均456斤。⑤ 1935年,方山县谷子种植面积4.8万亩,总产212.04万公斤,亩产50.7公斤;1949年全县播种谷子8.14万亩,总产450.5万公斤,亩产57公斤。⑥ 1935年,交城县粮食作物面积233 686亩,占耕地总数的67%。其中谷田面积82 738亩,谷子总产136 518石,亩产1.65石或82.5公斤,占耕地总面积的35%;高粱次之,种36 925亩,总产72 373石,亩均1.96石或98公斤。小麦占粮食作物总面积的12%;荞麦和糜子30 242亩;棉花面积902亩,仅占总耕地的0.26%。⑦

---

① 静乐县志编纂委员会编:《静乐县志》,北京:红旗出版社,2000年版,第113页。

② 刘欣、景占魁主编:《晋绥边区财政经济史》,太原:山西经济出版社,1993年版,第45页。

③ 静乐县志编纂委员会编:《静乐县志》,北京:红旗出版社,2000年版,第120页。

④ 李文凡主编:《离石县志》,太原:山西人民出版社,1996年版,第154页。

⑤ 静乐县志编纂委员会编:《静乐县志》,北京:红旗出版社,2000年版,第120页。

⑥ 方山县地方志编纂委员会编:《方山县志》,太原:山西人民出版社,1993年版,第131页。

⑦ 交城县志编纂委员会编:《交城县志》,太原:山西古籍出版社,1994年版,第191—194页。

1935年，兴县麦、谷、高粱、黑豆、马铃薯5种作物播种面积20.3万亩，总产量634.8万公斤，亩均才31.7公斤。① 偏关、五寨、静乐、宁武、忻县、崞县等地谷子亩产亦只有36.5公斤，②是同年方山谷子产量的70%。

晋西北地区地域广大，由于自然条件不同，同一年份各地收成不一，同一地域不同年份之间收成差异也很大，故而“年度之间产量波动大，难以用年度比较增减”。③ 通过民国时期不同年代收成对比发现，1935年在当时是个不错的年景，但以不同年份交城农作物产量为例（见表1.3），通过纵向比较可以看出抗战爆发前到新中国成立前的这段时间晋西北内地亩产量是比较低的。

表1.3　交城县几个年份农作物亩产量表

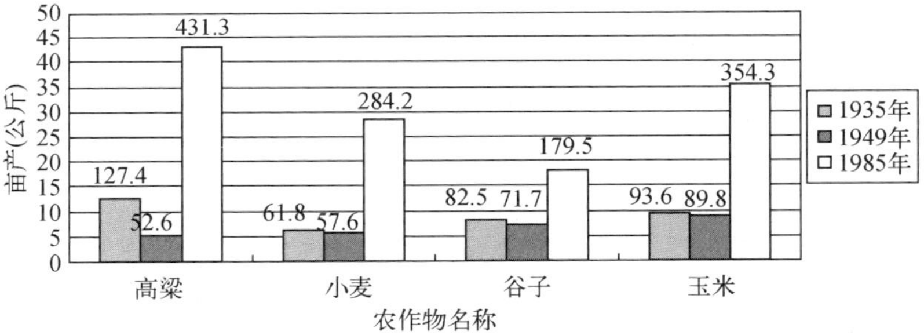

资料来源：交城县志编纂委员会编：《交城县志》，太原：山西古籍出版社，1994年版，第191—194页。

晋西北大部分地方尤其是内地尽管亩产较低，但由于人口相

① 贾维桢、尚永红、孙海声主编：《兴县志》，北京：中国大百科全书出版社，1993年版，第120页。

② 忻州地区志编纂委员会编：《忻州地区志》，太原：山西古籍出版社，1999年版，第173页。

③ 李文凡主编：《离石县志》，太原：山西人民出版社，1996年版，第154页。

对较少，反而一直是主要产粮区。据说临县每年能产粮 40 万石，可以输出 10 万石左右(民国临县人口约为 24 万)。岢岚年产粮 10 余万石，而民国时期岢岚仅有 3.5 万人口，故能输出的粮食更多。其他如岚县、宁武、神池、五寨等县丰年一年产粮能供地方人口三年口粮。除河曲、保德、偏关三县粮产稍感不足外，其余各县粮食每年均往外输销。晋西北的粮食供给在一般情况下不成问题，甚至有余粮向外输销。①

晋西北素有森林、畜产、野兽、皮毛、药材等出产。② 棉、麻等产量也较大。当地普遍种植的经济作物首推胡麻，临县枣圪塔至碛口 40 余里平川种的都是棉花，清塘至白文河川、方山圪洞川种植了大量白麻。③ 个别地方还种植了桑、兰等经济作物。

晋西北各县战前产棉 160 万斤以上。④ 临县、兴县某些地方均能种棉，有资料记载临县某年棉产丰收，曾收获皮棉 200 万斤，平时也年产百万斤以上。⑤ 兴县农村棉花种植面积的增减往往与粮

---

① 中共中央财政经济部:《晋西北的自然地理社会政治经济概况》(1940 年 6 月 29 日)，晋绥边区财政经济史编写组、山西省档案馆编:《晋绥边区财政经济史资料选编》(总论编)，太原:山西人民出版社，1986 年版，第 7—8 页。

② 中共中央财政经济部:《晋西北的自然地理社会政治经济概况》(1940 年 6 月 29 日)，晋绥边区财政经济史编写组、山西省档案馆编:《晋绥边区财政经济史资料选编》(总论编)，太原:山西人民出版社，1986 年版，第 6 页。

③ 刘欣、景占魁主编:《晋绥边区财政经济史》，太原:山西经济出版社，1993 年版，第 55 页。

④ 晋绥地区行政公署:《晋西北三年来的生产建设》(1943 年)，晋绥边区财政经济史编写组、山西省档案馆编:《晋绥边区财政经济史资料选编》(总论编)，太原:山西人民出版社，1986 年版，第 492 页。

⑤ 中共中央财政经济部:《晋西北的自然地理社会政治经济概况》(1940 年 6 月 29 日)，晋绥边区财政经济史编写组、山西省档案馆编:《晋绥边区财政经济史资料选编》(总论编)，太原:山西人民出版社，1986 年版，第 8 页。

棉比价密切相关，粮价高则种棉面积下降，反之亦然。① 临县三交镇以下至碛口到处可以看到战前的轧花厂、打包厂。离石、中阳亦均能产棉，太原一带各县如交城、文水、汾阳、孝义、徐沟等县不但能产棉，而且是山西的产棉区。据《中国实业志》（山西省）记载，1934年交城、文水、汾阳、孝义、临县、兴县、离石、石楼、中阳等9县棉花种植面积达52 058亩，平均亩产0.28担，总产1.44万担。1935年，汾阳种棉2万亩，平均亩产0.43担，总产8 600担，为民国年间种植量最大、产量最高的一年。② 离石西山地区盛产棉花，1934年离石有棉花打包坊2家，工人9人，资本334元，产值152元。③

麻是临县、方山、离石一带的特产及主要输出品之一，不但品质洁白，纤维细长，而且产量高（每亩水地收麻60—100斤），栽植技术甚讲究。临县湫水河川，方山、离石河川水地主要种麻，只临县一县产量每年达百万余斤（曾达200万斤），战前仅方山圪洞镇一处每年即能产麻50万斤，④方山一年外销麻达5 000担。⑤ 临县、方山、忻县均属山西11个重点种麻县。⑥ 宁武种植苎麻（又叫

---

① 杨邦舟、杨兴汉：《关于货物、货币变迁调查统计》（1941年），山西省档案馆馆藏档案：A88－5－11－1。

② 山西省汾阳县志编纂委员会编：《汾阳县志》，北京：海潮出版社，1998年版，第161页。

③ 李文凡主编：《离石县志》，太原：山西人民出版社，1996年版，第214页。

④ 中共中央财政经济部：《晋西北的自然地理社会政治经济概况》（1940年6月29日），晋绥边区财政经济史编写组、山西省档案馆编：《晋绥边区财政经济史资料选编》（总论编），太原：山西人民出版社，1986年版，第8页。

⑤ 方山县地方志编纂委员会编：《方山县志》，太原：山西人民出版社，1993年版，第232页。

⑥ 山西省地方志编纂委员会编：《山西通史》第26卷《商业志·供销社篇》，北京：中华书局，1999年版，第112页。

线麻)有一定规模。1936年,宁武年种植苎麻850亩。[①] 河曲黄河沿岸土壤肥沃,灌溉条件好,适宜种植线麻。[②]

小兰花是广大晋西北地区对烟草(旱烟)的俗称,各地都有种植,宁武种植历史悠久。1936年种植面积为750亩,单产53公斤。[③] 临县栽培较广,每年能产烟草30万斤。[④]

植物油是晋西北一大出产。胡麻、糜子、西比麻、芸苔、黄芥在各地区栽培均相当广,每县均有大油坊数十家。临县一县就有70座冬油坊(冬天榨油)。兴、岚、岢岚、河、保等地油坊均很普遍。抗战前岢岚每年运销到太原的油就有50万斤。[⑤]

兴县、交城都有种桑养蚕的历史,民国时此业仍盛。[⑥] 河曲南元、北元种兰3 000多亩,向织布地区出售蓝靛做染料[⑦]。

晋西北同时是山西木材出产地,像同蒲路修筑的枕木,各处用的电线杆,以及太原建筑与器具用的木材,大半均采自晋西北宁武、方山、交城。西北实业公司火柴厂的木地木轴均在方山、交城

① 宁武县志编纂委员会办公室编:《宁武县志》,北京:红旗出版社,2001年版,第131页。

② 河曲县志编纂委员会编:《河曲县志》,太原:山西人民出版社,1989年版,第253页。

③ 宁武县志编纂委员会办公室编:《宁武县志》,北京:红旗出版社,2001年版,第131页。

④ 中共中央财政经济部:《晋西北的自然地理社会政治经济概况》(1940年6月29日),晋绥边区财政经济史编写组、山西省档案馆编:《晋绥边区财政经济史资料选编》(总论编),太原:山西人民出版社,1986年版,第8页。

⑤ 中共中央财政经济部:《晋西北的自然地理社会政治经济概况》(1940年6月29日),晋绥边区财政经济史编写组、山西省档案馆编:《晋绥边区财政经济史资料选编》(总论编),太原:山西人民出版社,1986年版,第8页。

⑥ 贾维桢、尚永红、孙海声主编:《兴县志》,北京:中国大百科全书出版社,1993年版,第147页;交城县志编纂委员会编:《交城县志》,太原:山西古籍出版社,1994年版,第359页。

⑦ 山西省政协《晋商史料全览》编辑委员会编:《晋商史料全览·商镇卷》,太原:山西人民出版社,2007年版,第460页。

设厂制造，这些林木都是天然林，没有经过人工栽培，是晋西北富源之一。具体的森林面积虽无详确的调查与估计，但方山、交城间前后高低有 48 道大沟，每道大沟还有若干小沟，生长着鳞次栉比的森林。这里的树种只有四种杠杆松杆，在山的下层生长着杨柳，山头及半腰生长着松杆。宁武森林颇为著名。此外，岚县与兴县接壤的白龙山上亦留存有大片天然林，民国时期，这一带残留林的树多为针叶林。

晋西北药材亦为著名特产，药材种类有六七十种。1939 年方山产药材运到河北祁州（今河北安国）及其他各县的销售额有四五万之巨，而采集的药名有五六十种，其中方山、交城交界处之关帝山、南阳山地区出产的大宗药材有党参、黄术、黄芩、荞仔子、知母、麦桐子、贝母、牛蒡子、厚朴、黄柏、黄芪、大黄、黄连、赤芍、柴胡、升麻、冬花、猪苓等。[①] 其余岚县、静乐、岢岚、五寨、神池、宁武、兴县均有大批药材（岢岚的麻黄、五寨的黄芩、临县冬花和柴胡[②]均为名产）出产，每年销售到外地。

晋西北是山西一个重要的畜牧地区，牧草繁茂，牧地辽阔广大，气候适宜，为他处所不及。[③] 民国年间，一般农民把饲养家畜视为农家副业，[④]以饲养猪、羊为主。战前山西差不多每一个小的村庄都有几个放牧土种羊的大羊群。因为粮食便宜，交通运输不便，所以当地人常

---

① 晋绥四分区：《四分区生产建设经济状况》（1941 年），山西省档案馆馆藏档案：A29－1－3－1。

② 临县志编纂委员会编：《临县志》，北京：海潮出版社，1994 年版，第 365 页。

③ 中共中央财政经济部：《晋西北的自然地理社会政治经济概况》（1940 年 6 月 29 日），晋绥边区财政经济史编写组、山西省档案馆编：《晋绥边区财政经济史资料选编》（总论编），太原：山西人民出版社，1986 年版，第 9 页。

④ 《忻州地区志》编纂委员会编：《忻州地区志》，太原：山西古籍出版社，1999 年版，第 218 页。

把粮食喂养猪，成群赶到太原去卖，如兴县猪在太原就很有名，岚县、岢岚、静乐等县饲养的猪也是太原来的猪贩前去购买。[1] 此外，人们还习惯于饲养牛、驴、骡、马等育肥出售兼作畜力。山地农家多养牛，农忙耕作，农闲放牧；平川、丘陵农家多养驴（以兴县、临县、岢岚几县的条件较好[2]）农忙耕作，农闲驮运。商户、富户养骡，宁武、静乐一带养的骡马就渐多，用以运输；官府部队养马，用来骑乘。[3] 民国时期晋西北饲养的骆驼数量也较大，主要用于运输，兴县、临县、离石、汾阳等地饲养的骆驼都在数百只及以上。

战前山西的 4 个公营牧场有 3 个选在晋西北，静乐、方山和交城交界处、岚县各 1 个，其余一个在晋中安泽（安泽现属临汾市），著名的山西良种美利坚羊、荷兰牛、爱西亚牛均在这些地区繁殖、牧养（据说美利坚羊纯种及改良种在这一带曾发展达 1 万只，抗战期间据调查有 6 000 余只）。

晋西北亦有园艺业，一般的蔬菜种类都有。五寨包头菜最著名，每苗大的能生长到 30 余斤。蔓菁、青芥等也是这一带特产，各地均出产很多山药蛋（洋芋），除作蔬菜外，晋西北群众还把它作为主食。果类以沿黄河各县的枣最为著名，花红、梨、海棠、海红、葡萄、桃、李、杏均出产，葡萄以清源及太原一带所产最著名。清徐种植葡萄始于西汉年间，唐代时清徐葡萄和葡萄酒已享誉海内。《唐

---

① 中共中央财政经济部：《晋西北的自然地理社会政治经济概况》（1940 年 6 月 29 日），晋绥边区财政经济史编写组、山西省档案馆编：《晋绥边区财政经济史资料选编》（总论编），太原：山西人民出版社，1986 年版，第 10 页。

② 中共中央财政经济部：《晋西北的自然地理社会政治经济概况》（1940 年 6 月 29 日），晋绥边区财政经济史编写组、山西省档案馆编：《晋绥边区财政经济史资料选编》（总论编），太原：山西人民出版社，1986 年版，第 10 页。

③ 忻州地区志编纂委员会编：《忻州地区志》，太原：山西古籍出版社，1999 年版，第 218 页。

书》记载，“太原平阳皆作葡萄干，货之四方”。直到1998年，清徐马峪乡西梁泉村仍有树龄超过600年的葡萄树，主蔓有水桶粗，单产500公斤，被称为“山西葡萄树王”。① 汾阳核桃闻名海内外，出口额很大。汾阳、中阳、孝义、介休大量产核桃油（核桃皮可做染料，核桃壳可做防毒木炭，木可做枪柄）。②

二、工业、手工业

晋西北地区经济落后，工业基础相当薄弱。仅有屈指可数的几个近代化工厂如崞县轩岗煤矿、汾阳昆仑火柴公司、清徐新记益华酿酒公司、汾阳、忻县和临县等地的纺织工厂。但晋西北手工业历史悠久，③煤、铁、磷、纸以及民间纺织业等手工业比较发达，各种手工业相当活跃。④ 此外，陶瓷、冶铁、皮革加工、车马挽具、熟皮打绳、手工制毯、擀毡、服装加工、银器、粮油食品加工、酿酒、印刷（石印）等手工作坊在境内较普及。这些作坊多设立于县城，位于交通要道处之集镇及人口较多的村庄。

（1）采煤业：晋西北煤产丰富，煤层较厚，一般在三尺到七八尺。据山西省政府1934年年鉴统计，晋西北16县有煤窑392家，

① 清徐县地方志编纂委员会编：《清徐县志》，山西古籍出版社，1999年版，第170页。

② 中共中央财政经济部：《晋西北的自然地理社会政治经济概况》（1940年6月29日），晋绥边区财政经济史编写组、山西省档案馆编：《晋绥边区财政经济史资料选编》（总论编），太原：山西人民出版社，1986年版，第5页。

③ 晋绥边区行署：《晋绥边区的工业》（1944年6月），晋绥边区财政经济史编写组、山西省档案馆编：《晋绥边区财政经济史资料选编》（工业编），太原：山西人民出版社，1986年版，第34页。

④ 刘欣、景占魁主编：《晋绥边区财政经济史》，太原：山西经济出版社，1993年版，第53页。

年产煤 4 万吨。[①] 民国时期的晋西北大部分煤矿都用土法开采，保德、兴县、临县产量最大，其他各县都有煤矿多处，每处有煤井三五座至十余座不等。战前保德所产之煤，除在本县销售外，还用船经黄河运往山西、陕西各地销售。临县招贤所产之煤，可由碛口运往陕西吴堡一带销售。[②]

20 世纪 30 年代，晋西北有了新式煤矿。1936 年，山西省政府为了解决炼焦及同蒲铁路机车用煤，在轩岗镇成立了西北实业公司第二煤厂，进行大量挖掘。开采方式开始进入机械采煤阶段。当时用于采掘运输的机械有 250 马力的蒸汽卷扬机一台、半吨煤车两辆。蒸汽卷扬机每小时卷扬煤 70 吨。同时，采取近代采煤工序，开始有组织、有分工地采掘。[③] 该矿投资 20 万元，日产原煤 800 吨，是晋西北地区最大和现代化程度最高的煤矿。[④]

(2) 冶金业：晋西北有句俗语："铁匠翻转手，养活七八口。"[⑤]冶铁铸造是晋西北的传统手工业。文水冶铁历史悠久，始于西汉，宋代即以无烟煤做燃料和还原剂，较此前之木炭炼铁有了很大的进步，随之铸造业也达到较高水平。著名的晋祠"金人台"铁

---

① 晋绥边区行署：《晋西北三年来的生产建设》(1943 年)，晋绥边区财政经济史编写组、山西省档案馆编：《晋绥边区财政经济史资料选编》(总论编)，太原：山西人民出版社，1986 年版，第 492 页。

② 中共中央财政经济部：《晋绥边区社会政治概况》，1940 年 6 月 29 日。晋绥边区财政经济史编写组、山西省档案馆编：《晋绥边区财政经济史资料选编》(总论篇)，太原：山西人民出版社，1986 年版，第 6 页。

③ 原平县志编纂委员会编：《原平县志》，北京：中国科学技术出版社，1991 年版，第 169—170 页。

④ 忻州地区志编纂委员会编：《忻州地区志》，太原：山西古籍出版社，1999 年版，第 254 页。

⑤ 贾维桢、尚永红、孙海声主编：《兴县志》，北京：中国大百科全书出版社，1993 年版，第 168 页。

武士就是文水工匠于宋绍圣四年(1097 年)所铸。[①] 交城冶铁铸造历史也很久远,唐开元二十六年(738 年)邑人铸石壁寺铁弥勒像,后又于宋代铸玄中寺千佛阁铁像、元代铸西方铸铁人像。民国时晋西北各县冶铁、铸造比较普遍,以锅、锹、犁铧等日用品和农具的铸造为主,也铸造庙钟、磬儿、小火炉等。农具如犁铧等的生产工序包括打模、刷墨水、打蕊、扣铧、埋模、化铁、铸造。铧分小突、三尖、改尖、铁棒锤、牛铧等;犁分 7 寸、8 寸、8 寸半、9 寸 4 种。临县、阳曲(今古交)河口、宁武等地冶铁铸造比较集中,具有一定规模。

20 世纪 30 年代初,临县招贤工业区(系晋西北标本手工业区)有 20 余家铸铁厂,主要出产大小号锅、犁铧及其他成品,铁矿 10 余家,工人在极盛时约有 2 000 人,[②]产品销往周围地域。[③] 阳曲(现古交)境内生产农具的铁厂、铁铺比较发达。当时河口镇一带有铁厂 75 家、资本 14.5 万元(银圆)、工人 500 名,利用当地小铁矿生产的铁打制的河口锹,咀头村及沟子里村铸造的犁铧都较为有名,远销省外各地。[④] 阳曲所产条铁销到了京津及西北一带。还有部分铁匠在外设铺经营。[⑤] 宁武犁铧生产颇为兴盛,犁铧匠遍布全县城乡。总计年产数约 2.6 万件,产值 5 200 元,销往本地及邻

① 李培信主编:《文水县志》,太原:山西人民出版社,1994 年版,第 240 页。

② 中共中央财政经济部:《晋西北的自然地理社会政治经济概况》(1940 年 6 月 29 日),晋绥边区财政经济史编写组、山西省档案馆编:《晋绥边区财政经济史资料选编》(总论编),太原:山西人民出版社,1986 年版,第 11 页。

③ 贾维桢、尚永红、孙海声主编:《兴县志》,北京:中国大百科全书出版社,1993 年版,第 1 页。

④ 古交市地方志办公室编:《古交志》,太原:山西人民出版社,1996 年版,第 214 页。

⑤ 晋绥边区行政公署、总工会:《对目前工矿业生产的指示》(1946 年 5 月 30 日),晋绥边区财政经济史编写组、山西省档案馆编:《晋绥边区财政经济史资料选编》(工业编),太原:山西人民出版社,1986 年版,第 403 页。

近地区。[1] 晋西北其他地方的冶铁规模较小，一般自产自销，不足部分从邻近地区购入。离石柳林镇锄沟村有冶铁传统，铁匠用坩埚冶炼、风箱吹风进行炼铁生产。[2]

(3) 纺织业：据 1940 年 6 月中共中央财政经济部的记载，抗战之前"晋西北有相当的纺织工业基础，纺织工厂和家庭纺织并存"。[3] 而近代纺织工业以汾阳县规模最大。1932 年，汾阳年产粗布 3 万余匹。后受到洋布冲击而市场日蹙。到 1936 年，汾阳纺织厂(坊)减少到 10 家，资金 1 980 元、织机 86 台、职员 36 名、工人 145 名，全年用纱量 528 包，年产布 58 140 匹，产值 100 890 元。[4] 1936 年，忻县新兴劝工厂(模范织布厂)有职工 90 人、布机 28 台，年产帆布 130 120 米，兼织毛巾、线袜，年产值 10 907 元。[5] 晋西北其余各县都有规模较小的土纺土织，一般系自产自用。

晋西北内地的纺织以临、离等地较为集中。此外，河曲、崞县等地零星分布有纺织企业。民国时河曲设有官办的新民工厂，其实际为使役犯人性质的工厂，设在公安局看守院内。除生产条布、手巾外，又增加了裤带、战带(北方农民所束的一种腰带)等产品。

---

① 宁武县志编纂委员会办公室编：《宁武县志》，北京：红旗出版社，2001 年版，第 200 页。

② 李文凡主编：《离石县志》，太原：山西人民出版社，1996 年版，第 214 页。

③ 中共中央财政经济部：《晋西北的自然地理社会政治经济概况》(1940 年 6 月 29 日)，晋绥边区财政经济史编写组、山西省档案馆编：《晋绥边区财政经济史资料选编》(总论编)，太原：山西人民出版社，1986 年版，第 10 页。

④ 山西省汾阳县志编纂委员会编：《汾阳县志》，北京：海潮出版社，1998 年版，第 266 页。

⑤ 山西省忻州市地方志编纂委员会编：《忻县志》，北京：中国科学技术出版社，1993 年版，第 221 页。

据《河曲县志》记载，1932 年 9 月，新民工厂有资本额 100 元（银圆），年产值 1 500 元，有工人 17 名。①

（4）印染业：印染又叫染坊，是棉布行的延伸。少数系根据主顾需要对棉布上色，大多是把本地所产或所购进棉布进行洗染，藉以降低成本，产品主要满足本地之需。民国时各色洋布在晋西北（如碛口）市场虽已流行，但多数老百姓消费不起，内地仍以自给自足的自然经济为主，因此加工印染行业本小利大，有利可图。② 据《民国实业志》（山西省）第六编第四章记载，1935 年河曲县城有染坊 7 座，资本 1 900 银圆，染工 37 人，年染土布 3.82 万匹，产值 3 820 元，工人月薪 5 元。城关有泰和泉、锦泰泉、鸿顺涌、赵仓 4 家，巡镇有瑞生泉、瑞生永、复成源 3 家。其中以泰和泉最大，雇工人 20 名，年染布 2 万匹，产值 2 000 元。③ 土白布经漂染成不易褪色的水蓝布，很快有了名气，远销到外地。④ 民国年间，静乐县娄烦镇有近 20 家棉布店，所经营的棉布都要经过梁巨成染坊和八则染坊洗染。⑤ 交城在民国初年即有人利用煮青、蓝靛染布，每年可染 2 200 匹。1932—1935 年沙河街、下关街有义盛永、德盛永 2 座染坊，共有资本 860 元，职工 16 人，年染布 2 600 匹，染料成本 1 600 元，染价总额 2 620 元。⑥ 交城染坊工人月工资 28 元，系晋西北各

---

① 河曲县志编纂委员会编：《河曲县志》，太原：山西人民出版社，1989 年版，第 250 页。

② 《临县碛口的万源染与马文明》，山西省政协《晋商史料全览》编辑委员会编：《晋商史料全览・字号卷》，太原：山西人民出版社，2007 年版，第 444 页。

③ 实业部国际贸易局编：《中国实业志》（山西省）中册第六编第四章，上海：华丰印刷铸字所，民国二十六年版，第 442—443 页（已）。

④ 《晋西北的水旱码头河曲城》，山西省政协《晋商史料全览》编辑委员会编：《晋商史料全览・商镇卷》，太原：山西人民出版社，2007 年版，第 460 页。

⑤ 娄烦县志编纂委员会编：《娄烦县志》，北京：中华书局，1999 年版，第 283 页。

⑥ 交城县志编纂委员会编：《交城县志》，太原：山西古籍出版社，1994 年版，第 362 页。

县中最高者。[①] 1927 年，方山大武镇有合资经营的三成染坊，用蓝靛作原料，资本额 30 元，从业者 3 人，年染 570 匹，价额 87 元。[②] 忻县城内有 52 家布店，许多布店从河北购入土布，经洗染加工后转销其他地方。[③]

（5）毛织业：民国时期的晋西北还有毛织行业。1926 年前河曲从事织毛口袋从业人员 200 多人，原料大量产于晋北、陕北、绥蒙等地。大的作坊有武兰招、武二兰招兄弟和康氏几家。武家兄弟的作坊有帮工、徒工 60 多人，专设验货师傅。产品合格者，打朱红“武记”；不合格者就地半价处理。时人说武家半价口袋比他人正价的质量还要好。[④]

（6）造纸业：土法造纸在晋西北有很好的基础。[⑤] 普通纸坊有碾子、帘子、刷子等生产工具，动力多依靠畜力拉碾磨料，须有毛驴一二头。抄纸、晒纸全是人工，普通雇一两个工人，坊主也多参加操作，原料主要是麻绳头、马兰草、破纸筋，间有用破布、麦秆者。分选料、断料、磨碎、淘洗、发酵、抄纸、贴晒等工序，冬季间或用火墙烤代替贴晒。普通纸坊一个池子一天产五六刀纸，许多纸坊工人又是半农民（半工半农），农忙时就停止

---

① 吕梁地区地方志编纂委员会编：《吕梁地区志》，太原：山西人民出版社，1989 年版，第 215 页。

② 方山县地方志编纂委员会编：《方山县志》，太原：山西人民出版社，1993 年版，第 179 页。

③ 山西省忻州市地方志编纂委员会编：《忻县志》，北京：中国科学技术出版社，1993 年版，第 262 页。

④《晋西北的水旱码头河曲城》，山西省政协《晋商史料全览》编辑委员会编：《晋商史料全览・商镇卷》，太原：山西人民出版社，2007 年版，第 460 页。

⑤ 中共中央财政经济部：《晋西北的自然地理社会政治经济概况》（1940 年 6 月 29 日），晋绥边区财政经济史编写组、山西省档案馆编：《晋绥边区财政经济史资料选编》（总论编），太原：山西人民出版社，1986 年版，第 6 页。

造纸去种地。[①] 战前临县、河曲、兴县、保德、临南、离石六县有纸坊 172 家，工人 448 人，年产量 51 740 000 张。[②]

《中国实业志》记载，民国年间临县地居山僻，山多小溪，造纸极宜。榆林和刘王沟二村为纸漕集中的地方，两村有纸坊 30 家，工人 130 人，年产麻纸 1.1 万刀，价值 4.4 万元。[③] 这些作坊是标本式的家庭作坊，老年人、妇女、儿童均可以参加工作，如晒纸、洗浆、看碾、碾平纸等工作，一般工人工作技术均很好。[④] 河曲坪泉之造纸业因水源充足，交通方便，日趋兴旺。据《中国实业志》载，1935 年河曲纸坊有 10 家，内坪泉 8 家，水草沟 2 家；工人总数 40 人，原料以旧麻、笃来草为主；年产 14 万刀，总值 1.69 万元。麻纸每 90 张为“一刀”，当时大号纸每刀售价 0.31 元，小号纸 0.25 元。产品市场较广，销路较好。[⑤] 汾阳造纸始于清乾隆二十九年(1764 年)，产毛头纸 20 余万张；民国年间，县城郊古庄村为造纸的集中地。[⑥] 民国时晋西北文件用纸逐渐为洋纸独占，土产纸主要是烧纸、月尺纸、三五纸等，所产麻纸大部分用于供神祭奠，糊

---

① 晋绥地区行政公署:《晋西北三年来的生产建设》(1943 年)，晋绥边区财政经济史编写组、山西省档案馆编:《晋绥边区财政经济史资料选编》(总论编)，太原:山西人民出版社，1986 年版，第 514 页。

② 中共晋西区党委:《抗战中的晋西北纺织业》(1941 年 12 月)，晋绥边区财政经济史编写组、山西省档案馆编:《晋绥边区财政经济史资料选编》(工业编)，太原:山西人民出版社，1986 年版，第 276 页。

③ 临县志编纂委员会编:《临县志》，北京:海潮出版社 1994 年版，第 248 页。

④ 中共中央财政经济部:《晋西北的自然地理社会政治经济概况》(1940 年 6 月 29 日)，晋绥边区财政经济史编写组、山西省档案馆编:《晋绥边区财政经济史资料选编》(总论编)，太原:山西人民出版社，1986 年版，第 6 页。

⑤ 河曲县志编纂委员会编:《河曲县志》，太原:山西人民出版社，1989 年版，第 244 页。

⑥ 山西省汾阳县志编纂委员会编:《汾阳县志》，北京:海潮出版社，1998 年版，第 274 页。

窗裱里。[①]

(7) 皮革业:此业分为制皮衣和制鞍具、皮绳、皮条。传统的土法制革,把皮张放入用石灰、繁殖水(臭水)、皮硝、猪油混合瓮内浸泡四五天,取出冲洗,钩铲即成。晋省毛皮业发轫于交城,其规模和影响力为全省之冠。宁武、五寨等地加工皮绳、皮条等业也比较兴盛。

据《交城县志》记载,明朝末年交城毛皮业经营者已不乏其人。清康熙初年,在城东南隅却波湖贩洗皮革,污水皮渣竟将却波湖填壅,“秽气满城,尽日腥膻,行人掩鼻”,足见当时皮毛业之兴盛。清嘉庆二十一年至道光元年(1817—1821 年)在全县各地开白皮坊的即有兴盛发、天盛玉等 17 家。清光绪二十一年至二十四年(1898—1902 年),毛皮作坊百余家,所制皮筒销售总量达白银百万两,为晋省之首。

1921 年,交城城里关外以及义望、阳渠、奈林、安定等乡村拥有皮坊 127 家,从业人员 6 000 余名,春夏旺季,雇佣临时工匠达万人以上。交城皮坊年鞣制滩皮 60 余万张,裁制大褂 8.5 万多件,产值(白洋)近 300 万元。加之部分皮坊兼制黑、白老羊皮、羔(胎)皮、直毛(狐、猞猁、灰鼠、水獭)皮,成品上万件,产值百万元。1925—1926 年县城皮坊有隆盛裕、福成玉、隆盛昌等 120 余家,前中共领导人华国锋的父亲苏庆惠就是皮匠,后来成为隆盛裕的二掌柜。[②] 开业于咸丰元年(1851 年)的四合源皮坊在天津、汉口、张家口、甘肃、花马池、陕西三边等处设有支庄,年进滩皮 3 万余张,另

---

① 中共晋西区党委:《抗战中的晋西北造纸业》(1941 年 12 月),晋绥边区财政经济史编写组、山西省档案馆编:《晋绥边区财政经济史资料选编》(工业编),太原:山西人民出版社,1986 年版,第 276 页。

② 叶永烈:《在故乡寻访华国锋》,《人民文摘》2010 年第 2 期,第 44 页。

有直毛、杂皮万余张，可裁制滩皮大褂 4 000 多件，其他成品 3 000 多件，经营总额 20 万元。1926 年算账（每隔 3 年算一次账）时，扣除每年铺号长期工 100 余人和季节工 300 余人的各项费用，按身股和银股 24 股分红，每股分得银圆 3 000 元。

交城毛皮业以滩皮最著，各皮坊每年秋冬之际派专人远赴陕、甘、宁等地，选购上等滩羊皮，翌年农历二、三月雇骆驼驮运返回交城，经过泡鞣加工、裁缝成为褂氅，而后由万川、玉成、德兴、和兴、公盛、德昌等 20 多家皮店销往国内外。交城水质适于鞣制毛皮，再加上传统鞣皮、裁缝皮货之技艺，所制皮货色泽雪亮透白，毛花均匀若丝，皮板轻薄柔软如绸，故有“交皮甲天下”之誉。外埠商客来往不绝，争相采办，或先期汇款订货。清末民初，每件滩皮大褂售银 34—40 两，比大同货贵 3—4 两，仍供不应求。交城的皮坊曾为清室显宦李鸿章做过貂帽，为直系军阀孙传芳做过皮氅。四合源“八仙庆寿”戳记大褂货真价实，保买管退，信誉通四方。①

民国以还，皮业渐趋衰落。② 1934 年，交城县有皮坊 38 家，资本额 542 989 元，职工 1 995 人，年产值 491 278 元，销皮总量 230 937 张，占全省销皮总量 484 000 张的 47.71％，仍为全省之冠。③

民国时期五寨县城有 12 家皮坊，从业人员 30 多人，均为独资经营。其中兴盛永、德厚成、保元昌三家规模较大，每家雇工七八人，所需原料大部分来源于本县，部分从包头、绥远购入。主要制

① 交城县志编纂委员会编：《交城县志》，太原：山西古籍出版社，1994 年版，第 354—355 页。
② 吕梁地区地方志编纂委员会编：《吕梁地区志》，太原：山西人民出版社，1989 年版，第 226 页。
③ 交城县志编纂委员会编：《交城县志》，太原：山西古籍出版社，1994 年版，第 354—355 页。

作鞍具、皮绳、皮条等。五寨所产皮绳、皮条在晋西北一带享有盛名。[①] 民国年间，汾阳三泉四合义皮坊有工人二三十名，除收购各种皮革进行加工外，还剥羊羔皮加工，羊肠衣用于出口。[②]

(8) 陶瓷业：陶瓷烧制业也是晋西北各县的传统手工业，兴县于宋元时期就是重要的陶瓷制品产地，[③]偏关、河曲制作陶瓷都始于元代。[④] 民国时期，晋西北陶瓷业以临县招贤、河曲硬地峁、保德铁匠铺、陈家梁四地最发达。[⑤] 宁武、崞县、交城、静乐等地陶瓷产品也有输出。民国初期，招贤工业区有瓷厂大小共 40 余家。[⑥] 到 1937 年尚有瓷窑 29 座，年产瓷 21.8 万件。[⑦] 主要烧制各种日用瓷瓮、缸、盆、碗、碟、罐、钵、酒壶、菜坛等，临县陶瓷以黑釉粗瓷著称。1935 年，河曲 4 个村有 7 座瓷窑，资本总额 550 元，工人 25 名，年产瓷器 66.7 万件，产值 2 780 元(银圆)；保德有瓷窑 8 座，崞县官地村有瓷窑 7 座。[⑧] 交城还出产景泰蓝。

硬地峁是河曲陶瓷业的发源地，当地煤炭资源丰富，粗瓷和耐

---

① 五寨县志编纂办公室编：《五寨县志》，北京：人民日报出版社，1992 年版，第 121 页。

② 山西省汾阳县志编纂委员会编：《汾阳县志》，北京：海潮出版社，1998 年版，第 277 页。

③ 吕梁地区地方志编纂委员会编：《吕梁地区志》，太原：山西人民出版社，1989 年版，第 231 页。

④ 忻州地区志编纂委员会编：《忻州地区志》，太原：山西古籍出版社，1999 年版，第 322 页；河曲县志编纂委员会编：《河曲县志》，太原：山西人民出版社，1989 年版，第 223 页。

⑤《边区工矿业概况》(1945 年 7 月 8 日)，晋绥边区财政经济史编写组、山西省档案馆编：《晋绥边区财政经济史资料选编》(工业编)，太原：山西人民出版社，1986 年版，第 59 页。

⑥ 晋绥边区财政经济史编写组、山西省档案馆编：《晋绥边区财政经济史资料选编》(总论编)，太原：山西人民出版社，1986 年版，第 9 页。

⑦ 临县志编纂委员会编：《临县志》，北京：海潮出版社，1994 年版，第 237 页。

⑧ 忻州地区志编纂委员会编：《忻州地区志》，太原：山西古籍出版社，1999 年版，第 322 页；临县志编纂委员会编：《临县志》，北京：海潮出版社，1994 年版，第 237 页。

火砖原料充足,釉料所需之"木夹土"产于本县大王家墕,"小白干"产于铺沟、范家梁,两地与硬地峁距离俱在 5 公里之内,为陶瓷生产提供了得天独厚的物质条件。清朝中期之后,河曲硬地峁村陶瓷生产得到迅猛发展,有场坊 40 余座,从业者 160 人,年产日用陶瓷约 200 万件,每人年收入折粮食 2 000 斤左右。附近的铺沟、范家梁、刘元头等地也办起瓷场。旧县、军池、沙万等村百姓纷纷早出晚归到硬地峁做陶瓷工。较远的沙泉、社梁等十余村庄百姓迁居硬地峁者日增。该村 40%户数来自附近各村。民国年间,硬地峁的杜守招靠陶瓷起家,创立了"三合泉",并开办了油坊 3 座,酒坊 1 座,瓷窑 2 座,买地 1 000 亩,雇用长工三四十人,成为附近有名的大户。穷苦瓷匠常将产品以低价典销富户,富户转手卖掉,获利往往达一倍以上,故贫富悬殊日增。后因产品滞销,铺沟、范家梁、刘元头的瓷场倒闭。硬地峁瓷匠亦有不少到朔县神头、大同吴家窑、静乐杜家村等地传技谋生。①

宁武陶瓷业始于 1920 年以后,主要有孟六仁、李喜元及李香蛙等三家瓷窑,烧制的产品有大小瓮、盆、罐、坛子、瓶子、瓷碗,同时兼做砂锅,尤以黑瓷碗最为著名,行销省内各县。② 静乐县峰岭底和顺道有两个陶瓷厂,其中峰岭底俊德堂瓷窑较大,1935 年有资本 80 元,从业人员 25 名,年产 8 000 件陶瓷,产值 508 元。③ 窑上雇用了临县来的手艺人,生产的盆、碗、瓮、罐、坛、盘、碟、壶、砚、笔筒及其他工艺品产品种类多、质量好,除供本地消费外,销往周边

① 河曲县志编纂委员会编:《河曲县志》,太原:山西人民出版社,1989 年版,第 223 页。

② 宁武县志编纂委员会办公室编:《宁武县志》,北京:红旗出版社,2001 年版,第 185 页。

③ 静乐县志编纂委员会编:《静乐县志》,北京:红旗出版社,2000 年版,第 191 页。

各县及太原等地。[①] 兴县是民国期间全省 19 个产粗瓷的县之一，1919 年成立了保德窑、保新窑，但规模有限，共计资本 58 元，有工人 13 名，年产 2.8 万件，产值 760 元。[②]

景泰蓝学名铜胎掐丝珐琅，乃瓷中精品，元朝传入我国，因在明景泰年间昌盛得名。交城在清代即有烧制景泰蓝的作坊，义望村郭、安两姓先后在本村开办恒盛敦、恒盛敦珐琅厂，利用文峪河滩的码石（红蛋形）和离石吴城的紫石（五色石）为原料，熔融时分别加入适量的盐渣、红石、铜绿、洋青等不同辅料，制成绿白黄紫蓝等五种颜色的大烟枪、烟斗、酒具、掸瓶、戒指、手镯等器皿和首饰，销往北京、东北等地。至 1915 年，尚有恒盛敦一家生产，日产 20 余斤，每斤销价 260 文，销往省内外。[③]

（9）印刷业：晋西北很早就有木版印刷，近代印刷业始于清末民初，当时全省有 7 家小型印刷厂，汾阳县有 2 家。1936 年，汾阳县发展到 5 家，离石有 3 家，文水 1 家。1936 年，汾阳印刷业从业人员 34 名，资本额 1 850 元（银圆），使用普通铅、石印机，年产值 5 198 元。[④] 1926 年，河南人李聚朝在兴县开办“长兴堂石印局”，为机关、学校、商号印制布告、文件、课本和图表账簿等。[⑤] 民国初年，忻县城内石狼巷日新铭照相馆兼营印刷，有 4 台 4K 石印机，1 台 16K 手搬铅印机，工人 20 多人，均为手工操作，承印表格、单据、

---

① 娄烦县志编纂委员会编：《娄烦县志》，北京：中华书局，1999 年版，第 294 页。

② 吕梁地区地方志编纂委员会编：《吕梁地区志》，太原：山西人民出版社，1989 年版，第 231 页。

③ 交城县志编纂委员会编：《交城县志》，太原：山西古籍出版社，1994 年版，第 369 页。

④ 山西省汾阳县志编纂委员会编：《汾阳县志》，北京：海潮出版社，1998 年版，第 275 页。

⑤ 贾维桢、尚永红、孙海声主编：《兴县志》，北京：中国大百科全书出版社，1993 年版，第 165 页。

信封、名片、杖棺纸等，还为钱庄、当铺承印钱帖、票证。① 其余各县印刷作坊规模较小，印刷简单的账簿、课本等。光绪年间，河曲城关有韩玉成用铜版印刷麻纸账簿，从业者仅 2 人，账簿有条账、方账两种，供本县商号使用。民国初年，河曲城关王四先亦用铜板印过账簿。该县坪泉纸坊有两家用木版印账簿，质量次于铜版印刷。1925 年，有崞县某人雇工 3 人在河曲县城成立印刷局，从事石印，主要印制各种表格、契约、婚帖等。两年后因营业萧条而将石印机卖与“义和号”，“义和号”雇用 2 人从业 10 年。② 晋西北各地还有一些民间木版雕刻、墨色拓印艺人，平时刻印官契、告示、钱帖等，每年春节，刻印门神、灶君、“吉庆有余”“松鹤延年”、狮虎等年画出售。③

（10）制毡业：制毡亦为晋西北传统的手工业，以羊毛毡为主，牛毛毡极少。羊毛毡原料以羊毛为主，辅料少许，分黑白两种，按加食面情况分清水毡和洪水毡。制作工具主要是弹毛弓、竹簾，主要工序有弹毛、铺毡坯、卷毡坯、上食面、水洗、整边、晾晒。毛毡的销售基本在晋西北范围内。除设铺毡坊外，乡村擀毡匠人亦很活跃，各地均有，多为季节性生产，沿村收毛，边收、边擀、边售，亦有登门为顾主代加工者。④

据《中国实业记》（山西省）第六编第二章记载，交城县擀毡业始于清道光年间。1933 年，县城源盛德、三盛成、永盛德毡坊共有

---

① 山西省忻州市地方志编纂委员会编：《忻县志》，北京：中国科学技术出版社，1993 年版，第 221 页。

② 河曲县志编纂委员会编：《河曲县志》，太原：山西人民出版社，1989 年版，第 246 页。

③ 临县志编纂委员会编：《临县志》，北京：海潮出版社，1994 年版，第 249 页。

④ 宁武县志编纂委员会办公室编：《宁武县志》，北京：红旗出版社，2001 年版，第 200 页。

资本额380元，职工8人，年用羊毛、羊绒1 520公斤，产毡380条，产值943元。[①] 民国年间，宁武县城设铺毡匠有张六、桂二、杜三、四聋子、孙盖锁、姬二罕等共29人，所需羊毛、牛毛均购于本地，6家毡铺总资本3 000元，年产各种毛毡3 000条，品种有二五条毡、三六条毡、丈毡、毡帽、毡靴等，年产值6 000多元。[②] 1935年神池县有制毡铺4家，其中县城2家，八角1家，义井1家。资本总额1 170元，职工16人，年用羊毛1.65万公斤，主要产毛毡、毛袜、毛帽、毛鞋等，年产值6 105元。[③] 河曲较大的毡铺5个，分布于县城及沙坡村2处，共有工人18人，总资本额300元，年用毛量9 690斤，产毡1 140条，产值2 858元。[④] 方山县境内有毡坊3家，均系独资经营。一是设立于1929年的马坊镇孟连科毡坊，资本额100元，从业者3人，全年用毛绒量1 000斤，年产毡20条，年产值186元。一是设立于1932年的峪口镇二合成毡坊，资本额50元，从业者3人，全年用毛绒量600斤，年产毡12条，年产值112元。一是设立于1933年2月的大武镇王师毡铺，职工2人，全年用毛绒量780斤，年产毡15条，年产值140元。除毛毡外，这些毡铺还擀制毡帽、毡靴窝、毡袜子、毡鞋垫等，主要在本县境内销售。[⑤] 晋西北擀毡业规模较小，基本上是在本地范围内自给自足。

(11) 制毯业：兴县地毯以羊毛制成，是一种最细的工艺，县内

---

① 实业部国际贸易局编：《中国实业志》(山西省)中册第六编第二章，上海：华丰印刷铸字所，民国二十六年版，第57页(已)。

② 宁武县志编纂委员会办公室编：《宁武县志》，北京：红旗出版社，2001年版，第200页。

③ 神池县志编纂委员会编：《神池县志》，北京：中华书局，1999年版，第139页。

④ 河曲县志编纂委员会编：《河曲县志》，太原：山西人民出版社，1989年版，第252页。

⑤ 方山县地方志编纂委员会编：《方山县志》，太原：山西人民出版社，1993年版，第179页。

从业者数家。1919 年 2 月在省城太原劝业陈列所举办的第一次实业展览会上，兴县所送嘉乐醒狮毯获最优奖。① 河曲、五寨、宁武等县亦产地毯。1933 年，河曲人王兆庆在本县城关马营围设立了织毯作坊，资本额 50 元，有工人 2 名，年产值 600 元。原料用本地绵羊毛，产品称“栽绒毯”。② 宁武地毯在周围各县中比较出名。清乾隆年间，宁武就有羊毛编织的花色地毯，规格较大的一块有 200—250 公斤。宁武地毯系由陕西一个姓赫连的师傅传入县内，赫连师傅逃难来宁后，招收 3 个徒弟，连同他的两个儿子共 6 人开始地毯生产，其产品为当地财主士绅购买。道光年间，赫连的长子赫连旺继承父业，继续从事地毯生产。清末，宁武地毯因质量高，虫不蛀，经久耐用，色泽光亮而享有盛誉，畅销关内外。③

（12）首饰业：民国晋西北境内有使用首饰之风气，一般流行手镯、戒指、耳坠、贯针、银绳、麻花簪儿、小孩脖颈带的福禄寿三星、长命百岁链条等。一些地方订婚媳妇必须得手镯一对、麻花簪一根，一度闺女们反映说如男方要订婚，要“手镯一对，麻花簪一根，假如缺少一样，咱们的婚姻不成”。所以家家订婚媳妇必须得有这两件首饰，促进了首饰业的发展。④

晋西北首饰业以平川各县较盛，又以汾阳为最，其他县城及中心集镇也有此业。彼时，汾阳县城有金珠首饰古玩店 10 家，其中以资本白银 4 000 两的协和兴生意最好，协和庆、协和玉资本白银

① 吕梁地区地方志编纂委员会编：《吕梁地区志》，太原：山西人民出版社，1989 年版，第 181、221 页。

② 河曲县志编纂委员会编：《河曲县志》，太原：山西人民出版社，1989 年版，第 248 页。

③ 宁武县志编纂委员会办公室编：《宁武县志》，北京：红旗出版社，2001 年版，第 186 页。

④ 郝成芳：《事变前娄烦商业的概况》，娄烦县政协文史委员会编：《娄烦文史资料》第二辑，1987 年 7 月，第 107 页。

各 2 000 两，天德长资本 3 000 元，晋大丰、新太厚、乾恒萃等几家资本均在 1 500—2 000 元之间。这些店铺的特点是店规严，店伙计必须有看金银成色之眼力，识珠宝玉器真假之本领。三泉镇也有数家首饰店。① 其余各县以银匠铺为多，铺内设焚金炉，根据顾主需要，制造耳坠、戒指、项圈、银锁、手链、三件牌（挑牙、挖耳、通烟袋）等银器以及包金首饰。另有不设店铺的银匠，用碎银子铸元宝或制作首饰。交城县银匠铺有宝兴长、广义兴、德生厚，计有资本 5 600 元，职工 16 人，年产值 6 568 元。县城南木厂有锡烙铺两家，锡烙技师匠人五六人，制造酒壶、香炉供器、茶炉、茶壶担、氽壶、火锅、杓、瓢、匙、笊篱、盘等锡铜器皿和器具，年产量 2 万余件。② 宁武城内银匠有财神庙附近的张元小，观音街的郝银生、杨西龙，头百户的郭福录，西门街的冯七十四，八百户李艺，云路街刘三拴，七百户王逢吉等 22 人；不设铺面的有甲元人、杨节节、申明庭等，年收入总额 8 000 多元。③ 碛口镇有焚金炉 3 家，银匠铺 6 家。④ 娄烦镇有周师、朱兰玉 2 家银匠铺。⑤

(13) 磨坊：晋西北加工粮食的磨坊有旱磨和水磨两种，又以旱磨（亦称石磨）为多，动力主要是人推或用畜力拉磨，俗称“转磨”。山西人形容办事需要守规则，称为“磨大不过尺二”。

---

① 山西省汾阳县志编纂委员会编：《汾阳县志》，北京：海潮出版社，1998 年版，第 440 页。

② 交城县志编纂委员会编：《交城县志》，太原：山西古籍出版社，1994 年版，第 369 页。

③ 宁武县志编纂委员会办公室编：《宁武县志》，北京：红旗出版社，2001 年版，第 186 页。

④ 临县志编纂委员会编：《临县志》，北京：海潮出版社，1994 年版，第 321 页。

⑤ 郝成芳：《事变前娄烦商业的概况》，娄烦县政协文史委员会编：《娄烦文史资料》第二辑，1987 年 7 月，第 107 页。

表 1.4　1933 年晋西北部分县畜力磨坊统计表

单位:银圆

县别	户数	资本(元)	户均资本	职工数	石磨数	产值(元)
徐　沟	15	55 793	3 719	113	38	48 276
清　源	9	115 700	12 855	173	17	22 317
交　城	8	19 610	2 451	73	37	46 239
文　水	3	1 360	453	14	3	4 752
兴　县	5	9 000	1 800	111	20	32 210
汾　阳	50	73 503	1 470	400	90	241 473
临　县	15	5 480	356	115	30	14 772
离　石	22	12 080	549	91	32	79 680
方　山	10	15 570	1 557	77	10	10 314

资料来源:山西省地方志编纂委员会编:《山西通志》(二十七卷)《粮食志》,中华书局,1996 年版,第 93 页。

除了旱磨,在各地河道上还有许多水磨。大型水磨建筑为方形大院,占地面积约两亩,由收粮、加工、销售各部分组成。主体磨坊用木地板分上下两层。地上磨坊内安装整套石磨和箩面装置,地下有石砌轮窝,装有水轮转动装置。水轮有二,大的是磨轮,小的是箩轮,均为木料所作,水轮和石磨之间用铁轩连接。磨坊上游开一水渠,名曰扬渠。引水沿渠流入磨坊地下水槽,直冲水轮使之转动,继而带动转磨。[①] 一般的小型水磨也是上下两层,有磨轮和箩轮,在丰水季节为周围农民加工粮食,只收取加工费。20 世纪 70 年代初娄烦下静游韩家沟流入汾河的水渠上仍有一个小型水磨。水磨较石磨节省人畜力,提高功效,但每至严冬冰封则不得开张。汾阳、宁武、柳林等地水磨较为集中。民国初年,汾阳峪道河

① 宁武县志编纂委员会办公室编:《宁武县志》,北京:红旗出版社,2001 年版,第 186 页。

马跑泉99盘水打磨生意兴隆，有世兴昌、日生院等磨坊做“限期交面”生意（标期交款，零星取面，或标期付款，到期取面）。后峪道河水位下降，到1921年，水磨减少到21盘。①宁武境内北起汾源东寨，南至石家庄，共有50余座水磨，其中东寨到二马营5公里内共有18盘水磨，素有“磨河滩”之称。②明末清初，柳林沿三川河有水磨48盘，除洪水期外终年不辍。每盘水磨日加工面粉300公斤左右。③水磨加工的面粉湿润、细软、坚挺、白洁，深受用户喜爱。④水磨受制于水利条件的限制，故在晋西北使用畜力的石磨更为普遍。

规模较大的粮商既有水磨也有旱磨。如静乐县米峪镇郭海云开设的“日升店”在交城和静乐米峪镇均设点加工粮食，冬季用旱（石）磨、春夏秋用水磨，长年不停。⑤此外，磨坊的规模依设立地点不同而大小有别，设在县城或主要乡村集镇的磨坊规模较大，采用前店后坊形式，磨坊磨面，铺面卖面。山区磨坊以加工莜面、豆面和杂粮为主，平川则主要以加工小麦面粉为主。各地磨坊规模差距明显，平川地区如汾阳、忻州等地磨坊的规模和产量高于山区各县。

据《汾阳县志》记载，1935年，汾阳自营、合营磨坊50家，石磨90盘，主要分布在城关（31家）、峪道河（11家）以及三泉、罗城、演武等较大集镇。年加工粮食2.9万石，年产面粉463.2万斤，以加

---

① 山西省汾阳县志编纂委员会编：《汾阳县志》，北京：海潮出版社，1998年版，第485页。

② 宁武县志编纂委员会办公室编：《宁武县志》，北京：红旗出版社，2001年版，第186页。

③ 山西省柳林县志编纂委员会编：《柳林县志》，北京：海潮出版社，1998年版，第224页。

④ 山西省政协《晋商史料全览》编辑委员会编：《晋商史料全览·商镇卷》，太原：山西人民出版社，2007年版，第485页。

⑤ 山西省政协《晋商史料全览》编辑委员会编：《晋商史料全览·商镇卷》，太原：山西人民出版社，2007年版，第365页。

工小麦为主，绿豆次之，有的还加工挂面、白切面（面条）出售。① 宁武县城磨坊有金纯荣、纯义勇、元益永、德懋兴、豫顺生、溢记、复合元，张三等面铺，资本总额为银洋 1.41 万元，职工 76 人，养骡马近 50 头，拥有石磨 52 盘，均为三尺大磨。年磨原粮 750 万斤，以加工莜麦、豆类为主，年产值银洋 3.63 万元，主要供给城关居民。② 忻县城内面铺主要经营白面、莜面、荞面、豆面，较大的面铺如北街的中具永有十多人。忻县三交有磨坊 28 家，专门从事莜面加工，原料来自静乐。③

内地各县中宁武磨坊规模较大，其他各县与五寨情形类似，数量和规模都相对较小（见表 1.5）。

表 1.5　民国时期五寨畜力磨坊概况

单位：银圆

名称	建立时间	地址	组织	资本（元）	职工	磨数	产量（公斤）	产值（元）
德元兴	光绪二十五年	东秀庄	独资	100	2	1	12 600	410
德承泉	宣统三年	县　城	独资	30	2	1	10 100	325
德和生	民国二年	县　城	独资	50	2	1	8 300	281
天保元	民国二年	县　城	独资	200	2	1	40 000	1 215
德和园	民国三年	县　城	独资	50	2	1	24 000	1 440
自成庆	民国八年	三　岔	独资	500	3	1	70 000	2 100
聚义店	民国十九年	县　城	独资	100	2	1	9 200	306

① 山西省汾阳县志编纂委员会编：《汾阳县志》，北京：海潮出版社，1998 年版，第 485 页。

② 宁武县志编纂委员会办公室编：《宁武县志》，北京：红旗出版社，2001 年版，第 186 页。

③ 山西省政协《晋商史料全览》编辑委员会编：《晋商史料全览·商镇卷》，太原：山西人民出版社，2007 年版，第 444 页。

续表

名称	建立时间	地址	组织	资本（元）	职工	磨数	产量（公斤）	产值（元）
德茂源	民国十九年	县　城	合资	50	2	1	24 000	1 440
德庆昌	民国十九年	县　城	合资	50	2	1	24 000	1 440
福庆元	民国十九年	三　岔	独资	30	2	1	41 000	1 230
总计				1 160	21	10	263 200	10 187

资料来源：五寨县志编纂办公室编：《五寨县志》，北京：人民日报出版社，1992 年版，第 121 页。

娄烦镇人口加工粮食主要以外销为主。较大的粮油店铺有涌泉店、永盛店、公益永等 19 家，平均每家每年收购量 1 300 石（合计 741 万斤），主要从外地收购莜麦、小麦、小米、谷子及其他杂粮，所产莜面远销太原、晋中等地。① 民国二十五年（1936 年），离石有畜力磨坊 22 家，有职工 91 名，石磨 32 盘，有资本 12 080 元，户均 5 497 元，年产值 79 680 元，户均 3 622 元，年磨小麦 19 920 担（每担 50 公斤），每担售价 5.48 元。② 民国二十四年（1935 年），方山县境内有畜力磨坊 10 家，其中大武镇 1 家，峪口 1 家，圪洞 3 家，马坊 2 家，方山城内（民国时之方山村）3 家。资本总额 15 570 元，户均 1 557 元，职工 77 人，石磨 11 盘。③

（14）榨油业：晋西北胡麻油的产量较大，“北路葫油”“神池葫油”相当有名。榨油业是群众最大的副业，“油业是相当发达

① 娄烦县志编纂委员会编：《娄烦县志》，北京：中华书局 1999 年版，第 335 页；山西省政协《晋商史料全览》编辑委员会编：《晋商史料全览 · 商镇卷》，太原：山西人民出版社 2007 年版，第 360 页。

② 李文凡主编：《离石县志》，太原：山西人民出版社，1996 年版，第 328 页。

③ 方山县地方志编纂委员会编：《方山县志》，太原：山西人民出版社，1993 年版，第 179 页。

的”。① 特点是原料广，岢岚、五寨的麻子，兴县、文水的棉籽及遍布各县的黄芥、大麻都很充足，可资压榨；销路广，大量的油销往平川；成本小、利钱大，对半生意很平常。②

表 1.6　1935 年晋西北油坊分布情况表

单位：银圆

县名	家数	职工数	资本数(元)	平均资本数	年产量(担)	年产值(元)
阳曲	20	196	6 130	307	822	14 789
交城	5	24	3 820	764	316	4 725
岢岚	6	54	6 400	1 067	720	7 300
岚县	4	24	2 715	779	117	10 520
兴县	3	9	2 400	800	1 000	20 000
宁武	11	59	12 000	1 091	840	11 760
神池	46	316	39 720	863	7 090	92 167
偏关	17	64	21 650	1 274	1 932	25 096
五寨	10	50	2 950	295	828	9 456
静乐	2	16	1 300	650	262	2 500
崞县	9	193	47 410	5 268	13 650	204 750
保德	5	25	1 700	340	256	3 313
河曲	9	27	7 200	800	1 964	23 538
方山	15	90			925	9 763

资料来源：山西省地方志编纂委员会编：《山西通志》(二十七卷)《粮食志》，北京：中华书局，1996 年版，第 85—88 页。

① 《边区工矿业概况》(1945 年 7 月 8 日)，晋绥边区财政经济史编写组、山西省档案馆编：《晋绥边区财政经济史资料选编》(工业编)，太原：山西人民出版社，1986 年版，第 60 页。

② 中共晋西区党委：《晋西北作坊工业及其他手工业概况》(1941 年 12 月)，晋绥边区财政经济史编写组、山西省档案馆编：《晋绥边区财政经济史资料选编》(工业编)，太原：山西人民出版社，1986 年版，第 259 页。

晋西北油坊较多的地方有临县、离石、宁武、崞县、神池、河曲、偏关、兴县等地，榨油以木制梁压榨。据《临县志》记载，1933 年临县有油坊 20 家，从业人员 107 人，每家资本最多的 12 500 元，最少的 3 200 元，总产 13.6 万公斤，各家产量在 0.4—1.35 万公斤之间。临县暖泉会村油坊有一根榨油木梁，长 13.5 米，大端直径 1.3 米，小端直径 0.41 米，相传制于明万历年间。① 1935 年，神池全县有 46 家油坊，职工 316 人，其中独资 33 家，合资 13 家，资本总额 3.972 万元，年加工胡麻 118.1 万公斤，产油 35.5 万公斤，产值 9.21 万元。② 宁武榨油规模也较大，仅阳方口一村即有油梁 129 条。③

五寨榨油业之资本和规模在晋西北内地具有代表性，该县 10 个油坊共有资本 2 950 元，从业人员 50 人，年需原料 3 160 石，年产量 828 担(每担 50 公斤)，产值 8 491 元。④

表 1.7　民国时期五寨榨油业概况

单位:银圆

油坊名称	建立时间	地址	组织	资本	职工	年需原料(石)		年产量(担)	年产值(元)
						胡麻	大麻		
广盛泉	宣统二年	县　城	独资	400	5	300		90	1 152
德元兴	民国六年	东秀庄	独资	500	5	360		108	1 296
瑞生庆	民国十一年	县　城	合资	400	5	320		96	1 152

① 临县志编纂委员会编:《临县志》，北京:海潮出版社，1994 年版第 246 页。

② 神池县志编纂委员会编:《神池县志》，北京:中华书局，1999 年版，第 135 页。

③ 晋绥边区行署:《晋绥边区 1945 年 1 月至 1946 年 6 月贸易工作综述》(1946 年 7 月 10 日)，晋绥边区财政经济史编写组、山西省档案馆编:《晋绥边区财政经济史资料选编》(金融贸易编)，太原:山西人民出版社，1986 年版，第 645 页。

④ 五寨县志编纂办公室编:《五寨县志》，北京:人民日报出版社，1992 年版，第 121 页。

续表

油坊名称	建立时间	地址	组织	资本	职工	年需原料(石)		年产量(担)	年产值(元)
						胡麻	大麻		
天成泉	民国十五年	河　湾	独资	200	5		300	60	600
复　泉	民国十七年	三　岔	独资	300	5	360		108	1 296
永茂生	民国十四年	县　城	独资	200	5		320	64	640
新雪泉	民国二十年	县　城	独资	300	5	300		90	1 080
复茂泉	民国二十三年	县　城	合资	200	5		280	56	560
复兴泉	民国二十三年	县　城	独资	300	5	320		96	115
仁德泉	民国二十三年	汶儿水	合资	150	5		300	60	600

资料来源：五寨县志编纂办公室编：《五寨县志》，北京：人民日报出版社，1992 年版，第 125 页。

1935 年，方山境内油坊 15 家(其中专产胡麻油的 1 家)，年需原料 2 080 石(每石 150 公斤)，年产量 925 担(每担 50 公斤)，年产值 9 783 元，[①]从业人员 75 人。[②] 据《中国实业志》(山西省)记载，1935 年静乐有“大盛”和“永茂”2 家油坊。大盛油坊系合资经营，开办于清光绪二十五年(1900 年)，坊址在娄烦镇，有资本 800 元，从业者 8 人，年加工胡麻、菜籽 550 石，年产油 4.5 万余斤，年产值 2 120 元；开办于 1913 年的永茂油坊系独资经营，坊址在县城，资本 500 元，雇工 8 人，年加工胡麻、菜籽 360 石，产值 1 380 元。[③] 亦据来自《中国实业志》(山西省)的记载，偏关德泰泉油坊开创于清乾隆年间，当地人称卢油坊。一般是头年收油籽，翌年还好油(通

① 方山县地方志编纂委员会编：《方山县志》，太原：山西人民出版社，1993 年版，第 187 页。

② 方山县地方志编纂委员会编：《方山县志》，太原：山西人民出版社，1993 年版，第 179 页。

③ 静乐县志编纂委员会编：《静乐县志》，北京：红旗出版社，2000 年版，第 186 页。

过一年存放，油纯净清澈，味美可口）。付油足斤超两，毫无短缺。在当地影响很大，有民谣传："足斤超两众意满，卢家油坊美名传。"①岢岚城周围有20多条油梁。②

据《中国实业志·山西卷》记载，1935年晋西北"油之售价，各县不一"。胡麻油因出产丰富，故售价不高。"最低一角左右"，"高者不过一角二分"，"兴县每斤售两角"。③

（15）粉坊：晋西北粉坊比较普遍，多系当地群众自产自销。民国初年，岢岚县城长年营业的粉坊有7家，其中德泰源粉坊有工人6名，日产粉面150余公斤。④ 离石有粉坊7家，工人49人，资本630元，年产粉制品24.4吨，产值3 447元。⑤

（16）食品加工业：核桃是晋西北特产，以汾阳产"汾州核桃"最为著名。核桃的商品属性很高，为提高质量，必须要生长到全熟时才能采收。采收后堆积催熟，经去皮、漂白、清洗、晾干、破碎、分拣桃仁等程序，销往海内外。汾阳县城茂盛店、广盛魁及三泉镇大盛和等商店有核桃加工业务。每年秋季，一些天津洋行商人常住在汾阳收销核桃。⑥

晋西北的食品加工还有糕点、豆制品加工等手工业。汾阳的

---

① 山西省政协《晋商史料全览》编辑委员会编：《晋商史料全览·字号卷》，太原：山西人民出版社，2007年版，第131页。

② 晋绥边区行署：《晋绥边区1945年1月至1946年6月贸易工作综述》（1946年7月10日），晋绥边区财政经济史编写组、山西省档案馆编：《晋绥边区财政经济史资料选编》（金融贸易编），太原：山西人民出版社，1986年版，第645页。

③ 吕梁地区地方志编纂委员会编：《吕梁地区志》，太原：山西人民出版社，1989年版，第289页。

④ 山西省政协《晋商史料全览》编辑委员会编：《晋商史料全览·商镇卷》，太原：山西人民出版社，2007年版，第471页。

⑤ 李文凡主编：《离石县志》，太原：山西人民出版社，1996年版，第214页。

⑥ 山西省汾阳县志编纂委员会编：《汾阳县志》，北京：海潮出版社，1998年版，第203页。

糕点加工颇负盛名,芝兰斋制作的糕点、月饼可与京津货媲美,三泉丰盛楼祖传制作的穿心酥最出名。成馨斋(后易主改为成兴斋)糕点铺股金1 750元,雇工30多人,主要加工“南点”,规模最大。① 豆制品以五寨、临县等地有名。繁多的豆制品是五寨人的拿手好戏,其中又以豆腐为第一,其制作精细,已有几百年的历史。境内清涟河水顺山而下,芦芽山野生植物诸如黄芪、党参、灵芝草等随水流冲刷汇入河流,使水质甘甜清纯,用此水加工的豆腐洁白细嫩,富有多种营养。据有关史料记载,清雍正年间凡在五寨居官的县令,每逢时节必派差役昼夜兼程向京城运送豆腐。②

(17) 酿酒业。晋西北各地都有酿酒传统,临县、离石、方山把白酒作坊叫作“烧坊”,岢岚、神池等地则称之为“缸坊”。晋西北酿酒业除酿白酒外,还酿葡萄酒。白酒酿造以汾阳为最盛,葡萄酒则以清徐所产首屈一指。

汾阳酿酒历史悠久、名扬中外。著名的汾酒产地就在汾阳县杏花村,《北齐书》就有武成帝饮汾酒的记载。汾阳在唐代有乾和酒店,在宋代有甘露堂酒店,所产玉露美酒已享盛名。“义泉涌”老白汾酒获得巴拿马万国博览会甲等金质奖章。③ 该公司除老白汾酒外还生产竹叶青、状元红、白玉露、玫瑰露、茵陈露、木瓜露等10余种露酒。据《中国实业志》(山西省)记载:“山西各地制酒人数最多者首推汾阳……晋省酒类以汾酒为最名贵,销路最广……”④另

---

① 山西省汾阳县志编纂委员会编:《汾阳县志》,北京:海潮出版社,1998年版,第272页。

② 五寨县志编纂办公室编:《五寨县志》,北京:人民日报出版社,1992年版,第128页。

③ 吕梁地区地方志编纂委员会编:《吕梁地区志》,太原:山西人民出版社,1989年版,第181页。

④ 实业部国际贸易局编:《中国实业志》(山西省)中册第六编第三章,上海:华丰印刷铸字所,民国二十六年版,第237页(已)。

据《汾阳县志》记载:"白酒(高粱酒)之价格,以汾阳所产价格最高每斤2角,所谓汾酒是也,普通白酒价格每斤8分至1角5分不等。"1936年,汾阳县内较大的酒坊共17家,资本5.25万元,从业人员241名,年耗高粱9 996石,产酒15万公斤,占全省产量3%。① 除汾阳之外的晋西北各县均有酿酒作坊,其中兴县、岢岚、岢县等县规模稍大,其他各县酿酒业规模与五寨相若(见表1.8)。

表1.8 民国时期五寨酿酒业概况

单位:银圆

酒坊名	成立日期	地区	组织	资本(元)	职工	年产量(斤)	年产值(元)
德兴元	光绪二十五年三月	东秀庄	独资	800	3	13 000	1 560
瑞生庆	民国十一年三月	县城	合资	500	3	10 000	1 200
李怀春	民国十四年五月	海子界	独资	250	3	6 000	200
德合昌	民国十五年四月	县城	独资	500	3	9 000	1 080
振兴店	民国十五年六月	三岔	独资	400	3	10 000	1 200
集义原	民国十六年三月	李家坪	独资	200	3	5 000	600
义生久	民国十九年五月	县城	独资	300	3	8 000	960
三合泉	民国二十二年九月	中所	独资	200	3	4 000	480

资料来源:五寨县志编纂办公室编:《五寨县志》,北京:人民日报出版社,1992年版,第123页。

兴县酒坊有福泰顺、公义承、德生泰、万顺德、济慎永、协成玉等7家字号,从业人员百余人,年产白酒10万公斤左右,年营业额20余万银圆。② 岢岚城内有德合泉、永新店、德源泉、德盛长、致和泉5家

① 山西省汾阳县志编纂委员会编:《汾阳县志》,北京:海潮出版社,1998年版,第270页。

② 贾维桢、尚永红、孙海声主编:《兴县志》,北京:中国大百科全书出版社,1993年版,第167页。

较大的缸坊，年产白酒 8 万多公斤，除满足本县需求还销往邻近各县。① 1934 年，崞县境内有酒坊 19 家，年产量 68 324 公斤，最大的德盛源年产量 4 900 公斤，最小的万顺泉、公合泉年产 700 公斤。②

晋西北的许多经营作坊者大多兼营多业。岚县东村复和店同时经营油、酒、粉坊，占地 10 亩，并利用各个作坊副产的饲料养了 200 余头猪以供销售。③

清徐酿造葡萄酒历史比较悠久，《明实录》记载朱元璋传谕"往者金华进香米、太原进葡萄酒，朕俱止之"，④此处之太原进贡的葡萄酒即清徐葡萄酒。1921 年，郝允济（太原人）、郭德昌（天津人）等在清源县西关菜市街成立了晋西北也是山西唯一的机械化葡萄酒厂——新记益华酿（葡萄）酒股份公司，与同时代张弼士创立的烟台张裕葡萄酒公司一同成为近代中国屈指可数的机械化葡萄酒厂。⑤

（18）酿醋业：晋西北酿醋比较普遍，多以家庭制作自用，其中以清徐老陈醋最为著名。清徐是闻名全国的山西老陈醋正宗产地和发祥地，老陈醋的酿制技术在全国独具特色，因其品质优良而居中华四大名醋之首。老陈醋之所以有名，名在质量，贵在工艺，好

---

① 山西省政协《晋商史料全览》编辑委员会编：《晋商史料全览・商镇卷》，太原：山西人民出版社，2007 年版，第 471 页。

② 原平县志编纂委员会编：《原平县志》，北京：中国科学技术出版社，1991 年版，第 169—170 页。

③ 山西省政协《晋商史料全览》编辑委员会编：《晋商史料全览・商镇卷》，太原：山西人民出版社，2007 年版，第 495 页。

④ 高春平、仝海军、解龙德：《明代山西农民负担剖析》，《沧桑》，1999 年第 5 期，第 28 页。

⑤ 清徐县地方志编纂委员会编：《清徐县志》，太原：山西古籍出版社，1999 年版，第 249 页。

在原料、水质。①

雍正年间撰之《山西通志》记载,公元前21世纪左右,帝尧曾在清徐尧城建都。那时,此地曾普遍生长着一种叫“蓂荚草”的酸性植物,这种植物除用作造历、记历之外,另一个重要用途就是用作制醋。东汉人应劭在所著《风俗通义》中对古籍《竹书纪年》和《白虎通·符瑞》记载的“蓂荚”也做过考证,曰:“古太平蓂荚生于阶,其味酸,王者取之以调味,后以醯醢代之。”按照应劭的考证,用蓂荚制作植物醋比周朝醋官酿造醯更早,而当时蓂荚又生长于清徐,这也足可以证明清徐开始酿醋还在周朝以前。② 1924年,清源、徐沟两县的醋坊有40余户,年产醋2 000吨左右,其中老陈醋近20吨。仅清源县城较有名气的酿醋字号就有福源长、聚庆成、玉信成、义和玉、玉顺和、元集生、四义长、晋和钰、乾恒太、裕发源、永泉盛、协和泉、晋和成、义兴隆、吉记、泉记、涌泉裕、宝丰源、日升源等30余家。其时正值晋商称雄国内以至俄蒙的辉煌时期,清徐生产的山西老陈醋已驰名中外。同年巴拿马召开的国际商品博览会上,福源长生产的山西老陈醋获优质商品一等奖。民国二十六年,清源县有醋坊30家,从业者200余人,年产醋795吨,产值23 850元。③

(19)畜产品加工:创办于1934年的永丰蛋厂是离石战前规模最大的企业,有资本2万元,职工160人,年产值9万元,产品主要

① 清徐县地方志编纂委员会编:《清徐县志》,太原:山西古籍出版社,1999年版,第255页。

② 清徐县地方志编纂委员会编:《清徐县志》,太原:山西古籍出版社,1999年版,第252页。

③ 清徐县地方志编纂委员会编:《清徐县志》,太原:山西古籍出版社,1999年版,第253页。

外销。[①] 静乐米峪镇三面环山，丰盛的草坡和高寒少水的环境，使这里的羊脂肪少、肉质好。存栏数在 6 万只以上，每年小雪前后销往外地。[②] 猪鬃、羊肠衣等也是外销的重要土产。[③]

除传统的粮油输出外，民国时期晋西北所产的陶瓷、皮革、酿酒、纺织等行业外销率逐步提高，在其他地区的市场上如西北、归绥、张家口、太原、忻县等城市都有一定的占有率。

晋西北境内工业、手工业基本满足了群众生产生活所需，解决了部分多余劳动力的就业，还有部分产品销出境外，增加了收入。但是，除极少数拥有现代机械生产技术的工厂外，绝大部分手工业产品产业层次低、经营规模小、技术含量低，市场占有率并不稳定。同时手工业作坊之生产因循传统手艺，在规模、成本和质量等级上无法和工业化的“洋货”相比。如纸业“产量很大，但质量低劣”，[④]销路上又严重依赖于陕、绥及西北市场。因此，晋西北手工业抵御市场风险的能力是较低的。

第三节　社会状况

一、人口、土地、收入

据《中国实业志》（山西省）有关统计，1928 年，晋西北地区人口

---

① 李文凡主编：《离石县志》，太原：山西人民出版社，1996 年版，第 214 页。

② 山西省政协《晋商史料全览》编辑委员会编：《晋商史料全览 · 商镇卷》，太原：山西人民出版社，2007 年版，第 367 页。

③ 山西省汾阳县志编纂委员会编：《汾阳县志》，北京：海潮出版社，1998 年版，第 277 页。

④ 中共晋西区党委：《抗战中的晋西北造纸业》（1941 年 12 月），晋绥边区财政经济史编写组、山西省档案馆编：《晋绥边区财政经济史资料选编》（工业编），太原：山西人民出版社，1986 年版，第 274 页。

总数 2 448 395 人，其中男性 1 444 964 人，女性 1 003 438 人。1935 年，晋西北地区人口总数 2 253 012 人，其中男性 1 304 702 人，女性 947 925 人。山西人口密度最大的文水县（126.81 人/平方公里）和人口密度最少的县（山西有 14 个县的人口密度在 10 人以下/平方公里，其中晋西北有 4 个）均在晋西北。

就人口密度而言，平川地区人口密度较高，最低的崞县为 32.05 人/平方公里，其余数字都在 40 人以上。内地山区各县则人烟相对稀少，大部分县的人口密度都在 15 人/平方公里以下，鲜有超过 20 人者。因生产条件之差异和就业渠道之多寡故造成各地人口承载能力高低不同之差别。

此次人口统计显示从 1928 年到 1935 年间，晋西北人口状况有两个明显的变化。一是七年之间晋西北地区人口总数减少了 195 383 人，一方面说明此段时间内，当地经济社会局势未如此前几十年一样平稳。另一方面，是抗战之前本地区发生的资本紧缩、外销受阻、商业衰退、消费乏力等一系列现象在社会领域的突出反映。二是七年之间晋西北地区人口性别比从 144 降为 137.63，反映出人口性别趋于平衡的大趋势。[①] 但在当时仍较为落后的晋西北社会（并不局限于晋西北），生男孩的好处无论从未来的劳动能力还是对家庭的贡献等角度而言无疑都超过生女孩，人为因素等导致男女性别比居高不下，也是民国乡村社会愚昧、落后的重要标志。

---

① 实业部国际贸易局编：《中国实业志》（山西省）上册第一编总论第三章人口，上海：华丰印刷铸字所，民国二十六年版，第 30—36 页（甲）。

表 1.9　1935 年晋西北各县人口数及密度统计表

县别	男	女	共计	男女性别比例(%)	每平方公里人口密度
阳曲	136 888	70 779	207 667	193.4	11.91
徐沟	25 234	18 060	43 294	139.7	74.01
清源	45 899	32 533	78 432	141.1	66.75
交城	55 396	39 045	94 441	141.9	11.64
文水	99 613	65 754	165 367	151.5	126.81
岢岚	16 689	12 934	29 623	129.0	5.60
岚县	40 158	32 393	72 551	124.0	16.42
兴县	43 774	36 597	80 371	119.6	8.92
汾阳	82 947	66 119	149 066	125.4	40.28
临县	112 762	94 384	207 146	119.5	14.38
离石	86 518	68 034	154 552	127.2	22.98
方山	20 765	15 213	35 978	136.5	13.76
宁武	41 566	28 262	70 186	145.2	13.49
神池	27 861	21 173	49 034	131.5	9.57
偏关	22 111	16 876	38 987	131.0	9.57
五寨	26 281	20 159	46 440	130.4	12.35
忻县	129 063	103 581	232 644	124.6	40.09
静乐	58 268	41 686	99 954	139.8	9.71
崞县	141 797	97 083	238 880	146.0	32.05
保德	29 294	24 025	53 319	121.9	17.74
河曲	61 818	43 262	105 080	142.9	16.94
总计	1 304 702	947 952	2 253 012	137.63	—

资料来源：实业部国际贸易局编：《中国实业志》(山西省)上册第一编总论第三章人口，上海：华丰印刷铸字所，民国二十六年版，第 30—36 页(甲)。

从劳动人口占总人口的比例来看，民国时期的晋西北地区劳动年龄人口的占比还是比较大的。以静乐县为例，据《民国实业志》(山西省)记载,1928 年该县总人口 110 558 人,1935 年总人口 99 954 人。[①] 以此进行估算,可知 1933 年静乐县总人口应在 10—11 万人之间。据《静乐县志》有关记载,1935 年全县劳力总数 62 142 人,其中男劳力 43 901 人,女劳力 18 231 人。[②] 劳力总数占总人口的比例超过六成,可见劳动人口数量较高。

据张闻天晋陕调查报告记载,神府县直属乡八个自然村中,每户富裕中农的人口比一般中农多些,而中农人口比贫农多些。在劳动力分配上,富裕中农亦比一般中农多些,而中农则比贫农多些。在生产工具落后的条件下,每户劳动力的多寡,在每户经济的发展上起决定作用。[③]

土地在农业社会无疑是最突出、最重要的问题。地权是农村社会结构的关键因素,是决定社会地位高低的基础。英国学者贝思飞认为,民国时期的中国,土地"是乡村社会成员基本的财产和谋生的主要资源","拥有土地与否是农民阶层的基本标准。'哪怕家里只有一寸土地,他们就认为自己和乡人平起平坐'。于是在中国农村的许多地方,没有土地就意味着不再属于农民阶层,他们被迫生活在村子的外围,受到各种歧视",[④]"在一个以拥有土地的多少来衡量人的声望的社会里,那些没有土地或几乎没有土地的农民已经遭受了很多耻辱"。[⑤]

民国时期,晋西北地区大部分土地被地主、富农占有,占人口

---

① 实业部国际贸易局编:《中国实业志》(山西省)上册第一编总论第三章人口,上海:华丰印刷铸字所,民国二十六年版,第 29—35 页。

② 静乐县志编纂委员会编:《静乐县志》,北京:红旗出版社,2000 年版,第 114 页。

③ 张闻天选集传记组、中共陕西省委党史研究室、中共山西省委党史研究室编:《张闻天晋陕调查文集》,北京:中共党史出版社,1994 年版,第 36—37 页。

④ [英]贝思飞著,徐有威等译:《民国时期的土匪》,上海人民出版社,1992 年版,第 92 页。

⑤ [英]贝思飞著,徐有威等译:《民国时期的土匪》,上海人民出版社,1992 年版,第 98 页。

大部分的贫苦农民占有土地很少甚至不占有土地，收入有限，决定了他们在社会经济中只能处于被支配地位。据张闻天晋陕调查组了解，宁武 60％的土地在大地主手里。[①] 据《中国实业志》（山西省）第二编农业经济部分调查统计资料显示，1935 年的宁武县自耕农、半自耕农、佃农、雇农分别占有土地的比例为 62.66％、16.09％、16.97％、4.26％。[②]

据晋绥边区政府 1943 年对晋西北兴县等 4 县 17 个自然村的调查，其情形大体相同。地主人口占总人口的 8.25％，占全部土地的 31.7％；中农、贫农占总人口 80％，占 48.7％的土地；富农人口占总人口的 8.25％，占有土地 18.8％。将地主和富农加在一起，所有土地占全部土地的 50.5％，且地质优等。[③] 占有水地总面积的 94％，坪地总面积的 78.5％。[④]

据《忻州地区志》的记载，抗日民主政府对土地最集中的 2 县 6 村的调查结果表明，占人口 12.4％的地主占有 83.4％的土地，占人口 7.4％的富农占有 9％的土地，而占人口 80.3％的贫佃农和中农仅占有 7.3％的土地。[⑤] 另据 1943 年晋绥二分区对减租前 46 个行政村和 20 个自然村的调查，各阶级占有土地情况见表 1.10。

---

① 张闻天选集传记组、中共陕西省委党史研究室、中共山西省委党史研究室编：《张闻天晋陕调查文集》，北京：中共党史出版社，1994 年版，第 369 页。

② 实业部国际贸易局编：《中国实业志》（山西省）上册第二编第二章，上海：华丰印刷铸字所，民国二十六年版，第 62 页。

③ 吕梁地区地方志编纂委员会编：《吕梁地区志》，太原：山西人民出版社，1989 年版，第 108 页。

④ 吕梁地区地方志编纂委员会编：《吕梁地区志》，太原：山西人民出版社，1989 年版，第 110 页。

⑤ 忻州地区志编纂委员会编：《忻州地区志》，太原：山西古籍出版社，1999 年版，第 151 页。

表 1.10　晋绥二分区部分村各阶级占有土地情况表

成分	户数	占户%	土地面积(亩)	占比%	户均土地(亩)
地主	146	4.5	24 089	35.7	165
富农	229	6	9 846.5	14.6	43.1
中农	918	23.9	20 924	31	22.8
贫农	1 498	38.9	9 480.5	14	6.3
其他	1 054	27.4	3 133	4.6	2.97
合计	3 845		67 473		12.5

资料来源:忻州地区志编纂委员会编:《忻州地区志》,太原:山西古籍出版社,1999年版,第151页。

以位居晋西北中部的静乐县为例,据1939年统计,全县共有土地58.4万亩,其中39%的土地为仅占人口总数17%的富户占有,而42%的贫雇农户所占土地不到总量的19%。1943年杜家村全村有耕地1 851.5垧,农户154户,人均2.68垧,其中富户26户,占总户数的16.88%,占有耕地835.5垧,占总耕地45.13%,人均7.4垧;中农和贫农户128户,占总农户的83.12%,占有耕地1 016垧,占总耕地54.87%,人均1.76垧。富户人均占有耕地是中、贫农户的4倍以上。

1944年,静乐县苍峪沟村有中农户20户,人均占有耕地4.32亩,是地主户人均数的1/3;贫农户20户,人均占有2.88亩,不达地主户人均数的1/4。该县南部八区米峪镇一带,占总户数9.29%的财主占有总耕地面积比例更高达68%。①

① 静乐县志编纂委员会编:《静乐县志》,北京:红旗出版社,2000年版,第117页。

表 1.11　1944 年静乐县苍峪沟村土地分布图

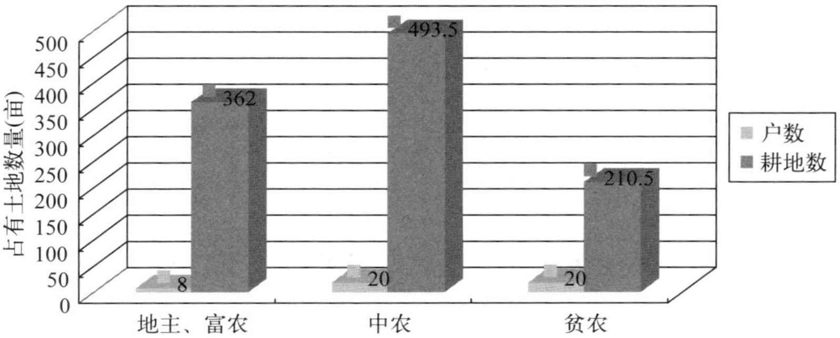

资料来源：静乐县志编纂委员会编：《静乐县志》，北京：红旗出版社，2000 年版，第 191 页。

综合《吕梁地区志》[①]《忻州地区志》[②]等史志资料的记载，整个晋西北各阶层占有土地的比重在各地有所差异。总体上，一般地主、富农占 30％—50％，贫农和雇农占 20％，中农占 30％。山区地广人稀，地主、富农占有土地比重大，平川人口稠密，地主、富农占有土地的比重相对少些。

抗战爆发前的晋西北封建土地所有制社会背景下，地主、富农人口虽少却占有大量土地，除自有土地的自耕农能以自有地为生外，没有土地的或土地数量较少的贫雇农不得不成为佃农或半佃农，需佃种他人土地以维持生计。富农、中农、贫农各阶层在土地租佃中的角色往往具有两重性，即有既当佃户又少量出租自家土地兼具佃主和佃农两种身份的情况。[③] 各地史志记载了佃主们“不

① 吕梁地区地方志编纂委员会编：《吕梁地区志》，太原：山西人民出版社，1989 年版，第 108 页。

② 忻州地区志编纂委员会编：《忻州地区志》，太原：山西古籍出版社，1999 年版，第 151 页。

③ 张玮：《战争・革命与乡村社会》，北京：中国社会科学出版社，2008 年版，第 122 页。

劳而获，靠地租、雇工和放高利贷剥削农民”，①有些“剥削非常残酷”②的社会状况。

晋西北地租分为货币地租、实物地租、劳役地租。

货币地租：这种地租在交通方便、商品贸易活动较多的平川地区采用，后因战争影响，物价波动，货币贬值，地主为减少损失，以银圆代替纸币。

实物地租：这种地租形式在山区多实行。由于物价波动，有的以实物代替货币，多以谷子、小麦、大豆作为标准租金。

劳役地租：佃农除了在农田为地主以劳代租外还要给地主负担杂役劳动，在山区常见的是一种叫“拌种”（又叫“夥种”）地的形式，即佃户出劳力和生产投资（畜工、肥料、种子、工具等）耕种地主的土地，收获物在扣除投资后由租佃双方均分。③

地主把土地出租给佃农，坐收地租。土地出租方不论年景丰歉，租户每年都须按固定数量定期交纳钱租或粮租，或根据秋后所获，按成数交租。以上两种租率，水地、平地一般40%左右，高的达50%—70%；旱地、坡地25%左右，高的达30%—50%。

晋西北农村富余劳动力较多，就业渠道单一，除长租户外，还有部分无地和少地的农民当雇工，即完全受雇于人谋生，纯以工资为其劳动代价。据有关资料，彼时雇工有日工（短工）、月工、年工（长工）三种。长工“工资是连续取用，两三月一取，因家中等用”。短工则是按时计算，一般的规定是“头歇工钱，二歇饭”。除有按时

① 静乐县志编纂委员会编：《静乐县志》，北京：红旗出版社，2000年版，第117页。

② 吕梁地区地方志编纂委员会编：《吕梁地区志》，太原：山西人民出版社，1989年版，第110页。

③ 吕梁地区地方志编纂委员会编：《吕梁地区志》，太原：山西人民出版社，1989年版，第111页。

计算外,也有按件计算的,如摘棉花是按斤付工资的。[①] 短工收入很有限,如果当天没人雇佣,运气不好时还得倒贴饭钱。雇工一年劳动收获大部分被雇主所夺。

据《中国实业志》(山西省)第二编第一章对1935年用工情况的统计,晋西北地区男工平均日工资为1角5分,月工资为4元2角4分,年工资为38元7角。崞县、保德年工资最高60—70元,忻县、五寨、定襄、静乐、繁峙、河曲等县工资最低为20—30元。交城、文水、孝义为50元,兴县、汾阳为40元,临县、石楼、中阳为30元,岚县24元,方山22元,离石20元。女工孝义35元,文水25元,石楼22元,交城、临县20元。[②] 平川各县收入高于山区县,社会购买力和消费水平也相应较高。雇农年工资如为40元,可买小麦1 000斤,小米1 600斤,高粱2 000斤,玉茭1 800斤,土豆7 000斤,鸡蛋400斤。[③] 以家庭为单位计算,据民国政府统计,1935年宁武、偏关、河曲等县户均收入在26元以下,最少的河曲仅15.26元。[④] 晋西北一般人家一年的所有收入只能买624斤小米,如张闻天晋陕调查组所见"每岁所入,难敷一年之口食"。普通农民的食物以杂粮粗食为主,而且一年四季几乎如此,"即使过节和农忙时

---

① 牛文琴:《20世纪前期山西乡村雇工货币工资的考察》,《太原师范学院学报》,2010年第3期,第39页。

② 实业部国际贸易局编:《中国实业志》(山西省)上册第二编第一章,上海:华丰印刷铸字所,民国二十六年版,第64—70页(乙)。

③ 吕梁地区地方志编纂委员会编:《吕梁地区志》,太原:山西人民出版社,1989年版,第110—111页;贾维桢、尚永红、孙海声主编:《兴县志》,北京:中国大百科全书出版社,1993年版,第109页。

④ 忻州地区志编纂委员会编:《忻州地区志》,太原:山西古籍出版社,1999年版,第151页。

也比平时好不了多少，青黄不接时还要挨饿”。[①] 地富、部分中农等中上等人家则吃喝不愁、衣食无忧。

表 1.12　1930 年晋西北吕梁各县租金表

单位：银圆

	水地亩租		旱地亩租		山坡地亩租	
	现金	实物	现金	实物	现金	实物
交城	3	1	2	7		
文水	3	6	2	4	1	2
兴县				0.2		
汾阳				1		
临县	7.8		2			
离石		钱租收值 20%	物租收值	30%		
方山		5		3		

资料来源：吕梁地区地方志编纂委员会编：《吕梁地区志》，太原：山西人民出版社，1989 年版，第 111 页。

二、借贷、民众生活

借贷关系是民国年间包括晋西北在内的中国所有乡村主要的经济关系之一。无地或少地的贫雇农面对高额地租，以微薄之佃地、雇工收入，经常入不敷出，需要借贷。据国民政府土地委员会 1934 年的调查，山西省有近一半比例的农户收支不敷，还有相当部分的农户为收支相当或收支情况不明。[②] 晋西北在山西省内属于相对贫困地区，故借贷比例大于全省平均水平，半数以上的农户都

① 张闻天选集传记组、中共陕西省委党史研究室、中共山西省委党史研究室编：《张闻天晋陕调查文集》，北京：中共党史出版社，1994 年版，第 71 页。

② 张玮：《战争 · 革命与乡村社会》，北京：中国社会科学出版社，2008 年版，第 270 页。

需要借贷。抗战爆发前的兴县杨家坡有 40 户人家，借粮债者至少有 20 户。①

晋西北农户之借债目的基本用于解决家庭日常生计或生活所需以及还清旧债等，普遍用于家常日用、疾病婚丧等非生产性事业，用于生产事业者微乎其微。② 主要原因还在于收入不足以养家糊口之用，如遇有稍微重大的开销事项就必须告贷了。而民国年间的晋西北农民借贷渠道有限，利率高企，在高利贷盘剥下，往往造成一旦借贷的数额较大，则越还越多且几代都还不清的情形。

晋西北农民借贷之来源主要有银行、钱庄、合作社、典当行、商店等诸种，而据《中国实业志》（山西省）记载，山西农民借贷途径中，向私人借款者占 50.4%，即私人借贷一项占农村借贷总数之半数。③ 乡村借贷主要由地主、富农、商人、钱庄、当铺把持，基本是“高利贷”一统天下。

借贷形式分信用借贷和抵押借贷两种，晋西北大部分借贷是抵押借贷即必须订立合约，又分直接订立和具保订立。信用借贷一般限于熟人之间，告借者信誉良好且借贷数量较少；抵押借贷需要有抵押品和保人，有的还需先有“中人”再加保人方可具保订立，也就是为了让还贷更有保证。抵押品可以是土地、房屋，也可以是物品。④

借贷通常为贷粮、贷款两种。利率则根据借款金额、还款形式

---

① 张玮：《战争·革命与乡村社会》，北京：中国社会科学出版社，2008 年版，第 264 页。

② 张玮：《战争·革命与乡村社会》，北京：中国社会科学出版社，2008 年版，第 272 页。

③ 实业部国际贸易局编：《中国实业志》（山西省）上册第二编第一章，上海：华丰印刷铸字所，民国二十六年版，第 70—71 页（乙）。

④ 张闻天选集传记组、中共陕西省委党史研究室、中共山西省委党史研究室编：《张闻天晋陕调查文集》，北京：中共党史出版社，1994 年版，第 118 页。

不同而高低有别。贷粮利率高于贷钱，老百姓俗话讲“钱不过三，粟不过五”。据《吕梁地区志》记载，告借者借粮如春借1斗，则夏还斗半，秋就得还2斗，当年还不清者如拖到下年，则利变本、本生利。[①] 据《中国实业志》(山西省)记载，晋西北各县私人借贷利率最高者月利为3—5分，普通月利为2.5分左右。[②] 而《吕梁地区志》记载的贷款利率低者月息为3—5分，一般为7分，高者1角，采用“利滚利”的办法。这些都已经属于高利贷了。在地租和高利贷的双重盘剥下，晋西北绝大部分贫雇农家庭收入只能勉强应付柴米油盐等基本所需，如够糊口已属不易。遑论其他消费(据《兴县志》记载，1950年的兴县人均购买力仍只有11.6元)。[③]

民国期间的晋西北社会状况总体上是比较落后的。在长期的封建社会制度下，自然条件较差、经济落后的晋西北地区民众尤其是贫者生活大多陷于窘境。《岚县志》里“征里全无布，谋餐半是糠”[④]；《方山县志》里“秃头山，烂陡坡，睁眼瞎，光棍多”[⑤]；静乐县“穷人连八分钱一尺的洋布都买不起”[⑥]“群众穿的衣服没有像样的，大都是补丁叠补丁，少数群众穿不上衣服，羊皮裹毡片，一家几

① 吕梁地区地方志编纂委员会编:《吕梁地区志》，太原:山西人民出版社，1989年版，第111页。

② 实业部国际贸易局编:《中国实业志》(山西省)上册第二编第一章，上海:华丰印刷铸字所，民国二十六年版，第70页(乙)。

③ 贾维桢、尚永红、孙海声主编:《兴县志》，北京:中国大百科全书出版社，1993年版，第98页。

④ 康茂生主编:《岚县志》，北京:中国科学技术出版社，1991年版，第2页。

⑤ 方山县地方志编纂委员会:《方山县志》，太原:山西人民出版社，1993年版，“概述”第4页。

⑥ 李时雨:《民国二十年间娄烦人民的穿着》，娄烦县政协文史委员会编:《娄烦文史资料》第四辑，1995年6月，第126页。

口人光席子没有被子”[1]等记载是这种贫困状况的真实反映。时任晋西北行政公署副主任牛荫冠是兴县本地人，在他的记忆里“当地人民生活十分困难，尤以农村贫雇农为最。炕无铺席，夜无被盖，缺衣少穿者甚多。一件老羊皮袄，白天穿，夜里盖，全家人外出轮着穿是极普遍的事”。而因贫负债又加重了占人口大多数的贫雇农在政治、经济上的依附地位。

伴随着贫困和经济落后的是教育、文化事业的落后。晋西北地区人民群众的受教育程度很低，抗战以前文盲率达到惊人的90%以上，女人基本不识字，故晋西北有“文化荒原”之称。[2] 埃德加·斯诺指出：“除了少数地主、官吏、商人以外，几乎没有人识字，文盲几乎达95%左右。在文化上，这是地球上最黑暗的一个角落。”[3]广大农村迷信盛行，充斥着二流子、神婆子、大烟鬼、赌徒等“边缘化群体”，到处呈现出落后的景象。

由于生产发展缓慢、教育落后、交通闭塞、文化素质低、长期受自给自足的小农经济思想支配，晋西北地区尤其是内地民众形成了抱残守缺、因循守旧的观念。俗有“金窝银窝不如自己的狗窝”“在家千日好，出门一时难”之说。除汾、文、交、清及忻、崞、宁等少数地方的人们外出闯荡谋生外，其他大部分地区民众囿于简单生产的自然经济，安于“老婆山药（马铃薯）老汉糕”[4]“面朝黄土背朝天”“三十亩地一头牛，孩子老婆热炕头”，农闲时大伙聚集在一起

---

① 王海香：《纺车声中练红心》，娄烦县政协文史委员会编：《娄烦文史资料》第一辑，1985年12月，第82页。

② 穆欣：《晋绥解放区鸟瞰》，太原：山西人民出版社，1984年版，第114页。

③ [美]埃德加·斯诺：《西行漫记》，北京：三联书店，1979年版，第210页。

④ 方山县地方志编纂委员会：《方山县志》，太原：山西人民出版社，1993年版，“概述”第1页。

“晒太阳”等多年不变的单调生活。

曾在晋西北抗日根据地长期征战的甘惜分在回忆文章里形容战前的晋西北内地为“六少三多”，即“地少、水少、人少、粮少、树少、钱少，山多、窑洞多、穷户多”。① 落后的晋西北社会亟须一场震荡风云的革命的洗礼。

三、社会阶层结构

社会阶层结构即社会等级结构。民国时期的晋西北社会，中下阶层亦即贫雇农所占比重很大，居于主流地位或社会中上层的是处于政权体系的各级官吏以及居住在城乡的贤达士绅。士绅等中上层人数虽所占比重很小，但这少数人却能参与社会运转甚至行政权力的运行之中，并拥有绝大部分的社会财富。

中国的历朝历代在基层社会管理上素有“皇权不下县”之传统，清末民初的晋西北社会结构中，对基层的社会管理仍然沿袭了“乡贤”治理模式，实施乡里制等相对松散的以乡绅为骨干的家族治理机制，运用宗族、道德等因素维系基层社会自治。民国八年(1919 年)，阎锡山在山西推行编村制，把“村”增设为官制系统的行政单位，希冀进一步加强对乡村的管理，以有效落实他所推行的“六政三事”(六政是水利、种树、蚕桑、禁烟、剪发、天足；三事是种棉、造林、牲畜)和其他社会改良措施包括“村制”在内的其他社会改良措施，“村足若干户而地方适中者为主村，其余小村距离远近适宜者为附村。每编村村长一人或村副一人或二人，二十五家为一闾，有闾长一人，五家为邻，设邻长一人……以编村为施政单位”。“村制”的施行中，乡村领袖的

① 甘惜分:《烽火中的晋绥十年》，王金平主编:《兴县文史资料》第 10 辑，2011 年 3 月，第 46 页。

人选被限定在一定的范围，从对财产的限定来看，一般平民百姓是没有资格担任的。阎锡山基层治理所依靠的对象大部分仍是传统意义上的乡村权威——地主士绅。[①]

这种社会架构延续了清末以来“官—绅—民”的社会权力结构模式，官僚与士绅阶层互相依存，构成统治阶层（士绅大多是地主或富商，但是两者之间却不是对应关系），即民国士绅仍拥有“相对独立于官府体系之外的非正式权力”，[②]在不受民众监督的官府与基层之间进行沟通。与此前相比，“年高望重，有钱有势”仍是编村制里任职必不可少的条件，意即传统的乡村权威集财富、权势、声望于一体。[③] 而有所不同的是，此时的商人已不再是传统的“士农工商”之末，他们开始进入社会主流阶层，参与社会管理，只不过是以一种商业资本和农业、金融资本相结合进而实现身份转变的方式达到的。

民国以降，晋西北商业进入了发展繁荣的阶段，也是域内上层社会加紧向商业领域扩张和渗透的时期，而这一现象反过来也促成了商业资本大量进入此前很少涉足的社会层面，这是前所未有的一个变化和特点。据《清徐县志》记载，“清末，农家富户纷纷涉足商事，设布庄，开醋坊，办粮店”，[④]促使社会结构进一步发生变化。许多地主、富农同时都兼营商业，商人成为他们的另一个社会身份。与此同时，随着经济的商品化程度日益提高，士绅阶

① 渠桂萍、王先明：《试论晋西北抗日根据地乡村权力结构的变动（1937—1945）》，《社会科学研究》，2002 年第 1 期，第 122 页。

② 王先明：《士绅构成要素的变异与乡村权力——以二十世纪三四十年代晋中晋西北为例》，《近代史研究》，2005 年第 2 期，第 276 页。

③ 渠桂萍、王先明：《试论晋西北抗日根据地乡村权力结构的变动（1937—1945）》，《社会科学研究》，2002 年第 1 期，第 123 页。

④ 清徐县地方志编纂委员会编：《清徐县志》，太原：山西古籍出版社，1999 年版，第 351 页。

层也开始出现商业化特征，“差不多的士绅，在县城里一定开着‘银号’‘布店’‘洋货庄’等，自然有的是因为他开着许多商店而做了绅士，有的则是因是绅士，才一下大开其商号起来”。[①] 但仅有土地和商业财富还不足以成为绅士，必须同时拥有一定的社会地位才能晋身为士绅。如《名人传略》里记载的交城第一大地主武攀魁，出生城市中产阶级，以经商收入为主。只是由于“花钱运动”当过省议员，才晋身为绅士。[②] 这种因商而绅或因绅而商的社会流动，使得财富与功名共同成为社会结构重构的重要因素，[③]然而也从另一个方面反映了商人社会地位的提高。

表 1.13　抗战之前晋西北 8 户士绅土地占有情况

姓名	士绅身份及经历	土地占有	其他财产	从业和地位	家庭情况
刘雨畲	城派士绅	百余垧	商店四五处	商会会长	7 口人
王海龙	有名士绅	90 余垧	作坊 2 处	当过村长	6 口人
温献增	士绅，前清秀才	300 余垧	不明	业医、省议员	不明
温启明	乡派士绅，大学	200 余垧	住院 2 处	中学校长	6 口人
樊学迟	前清秀才	183 垧	住院 11 处	高利贷者、村长	不明
李绍荣	秀才，乡派士绅	约千垧	商店	高利贷者	5 口人
康顶元	秀才	430 垧	不明	当过村长	13 口人
孙理	士绅	500 余垧	经营牛羊群	不明	不明

说明：山地土地以垧计，一般 3 亩为一垧。
资料来源：《名人传略》，山西省档案馆藏：A－22－1－4－1。

① 引自裴筎：《动乱前夕的山西政治和农村》，《中国农村》第 6 卷第 6 期，1936 年 6 月。王先明：《士绅构成要素的变异与乡村权力——以二十世纪三四十年代晋中晋西北为例》，《近代史研究》，2005 年第 2 期，第 265 页。

② 《名人传略》，山西省档案馆藏：A－22－1－4－1。

③ 王先明：《士绅构成要素的变异与乡村权力——以二十世纪三四十年代晋中晋西北为例》，《近代史研究》，2005 年第 2 期，第 255 页。

著名经济学家王亚南指出："中国的商业资本……是与高利贷资本、土地资本发生密切的'三位一体'的联系。"[①]晋西北概莫能外。据《张闻天晋陕调查文集》记载，"交城武荦（攀）魁，[②]大地主，横尖（人），有3 000垧地。商业、高利贷、地主三位一体"。[③] 晋西北档案资料《名人传略》所列8个地主乡绅中，就有3个有明确的商业产业。[④] 这种情况在晋西北各地是普遍现象。如兴县蔡家崖著名士绅牛友兰既是大地主又是大商人，在兴县城里有4万白洋的买卖。1931年前后，河曲城关十大富豪之首的张瑞，全家9口人，占有土地2 000多亩，全部出租。开设粮店、当铺、酱园子、碾磨坊，商业资金达4万银两。共修5座大院，17个粮仓，每仓可贮粮150石。[⑤] 张闻天晋陕调查组的重点调查研究对象神府县（时为晋西北抗日根据地政府直属县）地主马维新，有地1 175.5垧，[⑥]在吉镇又开设了"崇德厚"商号，主要业务是放高利贷、典卖土地、买卖粮食。[⑦] 张玮《战争·革命与乡村社会——晋西北租佃制度与借贷关系研究》一书也记录了兴县赵村地主康某出租土地300余垧并兼放高利贷，钱村地主梁某既开油坊又出租土地并放高利贷及兴县

---

① 王亚南：《王亚南文集》第3卷，福州：福建教育出版社，1988年版，第316页。

② "武荦魁"应为"武攀魁"，即《名人传略》所载之"武攀魁"，抗战开始后曾任伪职。横尖乃交城地名。

③ 张闻天选集传记组、中共陕西省委党史研究室、中共山西省委党史研究室编《张闻天晋陕调查文集》，北京：中共党史出版社，1994年版，第369页。

④ 王先明：《士绅构成要素的变异与乡村权力——以二十世纪三四十年代晋中晋西北为例》，《近代史研究》，2005年第2期，第256页。

⑤ 河曲县志编纂委员会编：《河曲县志》，太原：山西人民出版社，1989年版，第139页。

⑥ 张闻天选集传记组、中共陕西省委党史研究室、中共山西省委党史研究室编：《张闻天晋陕调查文集》，北京：中共党史出版社，1994年版，第175页。

⑦ 张闻天选集传记组、中共陕西省委党史研究室、中共山西省委党史研究室编：《张闻天晋陕调查文集》，北京：中共党史出版社，1994年版，第170页。

商人郭志祯是有名的商人兼高利贷者的情况。[①] 静乐县下静游的殷实富户冯克忠，既是地主又是乡绅，同时又经营粉坊、酒坊，在方圆百里很有影响。[②] 邻村峰岭底的高佩天开了煤窑，又在县城和娄烦镇做买卖。[③] 而宁武县经营水磨的均系富户，为民间加工粮食，从中收取利润。[④]

这些事实表明了全面抗战之前的晋西北社会阶层已经发生了重大变化，商业资本与其他资本相互融合，商人的社会地位得到提高。

① 张玮：《战争・革命与乡村社会——晋西北租佃制度与借贷关系研究》，北京：中国社会科学出版社，2008 年版，第 241 页。

② 访谈对象：韩山海，男，80 岁，娄烦县（原属静乐县）上静游村人；访谈时间：2013 年 6 月 8 日。

③ 静乐县志编纂委员会编：《静乐县志》，北京：红旗出版社，2000 年版，第 233 页。

④ 宁武县志编纂委员会办公室编：《宁武县志》，太原：山西人民出版社，1989 年版，第 188 页。

第二章　全面抗战前的晋西北商品流通

晋西北地处晋、蒙、陕之间，系连接西北与华北、北平、中原之要冲，有着地利之便。清末民初以来，随着境内工业、手工业的发展及可出售产品的增多，晋西北与周边地区的贸易联系日益深入，境内物资交流更加频繁，商业贸易的发展反过来又刺激了手工业和农业生产。① 在陇海和平绥铁路通车前，晋西北农村自然经济逐渐削弱，商业贸易呈现出繁荣之象。②

大批商品的输入和输出，推动了晋西北商业的兴盛，本地土产和从西北转运而来的土特产品被运往平川和京、津等地，来自华北和京、津、沪的大批日用工业品输入境内或经晋西北转运到西北地区。

第一节　商业网络

中心市镇、商业集镇和城乡集市构成了晋西北商品流通体系

---

① 晋绥边区财政经济史编写组、山西省档案馆编:《晋绥边区财政经济史资料选编》(金融贸易编),太原:山西人民出版社,1986 年版,第 396 页。

② 晋绥边区财政经济史编写组、山西省档案馆编:《晋绥边区财政经济史资料选编》(金融贸易编),太原:山西人民出版社,1986 年版,第 489 页。

和网络。

一、中心市镇

明清时期,山西各地已形成许多商业中心。清朝中叶的山西且不说“祁、太、平、介”“南绛北代”①这些商业重镇,就是一般县城也都成商业型市镇。这些基本商业化的市镇分布于全省各地,无疑使商品流通扩大,冲击着自给自足的自然经济,从而日益脱离乡村而与通都大邑发生着紧密的联系。是时,山西与京、津、汉口等地之间日有交通货运之往来,或船载车运,或骡驮脚送,非常繁忙。② 当时晋西北的县城中,河曲县城就是这种商业市镇的缩影,史载河保营:“城垣巩固,商贾云集,居民官解栉比崇墉,巍然重镇,西域每市于此。”③

清末民初,随着商业的发展,晋西北各县城和交通要道上的集镇成为自然的区域商业中心,汾阳、交城、临县、忻县、河曲、岢县、徐沟、清源等县城和碛口镇、娄烦镇等商业中心规模较大,年经营额最少在百万以上,资本金最少的岢县也达到了 30 万银圆。其他如文水及内地的离石、宁武、五寨、静乐等县城商业规模逊于前者。临县白文、三交,离石吴城,汾阳冀村、三泉,河曲巡镇,五寨三岔,岚县东村,阳曲北小店,太原向阳店等地因处交通要道,商业也比较发达。

碛口镇:明初实行“开中制”以后,碛口因处于西通秦陇、东连燕赵、北达蒙古、南接中原的战略要地,很快成为重要的商贸

---

① “祁、太、平、介”即祁县、太谷、平遥、介休;“南绛北代”即绛州城(今新绛)和代州城(今代县)。

② 马玉山:《明清山西市镇经济初探》,《山西大学学报》,1992 年第 4 期,第 56 页。

③ 马玉山:《明清山西市镇经济初探》,《山西大学学报》,1992 年第 4 期,第 55 页。

中心。民国时期的碛口是晋商的“西大门”，在晋西北商业集镇中最为繁华。民国四年（1915 年），山西省军用电信局长途电话直通碛口镇，民国六年（1917 年），碛口成立中华邮政局，比县城整整早 20 年。说明当时碛口在军事、政治、经济上的重要地位。①

民国初年，碛口已成为陕、甘、绥、宁与晋西北物资集散之重镇，有坐商 204 家，远较临县城繁荣。20 世纪 30 年代初是碛口商业的鼎盛时期，据《山西金融》记载，其时有坐商 360 余家，每天有成百上千的商人、旅客过往，其市面因之日趋繁华，日渡船只 50 多艘，船上装卸货物不下百万斤。镇内有搬运工 2 000 余人，日过往驮货牲畜 3 000 余头。每年从绥远磴口一带航至货船不下 4 000 余艘。民国十五年（1926 年）九月，由山西省教育厅编辑处编辑的初级小学补习科用《商业课本》第一册第 28 课“碛口”记载了碛口所来去的货物，约计如下：

西路：来货皮、毛、碱；去货布匹、棉花、生铁货、瓷器。

东路：来货河南布、洋布、省南棉花、熟铁货；去货皮、毛、油、碱、粉条、粉皮。

南路：来无货；去货小米、麦、豆。

北路：来货油、盐、鄂（尔多斯）（河）套碱、杂粮；去货无。

南路无来货，北路无去货，俱因黄河水运不能用木板船上行之故。②

除商品流转量大以外，商户规模大，大商数量多，是碛口商业

---

① 山西省政协《晋商史料全览》编辑委员会编：《晋商史料全览・商镇卷》，太原：山西人民出版社，2007 年版，第 503—505 页。

② 阎刚平：《碛口——黄河古码头、晋商西大门》，《文史月刊》，2005 年第 7 期，第 53 页。

的又一个特点。全镇年营业额在 50 万银圆以上者 10 余家。“集义兴”“义生成”每年经碛口转运甘草达 350 万公斤。碛口最大的商业资本家是寨子山村的陈晋之，经营烟酒、国药、京广杂货店铺 10 余家，商业资本 10 万银圆。[①] 碛口一个较大商户年营业额是内地一个县城的规模（静乐县城所有商户年营业额为 65 万元），碛口全镇的商品流转量也超过了汾阳、忻县等中心商埠。仅十大商户年营业额至少 500 万（银圆），而根据《中国实业志》（山西省）记载，1936 年汾阳县输出商品和输入商品额共 1 659 950 元。[②]

汾阳县城：汾阳城地处秦晋要道，晋中枢纽，历来商业发达。商号遍及城乡，明清时达千户之多。县城市井繁华、店铺林立，经商者众多。在更早的时候，这里就是陕、甘、宁土产运往各地和京广百货输入河西的重要集散地。城内经营商品转运的客货栈五六十处。当地经济的发展，使县城成为号称“小北京”的商业城。明清时，以钱当、金珠、估衣、百货及粮油、杂货等业较多。清末民初，京广洋货发展迅速，除钱铺、银号等金融店铺外，城乡有私营商号 1 100 多家，资本约百万银圆。县城以鼓楼为中心，东、西、南、北四条大街，店铺鳞次栉比，几无间断，尤以鼓楼东帽市街、东关正街、小南关街最盛。[③]

京货铺经营布匹、绸缎、日用百货。东关街“四义诚”布庄开业于清道光年间，拥有资本 2 万银圆之多，有店员 50 多人，主要经营

---

① 临县志编纂委员会编：《临县志》，北京：海潮出版社，1994 年版，第 321 页。

② 山西省汾阳县志编纂委员会编：《汾阳县志》，北京：海潮出版社，1998 年版，第 452 页。

③ 山西省汾阳县志编纂委员会编：《汾阳县志》，北京：海潮出版社，1998 年版，第 433 页。

本地土布、京津沪细布、各种绸缎，应有尽有，批零兼营。总号设在汾阳，北京、天津、河北、河南、陕西、甘肃等地都设有坐庄。光绪末年，该布庄批发业务已占到营业总额的90%，年经营额20万元以上，在全县10多家布庄中独占鳌头。东门街“永全诚”布庄开业于民国初年，资金雄厚，并与京、津、沪大商号有特殊业务关系，经营的商品多而全，有大宗土布、各种花色细棉布、来自上海、苏杭、川广等地的优质丝绸等。20世纪20年代有店员70多人，年营业额20万元左右。东门街“天锡诚”主要经营日用百货，铺面大，柜内商品五花八门，琳琅满目，接待顾客殷勤周到，为全县京货第一家。

杂货铺经营糖类、海味、红枣、粉条、盐、碱、油、烟、茶、纸张等各种生活日用品。较大的有东关的“永隆兴”、北街的“万和斋”，经营历史都在200年以上。

此外金珠首饰古玩业中以“协和兴”生意最好，资本白银4 000两。“三义合”药铺创始于清康熙年间，一家九代相传，至新中国成立前已经营近300年。①

在汾阳城内商业版图中，京货铺的经营规模远远大于其他行业，商品大部分来自沿海和各大都市，除本地消费外，相当部分被转运销售，遍及晋西北内地、西北市场。可以看出当时的京广货已经相当普及，亦给本土手工业造成很大的压力和冲击。

表2.1　明清至民国年间汾阳县城坐商分布表

行业	数量	行业	数量
京货铺	10多家	杂货	30余家
面铺	20余家	点心铺	20余家

---

① 山西省汾阳县志编纂委员会编：《汾阳县志》，北京：海潮出版社，1998年版，第439—441页。

续表

行业	数量	行业	数量
金珠首饰古玩店	10 多家	鲜果店	4 家
药铺	三四十家	古董估衣店	10 多家
书铺	6 家	肉铺	8 家

资料来源：山西省汾阳县志编纂委员会编：《汾阳县志》，北京：海潮出版社，1998 年版，第 439—441 页。

汾阳县商业的繁荣也体现在人员的流动方面。汾阳商人外出经商者多，经营规模大，来汾阳做生意的外地商人也颇多，文具书铺为河南人经营，鲜果店由崞县人独揽，经营药材者多系河北武安商贩，理发业多为长子县人，其他各行各业都有来自平遥、太谷、文水、孝义等县的经营者。①

交城县城：交城以皮货业一业兴旺带动百业昌盛。清末民初，县城有大小商号 250 余座，其中皮店多达 127 家。这些皮店，既有皮坊加工制作皮件，又搞生皮收购和制件销售。另外还加设客房，接待中外皮货商，并为客商提供库房。当时的皮坊特点是融手工业、商业、服务业为一体的工商业。据《中国实业志》（山西省）记载，1927 年交城县城有绸缎、布匹、药材、杂货等较大商店 21 家，较大皮坊、皮店 38 家。当年仅输出皮衣一项就可获银圆 147 万元。1937 年抗日战争爆发前，较大商店、服务业店铺仍有 72 家。② 四合源皮坊开业于咸丰元年（1851 年），支庄有天津、汉口、张家口、甘肃、花马池、陕西三边等处，年进滩皮 3 万余张，另有直毛、杂毛万余张，裁制滩皮大褂 4 000 多件，其他成品 3 000 多件，经营总额 20

---

① 山西省汾阳县志编纂委员会编：《汾阳县志》，北京：海潮出版社，1998 年版，第 433 页。

② 交城县志编纂委员会编：《交城县志》，太原：山西古籍出版社，1994 年版，第 429 页。

万元。①

文水县城：文水的商业规模逊于汾、交。清光绪九年《文水县志》记载："文邑本非繁富之区，又与交、祁、平、汾接壤，殷实之户，悉交易于邻邑，境内无多商贾。"1933 年，文水县城有商户 76 户，从业人员 552 人，资本额 13.9 万元。②

清源县城：清源地处边山要冲，系清源县治所在，有醋坊、蔬菜、葡果等地产之利，商贩时来时往，贸易十分活跃。清末，随着商品富户纷纷涉足商事，设布庄、开醋坊、办粮店，清源境内的商店逐渐增多。民国初年，清源共有商店 212 家（与徐沟合计从业人员 2 000 余人）。经营的商品有粮食、布匹、棉花、鞋帽、医药、纸张、文具、干鲜果品、油酒醋酱、金银首饰等，清源的察院街、南门街、南关街、猪市巷、西门街是商店集中的地方。③

徐沟县城：徐沟县是只有 3 万人的小县，但由于地处南北通衢，素有"粮市"之称，商业自古发达。清嘉庆时期，徐沟镇的商业已形成十行九市。时有当铺 36 家、木店 22 家、粮店 40 多家、饭店 13 家，还有钱庄、布商、花店、酒肆、杂货等。民国初年，徐沟有商店 88 家，经营的主要是粮食、布匹、棉花、鞋帽、医药、纸张、文具、干鲜果品、油酒醋酱、金银首饰等，徐沟的商店集中在县前街、北大街、东后街、西后街等地方。④ 徐沟粮市尤为发达，有清一朝，俱为南北粮市总汇。同治、光绪年间，来自忻崞之高粱、豆类，来自霍汾之小

---

① 交城县志编纂委员会编：《交城县志》，太原：山西古籍出版社，1994 年版，第 356 页。

② 李培信主编：《文水县志》，太原：山西人民出版社，1994 年版，第 301 页。

③ 清徐县地方志编纂委员会编：《清徐县志》，太原：山西古籍出版社，1999 年版，第 351 页。

④ 清徐县地方志编纂委员会编：《清徐县志》，太原：山西古籍出版社，1999 年版，第 351 页。

麦、面粉，来自沁潞之小米，都汇集于徐沟县城而分销各地。民国时的徐沟粮市已逐渐衰落，然而到1935年时，尚有私营粮店16家，年交易粮食207 098石。[①]

忻县县城：远在明清时期，忻县就是集散中转物资的枢纽，故有“晋北商埠”之称。民国年间，忻县位居同浦路上，是西北方向到太原、河北、北平的必经之地，被称为“晋北孔道”。[②] 忻县商业历来兴旺。清乾隆年间，双堡村部氏改农从商，跻身于忻城繁荣的商业行列。1921—1929年是忻县商业的黄金时期，城内商店鳞次栉比。

据1930年版《新兴》半年刊所载：“本地之商业，在昔堪称殷实，城内商号林立，一望而知为繁荣之区。”由于本境自产货物很少，有许多商品是由行商和本境商号在外地的分支贩运来的。如从河北省获鹿将土布贩运到忻县，洗染加工后销售到本县以西之河、保、偏、神、五、岢、宁、静等西部八县即俗称之“西八县”和陕、蒙等地。将杭州、平津的绸缎、茶叶、烟酒、食糖、杂货也运到忻县，除境内销售一部分外，其余转运西路新疆等地和北路归化等地以及东北销售。运进的原平水果、静乐莜面销往太原、晋中；还有盂县的沙锅、铁器，代县的葫油、辣椒，西八县的皮毛、豆类，经过商行贩运，行销忻县城乡。[③] 忻商还将茶叶转运到蒙古、俄国销售，然后又把西路的马、骆驼、牛羊、驼毛、牛羊皮、白银、金砂、葡萄干和各种

① 清徐县地方志编纂委员会编：《清徐县志》，太原：山西古籍出版社，1999年版，第365页。

② 山西省忻州市地方志编纂委员会编：《忻县志》，北京：中国科学技术出版社，1993年版，第251页。

③ 山西省忻州市地方志编纂委员会编：《忻县志》，北京：中国科学技术出版社，1993年版，第261页。

名贵药材如枸杞、麝香等再运到忻州销售或由忻州转运北平、天津、杭州等地销售。

表 2.2　1929 年忻县城内商业统计表

百货业	户数(户)	服务业	户数(户)	金融业	户数(户)
布店	52	面铺	9	账庄	14
杂货	50	粮店	8	钱铺	15
纸张	15	酱醋	6	当铺	5
绸缎	5	饭店	15		
笔店	4	糕点、饼子	31		
洋货	10	案子糕摊	15		
旧货	4	车马、高脚	23		
药店	11	牲店	8		
烟酒	6			其他	39
过货	4			总计	348
其他为:铁器、山货、皮革、银号、煤油、肉类、瓷器、帽子、麻绳、菜籽、食盐、碱面、煤炭、成衣、书籍、钟表等店铺 39 家。					

资料来源:山西省忻州市地方志编纂委员会编:《忻县志》,北京:中国科学技术出版社,1993 年版,第 262 页。

忻州人很早就流传一则顺口溜:“要买好绸缎,公益(昌)、聚德昌;要吃好点心,文(盛楼)、德(盛楼)、兴盛(楼)、桂(香楼);要下好馆子,庆(升园)、万(和园)、同和(园)、会(仙园)。”①1937 年以前的忻县商业繁荣。城内有棉布、绸缎、百货、文具等商店 100 多家,种类齐全,经营的商品有绸缎、布匹、铁器、陶瓷、茶叶、烟酒、纸张、油类、醋酱、海味、粮食、估衣、糕

① 山西省政协《晋商史料全览》编辑委员会编:《晋商史料全览 · 金融卷》,太原:山西人民出版社,2007 年版,第 200 页。

点、杂货等，著名的有棉布永顺和，绸缎公益昌[①]、聚德昌，文具书业等。[②] 绸缎行"龙头老大"公益昌乃樊野村王焕于清末创办，产品直接从苏杭、天津等地采买，售往二州五县及西八县各处，吞吐量大、经手银钱多，声名远播。[③] 奇村、董村、庄磨、三交4个集镇的商业亦颇兴旺。[④]

河曲县城：河曲城旧有"小北京"之称。民国时期，河曲县城处晋、陕、绥三省交界处，故有"金鸡鸣三省"之称。时平绥、北同蒲铁路未通，蒙、绥、陕北、晋北贸易在很大程度上依赖黄河水运，河曲遂成水旱码头，日行船百十艘。京、蒙、冀、陕、豫及本省太原、晋中、晋北各县商人纷纷在河曲开设商号，城内八大街店铺林立，人口稠密，从河套、绥包至河曲的粮船、货船来来往往，犹如大街上的车水马龙，高脚运输又将货物不断从旱路运出运入，水旱流通。有诗云其景曰："一年似水流莺啭，百货如云瘦马驼。"

表 2.3　1921 年河曲城关商业统计表

单位：个/店铺数　人/店员数

行业	店铺数	店员数	行业	店铺数	店员数	行业	店铺数	店员数
粮店	20		当铺	10	112	盐业	5	86
酒坊	40		金银杂货	9	127	药材	6	85

① 山西省政协《晋商史料全览》编辑委员会编：《晋商史料全览·金融卷》，太原：山西人民出版社，2007 年版，第 200 页。

② 山西省忻州市地方志编纂委员会编：《忻县志》，北京：中国科学技术出版社，1993 年版，第 285 页。

③ 山西省政协《晋商史料全览》编辑委员会编：《晋商史料全览·金融卷》，太原：山西人民出版社，2007 年版，第 200 页。

④ 山西省忻州市地方志编纂委员会编：《忻县志》，北京：中国科学技术出版社，1993 年版，第 271 页。

续表

行业	店铺数	店员数	行业	店铺数	店员数	行业	店铺数	店员数
油坊	48		布匹杂货	31	441			
粮油酒	17	247	铁器	1	10	水果	1	10
皮麻	1	20	鱼虾	1		木器	1	
牛乳	1		毛织	1		照相	1	
油漆	1			图书	1	其他	147	
其他:糖、粉、豆腐、酱坊、炮铺等手工艺铺及肩挑摊贩共 147 家。								

资料来源:河曲县志编纂委员会编:《河曲县志》,太原:山西人民出版社,1989 年版,第 278—279 页。

清末民初,河曲货物来源是“南来的茶布水烟糖,北来的牛羊马驼食盐粮”,河曲作为中转地,把“北路货”运往南路,“南路货”运往绥、包。① 是时,河曲城内旅店客满,街道行人云集,买卖之声不绝于耳,仅崞县在此居住经商者即近千人。本城地主巨商“十大富号”张瑞、乔裕、王锡珍、李杞、王孟、于务本、常佳骐、常佳骏、张焕盛、张耀生在此兴起,各家财产都在 10 万银圆以上。② 又据《河曲县志》记载,1935 年对河曲 40 家商户统计,总经营额为 385 925 元,户均 9 500 元。③

崞县城和原平镇:崞县县城和原平镇均处于晋北通道必经之地,邑人经商历史较长。1922 年,太原—大同公路开通,1935 年 8 月 1 日,北同蒲铁路太原至原平段开通,更促进了当地商业发展。

1933 年,全县经营百货、棉布、针织、药材、杂货的商店和饭店、货栈以及加工首饰、食品、面粉、酱醋的作坊共 445 户,资本 30 万元

① 河曲县志编纂委员会编:《河曲县志》,太原:山西人民出版社,1989 年版,第 282 页。
② 河曲县志编纂委员会编:《河曲县志》,太原:山西人民出版社,1989 年版,第 279 页。
③ 河曲县志编纂委员会编:《河曲县志》,太原:山西人民出版社,1989 年版,第 282 页。

(银圆)。其中崞县县城有商号 230 户,资本 10 万元。原平镇有商号 170 户,资本 18 万余元。

1936 年,崞县县城较大的商号有 41 户,其中经营棉布针织品 3 户,百货业 8 户,日杂用品店 20 户,中西药铺 3 户,粮食、面粉、肉类及照相等商户 7 户。

1936 年,原平镇较大的商号 81 户,其中经营棉布针织品商户 11 户,百货业 6 户,日杂用品店 31 户,中西药铺 6 户。服务行业有包括美术像馆、晋丰恒、恒丰像馆等 3 个照相馆,各个饭店、旅店共 23 户。① 崞、原两地商户数量、资本金逊于汾、忻、河曲等商业中心及碛口等商镇,又较内地各县城商业繁荣。

静乐县城:晋西北诸县及陕西等地到省府太原的捷径均位于静乐县境内。清《静乐县志》记载:“县东康家会镇,县西马坊镇乃由静入岢岚与诸县渡黄赴陕路;县北永安镇,县南娄烦镇,乃岢岚与诸县至静运粟米地。”位于“粟米之路”中心的静乐县城,民国时吸引了不少外地商人,也吸引本县的部分富家、土财开始涉足商业。他们或参股,或合伙经营,使静乐商业发展起来。

当年商人赶着驴骡,拉着骆驼,由岢岚出发经岚县界河口、静乐羊儿岭、康家会镇、阳曲、北小店直达太原。日复一日、年复一年,经这条商路运出当地的粮食、麻油、皮毛、鸡蛋等土产,运进土布、煤油、盐、碱及日用品。粮食是驮运的主要货物,民间当时有“驮不完的静乐县,填不满的向阳店”之说,故这条路被称“粟米之路”。羊儿岭刘家开的骡马客店生意非常兴隆。1933 年,静乐县城

---

① 原平县志编纂委员会编:《原平县志》,北京:中国科学技术出版社,1991 年版,第 221—222 页。

商号有 80 多户，资本总额 5.1 万余银圆，销售总额 65 万银圆。① 商业规模与晋西北内地其他县城类似。

娄烦镇：民国时的静乐县娄烦镇位于现娄烦县城以东 7 公里处汾河与涧河交汇之处，是汾河上游较为开阔的盆地，历来为省城太原与晋西北各县货物中转站。陆路方面，兴县、岢岚、岚县、静乐方向的脚夫与骡马运输大队往返太原、晋中等地都要经过娄烦；水路方面，有宁武、静乐方向沿汾河通往太原的木料筏运，人称水旱码头。

民国以来直至 1938 年，娄烦的商业一直比较繁荣。据《静乐县志》记载，民国二十年（1921 年）娄烦镇就有各行业铺面、摊贩 130 余家，人称“小太原”。② 据娄烦县商业局郝成芳回忆，当时的镇内三条街道上共有工商业大小 100 户，从业人员 900 人。娄烦镇街道、铺面式样，多半依照太原市的式样发展，特别是绸缎、布匹、杂货行业，时髦维新。“玻璃柜台明晃晃，商品陈列，五光十色，引人注目。各种行业、手工作坊应有尽有。经营的商品，太原有啥娄烦有啥。娄烦生产的莜面细、白、精，驰名太原盆地。晋中群众对娄烦莜面评价的谚语‘提起寨沟山，再不要上娄烦；提起吃莜面，还是要到娄烦’，意为莜面好吃山难爬。寨沟山峰高 1 400 多米，是汾河水涨季节太原到娄烦必经之地。”③

本县峰岭底村的高配天（中共先驱高君宇之父）在娄烦镇开设

① 山西省政协《晋商史料全览》编辑委员会编：《晋商史料全览·商镇卷》，太原：山西人民出版社，2007 年版，第 469 页。

② 静乐县志编纂委员会编：《静乐县志》，北京：红旗出版社，2000 年版，第 233 页。

③ 郝成芳著：《事变前娄烦商业的概况》，娄烦县政协文史委员会编：《娄烦文史资料》第二辑，1987 年 7 月，第 96—108 页；娄烦县志编纂委员会编：《娄烦县志》，北京：中华书局，1999 年版，第 152、324 页。

了“天合成”货铺，请了掌柜，每次结账均有结余，生意逐渐兴旺起来。① 外地经商者常来娄烦暂居或定居的有 300 人以上，大部分是晋中地区和忻县地区的人。商业资金约计 40 万元，年营业额 120 万元，年获利约 10 万元，规模远大于静乐县城。经营商品分居民生活消费品及生产资料两类，有药材（3 家），当铺（2 家），钱铺（1 家），绸缎、棉布、百货（19 家），染坊（2 家），皮、毛作坊（3 家），面铺、粮食加工（19 家），酒、醋、粉坊（7 家），食盐（1934 年后剩官盐铺 1 家），旅店（12 家），饮食服务业（10 家），铁木匠铺（25 家）及粮油、肉类、禽蛋、糖酒、烟草、布匹、絮棉、火柴、纸张、煤油、器皿、耕畜、中小农具等铺坊。②

离石县城：离石城位居秦晋通衢，离石县城、柳林镇（民国时属离石县）、吴城镇及邻近的碛口、汾阳等地商业发达。由于地理位置的因素，居民多有商贾之便，由此东运的是农畜产品，西运的是日用工业品。据《离石财贸经济》记载，1929 年离石城内有商号 200 余家，天顺德、义聚公司、祥记公司为大商号。据《中国实业志》（山西省）商业经济部分的记载，1936 年离石有经纪业（即批发商）29 家，资本 7.3 万元（法币），年营业额 38.5 万余元。其中药材 9 家，资本 2.7 万元，年营业额 26.2 万元，杂货 11 家，资本 4 万元，年营业额 7.4 万元。全县有集镇 7 个，商店 720 家。③ 鼎盛时期的离

---

① 内容源于《娄烦县志》及高君宇三弟高全德发表于 1984 年山西省委宣传部主办的《支部建设》的回忆文章。

② 郝成芳著：《事变前娄烦商业的概况》，娄烦县政协文史委员会编：《娄烦文史资料》第二辑，1987 年 7 月，第 96—108 页；娄烦县志编纂委员会编：《娄烦县志》，北京：中华书局，1999 年版，第 152、324 页。

③ 实业部国际贸易局编：《中国实业志》（山西省）上册第二编山西经济之鸟瞰第三章商业经济，上海：华丰印刷铸字所，民国二十六年版，第 111 页。

石祥记公司有员工20多人，业务主要是包销英商设在上海的亚细亚火油股份有限公司和其他公司的煤油、洋蜡、香烟、日光皂、炼乳、洋碱、洋白糖，兼营绸缎、百货、副食等，人称祥记公司“上至绸缎、下至葱蒜”，没有不卖的。①

表2.4　1936年离石城饮食服务业调查情况

行业	户数(户)	人数(人)	行业	户数(户)	人数(人)
饭店	12	34	照相	1	2
旅店	12	32	理发	2	2
修表	2	4			

资料来源：李文凡主编《离石县志》，太原：山西人民出版社1996年版，第305页。

表2.5　1936年离石城坐商调查状况

字号	东家	店员数(人)	经营范围
十大瑞	河北人	50	杂　货
天义永	平遥人	7	五金杂货
王惯恒	祁县人	4	小百货　土布
天裕成	武安人	8	药　店
王忠贤	平遥人	5	五　金
天德顺	西崖底人	6	土布　副食
祥发成	离石人	8	杂　货
天益厚	临县人	10	杂　货
永生元	离石人	8	杂　货
备注	十大瑞共有十个门市部，离石城内三个，其余在东面的平川县。		

资料来源：李文凡主编《离石县志》，太原：山西人民出版社，1996年版，第304页。

① 王书平：《人文离石》，太原：山西人民出版社，2011年版，第151页。

临县县城:20世纪30年代初临县商业比较发达,1931年县城有商店249家,较大的商号有福盛隆、义巨恒、巨盛昌等,经营资本均在5 000元以上。具有一定规模的店铺有57家,资本总额72 250元。县城有兴业、华丰、裕丰、农工4家钱庄、银号,资本总额高达10万元。[①] 商业规模远逊于碛口而与邻近之离石县城相若。

晋西北内地保、偏、神、五、岢、岚、兴诸县城:

保德地处黄河之滨,旧有“水旱码头”之称。东关有两家大商号,资本达16万元,在全国各重要城市都设有分号,主要生意是在口外三边收买甘草。[②] 至1937年,东关尚有商号158家,从业人员850人。其中大型挂牌商号有70多家,最大的为杨、马两家。[③]

偏关县城商号集中于大街两旁。较大商号有福恒泉等13家,从业人员90名左右。中等商号有谦和永等十几家,店员80余人。油坊18家,缸坊10家,食店行(粉坊、豆腐坊、磨坊)20余家,香坊3家,染坊4家,织毯行2家,编织1家,当铺2家,中药铺10家,干货铺5家,面铺8家,肉铺4家,木匠铺5家,炮铺2家,笔墨书铺1家,篾匠1家,裁缝2家,绳匠2家,银匠5家,画匠4家,客店7家,石印1家,图书馆1家,官盐店1家,店员372人。还有小摊贩30余家,从业人员45名。[④] 商业门类比较齐全。

《山西省统计年鉴》记载,1933年神池有商号96家,店员784

---

① 临县志编纂委员会编:《临县志》,北京:海潮出版社,1994年版,第322—324页。

② 晋绥边区财政经济史编写组、山西省档案馆编:《晋绥边区财政经济史资料选编》(金融贸易编),太原:山西人民出版社,1986年版,第489—490页。

③ 保德县志编纂办公室编:《保德县志》,太原:山西人民出版社,1990年版,第265页。

④ 山西省政协《晋商史料全览》编辑委员会编:《晋商史料全览·商镇卷》,太原:山西人民出版社,2007年版,第465—466页。

人，资本额 5.19 万银圆。①

民国年间，五寨县城店铺作坊 112 个，从业人员 325 人，年销售额 113.4 万元。1936 年，五寨县私营商业的资金总额 195 650 元，店均 1 686.64 元。②

岢岚县城是历来是古晋西北的重要物资集散地，被称为“三江都会”“旱码头”，从太原、河北、河南等地输入的物资经此转入河、保、偏、五（寨）等地，大量的外地人员往来于此。民国年间岢岚的 20 多家商业字号大都集中在县城鼓楼洞前后及附近的几条大街上。③ 其中创业于清道光十年（1830 年）的大德堂以祖传秘方“全鹿丸”著称于世。④

岚县县城：民国年间的岚县县城设在岚城镇。这里大小商店众多，摊贩摆满整个街道，柴火、牲畜、粮食、农具都有固定交易场所，买卖兴隆，市面繁荣。在岚县六大镇（岚城、东村、普明、上明、大蛇头、界河口）中处于中心地位。岚城市场以雄踞城内中心的钟鼓楼为中心，东、西、南、北 4 条大街从此向四方延伸，直通城门。又以南街最为繁华。据《岚县志》记载，县城里规模较大、享有盛誉的商店有 30 多处。有出售药品、加工银器、酿造白酒的九如楼，经营布匹、绸缎的九如昌、天和昌、富合涌、永盛明、富盛合，经营药材的三宝斋、九德堂、义兴源、兴业铺，经营皮麻货物的乾泰和、恒丰庆，出售面粉的乾泰恒、义兴隆，出售书籍、承揽印刷的建业书局，

---

① 神池县志编纂委员会编：《神池县志》，北京：中华书局，1999 年版，第 179 页。

② 五寨县志编纂办公室编：《五寨县志》，北京：人民日报出版社，1992 年版，第 174 页。

③ 山西省政协《晋商史料全览》编辑委员会编：《晋商史料全览·商镇卷》，太原：山西人民出版社，2007 年版，第 470 页。

④ 山西省政协《晋商史料全览》编辑委员会编：《晋商史料全览·字号卷》，太原：山西人民出版社，2007 年版，第 223 页。

经营皮业的永合昌及经营典当的久如当当铺等。这些商店货源充足，铺面整洁，服务周到，吸引了大量顾客，在当时享有较高的声誉。此外，还有两处较大的饭馆、数量众多的小型商店和手工作坊。①

兴县县城：从20世纪20年代起，兴县城逐渐繁荣起来，外地商贩大量涌入，本县人士亦纷纷经商。仅县城东、南、西三关规模较大的商号就有永义成、永义隆、永义公、永义全等四处屠宰铺，永义成批发庄，永茂全、永德全杂货铺，复庆永百货棉布批发庄，豫丰栈、豫丰厚杂货批发庄等。从1935年起，本县经商者及资金均多于外地人，并由原只在“二道庄”采买零售，转变为到产地批发购货。据《兴县志》记载，1937年，兴县城商号达396家，27个行业，从业人员1 670人。其中杂货行居多，90家商户雇佣596人，拥有资本13.72万元；仅本县大地主牛友兰参股的复庆永资本就有上万元(有4万银圆的买卖)，雇员16人。此时的兴县城已成为大西北与内地贸易的一个重要的商品集散地，以经营过境转运业务居多。②

二、商业集镇

在中心市镇之外，各地交通要道之处形成一批商业集镇，既是中心集市之所，也是常市所在。

白文镇：民国时期的白文镇因位于兴、临、岚、方四县交界之处而成为典型的粮食集散地，兴、岚等地粮食大量流入该镇。1926

① 山西省政协《晋商史料全览》编辑委员会编：《晋商史料全览 · 商镇卷》，太原：山西人民出版社，2007年版，第492页。

② 贾维桢、尚永红、孙海声主编：《兴县志》，北京：中国大百科全书出版社，1993年版，第170—171页。

年，白文镇有大小粮行80余家，驰名的粮店有树德堂、节义胜、庆和公等13家，人称“三和两胜玉隆公，五保四昌广太恒”，最大的粮店存粮在3万石左右。每集日或籴或粜，交易粮食700石之多，油品、油料万斤以上。镇上大部分粮食销往汾阳、孝义等地，时有“拉不尽的白文”之说。① 白文镇最大的商户有4家，白文秦家有店铺10座、资本3万元，曜头刘家有店铺10座，南塔李家有店铺10座。忻州人在白文开设有10座商号，但规模较小。②

三交镇：三交是临南县府所在地，地理位置十分重要，民国初年三交坐商30余家。晚清时双塔村刘家开设的永太和是三交最老的商号。较大的商号还有晋源礼。1931年坐商发展到200余家，其中以李旺山经营规模最大，有商店6座，总资本3万元。

三岔镇：古名三岔堡，为五寨县三岔驿所在地，在五寨县城北31公里处。西通河曲、保德，北达偏关，东通神池，历史上就是内蒙古入关、甘陕上京必经之路，因居三路之冲而得名。嘉靖十八年(1539年)，总兵周尚文筑土城，高三丈五尺，周三里，有东、西、北三门。万历九年(1581年)兵备使胡来贡砌砖，至万历十二年(1584年)竣工。堡内设东西南北四条大街，在十字街口，建有南北相通的大乐楼，北口建有木质结构牌楼，大乐楼的前后左右设井字小街，使整个堡内分为四大街、八小巷。清乾隆十六年(1751年)，堡内居民560户，北关50户，计2 000口人。东西无关，唯北有关。清乾隆时期，商业有饭铺、药铺、旅店、油铺、酒铺、杂货铺等10多家，民国年间发展到20多家。

这些店铺中，以清嘉庆年间成立的德润荣最早，同治年间成立

---

① 临县志编纂委员会编：《临县志》，北京：海潮出版社，1994年版，第356页。

② 临县志编纂委员会编：《临县志》，北京：海潮出版社，1994年版，第321、331页。

的海和成、德台昌等次之，再次是天福胜、永盛隆等。它们的规模悬殊甚巨，最大的是丰宁公司，资金雄厚，从业人员多；最小的贾四黄酒铺资金微薄，资本金仅有百十元左右。镇内商铺资本以 1 000 元左右的居多。位于城内西街的同和泰、瑞生庆、海和成以及北街的天福胜等规模较大，资金额在 4 000 元以上。①

巡镇：河曲巡镇隔黄河与山西府谷相望，是周边省区的集贸重镇。《河曲县志》称巡镇古为“得马水关”，相传尉迟敬德得马于此，故名。明洪武九年(1376 年)，在此设巡检司，隶保德州，明末废，因此又称巡检司村，后为集镇之地，遂简称巡镇。历来是河曲的集市贸易中心，每逢农历三、八日赶集，有府谷、保德等县的人来此进行物资交流。

冀村镇：冀村镇是汾阳的北门户，为文水、交城和平遥物资交流中心。冀村土地肥沃，交通便利，井河两灌，有着独特的水利条件，自古有“千户人家万亩良田”的美誉。镇内有 18 道街、18 条巷，其中正街是冀村最繁华热闹的地方。大街旁店铺林立，买卖字号星罗棋布，民国时仅坐商就有 100 多家，有“四大家，八小家，七十二家毛毛家”之说。②

三泉镇：位于汾阳县城西南，自古有“五堡一镇十猴村”，处于横贯东西的虢义河两岸，是平川的汾、平、介、孝与西山的中阳、离石、柳林、临县及转运至陕、甘之货物交易中心，民国时逢五排十举办集会，商业贸易比较繁荣。早在明末清初，三泉镇集市便商贾云集，店铺齐会，手工业与商铺鳞次栉比，经济相当繁荣。义顺魁、三

① 五寨县志编纂办公室编：《五寨县志》，北京：人民日报出版社，1992 年版，第 167 页。

② 山西省汾阳县志编纂委员会编：《汾阳县志》，北京：海潮出版社，1998 年版，第 443 页。

盛魁等商号经营历史都超过200年。民初，三泉镇手工业发展到60多类、90多种行业，这些作坊都有各自的铺面字号，在东西两华里、南北一华里的范围内形成兴隆、兴盛、兴茂三条主要的商贸街市。①

吴城镇：吴城古镇坐落在吕梁山中段山口，黄芦岭和薛公岭脚下，是晋中平川通往晋西山区乃至陕、甘、宁、青等西北地区的必经之地，战略位置十分重要，因战国时大将吴起筑城镇守得名。清代至民国初年，是东通汾阳县城，西达碛口镇的交通枢纽，东经三交、九里湾、石槽沟，翻黄芦岭直抵汾阳，全程115里。西经四睹、北遮沟、义居、离石城、十里村、枣林村、梁家岔等村，越过王老婆山直达碛口，全程180里。民国初年，吴起镇东西两路昼夜驴、骡、骆驼川流不息，是驮运量最大的一条驮运路，素有"驮不尽的碛口、填不满的吴城"之美称。② 繁荣时期的吴城古镇店铺林立，商贾云集。一条有1.5公里长的街道全由青石板铺就，街道两旁用红砂石条整整齐齐筑起的高台阶上全是商铺字号。其中规模大、叫得响（声誉好）的就有公盛堂、宏盛庄、德泰成、德泰昌、恒盛流、隆盛成、永龙泉、聚源威、东盛庄、公和成、三合成、义源馆、兴源楼、荣美房等几十家。街道两头建有十多个庙宇，与略有弯曲的街道相呼应，使整个古镇呈一条巨大的摇头摆尾的龙形。

吴城商贸业的发达兴旺，用当时流行的一句话形容就是"九州十八县的人都在吴城做生意"。每天晌午过后，叮叮咚咚的驼铃声和赶骡马的吆喝声就开始在古镇上热闹起来，人喊声、马嘶声一直

① 武鸣伦主编：《漫话三泉古镇》，汾阳市民俗学会，2012年编印，第12页。

② 李文凡主编：《离石县志》，太原：山西人民出版社，1996年版，第593页。

持续到夜深人静。

古镇上有 2 家骆驼店，30 多家骡马店，每家都有十几个喂牲口的槽口，几乎日日爆满，规模最大的月生店自养的骆驼有 18 槽，每槽 6 头，总数 108 头，每天都在往返于碛口的路上驮粮。当年河套地区产的粮食大部分从碛口码头运往吴城，每日入驻吴城的骆驼不下千头，按每头骆驼驮运量 125 公斤计，每天驮来吴城的货物总量就有 25 万公斤之多，这也正是“驮不尽的碛口”之说的由来。

吴城当年有 3 条路可通往山外，除经黄芦岭的官道之外，还有一条经萝卜沟向南可经中阳到晋南，另外一条走驿沟向北可到交城、太原。聚集到吴城的货物源源不断地从各个方向运往各地，有的向东运往河南、河北，有的向西运往甘肃、宁夏。由于地理环境因素和交通运输条件的局限，来往客商总是早早留宿于吴城，每日流动人口至少有 2 000 多人。除骆驼店之外，30 多家骡马店每天接纳的骡马牲口也不下 2 000 头，拾粪的农民每天能拾粪四五担之多。客商下午在吴城做成交易后，第二天天刚放亮，就全部踏上回程，等到人们起床后，大小客店早已一空如洗。而午后源源不断的人流物流又涌进了古镇，年复一年，日日如此，人们只见到人来货来，见不到人走货走，因此就有了“填不满的吴城”之说。

1921 年 11 月，由时任建筑总工程师史迪威将军（时为少校）督修的汾（阳）军（渡）公路开通，将古镇的繁荣推向极盛。胶皮车、铁镢车从离石城或田家会到吴城只需一天的路程了，因此原需住沿途零星小店的客商赶一赶脚力都集中到吴城，使古镇的街道变得更加拥挤，生意变得更为红火。再加上地方军政机关的设立，更促进了古镇经济文化的繁荣。①

东村镇：民国初年到抗战爆发之前是岚县东村商业比较繁盛的一个时期。镇内各种行业齐全，由东村程氏和河北张氏经营的南北广和店股本超过 50 万两，在晋西北内地是很大的商号。② 升源涌经营绸缎、丝呢、棉布、百货、副食、烟酒、面粉等百余种，在东村有门店 20 多间，流动资金 5 万元以上，每年缴纳税金 1 000 银圆。③

北小店镇：现阳曲县西北面的北小店乡北小店村古称北小店镇。兴起于隋朝杨广任晋王时，那时杨广要到宁武管岑山汾河一带乘凉避暑，故征集当地民众开辟了一条出天门关，穿乾烛谷，登天池的通道。随着时间的推移，一些商人也沿此路向陕、甘等省以至阿拉木图及莫斯科一带开辟市场，因此，距这古道二里之处的梁家庄村也变得越来越热闹，人们就在这古道上开了小店。随着晋商日益发达，这些小店也扩大和发展起来，有了 83 家各类商铺，而且经营者多为来自太原、榆次、清徐、太谷、忻州、定襄之人，经营客店、饭庄、当铺、钱庄、车马店、骆驼店、作坊等。街上还划分了各类专门市场，有畜市、粮市、柴市、草市等。④

清末民初，静乐境内与外县的转运路线主要有两条，一条向东翻山赴忻州，另一条即静乐至太原府的运输路线，由县城东行，经

① 山西省政协《晋商史料全览》编辑委员会编：《晋商史料全览・商镇卷》，太原：山西人民出版社，2007 年版，第 523 页。

② 山西省政协《晋商史料全览》编辑委员会编：《晋商史料全览・商镇卷》，太原：山西人民出版社，2007 年版，第 498 页。

③ 山西省政协《晋商史料全览》编辑委员会编：《晋商史料全览・字号卷》，太原：山西人民出版社，2007 年版，第 523 页。

④ 山西省政协《晋商史料全览》编辑委员会编：《晋商史料全览・商镇卷》，太原：山西人民出版社，2007 年版，第 357 页。

娘子神、康家会向南折向北小店镇到阳曲，再到达太原府，全程120余里。① 当时西北几县货物到太原往返都要经过静乐境内和北小店，因此货物周转量很大。每日街上人来人往，熙熙攘攘，过往客商络绎不绝，驼铃声、马蹄声一天到晚响个不停。当时北小店镇上常住人口达2 000人，流动人口超过1 000人，每日过往的客商少则三百，多则千余。托运货物的骆驼和骡马每日行程70华里，北达静乐县，南往向阳店，运输量极大。

晋商兴盛时，出太原的通道有三条，其中以过北小店镇的道路最繁忙。由于北小店镇地理位置重要，商业发达，文化繁荣，其政治地位也高，北小店镇负责官员是县佐，相当于现在的副县级待遇。②

向阳镇：向阳镇（向阳店）是太原城北最老的集镇，是西八县到太原的必经之地。民国年间，粮商们雇上牲口要经过几天的跋涉途经向阳店镇，才能运到太原。当时向阳镇西的集贸地"汉上"工商业很繁荣，农历每旬三、六、九的集市成交额颇为可观，流传有"驮不完的静乐县，填不满的向阳店"之民谚。1942年前，向阳镇设有固定场所、固定商铺的工商户就有108家。行业甚多，经营项目较全，规模较大的有：米粟业、棉花业、估衣业、干菜业、木器业、酿造业、饭馆业、皮革业、染坊业、水果业、药业、金珠业、铁木业、旅业等28个行业。③ 1942年向阳店的汉上被洪水冲得片瓦不留，工商店铺迁到向阳正大街。第二年日军又实行了经济封锁，向阳店商业就

① 静乐县志编纂委员会编：《静乐县志》，北京：红旗出版社，2000年版，第195页。

② 山西省政协《晋商史料全览》编辑委员会编：《晋商史料全览·商镇卷》，太原：山西人民出版社，2007年版，第357页。

③ 山西省政协《晋商史料全览》编辑委员会编：《晋商史料全览·商镇卷》，太原：山西人民出版社，2007年版，第316页。

此凋零。①

地理位置是晋西北商业中心、集镇形成和发展的主要原因，晋西北的主要市镇和娄烦镇、北小店、向阳店、吴城等地的商业繁荣主要依赖过境贸易。随着汾军、大同—太原公路和陇海、平绥、北同蒲及正太铁路的先后通车，晋西北地理位置方面的优势大大降低。红军东征后，娄烦商业逐渐萎缩。抗日战争爆发后，平川各市、镇逐渐沦入敌手，各地商业顿时走向萧条。② 因敌我双方经济封锁、贸易统制、商路阻绝，晋西北商业趋于萧条、死滞。唯有碛口，因黄河两岸都是我方根据地，基本处于相对安定的环境之中，仍有大批货物在此转运、交易，繁荣景象尚存。

三、城乡集市

集市在中国人的经济社会生活中占有重要的地位。山西是商业和集市的发源地，一直以来有“晋人善贾”之说。《易经·系辞下》“日中为市，致天下之民，聚天下之货，交易而退，各得其所”的描写反映了尧舜时期晋南地区集市贸易的情况，是目前有关商业活动最早的记载。

《管子》曰：“岁有市，无市则民乏矣。”晋西北因关隘峻岭，交通不便，商业多集中在城镇及交通要道上，人口集中的城镇仅有一些店铺、货栈，在广大的穷乡僻壤里，只有极少数游乡串村的小商贩。群众需要购置一些物品或出售自己生产的农副土特产品，往往得

① 山西省政协《晋商史料全览》编辑委员会编：《晋商史料全览·商镇卷》，太原：山西人民出版社，2007 年版，第 317 页。

② 山西省政协《晋商史料全览》编辑委员会编：《晋商史料全览·商镇卷》，太原：山西人民出版社，2007 年版，第 523 页。

翻山越岭，奔波几十里路程。[①] 因此，晋西北广大乡村的群众对集市的需求非常迫切。清末民初以来，晋西北集市贸易趋于繁荣。

费正清把民国时的中国社会形容为集市社会，用来形容晋西北也是比较贴切的：

> 集市社会的格局可以从飞机上看出来——集市社会是蜂窝状的结构，每个市镇周围有一圈卫星村落。旧中国的乡村是个蜜蜂窝，由这些较为自给自足的地区组成。如果我们按照威廉·斯金纳所描绘的理想模型加以设想，每一蜂窝就都以一个市镇为中心，由此向四方伸展出一些小路（有时是水路），通向约有6个村落形成的第一个圈子，再继续延伸到约由12个村落形成的第二个圈子。在这18个左右的村子里，每村约有75户农家，每户平均有五口——夫妻两口，也许有两个孩子，再加一位祖父或祖母。所有这些村子同市镇相距不超过2英里半。农民或挑根扁担，或推辆独轮车，或者赶个毛驴（或者在水乡划一只舢板船），可在一天内从容走个来回。各村的农民，镇上的掌柜、工匠、地主，寺庙里的僧人和其他人等，形成一个约有1 500户或7 500口人的社会。镇上的集市是定期举行的——比方说在每十天的第一、第四和第七天——这样，行商可以经常到这个集市来，同时又可去一个中心集市，以及5英里以外邻镇的若干集市，那里也是同样定期举行的——比方说每十天里的二、五、八，或三、六、九为赶集日。在这一种集市周期的生活旋律中，每户也许有一个人每三天去一趟市镇，也许出售一些土产或者购买别处的一点产品，但无论如何总得在茶馆里、庙宇里或路上会会

① 杨世源：《晋绥革命根据地货币史》，北京：中国金融出版社，2001年版，第5页。

朋友。他可以在10年里赶上1 000次集市。[①]

集市之分类：集市分常市、定期集市、庙会等类型，每种类型根据各地的经济地理条件设立。常市是城镇内固定的经常性集市。农村则主要是定期集市、庙会。庙会按生产季节或神祀活动举行，往往是文艺活动与物资交流结合进行。

集市之设立：各地商会是集市的主要组织者。如宁武商会为了沟通城乡经济，促进商品贸易，由其出面每年举办例行庙会，公举会首主持，由各行分别承办。如五月十三的老爷庙会由棉布行承办，九仙庙会由杂货行承办，财神庙会由木店、烟酒行承办，另有六月十二日的火神庙会和吕祖阁骡马会也均由各行分别承办，庙会期间有戏曲助兴。[②] 民国时的吴城古镇日日为集，月月有会，繁华的街道上整天人头攒动，车水马龙，从正月起各个庙上开始轮流开台唱戏，如正月二十五在财神庙，二月二在天地庙，三月三在娘娘庙，五月十三在老爷庙，六月六在河神庙，十月初二在山神庙，一年要唱12台大戏，平均每月一台，这种戏曲表演和贸易结合的活动全部由商会组织、出资。足以证明当时吴城商业之繁盛，亦体现了组织者的地位。[③]

集市之疏密与人口分布范围有关，人口稠密的地方，集市多，集也多。但依照惯例，每个集之间有最低的间隔距离要求，避免互相影响。[④] 据《中国实业志》（山西省）商业经济部分记载，1929年，

---

① 费正清：《美国与中国》，北京：世界知识出版社，2003年版，第17页。

② 宁武县志编纂委员会办公室编：《宁武县志》，太原：山西人民出版社，1989年版，第238页。

③ 山西省政协《晋商史料全览》编辑委员会编：《晋商史料全览·商镇卷》，太原：山西人民出版社，2007年版，第522页。

④ 乌廷玉：《解放前北方农村集市贸易》，《北方文物》，1998年第4期，第89页。

离石全县有集镇 7 个，商店 720 家。① 据《忻县志》记载，民国时期的忻县有大小集镇 8 个[《中国实业志》(山西省)的记载是 5 个]，均为以本地及周围地区盛产之粮、油或土特产品与外县贸易形成之货物集散中心。②

表 2.6 1936 年晋西北各县商业集市和商店数量

县别	市镇数(个)	商店数(个)	县别	市镇数(个)	商店数(个)
阳曲	10	226	方山	4	14
徐沟	2	88	宁武	1	2
清源	2	28	神池	4	116
交城	3	21	偏关	3	61
文水	3		五寨	1	8
岢岚	1	35	忻县	5	
岚县	4	57	静乐	1	8
兴县	6	33	崞县	1	
汾阳	5	178	保德	3	38
临县	4	303	河曲	2	24
离石	7	720	总计	60	1 960

注：民国阳曲县管辖范围包括了太原市区，本表列入该县数据供参考。

资料来源：实业部国际贸易局编：《中国实业志》(山西省)上册第二编山西经济之鸟瞰第三章商业经济，上海：华丰印刷铸字所，民国二十六年版，第 95—98 页(乙)。

集市之时间：集期往往逢农历的单双日，根据传统习惯和时间举行，或一、四、七，或三、六、九，或二、五、八按期举行，集期的设立还要考虑到各方面因素，如当地民众的路途远近、集市主要交易商

① 实业部国际贸易局编：《中国实业志》(山西省)上册第二编山西经济之鸟瞰第三章商业经济，上海：华丰印刷铸字所，民国二十六年版，第 95 页。

② 山西省忻州市地方志编纂委员会编：《忻县志》，北京：中国科学技术出版社，1993 年版，第 344 页。

品的特点、与相邻集市要错期举行等，如静乐之米峪镇和相邻的方山马坊集市就是交错进行，以保证集市的交易效率。①

五寨县城每月逢三、六、九为集日，每月九集。该县三岔逢五（农历）、逢十赶集，五日一集，每月六集。其中五月二十五是传统古庙会，来自本县及河、保、偏的群众聚集于三岔，甚为热闹。② 离石吴城古镇日日为集，月月有会。古交镇为双日集（逢双日赶集）。③ 静乐米峪镇每月有集 9 次，基本是 3—4 天一集，每集可成交粮食万斤左右，交易品种主要是莜麦、豌豆、糜谷。一般是山区莜麦走河川，河川糜谷到山区，县外流向忻、交、清、文及太原。④ 娄烦镇每月有集二三次。向阳店为三、六、九赶集。宁武县城每月逢双日赶集，骡马和农产品等城乡农贸集市均聚集于此，故有"农家市场"之称，一直延续至今。⑤

汾阳三泉地处县境西南，是孝义、中阳、隰县、离石以至陕北等地农副土特产品的集散地，逢五排十为集日；北部的冀村则以一、三、五、八为集；峪道河则逢四排九为集。

1931 年，崞县集市有 6 个市场，其中：崞县城市场逢单日集，原平市场逢双日集，宏道市场逢三、六、九日集，东社市场逢二、五、八日集，大牛店、轩岗市场不定期。⑥ 民国岚县集市分布在岚城、东村、普

① 山西省政协《晋商史料全览》编辑委员会编：《晋商史料全览·商镇卷》，太原：山西人民出版社，2007 年版，第 366 页。

② 五寨县志编纂办公室编：《五寨县志》，北京：人民日报出版社，1992 年版，第 11 页。

③ 古交市地方志办公室编：《古交志》，太原：山西人民出版社，1996 年版，第 272 页。

④ 静乐县志编纂委员会编：《静乐县志》，北京：红旗出版社，2000 年版，第 241 页。

⑤ 山西省政协《晋商史料全览》编辑委员会编：《晋商史料全览·商镇卷》，太原：山西人民出版社，2007 年版，第 483 页。

⑥ 原平县志编纂委员会编：《原平县志》，北京：中国科学技术出版社，1991 年版，第 246 页。

明、界河口4镇，五日一集。岚城为每月逢一、逢六(农历，下同)；东村逢二、逢七；普明逢三、逢八；界河口逢四、逢九。每逢集日，四万农民上市出售、购买农副产品和其他商品。一般是上午聚集，下午散集。① 碛口为五日一集。② 北小店每逢三、六、九是常年的集会日。③

集市之地点：主要分布在各交通要道经过的县城、集镇和较大的村子。如忻州集市集中于奇村、董村、忻口、部落、麻会、关城、三交、庄磨等八地，庙会则在较大的寺庙或附近举行。古交集市有古交镇、河口、镇城底、岔口、文昌寺、狐爷庙等地，一年共有会期57天。④ 1930年，临县有集市11个。⑤

交易内容：集市聚合了周边各县的群众，相邻之集市彼此交易内容各有所侧重。春季集市、庙会主要交易农用生产工具、猪、马、牛、羊、驴、骡等，以及少量的日杂、生活用品；秋季庙会主要交易粮食、布匹、日用杂货、牲畜等，主要是收获的农产品，因收成后农民有了收入，许多生活用品在集上交易得比较多。⑥ 每逢有集，邻近各村居民便带着自家的农副产品、小手工业品、家畜、家禽去赶集，以换取所需要的生产和生活日用品，如纸张、日杂、油、盐、醋等。⑦ 逢集时还经常有牛驴的交易，这算是“大买卖”。⑧

---

① 康茂生主编：《岚县志》，北京：中国科学技术出版社，1991年版，第276页。

② 山西省政协《晋商史料全览》编辑委员会编：《晋商史料全览·商镇卷》，太原：山西人民出版社，2007年版，第506页。

③ 山西省政协《晋商史料全览》编辑委员会编：《晋商史料全览·商镇卷》，太原：山西人民出版社，2007年版，第357页。

④ 古交市地方志办公室编：《古交志》，太原：山西人民出版社，1996年版，第271页。

⑤ 临县志编纂委员会编：《临县志》，北京：海潮出版社，1994年版，第333页。

⑥ 古交市地方志办公室编：《古交志》，太原：山西人民出版社，1996年版，第271页。

⑦ 古交市地方志办公室编：《古交志》，太原：山西人民出版社，1996年版，第272页。

⑧ 张闻天选集传记组、中共陕西省委党史研究室、中共山西省委党史研究室编：《张闻天晋陕调查文集》，北京：中共党史出版社，1994年版，第56页。

还有交易特定或单一商品的专门集市，如五寨县城当时设有粮食交易市场、大牲畜交易市场、柴炭市场、蔬菜市场。其中以粮食市场最为活跃，品种以莜麦、小麦、胡麻为主，除供应本地外，大量运往邻近各县。① 徐沟专业集市中，粮店街是粮市、市楼北是花市、南关是羊市、清德铺是蒜市。清源察院街是粮市、西门坡是菜市。② 民国时，徐沟粮市每集来自晋北忻崞一带的马车不下一二百辆。每年成交的粮食均在 1 000 万斤以上。较大的粮市如徐沟粮市，大宗的粮食交易有两种形式：一是做盘子，二是投标。"做盘子"是一种买空卖空的赌博，参与者预估粮价，每次最少 250 石，月底结算，如粮价上涨，卖主失利；粮价下跌，买主赔钱。"投标"是在外地粮食到达之后，三天之内自报粮价，出高价者才能买到粮食。

交易管理：集市有召集人及经纪人（斗牙、牙行、牙纪、牙子），经纪人的职责是说合买卖双方成交，而后收取一定佣金，同时为税局向卖方代收税金。③ 每当集日或会期，牙行、捐客及"走外"经商者活跃其间，在骡马市场上常有将手掩入衣底袖筒、捏掇价码的牙行在买卖双方之间沟通撮合。④ 集市贸易主要量器为斗、秤，买卖双方如有异议或纠纷由牙行或其他组织者进行协调、处理。交易成功，牙行收取相应的佣金。小宗的粮食交易

---

① 五寨县志编纂办公室编：《五寨县志》，北京：人民日报出版社，1992 年版，第 194 页。

② 清徐县地方志编纂委员会编：《清徐县志》，太原：山西古籍出版社，1999 年版，第 354 页。

③ 山西省汾阳县志编纂委员会编：《汾阳县志》，北京：海潮出版社，1998 年版，第 477 页。

④ 清徐县地方志编纂委员会编：《清徐县志》，太原：山西古籍出版社，1999 年版，第 357 页。

收取手续费(1 斗收取 2 合),①货物或牲畜交易收 1%—3%不等。负责粮食交易的斗佣员,仅于逢集日到粮市过斗三四个钟头,却能获得很大的报酬。如按照行情,兴县集市斗佣员要提所收斗佣粮的 7%作为费用,每人每年可分报酬达小米 7 石 5 斗之多。② 部分牙纪以赚钱为唯一目的,至于钱的正当与否,取钱的手段是否应该,则在其次,本份之外,另贪它赃,勾结买卖之一方,坑害另一方,假公济私者亦不乏其人。③

庙会(晋西北有些地方又称作"古会")是集市的另一种类型,与集市相比不是当天开集、当天罢集,而是连续举办数天不等。④ 临县的传统古会,从七月初一到月底,在碛口、三交、城关、白文、兔坂、刘家会依次举行,每集都相对侧重于一种商品的交易。最隆重的七月会,又以七月初一碛口瓜果会最为热闹,而以交易牲畜为主的三交古会最为闻名,名声远达西北。民国时期,临县是山西最大的牲畜交易市场,三交古会上来自河西米脂、定边、关中、榆林、神木的骡马驴相当多,河北、河南、晋东南、洪赵等地来买牲畜者相当拥挤,每逢会期,三交周围十数里远的村庄都住满了各地客人。⑤ 据临县老税收人员讲,根据民国十九年的统计,临县牲畜每

① 方山县地方志编纂委员会编:《方山县志》,太原:山西人民出版社,1993 年版,第 249 页。

② 山西省财政厅税务局、内蒙古自治区税务局、山西省档案馆、内蒙古自治区档案馆编:《晋绥革命根据地工商税收史料选编》,太原:山西人民出版社,1986年版,第340页。

③ 山西省财政厅税务局、内蒙古自治区税务局、山西省档案馆、内蒙古自治区档案馆编:《晋绥革命根据地工商税收史料选编》,太原:山西人民出版社,1986 年版,第 346 页。

④ 清徐县地方志编纂委员会编:《清徐县志》,太原:山西古籍出版社,1999 年版,第 367 页。

⑤ 临县志编纂委员会编:《临县志》,北京:海潮出版社,1994 年版,第 333 页。

月可收200万元银洋，民国二十一年以后略有减少，①三交集市每年征的牲畜税达13万白洋，②由此可见临县的牲畜市场规模之大。碛口每年也有两次大型的牲畜交易大会，会场设在西云寺西的一片沙地上，尤其是十月十三的大会，八方云集，内蒙古准格尔旗的蒙族同胞不远千里赶来参会，来自陕北榆林、绥德、延安府的骡马贩子就更多了。③

庙会作为一种特殊形式的集市，也是民间广为流传的一种传统民俗活动，“按生产季节或神祀活动举行，往往文艺活动与物资交流结合进行”，④融合了宗教仪式（如送花花、求生子、祈祷还愿等）⑤、商品交易、文化娱乐活动、民间体育、杂耍、动物表演等，晋西北人俗称“赶会”，一般在寺庙或附近举办。庙会期间，既迎神摆供，又有戏班助兴。⑥ 广受晋西北群众喜爱的晋剧是其中不可或缺、当仁不让的重要内容，一代代名角在城乡庙会里成长起来，有名气的演员都有自己的戏迷群体，用现在时髦的话叫“粉丝”。赶会的人来自四面八方，有的来做买卖，有的来串亲戚，还有很多的

---

① 《晋绥边区一九四五年一月至一九四六年六月贸易工作综述》(1946年7月10日)，晋绥边区财政经济史编写组、山西省档案馆编：《晋绥边区财政经济史资料选编》(金融贸易编)，太原：山西人民出版社，1986年版，第654—655页。

② 刘欣、景占魁主编：《晋绥边区财政经济史》，太原：山西经济出版社，1993年版，第136页。

③ 山西省政协《晋商史料全览》编辑委员会编：《晋商史料全览・商镇卷》，太原：山西人民出版社，2007年版，第506—507页。

④ 吕梁地区地方志编纂委员会编：《吕梁地区志》，太原：山西人民出版社，1989年版，第276页。

⑤ 山西省政协《晋商史料全览》编辑委员会编：《晋商史料全览・商镇卷》，太原：山西人民出版社，2007年版，第334页。

⑥ 山西省政协《晋商史料全览》编辑委员会编：《晋商史料全览・商镇卷》，太原：山西人民出版社，2007年版，第492页。

人赶会就是为了看戏，看自己喜爱的演员演出，也是一种享受。庙会在地方社会经济中占有重要地位，已成为当地百姓日常生活的一个有机组成部分。

庙会主要集中在农闲、春秋两季。[①] 北小店的寺庙多，集会也多，正月十五是龙灯戏，二月十五是人口戏，三月二十一是庙会戏，五月十三是骡马大会，六月初六是祈雨戏，六月十六是店铺戏，九月十六是鲜花戏。全年七场大戏，以五月十三和九月十六最为隆重，家家户户彩灯高挂，全镇上下鞭炮齐鸣，戏台搭在街中央，台上文武唱大戏，极具有浓厚的乡土气息和地方特色。[②] 徐沟以“庙宇多，庙会多”著称，几乎月月有庙会，甚至一月两会，为其他县城所罕见。[③] 二月初二、十月初二的庙会规模最大，参会者往往逾万，外省客商也来搭棚售货。[④] 汾阳三泉每年农历五月初十到五月十三是集市开张日期，届时在河神庙乐楼迎赛神会要演出三天“开张戏”。[⑤] 宁武东寨传统古庙会于每年四月初八举办，会址设于汾河源头雷鸣寺。[⑥] 碛口西云寺三月三、黑龙庙上庙七月初一的庙会非常热闹。三月三庙会的特点是赌博，赌棚一个挨着一个，都搭在“三月三”梁上，庙会唱戏三天，而赌棚要延长一月有余。七月初一

---

① 古交市地方志办公室编：《古交志》，太原：山西人民出版社，1996年版，第271页。

② 山西省政协《晋商史料全览》编辑委员会编：《晋商史料全览·商镇卷》，太原：山西人民出版社，2007年版，第357页。

③ 山西省政协《晋商史料全览》编辑委员会编：《晋商史料全览·商镇卷》，太原：山西人民出版社，2007年版，第334页。

④ 清徐县地方志编纂委员会编：《清徐县志》，太原：山西古籍出版社，1999年版，第355页。

⑤ 山西省汾阳县志编纂委员会编：《汾阳县志》，北京：海潮出版社，1998年版，第442页。

⑥ 山西省政协《晋商史料全览》编辑委员会编：《晋商史料全览·商镇卷》，太原：山西人民出版社，2007年版，第485页。

是为黑龙庙上庙华佗爷唱戏三天，那时瓜果全部上市，因而又被称“瓜果会”。[①] 黑龙庙集声学与建筑技艺为一体，所处地势较高，舞台又设在二层，举行戏曲表演时，演员慷慨激昂的晋剧唱腔在黄土高原上空回荡，颇有雄浑的味道。尤其是夜晚，万籁俱寂中，高亢的梆子腔、疾风骤雨般的锣鼓声、急管繁弦的器乐声引人入胜、声声入耳，远在黄河彼岸的戏迷也听得真真切切、饶有兴味，故有“山西唱戏陕西听”之说。岚县东村赶会（庙会）时间在七月十五、八月十五、九月九。[②] 娄烦镇农历四月二十五的庙会在“三教寺”举办，由来已久，每次参会人数多达数万。[③] 向阳店沿革至今的有两次古庙会，即每年的三月二十八的东岳庙会（即朝拜泰山爷的庙会）、九月十六的牲畜交易会，俗称骡马大会。[④]

1925年10月8日（农历九月初十）的河曲西楼口圆通庵12年一遇的龙华庙庙会盛况空前。庙会历时7天，布施设饭一日三餐，分5个点招待，报名“受戒”僧尼有500余名。高僧住衙署，游道行庙宇。各商店、手工业作坊门面粉刷一新，家家张灯结彩，户户展示货物。本地外地大小商者数千人，其中来自津、京、太原、西安、包头、绥远等地的商贾1 000余人。大小旅店客满，高脚露宿不能入店，从西门河畔起经西阁街、南城壕，通向马营围大街、南关大街。街道帐篷林立，各街买卖之声不绝于耳。西门河畔码头人声鼎沸，装卸货物昼夜不停，上下船筏从沙口到许家口摆成长蛇阵缓

---

① 山西省政协《晋商史料全览》编辑委员会编：《晋商史料全览·商镇卷》，太原：山西人民出版社，2007年版，第507页。

② 山西省政协《晋商史料全览》编辑委员会编：《晋商史料全览·商镇卷》，太原：山西人民出版社，2007年版，第496页。

③ 娄烦县志编纂委员会编：《娄烦县志》，北京：中华书局，1999年版，第333页。

④ 山西省政协《晋商史料全览》编辑委员会编：《晋商史料全览·商镇卷》，太原：山西人民出版社，2007年版，第318—319页。

慢蠕动，南来的绸缎、茶、布、棉、漆、糖，北来的有牛、羊、马、驼、油、盐、粮。市布、卡机布、呢料、克利缎等百余种洋货上市，并在河曲流行。①

庙会之设立，原主要为祭神，随着时间的推移，交易内容所占比重越来越大，民国之晋西北庙会逐渐成为商品交易和文化活动结合进行的集市之一种。

集市贸易是市镇商业的补充，一些特殊商品如牲畜、季节性商品如果蔬、大宗商品如粮食等适合在集市交易，集市也为大批有交易需求而没有资本和时间在市镇设立常市的农民和小摊贩提供了最佳的交易平台。集市贸易之形成，包括其举办时间、持续时长、交易内容、与邻近集市的互补等，都是在长期的市场流动中自然形成的，是市场配置资源的结果，许多产自外地的货物被长途贩进，商人又把本地大批土产贩出，促进了域内经济和手工业的发展。民国时的集市贸易，与中心市镇、商业集镇一起，互为补充，构成了晋西北商品流通的完整格局。

第二节　经营形式

一、经营类型

民国晋西北商户分坐商、行商、小摊贩几种形式，具体的经营类型又有不同。

一般的坐商多开设店铺，商户经营以独家投资、自家经营者居

---

① 山西省政协《晋商史料全览》编辑委员会编：《晋商史料全览·商镇卷》，太原：山西人民出版社，2007 年版，第 460 页。

多。许多商户是前店后坊，商业与手工业不分家，边收购、边加工、边销售。较大的商号需雇人经营，多采用合股经营、劳资合营的办法，由一户或几户财主出本银，雇用掌柜或伙计，顶股合伙经营，后来又出现了一部分合资经营的商店。[①] 行商即赴外埠经营者，多往来太原、内蒙古、天津、汉口、宁夏等地。这类商客资金雄厚，以批发为主，零售为辅。实际经营中，有的坐商还兼行商，行商亦如是，两者往往合二为一。商户经营方式有如下四种：[②]

（1）领财主本钱之商号，即财主拿出本钱，聘请掌柜一二人。凡出本银的均称财主，协商确定多少银为一股，掌柜的或伙计各顶多少厘股。投资的本钱以及各人身股均记入万金账，保密甚严，多在银柜底层，由掌柜封存，外人以至柜内人员都不得而知，所以资本总额无从查究。一个店铺有东家、领本掌柜、“顶生意者”（人力股）、店员4个阶层。[③] 掌柜掌管一切权力，掌柜根据需要自行确定记账先生、伙计、小伙计若干人；记账先生专管财务；伙计负责货物购销、接待顾客、放账驮粮。十四五岁的小伙计进店要有举荐人、铺保，掌柜的要进行考验，看是否忠实勤快，如有错误由铺保负责。店员入店后，第一年不许插手营业，专当勤杂，打扫店铺、提水、侍候掌柜，以后逐步做饭、接待顾客，称作“管六壶”的——提茶壶，倒夜壶，洒喷壶、满酒壶、捉油壶、擦灯壶。经过多年考验，为人忠诚可靠，精通业务，可熬成顶股伙计或掌柜。一般店铺都有号规。[④] 此种方式类似现在的职业经理人制度。掌柜即当今之职业

① 五寨县志编纂办公室编：《五寨县志》，北京：人民日报出版社，1992年版，第168页。

② 山西省政协《晋商史料全览》编辑委员会编：《晋商史料全览·商镇卷》，太原：山西人民出版社，2007年版，第498—499页。

③ 河曲县志编纂委员会编：《河曲县志》，太原：山西人民出版社，1989年版，第283页。

④ 河曲县志编纂委员会编：《河曲县志》，太原：山西人民出版社，1989年版，第283页。

经理人又称CEO。

实际经营中，财东隔三岔五到店铺查看经营情况。一来掌柜们便好酒好饭招待，同时谈生意情况（相当于述职）。尽管掌柜负有经营之责，但遇重大生意钱头较大，如外地客商有赊欠，虽有铺保，也不足信赖者，还要登门请示，财东同意方敢做主。每逢大的节日，掌柜们要去拜望财东。

有一种自财自东的形式，除财主就是掌柜这一条外，其余与领财主相同，可归入此类。

（2）互领资经营，即劳资经营。所聘掌柜应是办事能力强，有声望、有信誉之人，他们以雄厚的家产作后盾，由他人举荐，或本人直接与本地财主领资做生意，按息付利，以年为期。掌柜不赚工资（似为身股），收入与店铺的兴衰连在一起。

以上两种经营都要立约、设保，并报商会备案。开业一般在正月十五。开业时贴上对联，张灯结彩，响鞭炮，财主、乡绅都来祝贺开业大吉、吉祥如意、全年通顺。①

（3）合伙经营。两至三个信得过的人，各出钱股（银股），不请掌柜，自己经营，年终将所得按股分红。一般是中小财主和外面的商人合伙。因为资金有限，经营商品品种有限，所以利润也不多。但也经得起年荒、市场不稳的考验。货物、资金周转快，比大商店机警灵活，经营面广，有的不几年就成了大商店了。店员生活清贫，节衣缩食，行商艰难，最具有奋斗精神，常挖大商店墙角，向上心理强烈。

（4）自家经营。一家几口凭全家协力同心经商的。一般本小

---

① 山西省地方志编纂委员会编：《山西通志》（二十七卷）《粮食志》，北京：中华书局，1996年版，第80页。

利微，声望不大，经营商品极少，常常周转不灵，还得靠借贷支撑门面，如遇年荒或市场不稳，常有破产之虞。“做买卖的千家万家，赚钱的三家两家”里的“千家万家”指的就是这种商人。他们有时坐庄行卖，有时出外肩挑叫卖，竞争力特别薄弱。

商号一般执行一些普遍的规矩以加强管理，如股东、经理的弟、男、侄、孙不能在本店学徒任职，避免凭借关系，不学无术，养成不良习气，影响商号经营。另外还规定，店员不能对外承揽事件，禁止暂借款项，店员借钱须有店铺担保，承担偿还责任。①

民国年间，晋西北有些富家、财主开始兼营商业，但因缺少经商经验，大都只拿股金作财东，“自己当（掌柜）闹买卖的却不多”，②大多聘请外地商人作经理，合伙开设铺面。也有的财东兼作掌柜，自财、自本、自当家，有的地主兼大商业资本家和高利贷主，如静乐县峰岭底村的土财主高配天，从商后经过几年苦心经营，成为闻名全县的富商，在县城、娄烦、岚县均有其开设的货铺、作坊。③ 兴县蔡家崖地主牛友兰在县城有 4 万元银圆的买卖。④

二、收益与薪酬

商户经营商品种类数量以获利多少计，一般中等商铺经营商品 2 000 种左右。为获利计，商人往往哄抬物价。如借丰年或伺机

① 山西省地方志编纂委员会编：《山西通志》（二十七卷）《粮食志》，北京：中华书局，1996 年版，第 80 页。

② 中共晋绥分局研究室：《怎样划分农村阶级成分？》（1946 年 9 月），晋绥边区财政经济史编写组、山西省档案馆编：《晋绥边区财政经济史资料选编》（农业编），太原：山西人民出版社，1986 年版，第 341 页。

③ 静乐县志编纂委员会编：《静乐县志》，北京：红旗出版社，2000 年版，第 233 页。

④ 贾维桢、尚永红、孙海声主编：《兴县志》，北京：中国大百科全书出版社，1993 年版，第 170 页。

低价购进，囤积居奇，灾年高价出售，牟取暴利。正常销售获利亦在 10%—15%左右。此外就是剥削店员创造的剩余价值。①

商号每三年算一次总账。买卖做得好，可以分红，买卖没有赚钱（不赔不赚），这些人就无红可分，如果赔本，只是财东赔，店员不赔。赚了钱，财东、掌柜、顶生意的共同分。商号无论大小，如果经营得当，利润是可观的。较大的商号如交城四合源皮坊每隔三年算账一次，1926 年算账时，除每年铺号长期工 100 余人和季节工 300 余人费用外，按身股和银股 24 股分红，每股分得银圆 3 000 元。②

规模较小的商户如岚县大蛇头大成正，系忻州人所设，直接与农民打交道，集商铺、油坊、粉坊、酒坊一体经营，前面有铺面，经营品种繁多，上至布匹绸缎，下至锅碗葱蒜，生活用品如棉、麻、土布、瓷碗和竹筷等，生产资料如铲、锹、镢、犁、铧、绳索、笼火鞍鞯、木锹、虫药（砒霜）等，就连纸张、旱烟、水烟、调料等样样齐全，无所不有。靠品种齐全，薄利多销，积少成多，不多年就与原来的巨贾德盛森并驾齐驱了。③

当时的规矩，掌柜至店员各级酬薪有几种情况：

第一种，财东聘请掌柜，类似现代的职业经理人，工资提前协商好。岚县的行情是除吃外，大掌柜每年合计 150 元大洋，掌柜合计 100 元，三掌柜（账房先生）合计 70 至 80 元大洋。④

---

① 河曲县志编纂委员会编：《河曲县志》，太原：山西人民出版社，1989 年版，第 283 页。

② 交城县志编纂委员会编：《交城县志》，太原：山西古籍出版社，1994 年版，第 356 页。

③ 山西省政协《晋商史料全览》编辑委员会编：《晋商史料全览 · 字号卷》，太原：山西人民出版社，2007 年版，第 538 页。

④ 山西省政协《晋商史料全览》编辑委员会编：《晋商史料全览 · 商镇卷》，太原：山西人民出版社，2007 年版，第 498 页。

第二种，自财自东不存在工资问题。

第三种，领财主本钱者，各地略有差别，如岚县的大掌柜可占7—8厘生意，二掌柜5—6厘生意，三掌柜3—4厘生意；五寨的大掌柜可占6厘，二掌柜5厘，其他人力股为4厘3厘不等。① 10厘为一股，按厘股分。其余有顶生意的（一般在3厘以下），有劳金的（学徒），不顶生意（熬三年才给3厘以下生意）。年终除付财东利息、房租外，其余部分按生意份额比例分红。

店员初入行，年终给制钱4千文，次年入柜营业，年薪8千文，第三年14—15千文，此后视能力定薪资，最高年薪26千文。出众者（方）可顶“厘身力股”即“顶生意者”。工作好的每年正月十五（还）可加厘。② 店员属于社会下层，如生活窘迫，需进行告贷。③

小摊贩都是小本经营，货少抗风险能力低，取利不大，只是勉强维持生计。如遇周转不灵，还得靠借贷支撑门面，如遇年荒或市场不稳，常有破产之虞。“做买卖的千家万家，赚钱的三家两家”，指的就是这种商人。④ 兴县二区白武功，战前为佃户，以贩猪为业，常走天津、北平，往来于大商之间，然生活始终无着。⑤ 可见小贩收益之微薄。

---

① 五寨县志编纂办公室编：《五寨县志》，北京：人民日报出版社，1992年版，第168页。

② 五寨县志编纂办公室编：《五寨县志》，北京：人民日报出版社，1992年版，第168页。

③《保德县段家沟自然村调查报告》（1942年7月30日），山西省档案馆馆藏档案：A137-1-3。

④ 保德县志编纂办公室编：《保德县志》，太原：山西人民出版社1990年版，第172页；山西省政协《晋商史料全览》编辑委员会编：《晋商史料全览·商镇卷》，太原：山西人民出版社，2007年版，第494页。

⑤ 晋绥边区财政经济史编写组、山西省档案馆编：《晋绥边区财政经济史资料选编》（农业编），太原：山西人民出版社，1986年版，第99页。

三、交易模式

民国时期晋西北商户之经营，除以自有资金做基本周转外，另有一半是以“过标”赊销，整趸零售，或向钱庄借债等方法扩大经营，从中获利。“过标”即先向货东赊货，出售获利后按季节送还标银，并要付以利息。①

内地商户进货，以赊欠为主。如方山各商号的货源主要靠离石、汾阳、交城的批发商上门订货。购货结算的方式为定标期，标期分春、夏、秋、冬四种。标期一到，批发商上门收取货款，同时再次订购商品，循环往复保持着批零之间的流通关系。采购商品种类以百货、纺织、日杂为主。② 河曲商号四季付款，名曰“过四季标”，每年四、七、十、腊月押送标银，到期务必付清，逾期赔偿损失。大商之间的买卖，起一标约十六七万两。全年总计约70万两。③ 标期到期之日，“见夫街市之中，商旅往来，肩扛元宝，手握朱题，如水之流，滔滔不断。询之市人，何以负银者之多也，市人云本月二十五日（12月11日）为冬标日期，今日周标起首，共周三日，标至二十五日即无事。所谓标者，生意家交还借贷银两也”。④ 再现了还款景象。

中小商户面对当时本地群众较为贫困的情况，采用一半现款，一半赊账的买卖形式。一般为春夏赊，秋冬还。赊销款在归还时，

---

① 河曲县志编纂委员会编：《河曲县志》，太原：山西人民出版社，1989年版，第283页。

② 方山县地方志编纂委员会编：《方山县志》，太原：山西人民出版社，1993年版，第230页。

③ 河曲县志编纂委员会编：《河曲县志》，太原：山西人民出版社，1989年版，第282页。

④ 刘大鹏著，乔志强校注：《退想斋日记》，太原：山西人民出版社，1990年版，第47—48页。

需付金额约为原所赊货款的120%左右。每到冬天，商店派人到欠款人家里要账，或给钱，或以粮食支付，商店收粮后加工成面粉再行出售。[①] 当时，每到腊月初八后，直到除夕是集中要账的时间，也是各商店人员最忙碌、最紧张的时刻。他们昼夜不息，四方奔走，千方百计地向顾客催要欠款，当时民间的顺口溜："捎话的红饭（民间风俗腊月初八早上家家吃红稠饭，其时商人开始讨账），要命的饸蛋（腊月二十三祭灶用饸糖蛋，其时商人讨账进入高潮），救命的扁食圪蛋（饺子在晋西北方言里叫扁食，大年初一早上家家吃扁食，其时商人讨账结束）。"集中反映了收账者和欠债人的心态。[②]

岚县大蛇头德盛森的经营模式就是彼时晋西北中小商户的典型做法，其业务为行商兼放债，有租牛 100 余头，籽种粮食数百石，在当地实力雄厚。每年春天，西山（岚县大蛇头、张家湾、界河口还有兴县的大小木沟、大坪头）垦荒种田的人家因无经济支持，要向德盛森立约租赁耕牛、籽种、粮食，赊欠生产、生活用品。赊账的利息颇重，春天借一石秋天还五石。春天按耕牛大小、犍牛还是牝牛（牝牛要摸犊）、膘肥瘦、看口轻重（老、小）折价完租，牝牛如果肚里有犊，秋上还得还犊，如租用中途有病，主家一概不管，死亡了要按价赔偿。若是开林地的人家，如遇荒年颗粒不收时，还可请保人继续租赁，因利息较重，所以垦荒种地者很难发财致富，几乎每年都沦为德盛森的租户。如果遇天灾人祸，更得向德盛森借贷钱物，以至最后无法还清债务。

德盛森有收租骡马十几匹。每年秋冬季节，总有七八个驮骡

---

① 五寨县志编纂办公室编：《五寨县志》，北京：人民日报出版社，1992 年版，第 168 页。

② 山西省政协《晋商史料全览》编辑委员会编：《晋商史料全览·商镇卷》，太原：山西人民出版社，2007 年版，第 493 页。

到处清理债务，将粮或钱收入库内，再将多余粮食运来东村贩卖，变成银钱运回忻州，有时也把莜面、麻油送回忻州。大掌柜每年冬天还要在忻州办货，送回岚县，这叫春标（一般有一半赊，一半结清，等第二年秋德盛森再向忻州货主完全开清）。①

第三节 境内外商品流通

一、输入商品

民国年间，晋西北商品购进、销售均由私营商业经营。输入之商品主要有纺织品（布匹、绸缎）、食盐、煤油、茶、糖、陶瓷等日常生活用品和颜料、生皮等原料。民国十九年（1930 年）南同蒲铁路通车后，由于进口货比国货质优价廉，外国货逐渐充斥整个晋西北市场，如法国的绸缎、靛青，美国的亚细亚石油（煤油），日本的贡呢、花哔叽，英国的肥皂以及犀角、冰糖、烟酒、纸张、文具等，仅临县一地每年销售上述商品 14 万余元（银圆），其中大部分在本地消费，其余转运河西等地。②

煤油：20 世纪 30 年代，外国煤油在晋西北已经占有相当份额，使用日趋普遍。据《山西外贸志》记载，1935 年农民使用煤油者占 71.1%。孔祥熙的“祥记公司”垄断了煤油进口生意，在晋西北各地如忻县、汾阳、离石、交城等地设有分公司，在文水、碛

① 山西省政协《晋商史料全览》编辑委员会编：《晋商史料全览·字号卷》，太原：山西人民出版社，2007 年版，第 538 页。

② 临县志编纂委员会编：《临县志》，北京：海潮出版社，1994 年版，第 334 页。

口、柳林设分驻所，然后分销到各地，进行倾销。[①] 临县碛口的“瑞生祥”“德顺久”“德顺高”就以经销煤油为主业。[②] 各县亦有煤油分销商。

生皮：交城皮毛原料需求量大，各皮坊每年秋冬之际派专人远赴陕、甘、宁等地，选购上等滩羊皮，翌年农历二三月雇骆驼驮运返县。[③] 其中来自定边的生皮较多。定边县的白羊羔皮比较有名，又以冬至后产品最好，皮熟后白泽鲜美，运至山西省交城、大同售于外商，每年售出 3 万余张。[④] 其中大部销售到了交城。

五寨县“兴盛永”“德厚成”“保元昌”三家皮坊规模较大，每家雇工七八人。原料大部分来源于本县，但不足部分仍需从包头、绥远等地购入，用于制作鞍具、皮绳、皮条等。[⑤]

陶瓷：民国年间，宁武从绥远购入部分制陶原料。[⑥] 忻县的细陶器由江西景德镇、湖南醴陵、河北彭城输入；粗陶器来自太原的野略、五台县窑头和大同吴家窑等地。[⑦] 忻县乃交通要道，商品的

---

① 山西省忻州市地方志编纂委员会编：《忻县志》，北京：中国科学技术出版社，1993 年版，第 288 页；山西省汾阳县志编纂委员会编：《汾阳县志》，北京：海潮出版社，1998 年版，第 275 页；吕梁地区地方志编纂委员会编：《吕梁地区志》，太原：山西人民出版社，1989 年版，第 269 页。

② 临县志编纂委员会编：《临县志》，北京：海潮出版社，1994 年版，第 368 页。

③ 交城县志编纂委员会编：《交城县志》，太原：山西古籍出版社，1994 年版，第 354 页；晋绥边区财政经济史编写组、山西省档案馆编：《晋绥边区财政经济史资料选编》（总论编），太原：山西人民出版社，1986 年版，第 11 页。

④ 秦燕：《近代陕北的商业贸易》，《延安大学学报》，2001 年第 4 期，第 77 页。

⑤ 五寨县志编纂办公室编：《五寨县志》，北京：人民日报出版社，1992 年版，第 121 页。

⑥ 宁武县志编纂委员会办公室编：《宁武县志》，太原：山西人民出版社，1989 年版，第 121 页。

⑦ 山西省忻州市地方志编纂委员会编：《忻县志》，太原：中国科学技术出版社，1993 年版，第 286 页。

流通性强，尤其是同蒲线开通后交通更加便捷。来自河曲的粗陶瓷因品种、运输等原因在忻销量不大。

纺织品：晋西北内地大部分地方如兴县本无纺织历史。边区政府有关资料也记载了本地“过去不纺纱，不织布，全靠外路来”[①]的情形。当时输入的纺织品主要有布匹、绸缎。布匹主要来自河北、河南、京、沪、苏浙等地，成品如细布、花布、市布、卡机布等。也有将土布运进，经过加工印染后再出售。输入的河北土布主要来自获鹿、平山（今河北平山）、顺德（今河北邢台）等地。

1934 年，岚县输入洋布 250 匹。[②] 据晋西北抗日民主政府有关档案资料记载，1935 年，兴县由徐州、南京运来的布较多，也有来自河北平山县和顺德府的布，但因为兴县当地产棉花，所以布、棉花的价格不高。[③] 忻县许多棉布行购进河北的土布，洗染加工后销往西八县和陕西、内蒙古；[④]绸缎以京、津、沪产品为主。面料品种繁多，绸有纺绸、串绸、春绸、宁绸、湖绉、线绉、石罗、夏布、玉水绸等，缎有贡丝缎、织锦缎、提花缎、坎缎、德国缎、铁机缎、克利缎，呢子有礼服呢、直贡呢、双丝格、海胡绒、栽绒、平绒等。晋西北各商业中心和集镇都有绸缎行。

烟草：民国初年，晋西北消费多为本地种植的烟草。后曲沃烟、洋烟先后输入晋西北。曲沃最著名的是郑世宽永兴和烟坊所产之烟。曲沃旱烟分生烟、皮烟、香料烟三大类，各有特点，制作

---

① 杨邦舟、杨兴汉：《关于货物、货币变迁调查统计》，山西省档案馆馆藏档案：A88 - 5 - 11 - 1。

② 康茂生主编：《岚县志》，北京：中国科学技术出版社，1991 年版，第 177 页。

③ 杨邦舟、杨兴汉：《关于货物、货币变迁调查统计》，山西省档案馆馆藏档案：A88 - 5 - 11 - 1。

④ 山西省忻州市地方志编纂委员会编：《忻县志》，北京：中国科学技术出版社，1993 年版，第 251 页。

方法也不尽相同。尤其以香料烟配制十分考究。一般烟丝要用菜籽油、香油拌。香料烟则根据烟的质和量，分别拌以麝香、冰片、陈皮、兰花末、甘草、川穹、当归、桂枝、白芷、甘松、辛乙、洋草、芸香、青元、薄荷等十几种中药。在加工制作上，一般不用当年烟叶，要等暑天过后，烟叶发酵，叶色转黄，芳香发散时才投产。先抽梗后碾面，配料、切丝、揉丝一环紧扣一环。烟丝制好后，还需放进特制木匣内，先压缩后上色，分制成大小相等、整齐美观的烟包，再经透风晾干、储存、过夏，鉴定后才能上市。① 曲沃烟坊以晋西北为主要市场的有生茂隆、兴隆昌，经碛口、柳林转运而来。② 临县一地每年销售曲沃烟 1 万银圆左右。③ 1934 年，岚县购入曲沃旱烟 10 072 斤。④ 1926 年，汾阳从外地输入烟丝 8 541 公斤，卷烟 126.9 万盒，以曲沃产的“魁泰”“祥生”“拔翠”等包烟为主。⑤ 1930 年，山西晋华卷烟厂生产的卷烟以及日本卷烟输入汾阳，年销量 13 万盒。1932 年，英美烟草公司在汾阳设“英美烟草公司汾州段”出售卷烟。1934 年，南洋兄弟烟草公司的卷烟也输入汾阳市场。⑥

颜(染)料：晋西北纺织作坊较多，故需输入煮兰、煮青、煮绿、靓青、靓蓝等颜料用于洗染本地所产和从境外购入之土布，输入颜

---

① 张正明、马伟：《话说晋商》，北京：中华工商联合出版社，2006 年版，第 104—105 页。

② 晋绥边区财政经济史编写组、山西省档案馆编：《晋绥边区财政经济史资料选编》(工业编)，太原：山西人民出版社，1986 年版，第 629 页。

③ 临县志编纂委员会编：《临县志》，北京：海潮出版社，1994 年版，第 334 页。

④ 康茂生主编：《岚县志》，北京：中国科学技术出版社，1991 年版，第 177 页。

⑤ 山西省汾阳县志编纂委员会编：《汾阳县志》，北京：海潮出版社，1998 年版，第 459 页。

⑥ 山西省汾阳县志编纂委员会编：《汾阳县志》，北京：海潮出版社，1998 年版，第 459 页。

料的数量较多。如汾阳出口核桃换回的货物中洋兰是主要产品之一。① 李立厚著《临县商业调查》记载,临县年输入颜料 6 000 银圆。② 民国年间,河曲等部分地区种植土兰以替代洋兰使用,③但其他地区仍需从域外购入颜料。

盐:除平川数县有熬盐制硝作坊可部分满足自用外,晋西北其他各地食盐全部依赖输入。所需之盐有吉盐、芦盐④(民国时运城潞盐以晋南、晋东、陕、豫为主销区)、来自陕西"三边"的白盐(主要来自花马池),也输入大量蒙盐亦称"红盐",产于后套吉兰泰盐池,晋北人多食此盐。⑤ 1934 年,岚县购入蒙盐 307 吨。⑥ 同年,阎锡山政府在晋西北各县设立"官盐局"垄断了食盐供给,低进高出,借以盘剥百姓。

碱:碱是晋西北重要的输入品,主要来自河西、绥远(河套平原所在,分前套平原和后套平原)。绥远产食用碱经过不同渠道进入晋西北,如保德之碱从前套之包头运回;⑦而后套吉兰泰之食用碱则走水路经由碛口转运再输入晋西北内地。⑧ 本区还是购入河西

---

① 吕梁地区地方志编纂委员会编:《吕梁地区志》,太原:山西人民出版社,1989 年版,第 291 页。

② 临县志编纂委员会编:《临县志》,北京:海潮出版社,1994 年版,第 334 页。

③ 河曲县志编纂委员会编:《河曲县志》,太原:山西人民出版社,1989 年版,第 251 页。

④ 山西省史志院编:《山西通史》第 26 卷《商业志—供销合作社篇》,北京:中华书局,1999 年版,第 118 页。

⑤ 山西省政协《晋商史料全览》编辑委员会编:《晋商史料全览·商镇卷》,太原:山西人民出版社,2007 年版,第 505 页。

⑥ 康茂生主编:《岚县志》,北京:中国科学技术出版社,1991 年版,第 277 页。

⑦ 保德县志编纂办公室编:《保德县志》,太原:山西人民出版社,1990 年版,第 176 页。

⑧ 山西省政协《晋商史料全览》编辑委员会编:《晋商史料全览·商镇卷》,太原:山西人民出版社,2007 年版,第 505 页。

碱较多，如古交输入的碱就主要来自陕西神木。① 1934 年，岚县从陕西省神木县购入碱 12 824 斤。②

粮食：晋西北总体为粮食输出区，但黄河沿岸有时也需从河西和河套等地输入粮食调剂余缺，神木、府谷一带的粮食就通过黄河流入碛口。③ 但粮食交易还是河东输往河西者更多，④如 1934 年兴县四区输出的粮食全部销售到了河西。⑤

此外，晋西北对文具、茶叶、烟酒、碱面、纸张、火柴、海味、糕点、糖果食品、杂货等货物的需求旺盛，输入量较大。仅汾阳一地年输入量即达 65 万银圆之多(详见表 2.7)。

表 2.7　1926 年汾阳县输入商品表

金额单位：银圆

品名	单位	数量	金额	品名	单位	数量	金额
棉花	斤	83 328	39 264	油	斤	273 239	48 385
粗布	匹	3 684	8 797	盐	斤	500 898	25 184
洋布	匹	3 575	43 426	面粉	斤	6 953	694
洋缎	匹	830	14 681	牲畜	头	22 970	137 792
麻	斤	6 054	2 326	卷烟	盒	1 269 000	58 370
毛	斤	2 850	1 356	烟丝	斤	17 082	7 139
服装	件	40 088	66 925	煤油	斤	188 472	27 352
便帽	顶	24 715	18 690	蜡烛	斤	3 185	701

① 古交市地方志办公室编：《古交志》，太原：山西人民出版社，1996 年版，第 263 页。

② 康茂生主编：《岚县志》，北京：中国科学技术出版社，1991 年版，第 277 页。

③ 临县志编纂委员会编：《临县志》，北京：海潮出版社，1994 年版，第 237 页。

④ 张闻天选集传记组、中共陕西省委党史研究室、中共山西省委党史研究室编：《张闻天晋陕调查文集》，北京：中共党史出版社，1994 年版，第 29 页。

⑤ 杨邦舟、杨兴汉：《关于货物、货币变迁调查统计》，山西省档案馆馆藏档案：A88－5－11－1。

续表

品名	单位	数量	金额	品名	单位	数量	金额
草帽	顶	1 140	1 140	颜料	斤	716	1 440
鞋、靴	双	22 656	28 340	五金			12 530
茶叶	斤	49 346	17 641	木料			43 762
糖	斤	62 412	14 549	文具纸张			30 455

资料来源：山西省汾阳县志编纂委员会编：《汾阳县志》，北京：海潮出版社，1998 年版，第 452 页。

根据《中国实业志》（山西省）商业经济部分统计资料（见表 2.9），后来归于晋西北抗日根据地范围的 20 个县（阳曲县因数据中包括了太原市区未被列入）年商品输入总值为 8 486 106 元，输入商品以盐、花布、日用品、烟卷及洋货等类为多。以输入量统计，输入商品较多的县依次为崞县（155 万）、汾阳、忻县（各百万左右），输入商品金额在 80 万元左右的县有交城、文水。除离石、河曲、保德等数县外，大部分内地县份输入额在 30 万元以下。静乐县 1935 年输入额为 273 500 元，高于周围各县。①

二、输出商品

民国年间，晋西北输出商品中，数量较大的有煤炭、铁制农具、陶瓷、纸张、布匹、毛皮等资源类产品和轻工类手工业产品，也有粮食、油料、食盐、木材、药材、畜产品等农牧林产品。大部分销售到周边地区，也有少部分产品出口国外。

煤炭：煤炭是晋西北的大出产。15 至 20 斤煤炭可以换回盐 1 斤，也可换回粮食，8 斤煤炭 1 斤粮。清太文汾边山产煤几乎全部

① 实业部国际贸易局编：《中国实业志》（山西省）上册第二编第三章，上海：华丰印刷铸字所，民国二十六年版，第 110—116 页。

销往平川，沿黄各地经柳林渡口从黄河向西输出的炭也不少。①

铁制品：阳曲县（今属古交市）河口镇生产之河口锹远销北平、天津和西北等地，咀头村及沟子里村铸造的犁铧也较为有名，除供当地农民使用外，还销往晋中、晋西北和陕北等地。②

陶瓷制品：晋西北八县战前统计共有瓷窑 114 处，瓷业比较发达，当时瓷器确算晋西北外销的大宗商品之一，销路很远。如保德、河曲的瓷器，可以北运绥远，南运韩城、宜川以至关中，朔县、静乐的瓷器，也可以直走大同、冀中、冀南及陕北的神府、榆林一带。③

纸张：民国麻纸每 90 张为"一刀"。据《中国实业志》载，1935 年河曲纸坊年产纸 14 万刀，总值 1.69 万元。产品少部分销售到浑源、怀仁、右玉等县，大部分销于绥远、察哈尔、蒙古。④ 临县榆林等地亦有多家纸坊。

纸炮：晋西北地区大部分的烟花爆竹需要进口，但民国时河曲的纸炮产品销往陕西、内蒙古及邻近诸县。⑤

粮食：山西商人历史上有囤粮转售的传统。主要是晋省地处黄土高原东部，黄土层深厚而密实，气候干燥，挖掘地窖非常便利，谷粟存入地窖后"经久如新"，具备储存粮食的绝好条件。山西商

① 《晋绥边区一九四五年一月至一九四六年六月贸易工作综述》，1946 年 7 月 10 日。晋绥边区财政经济史编写组、山西省档案馆编：《晋绥边区财政经济史资料选编》（金融贸易编），太原：山西人民出版社，1986 年版，第 646 页。

② 古交市地方志办公室编：《古交志》，太原：山西人民出版社，1996 年版，第 216 页。

③ 中共晋西区党委：《抗战前后晋西北磁业的变迁》（1941 年 12 月），晋绥边区财政经济史编写组、山西省档案馆编：《晋绥边区财政经济史资料选编》（工业编），太原：山西人民出版社，1986 年版，第 132 页。

④ 河曲县志编纂委员会编：《河曲县志》，太原：山西人民出版社，1989 年版，第 244 页。

⑤ 河曲县志编纂委员会编：《河曲县志》，太原：山西人民出版社，1989 年版，第 253 页。

人据此囤积居奇,大获其利。[①]

晋西北粮食贸易由私营粮商经营,有粮行、粮店,粮行的首领叫行头或行老,统管粮食市场。后粮行改称米粟业公会,粮行通过县域、集镇的集散市场沟通城乡有无。境内崞县的原平,忻县县城、奇村,河曲城关和巡镇,静乐娄烦镇,临县的碛口、白文,汾阳县城,徐沟县城为主要粮食集散市场。上市粮食品种以小麦、小米、高粱为主,玉米、莜麦、豆类次之,除本地销售外,还运往太原、石家庄、京、津等地。[②]

粮食是晋西北传统的大宗交易商品,粮食贸易以输出为主,在总的贸易额中占很大比重。临县全县 24 万人,每年即可出粮食 10 万石左右,占到产量的 1/4。岢岚、岚县、静乐、宁武、神池、五寨等县丰产一年的产粮能供地方人口 3 年食用,[③]输出地区主要是河西和东部平川。离石、临县、兴县粮多输出到陕西各县,兴县有的农村产粮有三成输往河西。[④] 据抗日政府有关资料记载,1934 年,兴县粮食卖到了河西神木、府谷一带,主要从黑峪口输出,也有部分经碛口销售到米脂、葭县等地。其中仅四区一个村卖粮就有 1 000 石左右,占全村收入 1/3。[⑤] 据《临县志》记载,河东有时也从河西

① 张正明、马伟:《话说晋商》,北京:中华工商联合出版社,2006 年版,第 57 页。

② 忻州地区志编纂委员会编:《忻州地区志》,太原:山西古籍出版社,1999 年版,第 430 页;娄烦县志编纂委员会编:《娄烦县志》,北京:中华书局,1999 年版,第 294 页。

③ 刘欣、景占魁主编:《晋绥边区财政经济史》,太原:山西经济出版社,1993 年版,第 44 页。

④ 杨邦舟、杨兴汉:《关于货物、货币变迁调查统计》,山西省档案馆馆藏档案:A88-5-11-1。

⑤ 杨邦舟、杨兴汉:《关于货物、货币变迁调查统计》,山西省档案馆馆藏档案:A88-5-11-1。

购进粮食。[1] 这些粮食交易有些是囤积以求高利，有些则属正常的调剂丰歉余缺，总体上河东粮食以输出为主。岚县、静乐，宁武、岢岚、五寨的余粮常输到太原销售，其余雁北各县的余粮则由平绥路输出。[2] 同时，晋西北境内各地之间的粮食流通也非常活跃。[3]

忻县历来为产粮区，亦为粮食外调县。忻县城和奇村镇都是重要的粮食集散地，主要外销高粱。民国前期，忻县仅城内粮店就有十多家。1926 年前后，城内有“义聚”“裕盛久”“兴记”“会成”“会盛”5 个私营粮店。其中以“裕盛久”与“会盛”两个粮店规模较大，各有 30 余人，主要经销高粱、谷子、豆类等原粮。较大的粮店还收粮存粮，甚至办理中转调运。[4] 民国二十四年(1935 年)，忻县销往外省、外县粮食 7 595.5 吨，占全省有外销能力的 35 个县总销量 38 097.75 吨的 20%。与省内其他产粮县比，忻县本地产小麦数量并不为多，但因小麦价格常较其他粮食高昂，故忻县与整个山西一样，中农、贫农往往将之抛售市场而以小米、玉米、高粱、薯类代替口粮，因此本地小麦基本都成为商品，忻县小麦外销盖因如此。1935 年，忻县小麦产量 12 950 吨，销往太原、崞县、定襄、静乐等地 10 300.5 吨，销售量占总产量的 79.5%。因地处交通要道，忻县除外运本县粮食外，还兼营静乐、崞县、定襄等外县粮食之中转。[5] 经

① 临县志编纂委员会编:《临县志》，北京:海潮出版社，1994 年版，第 356 页。

② 晋绥边区财政经济史编写组、山西省档案馆编:《晋绥边区财政经济史资料选编》(总论编)，太原:山西人民出版社，1986 年版，第 7 页。

③ 杨邦舟、杨兴汉:《关于货物、货币变迁调查统计》，山西省档案馆馆藏档案:A88－5－11－1。

④ 山西省忻州市地方志编纂委员会编:《忻县志》，北京:中国科学技术出版社，1993 年版，第 271 页。

⑤ 山西省忻州市地方志编纂委员会编:《忻县志》，北京:中国科学技术出版社，1993 年版，第 273 页。

铁路输往石家庄、太原等地销售。本县三交用静乐莜麦加工的莜面比较有名，主要销往太原等地。①

离石为三晋粮食大宗输出县之一，每年销往汾阳、平遥小麦6.2万担(100市斤/担)，销往太原、汾阳大麦7.5万担，高粱1.8万担，销往平遥小米7万担。②

粮食转运贸易也比较兴盛。白文镇在民国时是个典型的粮食集散地，兴、岚等地粮食大量流入。1926年，白文镇有大小粮行80余家，最大的粮店存粮在3万石左右。每集日或籴或粜，交易粮食700石之多，油品、油料万斤以上，一部分粮食销售到县城、三交，大部分销往汾阳、孝义等地，时有"拉不尽的白文"之说。③ 静乐八区米峪镇"日升店"收集本地及周围各县(方山、交城、临县)粮食，然后转运往清源、太原等地，所经营的水、旱磨坊四季不休，一次运粮的骆驼队连绵可达四五里长。④ 徐沟粮市则汇集了来自三晋各地各种粮食，再分销各地。直到20世纪30年代，年交易粮食仍达20万石以上。⑤

麻(胡)油：榨油业是晋西北内地最大的副业，有黄芥油、大麻油、胡麻油、麻子油等，战前"北路葫油(又称胡油)"不仅销于山西各地，且可销到石家庄，产量很大。⑥ 除自给外尚有大宗出口换回

① 山西省忻州市地方志编纂委员会编：《忻县志》，北京：中国科学技术出版社，1993年版，第273页。

② 李文凡主编：《离石县志》，太原：山西人民出版社，1996年版，第303—304页。

③ 临县志编纂委员会编：《临县志》，北京：海潮出版社，1994年版，第356页。

④ 山西省政协《晋商史料全览》编辑委员会编：《晋商史料全览·商镇卷》，太原：山西人民出版社，2007年版，第365、444页。

⑤ 清徐县地方志编纂委员会编：《清徐县志》，太原：山西古籍出版社，1999年版，第365页。

⑥《晋绥边区一九四五年一月至一九四六年六月贸易工作综述》，1946年7月10日。晋绥边区财政经济史编写组、山西省档案馆编：《晋绥边区财政经济史资料选编》(金融贸易编)，太原：山西人民出版社，1986年版，第645页。

必需品。[①] 1935年，方山境内榨油业15家（其中专产胡麻油的1家），所产麻油除供应本县外，还销往离石、汾阳、交城等县。[②] 据《中国实业志》记载，1935年神池全县有46家油坊，年加工胡麻118.1万公斤，产油35.5万公斤，产值9.21万元。葫油大部销往宁武、崞县、寿阳等地，[③]因寿阳人在神池做生意者较多，故销往寿阳较多。碛口转运的河套胡麻油产量特大，是晋中平川食用和点灯用油的主要来源。碛口有民谣“碛口街里尽是油，油篓垒成七层楼，骡马骆驼驮不尽，三天不运满街流”，“碛口三天不发油，汾州城里黑黢黢”。[④] 偏关德泰泉油坊的油也销到太原。[⑤]

核桃：汾阳出口核桃仁较多，据1920年《实业月报》第2期记载，山西汾州核桃由中日商人收买，运至天津再转运出洋，至英国最多，每年出口总数不下千吨，“西人极注意”。1949年前《大公报》商品栏每日登有汾阳核桃仁价格变动的记录，当时出口核桃主要换购进口染料。1936年《中国实业志》记载，“汾城……所产核桃，当地销售较少。外销数量较多，年均销核桃仁90万斤，带壳核桃100万斤左右。核桃被运到天津后，最终的出口价格为收购价格的3倍”。[⑥]《山西经济资料》记述“战前（汾阳）核桃出口……都销于

① 吕梁地区地方志编纂委员会编：《吕梁地区志》，太原：山西人民出版社，1989年版，第289页。

② 方山县志编纂委员会编：《方山县志》，太原：山西人民出版社，1993年版，第187页。

③ 神池县志编纂委员会编：《神池县志》，北京：中华书局，1999年版，第135页。

④ 山西省政协《晋商史料全览》编辑委员会编：《晋商史料全览·商镇卷》，太原：山西人民出版社，2007年版，第505页。

⑤ 山西省政协《晋商史料全览》编辑委员会编：《晋商史料全览·商镇卷》，太原：山西人民出版社，2007年版，第131页。

⑥ 山西省汾阳县志编纂委员会编：《汾阳县志》，北京：海潮出版社，1998年版，第203页。

香港地区，并出口加拿大、东南亚诸国、美国、澳洲、日本、朝鲜、印度等国”。① 清源边山年产核桃5万斤，外销占多数。②

水果、瓜菜：清源边山土地大部种植瓜菜、水果，为当地百姓群众主要收入来源，有葡萄、桃、果、花椒、杏子、枣、豆角、香椿等品种。清源估计年产葡萄200万斤、桃8万斤、果子5万斤、花椒8 000斤、枣子5万斤、杏子8万斤(共产水果约230万斤，实际数目恐大于此)。菜蔬产量未估计，但为数当不会小。这些果菜除一部分销于内地外，大部分销往太原及其他城市。文水四区亦产葡萄，约在150万斤。交城开栅一带产豆角约30—40万斤，除少量供应本地群众外，大部分销往太原乃至石门(石家庄市)等地。③ 红枣和杏仁亦为晋西北特产，离石、石楼、中阳等地所产红枣经天津口岸外销，④离石一年外销红枣150万斤。⑤ 汾阳、离石、交城产杏仁经天津口岸外销，⑥忻县、清徐也有杏仁外销。⑦

葡萄干几百年来一直是清徐向外输出的大宗商品，马峪乡就有50多个熏葡萄干的烤房，所产葡萄干销往北京、天津、上海、东

① 吕梁地区地方志编纂委员会编：《吕梁地区志》，太原：山西人民出版社，1989年版，第292页。

② 晋绥八分区裕民号编印：《八区土产产量及现在与过去情况的初步调查》，《经济通讯》第9期，1946年9月20日，山西省档案馆馆藏档案：A96-3-1-1。

③ 晋绥八分区裕民号编印：《八区土产产量及现在与过去情况的初步调查》，《经济通讯》第9期，1946年9月20日，山西省档案馆馆藏档案：A96-3-1-1。

④ 吕梁地区地方志编纂委员会编：《吕梁地区志》，太原：山西人民出版社，1989年版，第291页。

⑤ 李文凡主编：《离石县志》，太原：山西人民出版社，1996年版，第304页。

⑥ 山西省史志院编：《山西通史》第28卷《对外贸易志》，北京：中华书局，1999年版，第84页。

⑦ 吕梁地区地方志编纂委员会编：《吕梁地区志》，太原：山西人民出版社，1989年版，第291页。

北三省，还出口美国。清徐县城张、王两大富户因长年经销葡萄干成为全县巨富。西马峪有张宽者，家里祖祖辈辈赶马车贩卖葡萄干，每年阴历九月，装载5 000余斤葡萄干前往哈尔滨、双河、黑河、齐齐哈尔等地贩卖，第二年清明时节，又把东北土特产贩回山西，往返一次历时半年之久，成为当时本县有名的长途大商贾。①

汾酒：汾阳杏花村酿酒历史悠久，所产“汾清”酒载于《北齐书》。明清之际行销全国。1915年，汾阳杏花村“义泉涌”所产汾酒以色、香、味三绝的独特风格，荣获巴拿马万国博览会唯一的甲等金质大奖章，使汾酒的声誉走出了国门。② 1924年，晋裕汾酒公司杨得龄总经理率先注册了中国白酒业的第一枚商标——高粱穗汾酒商标。③ 民国时期，汾酒销售遍及华北各大商埠都会，晚近京沪一带，汾酒也占相当地位。④ 西北也是汾酒的重要市场，如处于关陇古道要冲的陇南重镇天水商业繁荣，其中比较驰名的有汾酒和烟坊粮液，资金大，底子厚，在当地市场占很大比重。⑤ 民国时期汾酒、竹叶青产品已走出国门，1926年出口6 128斤，1936年出口36 000斤。⑥

干蛋粉：第一次世界大战期间及以后，列强急需大量干蛋粉以备军需，世界蛋粉行情大涨。干蛋粉在民国晋西北出口商品中占

---

① 清徐县地方志编纂委员会编：《清徐县志》，太原：山西古籍出版社，1999年版，第185页。

② 山西省史志院编：《山西通史》第28卷《对外贸易志》，北京：中华书局，1999年版，第95页。

③ 《大河报》，2010年11月9日，第20版。

④ 山西省汾阳县志编纂委员会编：《汾阳县志》，北京：海潮出版社，1998年版，第270页。

⑤ 原鲁：《甘肃省天水山陕会馆》，山西省政协《晋商史料全览》编辑委员会编：《晋商史料全览·会馆卷》，太原：山西人民出版社，2007年版，第347页。

⑥ 吕梁地区地方志编纂委员会编：《吕梁地区志》，太原：山西人民出版社，1989年版，第292页。

有一席之地。离石战前规模最大的企业是创办于1934年的永丰蛋厂，有资本2万元，职工160人，年产值9万元，产品出口英、美、德、日等国。① 汾阳瑞和蛋厂所产蛋粉也销往国外。②

纺织产品：汾阳纺织业较发达，产品主要销往晋西、陕北、甘肃、宁夏等地。1932年产粗布3万余匹。据《中国实业志·山西卷》记载，为供应发展纺织业所需原料，汾阳从1929年开始引进美国棉花品种“金克司”后，产量逐步提高，到1935年种植面积达2万亩，总产皮棉52万斤。陇海线通车后，沪津纺织品涌入西北，汾阳纺织业遭受很大冲击。到1936年纺织厂（坊）减少到10家，资金1 980元，织机86台，职员36名，工人145名，全年用纱量528包，年产布58 140匹，产值100 890元。③ 忻县布行则大量购进河北土布，洗染后销到西八县和陕、蒙等地。④

地毯：清末，宁武地毯因质量高，虫不蛀，经久耐用，色泽光亮而享有盛誉，畅销关外奉天、吉林等地。民国十九年（1930年），宁武地毯畅销内蒙古、陕西一带。⑤

毡子：据《中国实业志》载，1935年河曲毡坊产毡1 140条，产值2 858元。产品销于晋南、绥远、山西其他地方。⑥

---

① 李文凡主编：《离石县志》，太原：山西人民出版社，1996年版，第214页。

② 吕梁地区地方志编纂委员会编：《吕梁地区志》，太原：山西人民出版社，1989年版，第291页。

③ 山西省汾阳县志编纂委员会编：《汾阳县志》，北京：海潮出版社，1998年版，第266页。

④ 山西省忻州市地方志编纂委员会编：《忻县志》，北京：中国科学技术出版社，1993年版，第262页。

⑤ 宁武县志编纂委员会办公室编：《宁武县志》，太原：山西人民出版社，1989年版，第186页。

⑥ 河曲县志编纂委员会编：《河曲县志》，太原：山西人民出版社，1989年版，第252页。

织毛口袋：此产品是民国时期河曲输出产品之一，该县武家兄弟的织毛口袋作坊专设验货师傅，只有产品合格者，才打朱红“武记”。产品远销归绥、张北（张家口）、银川，并在这些地方设点专销，最多时每年销售 4 000 余条。①

毛皮产品：羊皮亦为晋西北重要的出口商品。② 临县年输出大牲畜皮 200 余张，黑白羔皮 5 000 余张。③ 交城为羊皮的集中地。④ 交城毛皮业不仅为三晋之首，亦为西北数省有名的毛皮集散地，又以滩皮最著，著名的“交子毛”品质优良蜚声海内外。来自西北各地和省内的生皮经过泡鞣加工、裁缝成为褂氅，而后由万川、玉成、德兴、和兴、公盛、德昌等 20 多家皮店发往京、津、沪，并汉口、张家口、东三省等地。有的销于日本、欧美国家。外埠商客来往不绝，争相采办，或先期汇款订货。⑤ 据太原府志（1922 年版）载，德国采办曾以数十万白银存放府库，备买交城皮件。⑥ 1934 年，交城县有皮坊 38 家，资本总额 542 989 元，职工 1 995 人，年产值 491 278 元，年销皮 230 937 张，占全省销皮总量 484 000 的 47.71%，仍为全省之冠。⑦ 据《吕梁地区志》记载，民国以降，皮业

---

① 山西省政协《晋商史料全览》编辑委员会编：《晋商史料全览・商镇卷》，太原：山西人民出版社，2007 年版，第 460 页。

② 山西省忻州市地方志编纂委员会编：《忻县志》，北京：中国科学技术出版社，1993 年版，第 288 页。

③ 临县志编纂委员会编：《临县志》，北京：海潮出版社，1994 年版，第 339 页。

④ 山西省史志院编：《山西通史》第 28 卷《对外贸易志》，北京：中华书局，1999 年版，第 84 页。

⑤ 交城县志编纂委员会编：《交城县志》，太原：山西古籍出版社，1994 年版，第 354—355 页。

⑥ 交城县志编纂委员会编：《交城县志》，太原：山西古籍出版社，1994 年版，第 429 页。

⑦ 交城县志编纂委员会编：《交城县志》，太原：山西古籍出版社，1994 年版，第 354—355 页。

（总体上）呈衰落趋势。[①]

羊毛、羊绒：民国年间，晋西北盛产羊毛、羊绒及羊皮、羔皮，其中以羊毛出口数量最多。用于出口的交城秋毛在省内最为著名，交城城字玉毛、散毛也非常有名。交城还是省内羊毛集散中心之一，春毛、秋毛皆有。[②] 汾阳年输出羊毛量 8 500 公斤左右。1926 年，汾阳输出羊毛 8 885 公斤，金额 2 590 元。经天津口岸输往德、英、美、日等国。[③] 羊绒也是晋西北出口大宗，据民国二十三年（1934 年）调查，全省年产 56.3 万斤，交城以羊绒产量 5 万斤为全省第一。民国二十五年（1936 年），宁武出口羊绒 100 万斤。[④]

驼毛、驼绒：民国初年，为了驮运需要，晋西北各地开始饲养骆驼，数量逐渐增多，故驼毛、驼绒成为晋西北出口产品。其时，当地从北路内蒙古等地引入了骆驼，兴县交楼申安沟村王志余家养了 3 槽（每槽 12 只）骆驼，人称六链子（每一链子为 6 只）驮运队。此后，该县东山和县川陆续有人引进饲养，最多者达数百峰。[⑤] 临县碛口陈清时一户就养了骆驼 300 余峰，陈立江、陈立茂兄弟十人亦养骆驼 300 峰。[⑥] 汾阳三泉张家堡村田仲清饲养骆驼数十峰，与段家庄、阳城等村养骆驼户结成运输队，奔走于山东、河北等地千里旅

① 吕梁地区地方志编纂委员会编：《吕梁地区志》，太原：山西人民出版社，1989 年版，第 226 页。

② 山西省史志院编：《山西通史》第 28 卷《对外贸易志》，北京：中华书局，1999 年版，第 85 页。

③ 山西省汾阳县志编纂委员会编：《汾阳县志》，北京：海潮出版社，1998 年版，第 467 页。

④ 山西省史志院编：《山西通史》第 28 卷《对外贸易志》，北京：中华书局，1999 年版，第 86 页。

⑤ 贾维桢、尚永红、孙海声主编：《兴县志》，北京：中国大百科全书出版社，1993 年版，第 137 页。

⑥ 临县志编纂委员会编：《临县志》，北京：海潮出版社，1994 年版，第 274 页。

途搞营运。[①] 离石与孝义是两个产驼毛最多的地方，各年产四五千斤，文水、岚县、汾阳年产各约二三千斤。驼绒以临县为最多，约年产 1 700 斤，文水约年产 400 斤。晋西北出口的驼绒有相当一部分是从西北转运而来。驼毛收购价每斤 0.35—0.55 元，驼绒每斤 0.58—0.70 元。[②] 1926 年，离石民间商人把收购自各地的驼毛、驼绒通过天津口岸出口。[③]

猪鬃：猪鬃是战略产品，也是民国时期晋西北重要的出口产品。[④]

棉花：汾、文、清、离、临、兴等地出产棉花且产量较大。1933 年，因兴县棉花质量好，榆次晋华纺织厂派专人来买。神木、河曲、保德、临县等地常来购买。[⑤] 1934 年晋西北吕梁九县产量 1.44 万担。离石一次销往榆次皮棉即达 1 102 担。[⑥] 文水战前全县棉产量约 85 万斤（主要是二、四区）。[⑦]

土兰：河曲南元、北元种植的土兰销往包头。[⑧]

土盐：汾、文、交、清等地产土盐。民国时，土盐是徐沟输出产品之一。[⑨]

水旱烟：仅兴、临一带产水旱烟输往河西榆林一带即达 100 余

---

① 山西省汾阳县志编纂委员会编：《汾阳县志》，北京：海潮出版社，1998 年版，第 439 页。

② 山西省史志院编：《山西通史》第 28 卷《对外贸易志》，北京：中华书局，1999 年版，第 86 页。

③ 李文凡主编《离石县志》，太原：山西人民出版社，1996 年版，第 324 页。

④ 贾维桢、尚永红、孙海声主编：《兴县志》，北京：中国大百科全书出版社，1993年版，第193页。

⑤ 杨邦舟、杨兴汉：《关于货物、货币变迁调查统计》，山西省档案馆馆藏档案：A88－5－11－1。

⑥ 李文凡主编：《离石县志》，太原：山西人民出版社，1996 年版，第 304 页。

⑦ 晋绥八分区裕民号编印：《八区土产产量及现在与过去情况的初步调查》，《经济通讯》第 9 期，1946 年 9 月 20 日，山西省档案馆馆藏档案：A96－3－1－1。

⑧ 河曲县志编纂委员会编：《河曲县志》，太原：山西人民出版社，1989 年版，第 251 页。

⑨ 清徐县地方志编纂委员会编：《清徐县志》，太原：山西古籍出版社，1999 年版，第 359 页。

万斤，保德也输出一些。[①]

牲畜：晋西北牲畜输出数量较大。战前，兴县每年可出口耕牛 3 000 头，交城、宁武、静乐、五寨及雁北各地都是产牛区，据估计每年至少亦有 2 000 头出口。兴县每年可出口毛驴 2 000 头，临县每年可出口 3 000 头，大约估计晋西北每年可出口毛驴 8 000—10 000 头。[②] 只兴县一县每年即输出羊 20 万只，[③]临县每年输出本地产及过境之羊 100 万只，岢岚 1 万只，神池 5 万只，总的估计战前晋西北出口羊（含过境之羊）在 140—150 万只之间，由交城、文水贩子来买，大部分销于天津[④]及太原、祁县、太谷，少量销到交城、文水。[⑤] 兴县每年输出猪 1.6 万头，临县可输出 10 万头，兴县输出牛 3 000 头，都销往天津、太原等地。[⑥] 岚县东村复和店经营油、酒、粉坊，占地 10 亩，养猪 200 余

① 《晋绥边区 1945 年 1 月至 1946 年 6 月贸易工作综述》（1946 年 7 月 10 日），晋绥边区财政经济史编写组、山西省档案馆编：《晋绥边区财政经济史资料选编》（金融贸易编），太原：山西人民出版社，1986 年版，第 647 页。

② 《晋绥边区一九四五年一月至一九四六年六月贸易工作综述》，1946 年 7 月 10 日。晋绥边区财政经济史编写组、山西省档案馆编：《晋绥边区财政经济史资料选编》（金融贸易编），太原：山西人民出版社，1986 年版，第 653—654 页。

③ 贾维桢、尚永红、孙海声主编：《兴县志》，北京：中国大百科全书出版社，1993 年版，第 177 页。

④ 《晋绥边区一九四五年一月至一九四六年六月贸易工作综述》（1946 年 7 月 10 日），晋绥边区财政经济史编写组、山西省档案馆编：《晋绥边区财政经济史资料选编》（金融贸易编），太原：山西人民出版社，1986 年版，第 653—654 页。

⑤ 贾维桢、尚永红、孙海声主编：《兴县志》，太原：中国大百科全书出版社，1993 年版，第 177 页。

⑥ 《晋绥边区一九四五年一月至一九四六年六月贸易工作综述》（1946 年 7 月 10 日），晋绥边区财政经济史编写组、山西省档案馆编：《晋绥边区财政经济史资料选编》（金融贸易编），太原：山西人民出版社，1986 年版，第 656 页。

头以供销售。[①] 1934 年，岚县销售到太原生猪 2 176 头。[②]

木材：宁武南北两路年销木材 3 000 立方米，从宁武、五寨销往大同、丰镇、绥远、太原、汾河沿岸及河北、河南等地。[③] 由水运运到南路的木材和从云顶山下来的木材（年约 3 000 立方米）在娄烦镇汇合。河运旺季，从宁武头、二、三马营顺汾河上游漂流下来的大批木材筏与娄烦云顶山的木筏在汾河与涧河口交汇处聚集，连成几里长的筏阵，筏工的号子此起彼伏，蔚为壮观。[④] 据晋绥八分区贸易分局资料记载，战前交城关帝山木材销于晋中平川及太原为数极大。光横尖镇丰源厚木厂每年经销的木料即达 200 万件之巨，五元城有木厂 7 家（出去的木料大部都经过这里）。用于转运木材的牲口也很多，除外来拉运的之外，仅四区本地就有 1 500 多头，中西川 19 家骡马大店还容纳不下，因此分成昼夜两班运输。仅横尖一村即有砍伐工人 1 300—1 400 人，大部分来自河南、河北、山东、高平等地。[⑤]

中药材：晋西北药材蕴藏量很大，战前输出量很大，还有经河西过境的药材，数目也大。[⑥] 1926 年，兴县、岚县、临县产的冬花，汾阳、临县产的柴胡，兴县、交城产的猪苓等药材，临县、离石产的

---

① 山西省政协《晋商史料全览》编辑委员会编：《晋商史料全览 · 商镇卷》，太原：山西人民出版社，2007 年版，第 495 页。

② 康茂生主编：《岚县志》，北京：中国科学技术出版社，1991 年版，第 281 页。

③ 宁武县志编纂委员会办公室编：《宁武县志》，太原：山西人民出版社，1989 年版，第 264 页。

④ 山西省政协《晋商史料全览》编辑委员会编：《晋商史料全览 · 商镇卷》，太原：山西人民出版社，2007 年版，第 360、456 页。

⑤ 晋绥八分区裕民号编印：《八区土产产量及现在与过去情况的初步调查》，《经济通讯》第 9 期，1946 年 9 月 20 日，山西省档案馆馆藏档案：A96 - 3 - 1 - 1。

⑥《晋绥边区一九四五年一月至一九四六年六月贸易工作综述》，1946 年 7 月 10 日。晋绥边区财政经济史编写组、山西省档案馆编：《晋绥边区财政经济史资料选编》（金融贸易编），太原，山西人民出版社，1986 年版，第 652 页。

大麻,都通过天津口岸出口。① 离石一年内销往汾阳、清源麻皮6 000 担。②《中国实业志》(山西省)载,1935 年在方山县收购的麻皮达 5 000 担。③ 交城山区盛产药材,阳曲亦有少数产量,以(红、白)赤芍、(红、白)大黄、秦艽、黄芪、黄芩、苍术为大宗,次为猪岑、党参、羌活、柴胡、营仲、冬花、贝母等,但产量极小,战前两地每年产 200 余万斤,光赤芍出口即三四万斤,大黄 50 万斤,秦艽50 万斤。④

蓖麻、白麻:战前临县年产白麻一百二三十万斤,方山圪洞一带年产四五十万斤,离石、兴县、河曲、保德等地年产五六十万斤,共计约产二百二三十万斤。历年运往天津百余万斤,运往太原、交城、文水、祁县、太谷等地六七十万斤;外销之数中有百分之三十是制成麻绳的成品。据老商人谈麻的销路很广,只要能生产出来,就能销售出去。⑤ 民国初年,临县年输出白麻 26 万公斤。⑥ 临县产蓖麻、白麻还通过天津出口。⑦

河曲是民国时期手工业比较发达的地方,除毡、纸张、陶瓷、织毛口袋、染料土兰等,其他远销外地的商品还有铜锁、酒壶、剪刀

---

① 吕梁地区地方志编纂委员会编:《吕梁地区志》,太原:山西人民出版社,1989 年版,第 290 页。

② 李文凡主编《离石县志》,太原:山西人民出版社,1996 年版,第 304 页。

③ 方山县地方志编纂委员会编:《方山县志》,太原:山西人民出版社,1993 年版,第 232 页。

④《八区土产产量及现在和过去情形的初步调查》,晋绥第八分区裕民号主办:《经济旬刊》,1946 年 9 月 26 日,山西省档案馆馆藏档案:A96-3-1-1。

⑤《晋绥边区一九四五年一月至一九四六年六月贸易工作综述》,1946 年 7 月 10 日。晋绥边区财政经济史编写组、山西省档案馆编:《晋绥边区财政经济史资料选编》(金融贸易编),太原:山西人民出版社,1986 年版,第 659 页。

⑥ 临县志编纂委员会编:《临县志》,北京:海潮出版社,1994 年版,第 339 页。

⑦ 临县志编纂委员会编:《临县志》,北京:海潮出版社,1994 年版,第 365 页。

等。如樊殿华作坊出产的大铜锁，每把 2 个银圆，远销太原、绥远。武成文锡器坊的“武氏”斟酒壶远销太原、西安、绥远等地。韩家剪刀铺能制作裁衣剪、剜花剪、皮革剪、剪羊毛剪等 15 种剪刀，产品远销宁夏、青海、绥远等地。①

三、商品流通

民国以来，晋西北境内商业和转运贸易都逐渐繁荣，大量本地土产的出口刺激了手工业的发展，地利之便又促进了过境和转运贸易的发展。

境内贸易：民国时期的晋西北内各地之间，由于地域相邻、文化相近、习俗相似，区域内相互之间的贸易联系比较密切、商品流通比较活跃。其中粮食、布匹是流通的大宗，兴县以北数县粮食下流，临、离等地土布上流，形成了“南布北调，北粮南调”的传统。河曲的巡镇、城关是重要的粮食市场，上市粮食大部分销售到本县及周围地区。② 忻县、汾阳等地从邻近各县调入大量粮食，除部分留本地调剂，大部分转运外埠。临县白文镇也是重要的粮食集散地，汾、孝相当一部分粮食来自该镇。③ 据《汾阳县志》记载，1935 年，粮商从离石、方山、临县及其他各县调入汾阳粮食 169 168 石，其中，小麦 116 251 石，莜麦 2 846 石，高粱 31 597 石，小米 1 040 石，绿豆 4 954 石，其他 12 480 石。同年，汾阳向外地调出小麦 70 000

---

① 山西省政协《晋商史料全览》编辑委员会编：《晋商史料全览・商镇卷》，太原：山西人民出版社，2007 年版，第 367 页。

② 忻州地区志编纂委员会编：《忻州地区志》，太原：山西古籍出版社，1999 年版，第 430 页。

③ 山西省忻州市地方志编纂委员会编：《忻县志》，北京：中国科学技术出版社，1993 年版，第 273 页；临县志编纂委员会编：《临县志》，北京：海潮出版社，1994 年版，第 356 页。

石,玉米720石。可见,除调入之高粱用于酿酒并留部分小麦、杂粮供应市场,调入汾阳的小麦、玉米大部又都调出。[①]

表2.8 1935年晋西北各县(部分)私营粮商统计表

单位:银圆

县名	户数	人数	固定资本(元)
宁武	3	29	5 087
神池	1	4	200
忻县	19	202	14 250
静乐	4	23	1 800
崞县	25	234	26 560
河曲	15	101	3 613
合计	67	593	51 510

资料来源:忻州地区志编纂委员会编:《忻州地区志》,太原:山西古籍出版社,1999年版,第430页。

此外,汾阳和临县的布匹、河曲和临县的陶瓷与纸张、阳曲河口的铁锹、宁武的犁铧、临县的铁器、交城的皮货、五寨的皮绳、离石和神池的麻油、宁武和交城及娄烦的木材等本地产品在晋西北境内也大量流通。[②] 各地所需土特产基本来自周边地区,如现古交境内的商号当时主要经营来自静乐和岚县的莜面、小米、绿豆,河曲和保德的甘草、龙骨,临县和兴县的肉猪、羊、牛等。[③] 本地产品也大多销往邻近区域,如古交集市上的莜面、小米等销往清徐、交

① 山西省汾阳县志编纂委员会编:《汾阳县志》,北京:海潮出版社,1998年版,第485页。

② 宁武县志编纂委员会办公室编:《宁武县志》,太原:山西人民出版社,1989年版,第200页。

③ 古交市地方志办公室编:《古交志》,太原:山西人民出版社,1996年版,第263页。

城,黑豆销往晋祠。①

转运贸易:转运贸易比较发达是民国时期晋西北贸易的一大特点,晋西北地处西北羊毛、皮货输出与日用百货输入孔道。从陕北向东运输这些产品的商路由两条支线组成,均经由晋西北:第一条是榆林、神木道。这是榆林通往神木、府谷进而贯通山西保德、河曲的东行大道,全程200多里。第二条是榆林至山西汾阳的东大道,承担了部分东、西货物转运任务。② 此外,由于地利之便,晋西北境内的粮油、牲畜贸易数量也很大,在交通要道上的碛口、河曲城关、徐沟、忻县县城、汾阳县城等地成为大批境外货物转运地。

河曲的衣食洋货主要从太原和西安购入,布匹从河北平山、内邱、获鹿的东村等地购入,粮油、畜产品、皮毛、食盐从河套、绥(远)包(头)一带购入。上述货物在河曲进行交易后,“南路货”转运绥包、“北路货”转运南路。当时河曲县城所有的商店都向外地订货。③ 河曲西门外到八墩有一条专营粮食的店铺集中地——店儿巷,较大的粮油店有“双和恒”“双合义”“义兴永”“恒庆永”“义盛谦”“复兴恒”“万镒泉”等16家,总计店员200余名,主要经营水路船筏载运而来的内蒙古河套粮油,年吞吐量数百万斤。④

1929年,碛口有商号300余家,码头日过往船只50多艘,有搬运工2 000余人,日过往驮货牲畜3 000多头。⑤ 碛口每年转运的

---

① 古交市地方志办公室编:《古交志》,太原:山西人民出版社,1996年版,第276页。

② 李刚、黄冬霞:《试论民国时期陕北地区羊毛贸易的兴衰》,《延安大学学报》2005年第5期,第105—106页。

③ 河曲县志编纂委员会编:《河曲县志》,太原:山西人民出版社,1989年版,第282页。

④ 河曲县志编纂委员会编:《河曲县志》,太原:山西人民出版社,1989年版,第299页。

⑤ 吕梁地区地方志编纂委员会编:《吕梁地区志》,太原:山西人民出版社,1989年版,第269页。

甘草达 350 万斤,[1]转运的河套胡麻油产量特大。[2] 徐沟的粮市汇集了山西境内东西南北待售的粮食。汾阳城、忻县城分别是洋货或手工业品的转运地,分别销往西八县和吕梁山上数县,或转销西北、绥远。随着平绥、陇海等铁路的开通,晋西北转运贸易的地理优势大受影响。

四、跨区贸易

民国时期的晋西北地区商品交易除地区之内的相互流通即"内循环"比较畅通外,与外界的商品流通即跨区的贸易活动即"外循环"亦颇为兴盛,输向外部的土特产品和从外地输入的商品数量庞大。除交城、清源、临县等数地因出产的皮业等产品市场竞争力强而商品输出额大于输入额外,其他地方均为输出额低于输入额。西北和绥远是晋西北产品传统市场,国内各大城市及太原、平遥等地是输入的日用工业品和其他货物的主要来源地。输入纺织品中,洋布、丝绸主要来自沿海、江浙一带和京津沪等地,土布主要来自河北获鹿、平山、顺德、河南彰德(今河南安阳市)等地。

根据《中国实业志》(山西省)商业经济部分统计资料(见表 2.9),1935 年,晋西北 21 县的商品输入额为 8 486 106 元,输入量较大的县为交城、文水、汾阳、忻县和崞县。商品输出额为 5 293 677 元,输出商品以粮、油、牲畜、皮毛等土特产为主,输出量较大的县为交城、汾阳、忻县和崞县。晋西北跨区贸易中总体上输入额大于输出额,年净输入差额 3 192 429 元,接近跨区贸易总值的 23%。

---

① 临县志编纂委员会编:《临县志》,北京:海潮出版社,1994 年版,第 321 页。

② 山西省政协《晋商史料全览》编辑委员会编:《晋商史料全览·商镇卷》,太原:山西人民出版社,2007 年版,第 131、505 页。

表 2.9　1935 年晋西北各县商品输入和输出统计表

交易单位:银圆

县别	输入值	输出值	总值	出入差额	输入主要商品	输出主要商品
徐沟	261 487	225 951	487 438	(—)35 536	布匹、什货、胡油	粮食、伏面
清源	433 400	357 410	790 810	(—)75 990	花布	米粮、葡萄干
交城	865 638	778 472	1 644 110	(—)87 166	皮毛、花布	皮货、皮毛
文水	769 283	413 145	1 182 428	(—)356 138	牲畜、日用品	花布、皮毛
岢岚	131 409	350 540	482 949	(—)218 131	土布、食盐、煤炭、烟	羊、莜面、胡油、葫麻
岚县	25 239	4 336	29 575	(—)20 903		
兴县	159 382	260 800	420 182	(+)101 418	红盐、水烟、布匹	牲畜、皮毛、棉花
汾阳	986 750	677 200	1 663 950	(—)309 550	花布、燃料、烟卷	汾酒、果品
临县	82 315	210 224	292 539	(+)127 909	盐、布、日用品	棉花、面粉、麻
离石	469 794	176 706	646 500	(—)293 088	布、盐、什货	麦、干粉
方山	211 000	162 000	373 000	(—)49 000	日用品、燃料	麻、米、粮、牲畜
宁武	136 000	121 700	257 700	(—)14 300	布、盐、日用品	木料、小麦

续表

县别	输入值	输出值	总值	出入差额	输入主要商品	输出主要商品
神池	188 200	292 520	480 720	(一)104 320	花布、盐	小麦、牲畜、葫油
偏关	97 403	32 759	130 162	(一)64 644	土布、食盐	葫油、绒毛、鸡蛋
五寨	80 932	73 986	154 919	(一)6 947	花布、什货	木料、米粮、煤
忻县	976 120	417 828	1 393 548	(一)558 692	花布	花布
静乐	273 500	196 180	469 680	(一)77 320	花布、米粮	食用品、牲畜
崞县	1 558 100	414 200	1 972 300	(一)1 143 900	花布、牲畜、什货、木料、烟	食用品、皮毛
保德	407 194	31 000	438 194	(一)376 194	红盐、小麦、布匹	煤、谷米、糜米
河曲	372 960	96 720	469 680	(一)276 240	土布、食盐、油籽	菜油、石炭、果丹皮
总计	8 486 106	5 293 677	13 979 783	3 192 429		

注:晋西北抗日根据地包括了西阳曲县,但因民国阳曲县政府驻省城皇华馆,辖区包括当时太原市区。故此表未列入阳曲县。抗战爆发前夕,阳曲年输入 820 962 元,输出 1 816 139 元,总值 2 637 101 元,输出多于输入 995 177 元。

资料来源:实业部国际贸易局编:《中国实业志》(山西省)上册第二编山西经济之鸟瞰第三章商业经济,上海:华丰印刷铸字所民国二十六年版,第 111—116 页(乙)。

据1935年的统计数据，该年晋西北20个县(不含阳曲县)中输出额高于输入额的只有临县、兴县二个县。输入和输出交易量较大的是崞县、忻县及汾、文、交、清等平川地区。交城、清源、离石、临县、文水、汾阳及河曲等数县之商品输出输入情况在晋西北较为典型，通过其购销数据可了解各地商品输出输入情况。

据《山西省第九次经济统计正集》记载，1927年交城县毛皮购进以银圆计算达91.66万元，购进其他商品如棉花、粗布、绸缎、夏布、麻皮、纸张、药物、烟草、煤油、干鲜货以及京广洋货所需总值仅10.24万元，当年销售额达到75.12万元，输出远大于输入。又据来自《中国实业志》(山西省)的有关记载，1928年交城县购进滩羊皮60余万张，价值86.5万元，加工制作大褂8.5万件，销售收入400万元。①

1935年清源商品输入输出总额790 810元，其中输入357 410元，输出433 400元，输出多于输入75 990元，主要输出产品是蔬菜、葡果、醋、煤炭。②

1935年离石土特产品年输出额17.67万元，输入商品如布、盐和杂货价值47万元，输入多于输出约29.4万元。③

民国初年，临县每年销售外来河南土布32 000余匹，京广洋货15万元左右，颜料6 000元，曲沃烟1万元，糖果食品12万元之多。1931年之后，每年输入洋货总值14万元。④ 1935年，临县输入商品82 315元，输出则达210 224元，净输出额127 909元，是晋西北

① 交城县志编纂委员会编:《交城县志》，太原:山西古籍出版社，1994年版，第436页。

② 清徐县地方志编纂委员会编:《清徐县志》，太原:山西古籍出版社，1999年版，第359页。

③ 李文凡主编:《离石县志》，太原:山西人民出版社，1996年版，第304页。

④ 临县志编纂委员会编:《临县志》，北京:海潮出版社，1994年版，第334页。

表 2.10　1933 年河曲商品输入统计表

交易单位:银圆

品名	合计	土布/匹	棉花/斤	食盐/斤	油籽/石	莜面/斤	小麦/石	小米/石	莜麦/石
数量		120 000	149 800	1 000 000	10 000	400 000	300	500	200
总值	372 950	168 000	74 900	70 000	45 000	12 000	1 050	1 500	500

资料来源:河曲县志编纂委员会编:《河曲县志》,太原:山西人民出版社,1989 年版,第 283 页。

表 2.11　1933 年河曲商品输出统计表

交易单位:银圆

品名	合计	羊毛/斤	白酒/斤	羊皮/张	菜油/斤	果丹皮/斤	石灰/斤	瓷瓮/个	瓷碗/纡
数量		20 000	20 000	14 400	300 000	226 300	26 100 000	1 500	3 500
总值	96 730	2 200	1 800	7 200	36 000	22 620	26 200	600	210

资料来源:河曲县志编纂委员会编:《河曲县志》,太原:山西人民出版社,1989 年版,第 283 页。

屈指可数的几个商品输出多于输入的县。

据《山西省第九次经济统计正集》记载，1925 年文水县商品输出额 109 132 元，其中使用类商品如粮食、皮毛、牲畜等占输出总值的 97.8%。输入商品额 486 021 元，主要是木材、花布、棉花等，年入超额 376 889 元，输入额为输出额的 4.45 倍。①

汾阳是整个晋西北工业和手工业最发达、输出产品种类和数量较多之地，但输入额仍远低于输出额。1936 年该县输入多于输出 305 550 元。②

民国年间，河曲县每年入超约 27 万元，此项漏缺在初期完全以河曲人在绥包经商、种地各项收入汇总为抵补。据查 1926—1927 年前每年此项收入约五六十万元，至 1930 年以后因天灾人祸等原因，外来收入日益减少，河曲经济遂转萧条。③

河曲是晋西北手工业比较发达的地方，输出产品类型相对较多，即便如此，商品输出额仍远低于输入额。原因在于当时全国统一的大市场已经初步形成，落后的晋西北手工业产品总体上难以与其他国货和进口货直接竞争，在整个社会产业分工中居于低端从属地位。一向自给自足的晋西北自然经济逐渐依附于都市经济。④

① 李培信主编:《文水县志》，太原:山西人民出版社，1994 年版，第 356 页。

② 山西省汾阳县志编纂委员会编:《汾阳县志》，北京:海潮出版社，1998 年版，第 452 页。

③ 河曲县志编纂委员会编:《河曲县志》，太原:山西人民出版社，1989 年版，第 283—284 页。

④ 晋绥边区财政经济史编写组、山西省档案馆编:《晋绥边区财政经济史资料选编》(工业编)，太原:山西人民出版社，1986 年版，第 493 页。

第四节 商业习惯与商人群体

从经商习惯而言，晋西北地区内地素无此习，而处于太原晋中盆地西缘的汾、文、交、清及北边的忻、崞、宁等地则习之久矣。民国以来，农业、金融等行业资本大量进入商业领域，商业在晋西北社会中的地位也得到提高。

就商业从业群体特点而言，因地域范围广大、习俗各不相同，按地域分布、经商模式等特点，大致可把晋西北地区商人分为汾文交清、忻崞宁、内地等三大群体。

一、商业习惯

民国初年，晋西北内地商业氛围与平川地区相比弗如远甚。当汾、清、文、交商人闯荡四海之时，内地各县商业犹是一片寂然，毫无活泼气象。据《临县志》记载，直到清末，本地经商者多为客民，而“土人安于椎鲁(愚钝，鲁钝)，不知为也”。“治城虽在适中之地，无银行钱店为金融机关。不过以梭布米面，小本经营，供四民之求取而已。就合邑城镇之商业，较碛口为县南门户。”①据《合河政记》载，兴县“本县不但无人外出经商，即县中商号亦以外县人居大半，所以有榆次行、本地行之别。前清时市面异常萧条，民国以来渐见发展”。② 神、五等地史料也记载神池县人历来不善经商。清代，神池虽有人梦想“锱铢致富”，然苦于缺乏“总金之

① 临县志编纂委员会编：《临县志》，北京：海潮出版社，1994年版，第321页。

② 贾维桢、尚永红、孙海声主编：《兴县志》，北京：中国大百科全书出版社，1993年版，第170页。

术”。[①] 五寨建县较晚，并处于边陲地带，历史上商业很不发达，“商者绝无富商大贾”，“以所多易新鲜，不过布匹、谷、黍、畜牧然”。直到清末才发展了一些私营中小商业及部分货郎、摊贩。宣统年间一些外地商人的进入（外地商人在本县经商者占70%之多），才促进五寨商业发展起来。[②]

与此同时，从事商业和手工业的人员流动性增加。虽然绝大多数人仍专事稼穑，从事倒贩买卖的属于少数，但在临县、河曲、宁武等地，本地人从事手工业的人逐渐增多，一些匠人还远走他乡以艺谋生，如临县人到静乐杜家村烧瓷[③]等。外地人来晋西北做手艺匠人和做生意的也越来越多，民国时清徐的手艺匠人许多来自外县、外省，如“制造铁器的林县人，修鞋伐木的河北人，打铁钉掌的阳城人，补锅修锁的潞安人，修理柳货的武安人”。[④] 而在岚县县城做生意的大部分是忻县人，[⑤]河曲城内仅居住和经商的崞县人就有近千人。[⑥] 神池境内经商者也多是寿阳、崞县人，仅县城就有寿阳籍商人200余人，故有“神池城没北门，里面尽住的寿阳人”之说。[⑦] 这些双向流动逐步带来了信息、技术、观念的变化，客观上促进了内地商业发展。

清末民初，晋西北内陆地区“民智渐开”，各阶层参与商业者迅速增加，如临县城镇坐贾行商以及小本生意的从业者已是本地人

---

① 神池县志编纂委员会编：《神池县志》，北京：中华书局，1999年版，第179页。

② 五寨县志编纂办公室编：《五寨县志》，北京：人民日报出版社，1992年版，第165页。

③ 娄烦县地方志编纂委员会编：《娄烦县志》，北京：中华书局，1999年版，第294页。

④ 清徐县地方志编纂委员会编：《清徐县志》，太原：山西古籍出版社，1999年版，第221页。

⑤ 康茂生主编：《岚县志》，北京：中国科学技术出版社，1991年版，第265页。

⑥ 河曲县志编纂委员会编：《河曲县志》，太原：山西人民出版社，1989年版，第279页。

⑦ 神池县志编纂委员会编：《神池县志》，北京：中华书局，1999年版，第179页。

居多。[①] 兴县在民初亦开始“有以商业起家者，市面甚为活动，即各种奢侈物品亦渐输入，非复从前之固陋”；“商人有合资营业者，有独立营业者，有以经理资格而领本营业者，因地方瘠苦，最大资本不过四五千元，其小商人资本亦有数十元、数元者”。进入20世纪20年代以后，黄河两岸交易活跃，县城商业也繁荣起来。据《兴县志》有关记载，1935年起本地商人和资金超过外地商人。[②] 据山西作家鲁顺民的考察，民国时期，有着商业传统的兴县黑峪口长期居住着来自湖南、内蒙古、山东、北平等地的人，晋中商户来此定居的也不少。除了商户之外，大部分是耍手艺做小买卖度日谋生，有木匠、铁匠、铜匠、炉匠及码头上的水手和搬运工。镇上1 400多口人，有一半以上的人不会种地。一些妇女在家里纺纱织布，然后到集市上卖掉。居然把一家人的生活打理得井井有条，不作难，不受制。[③] 据《五寨县志》记载，民国初年以后到1937年，五寨商业进入了一个兴盛期。[④] 晋西北内地各县的商业氛围日益浓厚。

平川地带经商习俗浓厚，抗战期间属晋西北抗日根据地范围内的汾、文、交、清商人与祁、太、平、介商人地域相近，经商方式趋同，同属晋中晋商范畴。汾、文、交、清商人之中又以汾商经营规模最大。明清之际，汾阳商人经商路线就远达蒙、俄，在国内各大城市也多有其身影。文水人经商历史悠久，清代外出经商者日趋增多，有“商多远出”之说。据《文水县志》记载，光绪二十九年

---

① 临县志编纂委员会编：《临县志》，北京：海潮出版社，1994年版，第321页。

② 贾维桢、尚永红、孙海声主编：《兴县志》，北京：中国大百科全书出版社，1993年版，第170页。

③ 鲁顺民：《天下农人》，广州：花城出版社，2015年版，第466页。

④ 五寨县志编纂办公室编：《五寨县志》，北京：人民日报出版社，1992年版，第165页。

（1903 年）文水全县有经商人员 13 974 人，占成年人口的 1/5。[①] 忻、崞、宁商人从资本、经营规模上一般小于汾孝商人，但以勤俭、吃苦、精明著称，据《忻县志》记载，忻县商人离邑经商者众，[②]足迹遍及周围各县及绥蒙、新疆、张家口、关外等地，铢累锱积亦颇有收获。

清末民初之际，太原盆地（又称“晋中盆地”）的经商之风愈演愈盛，太原县乡绅、著名大儒刘大鹏在《退想斋日记》中对家乡的这种变化慨叹颇深：“近十年吾乡风气大坏，视读书甚轻，视为商甚重，才华香美之子弟，率皆出门为商，而读书者寥寥无几，甚至有既游庠序，竟弃儒道而就商者，亦谓读书之士多受饥寒，曷若为商之多得银钱，俾家道之丰裕也。当此之时，为商者十八九，读书者十一二，余见读书之士，往往羡慕商人，以为吾等读书，皆穷困无聊，不能得志以行其道，每至归咎读书以至于是以应考之童不敷额数之县，晋省居多。”[③]在传统知识分子眼中，重商轻儒无疑是世风日下的表现，足以令人扼腕痛惜。而这种崇尚商业、以从商为荣的社会风气必然会影响到毗邻的晋西北内地。

在晋西北广为流行的晋剧剧目《八件衣》里的台词“大涝三年，我有旱地；大旱三年，我有水地；水旱俱来，颗粒无收，我有买卖生意”，反映了民众看待商人的心态的变化，也是商业社会地位提高的显著体现。

---

① 李培信主编：《文水县志》，太原：山西人民出版社，1994 年版，第 301 页。

② 山西省忻州市地方志编纂委员会编：《忻县志》，北京：中国科学技术出版社，1993 年版，第 263 页。

③ 刘大鹏著，乔志强校注：《退想斋日记》，太原：山西人民出版社，1990 年版，第 17 页。

二、商人群体

九一八事变后，阎锡山的官僚资本企业控制了全省市场，实行垄断经营；各县、镇市场也多被身兼地主、高利贷者的商业资本家所控制，加之山西省政府的苛捐杂税，大量的糖酒副食商号受到倾轧排挤。商户们为求生存发展，纷纷开展反垄断斗争。他们成立行业公会和商会，以商人籍贯组织起“帮”，如祁县、太谷、平遥商人的“祁太平”帮，忻州、代县、崞县商人的“忻代崞”帮，致力于维护商家利益，[①]更凸显了不同商人群体之不同特点。

1. 汾文交清商人

晋西北东南部之平川四县[②]商人之间经商模式又有所区别，汾、清商人多大商、涉足境外俄、蒙生意及国内金融票号业，有晋中晋商之特点。清徐的秦庆、秦发系与乔家同创包头商业辉煌的标志性人物。[③] 文、交县商人足迹遍及北方各地，其中也不乏个别大商，但总体上经营规模逊于前者。

平川四县商人与其他平川晋商一样，总体上有几个特点。

其一是讲排场、派头足、实力强。内地称来自祁太、寿阳、文水掌柜的平川商人为“底下(读夯 hang)掌柜”，他们的特点是气派大，生活比较奢侈，住宅豪华，穿着长袍马褂，锦衣绸裘，出门乘马，有人伺候，食不离酒肉，出门彬彬有礼，但比较清高。他们在内地以

① 山西省史志院编：《山西通史》第 26 卷《商业志・商业贸易编》，北京：中华书局，1999 年版，第 151 页。

② 传统概念的平川四县为汾、孝(义)、文、交，因彼时孝义先后为日伪和阎锡山管辖，而清徐(包括清源、徐沟)属晋西北抗日根据地范围内，故此平川四县为汾、文、交、清。

③ 清徐县地方志编纂委员会编：《清徐县志》，太原：山西古籍出版社，1999 年版，“概述”第 1 页。

开花布庄、钱庄、当铺为主，本大利高，买卖对象主要是财主、官宦、上流人家。[①] 在外地则主要做中俄茶马交易。恰克图的晋商中汾阳人居多，有些是清朝理藩院批准的“皇商”。汾商活动范围之大，商业资本之雄厚，在清代中俄边界贸易中占有举足轻重的地位。光绪年间汾商“壁光发”“永广发”“祥永发”茶庄等商号在恰克图、库伦商埠影响很大。[②] 宣柴堡村商人白天宁，一次从蒙古用骆驼驮回白银6万两，可见其财力之雄厚。[③] 民国十年（1921）前后，汾阳全县每年从外地汇回的安家银达60万银圆之多，[④]为全县田赋课银和地方款税收入的三倍。[⑤] 徐沟的商业富户往往官商一体，他们辛勤经营，诚信为上，店规严谨，忠孝节义，耕读传家，又以王、张、秦、刘四大家为最，因财富颇巨且均有功名，在当地享有盛名。[⑥]

其二是商业嗅觉敏锐，经商的人数多、走得远，遍布华夏大地和俄罗斯等异域。如明清时期的汾阳商人活动范围南至江汉、两广，北至内外蒙古、莫斯科，东至京、津、济、徐，西达宁、青、新疆等地。《汾阳遗事》载，“汾民善于经商，只身走出数千里者甚众”，人

---

① 山西省政协《晋商史料全览》编辑委员会编：《晋商史料全览》（商镇卷），太原：山西人民出版社，2007年版，第497页。

② 山西省汾阳县志编纂委员会编：《汾阳县志》，北京：海潮出版社，1998年版，第470页。

③ 山西省汾阳县志编纂委员会编：《汾阳县志》，北京：海潮出版社，1998年版，第471页。

④ 山西省汾阳县志编纂委员会编：《汾阳县志》，北京：海潮出版社，1998年版，第472页。

⑤ 山西省汾阳县志编纂委员会编：《汾阳县志》，北京：海潮出版社，1998年版，“序言”第1页。

⑥ 山西省政协《晋商史料全览》编辑委员会编：《晋商史料全览》（商镇卷），太原：山西人民出版社，2007年版，第337页。

民虽“不宦游远方，但经商则可远涉千里，久至数十年而不归”。[①] 汾阳康宁堡村在外经商 100 多人，在天津者即达 90 多人。[②] 文水人素有经商习俗，隋末武士彟以“鬻材为事”而“家富于财”。清代外出经商者日趋增多，有“商多远出”之说。清宣统元年《文水乡土志》记载，光绪二十九年（1903 年），全县经商人员 13 974 人，约占成年人口的五分之一，足迹遍及京、津、沪、陕、内蒙古及东北各地。[③] 清代乾隆、嘉庆以后，清徐县人相携外出经商者日众，当地人叫“走外”。清徐人踪迹几遍全国，可谓南下豫、汉、宁、沪，西走陕、川、甘、青。有闯关东走宁古塔的，有到漠外上大库伦的，有走西口跑包头的，有走东口到宣化的，有走京津的，有走河南的，有走西安跑西北的，“真是走南闯北，四面开花”。[④] 晚清同治、光绪时期，仅在河南商颍地区经商的清徐人就有 2 000—3 000 人。民国二十一年（1932 年），王答村在东北经商者达 432 人。其时，入境之银，年逾百万。1949 年以后，仍有不少人在外地从事商业活动，后大多成为当地国营商业企业的职工。[⑤]

其三是涉及领域多、行业跨度大。既有做大生意的，如汾阳人既经营对外贸易、边界茶马贸易，又经营颜料、布匹、油漆、杂货，天津估衣街“德昌公”颜料庄就是汾商所设，所经营的“骆驼”牌颜料

① 山西省汾阳县志编纂委员会编：《汾阳县志》，北京：海潮出版社，1998 年版，第 470 页。

② 山西省汾阳县志编纂委员会编：《汾阳县志》，北京：海潮出版社，1998 年版，第 471 页。

③ 李培信主编：《文水县志》，太原：山西人民出版社，1994 年版，第 301 页。

④ 山西省政协《晋商史料全览》编辑委员会编：《晋商史料全览》（商镇卷），太原：山西人民出版社，2007 年版，第 327—328 页。

⑤ 清徐县地方志编纂委员会编：《清徐县志》，太原：山西古籍出版社，1999 年版，第 357 页。

驰名华北城乡，独占市场鳌头。抗战时期，京津颜料行几乎为汾商垄断。[①] 也有小规模经营的，如文水县仅在北京经营干鲜果行者即多达2 000多人。[②]

东南部平川数县商业发达，商人较多，一则得益于良好的地理环境所形成的商业氛围，如清初，徐沟城已是南北交汇之地。乾嘉年间，中俄交易重镇恰克图在徐沟设立中心集市，以南方绿茶易俄皮毛，附近粮食也先汇集徐沟而后销。光绪继位以前的年份，每年初冬，祁县商人从蒙古一带转运牲畜都必经徐沟。[③] 这种贸易的繁荣又吸引了更多的当地人积极投身商业。二则与当时的重商倾向、重利思想造成的从商习俗关系很大，徐沟流行的儿歌"俺娃娃蛋，俺娃娃亲，俺娃娃大了走关东，深蓝布，佛头青，虾米海带吃不清"[④]集中反映了当地的时尚和风俗。

2. 忻崞宁商人

晋西北东北边缘的忻崞宁商人，也以吃苦耐劳、不畏艰险、勤俭节约、善于经营著称。与来自太原以南晋中盆地的东四县商人相比，忻崞宁商人又独具特质。

其一，崇尚节俭美德。由于大部分民众长期以来深受贫穷之困以及儒家文化的影响，中国人一向有节俭的传统。与徽商的奢侈相比，晋商即使在创业成功后也是节俭的。明人谢肇在《五杂俎》中就说"新安奢而山右俭"，新安是徽商，山右是晋商。明人沈

---

① 山西省汾阳县志编纂委员会编：《汾阳县志》，北京：海潮出版社，1998年版，第471页。

② 李培信主编：《文水县志》，太原：山西人民出版社，1994年版，第301页。

③ 清徐县地方志编纂委员会编：《清徐县志》，太原：山西古籍出版社，1999年版，第375页。

④ 山西省政协《晋商史料全览》编辑委员会编：《晋商史料全览》（商镇卷），太原：山西人民出版社，2007年版，第327页。

思孝在《晋录》中也说:“晋中古俗俭朴,有唐虞之风。百金之家,夏无布帽;千金之家,冬无长衣;万金之家,食无兼味。”这一点在山西人尤其是忻崞宁商人身上十分突出。如果说,山西人是“抠门”的,那么忻崞宁商人就是善于节流与开源并举的“抠门”高手。

民国时,在深处晋西北内地的岚县做生意的以忻、崞商人为主,也有部分来自清、文、交客商,而来自祁县、太谷的客商很少,因内地毕竟比较贫困且生活相对清苦,又难以赚到大钱。① 忻崞宁商人是节俭的典型,与平川商人比,忻州掌柜的排场就差多了,小衣小帽、架子小、为人谦逊、生活清贫、崇尚俭朴、不事奢华。他们衣着简单、粗茶淡饭、待人礼貌、言语和蔼,把“和气生财”“礼下求人”奉为金科玉律,故有忻州人会做买卖之说。

其二,不畏艰险,吃苦耐劳。忻崞宁商人尤其是前二者足迹遍及晋西北各县,新疆、归绥、关东一带都有其身影。平川大商不去或不愿深耕的地方,忻崞宁商人则不辞其苦,晋西北的忻、崞商人就很多。河曲就有 1 000 多来自崞县的商人,②忻州人在临县开设了 10 余个规模较小的商号。③ 岚县商业开放实有赖于忻州商人,最早来岚县经商的是忻州人,以小摊贩为主,每年周期性地跑几次,好多人发财而归,引来了更多的忻州客商。④ 宁武商人走东口则一直延续到新中国成立以前。光绪年间,宁武县城的李爱文、李三文兄弟等到海拉尔经商,之后城内又有李小狗、赵三成、张锁仁

① 山西省政协《晋商史料全览》编辑委员会编:《晋商史料全览・商镇卷》,太原:山西人民出版社,2007 年版,第 498 页。

② 河曲县志编纂委员会编:《河曲县志》,太原:山西人民出版社,1989 年版,第 279 页。

③ 临县志编纂委员会编:《临县志》,北京:海潮出版社,1994 年版,第 321 页。

④ 山西省政协《晋商史料全览》编辑委员会编:《晋商史料全览・字号卷》,太原:山西人民出版社,2007 年版,第 497 页。

等人也先后到海拉尔经商。民国年间,宁武人在海拉尔经商者逐渐增多,不少经商者遂在海拉尔定居。今海拉尔市有“宁武街”。当时,既无铁路,又无公路,经商者徒步前往海拉尔,单程需 6 个多月,一般 10 年左右才回家一次。[①] 没有吃苦精神很难坚持。

当地有个说法,“凡是有鸡叫的地方,就有忻、崞商人”。《重修忻州逝隶志序》中说:“乾嘉之间,习于边情者,贸易蒙古各部落。”清咸丰年间,忻县人程化鹏就贩运茶叶及杂货取道蒙古转售俄国,成为当地富户。

忻县人氏于清同治年初作《怡青堂文集》记载:“忻人敢于远行,自乾隆时开新疆、伊犁、迪化、喀什尔、阿克苏、和阗、叶尔羌等处。”忻县人运货到西路销售的路线是由忻州经太原、西安、兰州、哈密到古城(今奇台)集散地,再分支到迪化、库车、吐鲁番、鄯善、伊犁、阿勒泰等地。清咸丰、同治年间,往西的商路因战乱而改道,由忻州经大同、归化、武川、百灵庙(今达尔罕茂名安旗),也可到哈密。据《忻县志》记载,忻州人经商不屈不挠、不惧艰险,如到西北和西路,“过草地、进沙漠,白天炒米凉水,夜间沙漠露宿。若遇大风,迷失路径,找不到水喝,人畜干渴而死者有之”。这也没有吓倒忻州人,他们仍然前仆后继,在艰险的商业道路上“穿梭往来”。

其三,业务精通,脚踏实地。经商方式符合商业规律。民国成立十几年后,是河北客商先来到了岚县,但能沉下身子做生意,首先踢开了岚县大门的是忻州人,真正促进了岚县商业发展的也是他们。所以,西北内地商户财东请掌柜时一般愿意请忻州掌

---

① 宁武县志编纂委员会办公室编:《宁武县志》,太原:山西人民出版社,1989 年版,第 237 页。山西省忻州市地方志编纂委员会编:《忻县志》,北京:中国科学技术出版社,1993 年版,第 261—262 页。

柜。[1] 忻州人开设的岚县大蛇头德盛森，其经营方式体现了典型的忻州商人品质，讲究"和气生财"，"崇俭朴，恶浮华"。在地偏民穷的大蛇头山区也能做到生意兴隆。[2]

正如忻州人商谚里说的：

庄户人靠早起，买卖人靠算计；

人活年轻，货卖时兴；

偷工自倒灶，哄人自断道；

和气客自来，冷语客不买；

不怕没买卖，单怕质量坏；

人无信不立，商无信不存；

刻薄不赚钱，忠厚不折本；

货不对路眼吹火；

先尝后买，才知好歹；

好花招蜂，好货招人；

黄金虽贵，分量赢人。[3]

忻崞宁商人中，又以忻、崞外出经商者为多，走西口者甚多。来自包括定襄（抗战时属晋察冀抗日根据地）在内的忻州盆地商人们积极参与到当地的政治、经济活动，内蒙古的萨拉齐有"崞县衙门忻州街"之说。丰镇有个忻州巷，其中的万合隆是丰镇商业字号中的龙头买卖，万合隆上下都是清一色的忻州人，由于其历史悠

① 山西省政协《晋商史料全览》编辑委员会编：《晋商史料全览·商镇卷》，太原：山西人民出版社，2007年版，第497页。

② 山西省政协《晋商史料全览》编辑委员会编：《晋商史料全览·字号卷》，太原：山西人民出版社，2007年版，第538页。

③ 山西省忻州市地方志编纂委员会编：《忻县志》，北京：中国科学技术出版社，1993年版，第602页。

久、影响很大，故有“先有万合隆，后有丰镇城”之说。许多忻州人选择留在做生意的地方，因此今之绥远（今内蒙古西部）有许多居民是近代崞宁（武）定（襄）河（曲）保（德）人后裔。

3. 内地商人

与前两者相较，晋西北内地是商业传统缺乏，思想观念陈旧的地方。人们经商意识淡薄，商品化的概念不强，只有临县、河曲等地手工业相对发达，在特定的地域社会分工中，处于供给工业品的相对优势地位。如兴县手工业品长期抑给于临县，①这样也带动临、河的小货郎、小作坊、小摊贩、手艺匠人（瓷、铁、铜等）商人走村串乡，促进了商品的流转。总体上，内地商人群体的特点是：

其一，商业意识不强，思想观念落后。如五寨建县较晚，并处于边陲地带。商业在历史上很不发达。② 又如“神池县人不善经商”又是一例，因“地处边陲，启汉迄明，战事频繁”，民“推尚武艺，不事商贾”，或因“地少平沃，商贾不通，乡井专务稼穑，不常车牛以远游”。虽梦想“锱铢致富”，然却苦于缺乏“总金之术”。③《合和政记》载，兴县“本县不但无人外出经商，即县中商号亦以外县人居大半，所以有榆次行、本地行之别。前清时市面异常萧条，民国以来渐见发展，多有以商业起家者，市面甚为活动，即各种奢侈物品亦渐输入，非复从前之固陋耶”。1935 年起本地商人和资金才超过外地商人。④

---

① 贾维桢、尚永红、孙海声主编：《兴县志》，北京：中国大百科全书出版社，1993 年版，第 165 页。

② 五寨县志编纂办公室编：《五寨县志》，北京：人民日报出版社，1992 年版，第 165 页。

③ 神池县志编纂委员会编：《神池县志》，北京：中华书局，1999 年版，第 179 页。

④ 贾维桢、尚永红、孙海声主编：《兴县志》，北京：中国大百科全书出版社，1993 年版，第 170 页。

其二,吃苦耐劳不足,奉行“金窝银窝不如自己的土窝”。使得晋西北内地“穷、闲、懒”的风气得不到改变。

其三,学习和创新精神不够。静乐峰岭底瓷窑请的是临县的师傅,[①]因为自己做不了。

商业的闭塞影响到了人流、物流、资金流、信息流的流通,制约了商业贸易的进一步繁荣。神池县城寿阳人多,所产植物油被寿阳商人回家时销到了老家,由于晋北葫油质量和口感方面的优势和特点,神池葫油有意无意在寿阳打开了销路,[②]此例虽属个别,却从反面证明了打破封闭、开放交流之重要性。

---

① 娄烦县地方志编纂委员会编:《娄烦县志》,北京:中华书局,1999 年版,第 294 页。

② 神池县志编纂委员会编:《神池县志》,北京:中华书局,1999 年版,第 179 页。

第三章　晋西北抗日根据地商业贸易的发展

清末民初，晋西北内地“民智渐开”，商业走向繁荣。[①] 由于手工业的发展，晋西北与周围地区及内部的商品交换规模和品种范围逐步扩大，反过来又刺激了工业生产，使得生产的商品化水平更加提高。由于晋西北地处京师、华北、中原与西北、绥远交通之要冲，故转运贸易比较兴盛。然而晋西北商业的繁盛未能持续太长时间，随之而来的一系列内外事件，使这种方兴未艾的局面陡然向下。20 世纪 30 年代前后山西商业经历了一个短暂的整体性衰退，[②]晋西北商业亦未能幸免。从 1930 年到抗战爆发，外有平绥、陇海、同蒲铁路，汾离、忻静公路先后通车以致货物改道，域内流通大幅减少；内有晋钞持续贬值，商户成本上升，亏损日增，晋西北商业逐步衰落。抗战爆发后，接连发生了日军入侵、“晋西事变”，重压之下的晋西北商业贸易终于走向崩溃。1940 年中共抗日政权成立后，致力于发展经济、保障抗战物质基础，恢复商业成为重中之

---

① 临县志编纂委员会编：《临县志》，北京：海潮出版社，1994 年版，第 321 页。

② 山西省史志院编：《山西通史》第 26 卷《商业志 · 商业贸易编》，北京：中华书局，1999 年版，第 11 页。

重。经千方百计、多策并举，终得振衰起弊，商业贸易重获生机。面对日伪顽实行经济封锁的严酷环境，根据地军民成功应对了因货币超发物价波动引起的金融混乱、因进出口管理宽严失济引起的局面失序等不利情况，商业贸易仍然迅速得到恢复发展。根据地的商业网络不仅重新恢复而且得到了一定的发展，对外流通渠道重新打开了局面，货物流通日趋通畅，物资供给渐趋丰富，晋西北商业贸易又呈现一片繁荣之状。晋西北抗日根据地商业贸易的发展有力保障了军民供给，并为嗣后该地区商业贸易的发展奠定了基础。

第一节　抗战初期晋西北商业之逐步凋零

1921—1930 年是晋西北商业的黄金时代。① 20 世纪 30 年代以来，时局动荡、晋钞贬值、商路改道、洋货倾销、日寇入侵、"晋西事变"等纷至沓来，晋西北商业接连受到打击，渐趋萧条。

一、交通改变商路阻绝

晋西北是大西北与内地贸易商品的集散地之一，许多市镇、集镇因此而盛。即如在本区域内交易地位并不突出的兴县县城亦是"以经营转运业务居多"。② 而随着周边地区铁路、公路的开通，原本以驮运、航运为主的晋西北商路被迫改道，转运业衰落在所难免。即如以商称雄、冠绝天下之扬州亦难逃此宿命。1855 年黄河

---

① 山西省忻州市地方志编纂委员会编：《忻县志》，北京：中国科学技术出版社，1993 年版，第 603 页。

② 贾维桢、尚永红、孙海声主编：《兴县志》，北京：中国大百科全书出版社，1993 年版，第 171 页。

改道，京杭大运河淤塞，上海取代扬州成为新的粮、盐集散地。随着 1908 年沪宁铁路和 1912 年津浦铁路修通，京杭运河曾经的历史使命告一段落，在华夏大地辉煌千年的“运河第一城”扬州遽尔沦落为一个普通的地区性城市。

1930 年后之晋西北情况与之类似，随着周围平绥、陇海[①]等各大铁路及境内公路相继通车，原先占据地利之便、位居商路核心、依赖转运贸易而兴盛的临县碛口镇、柳林镇、离石吴城、河曲城关、静乐娄烦镇、尖草坪的北小店和向阳店等地商业逐步衰落。平绥、陇海铁路开通后，徐沟粮市逐渐走向消沉。正太铁路[②]开通后，繁荣数个世纪的徐沟粮市基本消失了。[③] 可谓“商兴也路，商衰也路”。

过境商道改变使晋西北转运贸易跌落。原来西来之货物改走了平绥或其他道路。抗战以前，陕北地区羊毛、皮货输出和日用百货输入多以山西为中转地。其时，向东运输这些产品的商路由两条支线组成：第一条是榆林、神木道，这是榆林通往神木、府谷进而贯通山西保德、河曲的东行大道，全程 200 多里。它是陕北羊毛贸易东西方向陆运的首选通道，输送山西的日用百货和陕北地区市场的畜产品。第二条是榆林至山西汾阳的东大道，承担了东西部货物转运的部分任务。京包（平绥）铁路修通后，陕北地区集中起

---

① 平绥铁路（北平—包头）于 1921 年通车。陇海铁路为逐次修筑，1904—1936 年修通了从海州大浦至宝鸡段，1945 年宝鸡—天水通车，1949 年后整修了原有铁路并开筑天水—兰州段，1953 年 7 月陇海铁路全线贯通。

② 1904—1907 年清政府修筑了正太铁路，连接太原和石家庄，正太铁路成为晋冀物资转运之主要通道。

③ 山西省政协《晋商史料全览》编辑委员会编：《晋商史料全览·商镇卷》，太原：山西人民出版社，2007 年版，第 333 页。

来的皮毛一部分北上包头，通过铁路运往天津。① 河曲、保德转运贸易受此影响，走向萧条。

除交通改进影响以外，战争使得原来的商路阻绝。抗战以前，后方土产及原料之转运必须经过晋西北，如甘、宁、青皮毛经此输往天津、绥远，甘草经此输往祁州和禹州、②安定③，麻油经此输往汾阳和太原、陕北，白碱经此输往晋南和河北，后方之猪鬃、羊肠也经此出口。反之，洋货及外地工艺品要进入后方市场也必须经此转运，如天津和太原之棉织轻工业制品、来自天津之日用品及奢侈品、外地都市之工艺品等④。晋西北在转运中处于无可替代的中枢地位，依赖贸易兴起的商镇及一系列的旅店、餐饮、高脚、车板、内河运输、经纪中介等业，使整个商业呈现繁荣之象。然而，抗战爆发后，商路中断，大部分的转运贸易被迫陷于停顿，商业也随之没落。

境内交通改变也给晋西北商业以极大影响。1935 年静乐—忻州公路通车后，商路改道，原来的西北数县—静乐县城—康家会—北小店镇商路改道为静乐县城—忻州—太原，北小店受此影响，逐渐萧条，道路失修，以致无人再行。⑤ 同一商路上的向阳店也是类

① 李刚、黄冬霞：《试论民国时期陕北地区羊毛贸易的兴衰》，《延安大学学报》，2005 年第 5 期，第 106 页。

② 祁州（今河北安国）、禹州（今河南禹州）、樟树（今江西樟树）为民国三大药材市场。

③ 民国县名。民国三十一年（1942 年），安定县改为子长县，县治移瓦窑堡镇，在原县址设安定镇至今。

④ 中共晋西区党委：《晋西北商业贸易发展概况》（1941 年 12 月），晋绥边区财政经济史编写组、山西省档案馆编：《晋绥边区财政经济史料选编》（金融贸易编），太原：山西人民出版社，1986 年版，第 506 页。

⑤ 山西省政协《晋商史料全览》编辑委员会编：《晋商史料全览 · 商镇卷》，太原：山西人民出版社，2007 年版，第 357 页。

似情况。

二、时局动荡晋钞贬值

民国时期的山西，相对于其他地方局面比较安定，但偶有的土匪作乱，军阀混战也波及晋西北一隅，商业更是首当其冲。

早在 1909 年冬，就有崞县贺某纠集了地痞百余人在大牛店抢劫商家后窜入宁武，[①]商户深受其害。20 世纪 30 年代社会治安恶化，商业重镇娄烦屡受“炸兵”(携带武器的溃兵)所扰，娄烦商会成立了巡缉队，招募 50 余名退伍人员组成两排五班的队伍，先后两次伏击了“炸兵”和路经本地的陕西押运鸦片走私的土匪。[②] 1930 年五月初三傍晚，“炸兵”绑架了方山县峪口镇区长，打死区警一名。1931 年六月十四凌晨，“炸兵”包围方山县政府，裘师爷被打死，县长惠有孚被虏于临县大度山，后被方山群众以千元银洋赎回。七月二十五，方山县政府召开全县士绅会议，筹建了巡缉队以自卫。[③] 同年，来自方山之土匪五六十人劫掠了岚县普明镇；陕西匪首高克武率众攻打岚县县城未克。1935 年春，岚县设立了 100 人的巡缉队。[④]

大规模的骚扰主要发生在河曲等地。1926 年 7 月，阎、冯战事起，阎军撤走，盘踞内蒙古准格尔旗的奇子俊率骑兵 200 余趁虚据河曲三个月，烧杀掠抢，商号店铺倒闭停业者甚多，市场于是冷落

---

① 原平县志编纂委员会编:《原平县志》,北京:中国科学技术出版社,1991 年版,第 638 页。

② 郝成芳:《事变前娄烦商业的概况》,娄烦县政协文史委员会编:《娄烦文史资料》第二辑,1987 年 7 月,第 109 页。

③ 方山县地方志编纂委员会编:《方山县志》,太原:山西人民出版社,1993 年版,第 3 页。

④ 康茂生主编:《岚县志》,北京:中国科学技术出版社,1991 年版,第 9 页。

萧条。奇被阎锡山部李德懋师逐走后，商店虽陆续开业，然其景象终不及向时。1927 年冬，阎锡山、张作霖开战，阎部李德懋、张诚德师退守河曲。奉军白凤翔、康存良部约五千众于腊月十六围河曲城，奸淫掳掠，无所不为。城外富户皆被挖地三尺，大商号“裕生魁”“义胜当”被烧，数万元资财毁于一炬，约 39 家商号被劫，掠走财物无算。商业元气大损，逐趋衰落。① 此次兵祸后，1931 年秋，又有内蒙古土匪首领金双喜、邬板定等率数十人窜河曲县二、三、五区及保德县境劫掠，后渐至二百众。警察尾追而不敢交战，官兵清剿亦无可奈何。该匪在河曲、保德为祸三月之久，直到第二年春天才渡河窜陕。②

需要提及的是，1936 年红军东征时曾为百姓开仓济粮，在各地抓了一些富户。如静乐县大白石村(现属娄烦县)财主冯象勤、冯象勉被带到岚县石家庄、上明，才被分别放回。③ 红军还把在山西抓的一批豪绅、地主带到陕北，由延川工委代管，后来才被陆陆续续赎回，滞留时间最长的有半年之久。④ 这些富绅基本都是出租土地、经营商业、高利贷三位一体。⑤ 因此，红军离开晋西北后，由于当时阎锡山借此夸大其反共欺骗人民的宣传，商户普遍心理惊悚，

---

① 河曲县志编纂委员会编:《河曲县志》，太原:山西人民出版社，1989 年版，第 12—13 页。

② 河曲县志编纂委员会编:《河曲县志》，太原:山西人民出版社，1989 年版，第 13 页;保德县志编纂办公室编:《保德县志》(大事记部分)，太原:山西人民出版社，1990 年版，第 450 页。

③ 冯象协:《红军似亲人，阎军乱杀人——红军东渡在娄烦见闻》，娄烦县政协文史委员会编:《娄烦文史资料》第一辑，1985 年 12 月，第 32 页。

④ 梁爱民:《永远难忘的革命岁月》，延川县政协文史资料研究委员会编:《延川文史资料》第三辑，1988 年 11 月，第 94 页。

⑤ 王亚南:《王亚南文集》第 3 卷，福州:福建教育出版社，1988 年版，第 316 页。

很多商人财东和商业界的负责人受反共宣传影响,害怕时局变迁而导致财产共产,会直接涉及生意的兴衰,开始了资金和经营范围的逐步收敛,以大化小,以小化了。① 可见红军东征被蒋、闫大肆片面的宣传对晋西北商业的影响不可忽视。

除了直接的战争破坏之外,因战端屡衅引起的商路断绝、货物滞留、交货逾期、合同爽约、货款死滞等原因也给经营外地生意的晋西北商人造成了很大的损失。一因规模较大的商户,其经营方式一般是以信用为基础的"标期"生意,一年四期标,到期结算。由战争引起的货物交付不正常,信用关系受到破坏,使商人都不敢放手做标期生意而改用现金,而信用关系的破坏,又使现金交易更难以进行。以兴县商人为例,如做标期生意,大商投入资本 1 万元可做 10 万元的买卖;无标期约定,所谓大商人只 1 000 元资本,仅可做 1 200 元的买卖。② 因此,铺底(流动资本)较少的商户只好歇业。二因战争引起货款流失是很正常的事,大量的应收账款因时局突变而付之阙如,又造成一批商人破产。③ 时至民国十九至二十三年

---

① 郝成芳:《事变前娄烦商业的概况》,娄烦县政协文史委员会编:《娄烦文史资料》第二辑,1987 年 7 月,第 111 页。

② 中共晋西区党委:《晋西北商业贸易发展概况》(1941 年 12 月),晋绥边区财政经济史编写组、山西省档案馆编:《晋绥边区财政经济史资料选编》(金融贸易编),太原:山西人民出版社,1986 年版,第 499 页。

③ 呆坏账使商家破产风潮之例,远者如《山西通史》第 28 卷《对外贸易志》第一编记载:民国三年(1914 年),第一次世界大战爆发,俄国内战顿起,在俄国各地的山西商人落荒逃归,浩劫遂难幸免。总其损失,共折银达数百万两。"大德玉与连号大美玉又北连号大升玉、大泉玉、独慎玉在莫斯科赔累一百四十余万两。"民国六年,俄国十月社会主义革命胜利后,在俄的山西商人资本被没收。由于在恰克图及俄国境内经商所积累的大量俄钞"羌贴"的贬值及废弃,致使商号锦泰亨"只此一项亏款 24 万两"。其他各号也都不同程度地遭受此种损失。晋商多年辛勤经营积累,尽毁一旦,只落得一堆废弃的俄钞。近者如 2008 年金融衰退信用紧缩,信用环境受损,中小商家求贷无门。

(1930—1934 年),由于蒋、冯、阎混战中晋军失利,在洋商与官僚买办商业的排挤、倾轧下,晋钞陡然贬值,市场物价暴涨,包括晋西北商业在内的山西民族资本商业之发展严重受阻,歇业、倒闭的商户骤然增多,又以忻商所受损失最为巨大。① 据《山西通史》有关商业贸易部分的记载,当时全省商户比民国十八年(1929 年)前减少约三分之一。②

除受时局动荡影响之外,晋钞贬值更给晋西北商业以沉重的打击。1919 年,晋钞第一次贬值。当时晋钞贬值引发通货膨胀,加之阎锡山投资 2 万元在忻县城设立了"庆春厚"钱庄,大搞左右市场、买空卖空的打虎(贩卖金银)活动,加剧了晋钞贬值,忻县许多商店倾家荡产而倒闭。③

到了 20 世纪 30 年代初,阎锡山二次上台后搞了币制改革,阎政府以新晋钞 1 元兑换旧钞 20 元,旧钞大幅贬值 95%,总计数千万元。波及全省,为祸甚大,导致商业凋零。④ 据各类史志材料记载,1931 年,由于晋钞贬值,奇村镇殷实商户倒闭的有 32 户。⑤ 同年,岚县岚城规模较大的绸缎店"永盛明"率先倒闭,其他商店也受到不同程度影响,走下坡路。⑥ 兴县 21 户大商中有

---

① 山西省忻州市地方志编纂委员会编:《忻县志》,北京:中国科学技术出版社,1993 年版,第 262 页。

② 山西省史志院编:《山西通史》第 26 卷《商业志·商业贸易编》,北京:中华书局,1999 年版,第 11 页。

③ 山西省忻州市地方志编纂委员会编:《忻县志》,北京:中国科学技术出版社,1993 年版,第 262 页。

④ 刘存善:《阎锡山传》,香港:天马图书有限公司,2004 年版,第 295 页。

⑤ 山西省政协《晋商史料全览》编辑委员会编:《晋商史料全览·商镇卷》,太原:山西人民出版社,2007 年版,第 444 页。

⑥ 山西省政协《晋商史料全览》编辑委员会编:《晋商史料全览·商镇卷》,太原:山西人民出版社,2007 年版,第 494 页。

外商 11 户，到 1931 年只剩 3 家。[①] 1933 年，汾阳、交城、离石的磨坊在“厂面畅销”后，市场被夺，“闭歇半数”。至 1930 年，交城原有的 30 家磨坊因“晋钞毛荒，百业凋敝，驯至今日，只存 10 家，其中以获利比，更不过三四家而已”；“兼之近年农村经济之不景气，不唯坊粉售价无起色，即厂粉营业也远不如前”。晋西北地区“在民国七、八年（1918—1919 年）时，每石（160 斤）麦面售价 10 元，今（1931 年后）即售五元四五”。[②] 1932 年，受战乱和通货膨胀影响，忻县城内 400 余家商号，只留 200 多家，大多数布店关门，钱庄、当铺全部停业。[③] 1935 年，因晋钞贬值，物价狂涨，捐税繁多，所当之不动产难以实现资本转移，成立近 30 年原始当资达银洋千元的岚县岚城当铺“久如当”倒闭。[④] 据汾阳县商会 1935 年的统计，汾阳县城有商户 603 户，占县城总户数 3 938 户的 15.3%；乡村 5 个区统计，有商户 522 户，占总数 26 549 户的 1.9%；经商者虽众，但资本多已耗尽。[⑤] 同年，河曲原分散在城关、巡镇、郝家沟、邓草墕、榆树湾、马栅、红崖峁、草家坪、旧县等地的 40 座酒坊，常年生产的仅剩 19 家，年产量为 21.8 万斤，产值 3.497 万元。[⑥] 清源、徐沟商业经战乱影响、晋钞贬值、洋货倾销之害，商店倒闭者

① 赵立德：《晋绥工商业情况报告》（1948 年 2 月），晋绥边区财政经济史编写组、山西省档案馆编：《晋绥边区财政经济史资料选编》（金融贸易编），太原：山西人民出版社，1986 年版，第 600 页。

② 吕梁地区地方志编纂委员会编：《吕梁地区志》，太原：山西人民出版社，1989 年版，第 287 页。

③ 山西省忻州市地方志编纂委员会编：《忻县志》，北京：中国科学技术出版社，1993 年版，第 262 页。

④ 康茂生主编：《岚县志》，北京：中国科学技术出版社，1991 年版，第 318 页。

⑤ 山西省汾阳县志编纂委员会编：《汾阳县志》，北京：海潮出版社，1998 年版，第 433 页。

⑥ 河曲县志编纂委员会编：《河曲县志》，太原：山西人民出版社，1989 年版，第 279 页。

甚多。①

抗战爆发后，由于阎锡山军队收藏了大量法币，山西省政府又无限制地发行省钞（十元大花脸），晋东南、晋察冀边区及当时在晋南的中央军都拒绝使用大花脸票，在晋西北聚集的晋钞占了总数的50%。② 由于基本失去硬通货支持，晋钞贬值更加严重，仅半年就达35%。据晋西北抗日政府有关资料记载，1937年春天，省钞加（贬值）2角，法币不变。七七事变后，省钞（继续贬值）加0.35元，法币1元换白洋0.9元。法币流通量增加，占到货币总数的3/10，法币是由军队带来，增加的主要是中国银行、中国农民银行发行的法币。相形之下，白洋（流通的数量）少了，市场上充斥着省钞和法币。③

到1938年春，省（晋）钞的贬值仍在持续。其时，省钞加（贬值）6—7角，铁道银行发行的钞票少加（贬值）1—2角。冬天，赵承绥（阎锡山政府）大花脸当时2.5元换1元白洋。三月停止不用。④ 直到1939年，晋钞贬值的浩劫仍未结束，据记载，当时的市场上"大花脸多了，春天3元换白洋1元，白洋少见了，法币也少了，货物价格不定，很紊乱"。⑤ 此外，晋西北各县为配合10元和5元

---

① 清徐县地方志编纂委员会编：《清徐县志》，太原：山西古籍出版社，1999年版，第351页。

② 晋绥边区财政经济史编写组、山西省档案馆编：《晋绥边区财政经济史资料选编》（总论编），太原：山西人民出版社，1986年版，第12页。

③ 杨邦舟、杨兴汉：《关于货物、货币变迁调查统计》，山西省档案馆馆藏档案：A88-5-11-1。

④ 杨邦舟、杨兴汉：《关于货物、货币变迁调查统计》，山西省档案馆馆藏档案：A88-5-11-1。

⑤ 杨邦舟、杨兴汉：《关于货物、货币变迁调查统计》，山西省档案馆馆藏档案：A88-5-11-1。

晋钞而发行的“单元辅币”也是种类繁多。到 1940 年，晋西北三个行政区的 36 个县中已发现有 2 个行政区的 15 个县发行抗日货币 47 种。[①] 这些货币是以大花脸作为基金的，总数也达 200 万之多(实则 500 万[②])。随着大花脸跌价，众多的辅币也成为紊乱金融、疲惫商业的因素。[③]

直到“晋西事变”后，旧政权被赶走，晋西北人民所遭受的这场金融噩梦才算结束。因为多次被晋钞掠夺，老百姓把阎锡山政府的货币、兑换券称为大讨债、二讨债。[④] 晋钞这种断崖式的贬值使晋西北商业遭受了巨大的损失，以至奄奄一息，而日军入侵终使其陷入崩溃之境地。

三、洋货倾销市场尽失

洋货(事实上是进口货、沿海大城市国货之统称，晋西北人习惯上把外来货前面加个“洋”字，如洋旱烟、洋布、洋纸、洋火等，直到 20 世纪 80 年代初当地的老人还习惯于用这种说法)之倾销与交通之改进同时发生，先有现代交通之改变，继之以洋货大规模入境。平绥、陇海、同蒲铁路和汾离、忻静公路的开通使洋货更便捷地进入境内与土货直面以对，挤占了土货的基本市场，亦使本地手工业产品传统的境外市场尽数被夺。晋西北土著小工业和家庭手

① 杨世源:《晋绥抗日根据地货币史》，北京:中国金融出版社，2001 年版，第 23 页。

② 晋绥边区财政经济史编写组、山西省档案馆编:《晋绥边区财政经济史资料选编》(总论编)，太原:山西人民出版社，1986 年版，第 48 页。

③ 晋绥边区财政经济史编写组、山西省档案馆编:《晋绥边区财政经济史资料选编》(总论编)，太原:山西人民出版社，1986 年版，第 12 页。

④ 李培信主编:《文水县志》，太原:山西人民出版社，1994 年版，第 414 页。

工业产品因失去销路逐年衰落并大部倒台。①

据《吕梁地区志》记载，七七事变前，洋货在山西农村的销售已经十分普遍了。《新农村》杂志曾叙述道："山西全省公路密如蛛网，而洋货也随之运到内地倾销。于是一般民众往日穿土布者，今日多改用舶来品。"至于城镇则更为明显，每个较为都市化的人身上，差不多都有若干洋货存在。② 20 世纪 30 年代的汾阳城内主营沿海及各大都市商品的京货铺之经营规模远远大于其他行业，除本地消费外，转运销售遍及晋西北内地和西北市场，可以看出当时的京广货已经相当普及。③

1931 年后，外国货逐渐充斥晋西北内地市场，洋货市场份额迅速增加。如法国的绸缎、靛青，美国的亚细亚石油，日本的贡呢、花哔叽，英国的肥皂以及犀角、冰糖、烟、酒、纸张、文具等日用品风行市场，仅临县一地这些产品的年进口总值就达 14 万银圆，大部分在县内销售。④ 偏关县每年从北京、太原、大同输入大量的土布、洋细布、少量绸缎、烟茶、日用百货。⑤ 1925 年，方山县输入各种纺织品价值 93 724 元，其中服装价值 3 697 元，食品（茶、糖、盐等）价值 11 453 元，烟酒类 3 542 元，卫生化妆品 3 542 元，纸张类 7 581 元。1935 年方山县输入商品多为花布、洋杂货、煤油及日用品、染料等，价值 211 100 元，洋货入口额 10 年增长 1.5 倍以上。货源来自太

---

① 吕梁地区地方志编纂委员会编：《吕梁地区志》，太原：山西人民出版社，1989 年版，第 182 页。

② 渠绍淼、庞义才编：《山西外贸志》上（初稿），山西省地方志编纂委员会办公室，1984 年印行，第 193 页。

③ 山西省汾阳县志编纂委员会编：《汾阳县志》，北京：海潮出版社，1998 年版，第 433 页。

④ 临县志编纂委员会编：《临县志》，北京：海潮出版社，1994 年版，第 334 页。

⑤ 牛儒仁主编：《偏关县志》，太原：山西经济出版社，1994 年版，第 350 页。

原、汾阳、离石等地。[①] 晋西北本地产品在外货的“廉价倾销”下，几乎全部陷于破产。[②] 尤以原本输出规模较大的榨油业和纺织业最为突出。

1930年以前，晋西北内地出产的油料半数以上销售到外地，许多销到太原、东部平川地区，碛口转运的河套胡麻油产量特大。[③] 碛口有句民谣“碛口街里尽是油，油篓垒成七层楼，骡马骆驼驮不尽，三天不运满街流。”“碛口三天不发油，汾州城里黑黢黢”。[④] 从光绪三十年（1904年）开始，美孚公司的煤油就进入山西市场。[⑤] 此后，植物油的市场被逐渐侵夺。民国元年（1912年）后，铁路沿线各城镇的商号、旅栈以及公共场所多以煤油灯照明，继之，城镇大部分居民也都用煤油灯取代植物油灯。[⑥] 到20世纪30年代中期后，平川和内地照明逐渐用煤油取代了胡麻油。根据《农情报告》杂志第四卷第八期发表的民国二十四年（1935年）山西农民对市场依赖调查统计，全省有71.1%的农户使用煤油，即约有

---

① 方山县地方志编纂委员会编：《方山县志》，太原：山西人民出版社，1993年版，第230页。

② 中共晋西区党委：《晋西北商业贸易发展概况》（1941年12月），晋绥边区财政经济史编写组、山西省档案馆编：《晋绥边区财政经济史资料选编》（金融贸易编），太原：山西人民出版社，1986年版，第506页。

③ 刘欣、景占魁主编：《晋绥边区财政经济史》，太原：山西经济出版社，1993年版，第44页。

④ 山西省政协《晋商史料全览》编辑委员会编：《晋商史料全览·商镇卷》，太原：山西人民出版社，2007年版，第131页、第505页；吕梁地区地方志编纂委员会编：《吕梁地区志》，太原：山西人民出版社，1989年版，第289页。

⑤ 山西省地方志编纂委员会编：《山西通志》第28卷《对外贸易志》，北京：中华书局，1999年版，第832页。

⑥ 山西省史志院编：《山西通史》第26卷《商业志·商业贸易编》，北京：中华书局，1999年版，第122页。

140 万户的消费者。① 晋西北原来数量庞大的油品转运和境内榨油业的市场需求大幅减少。

随着照明习惯的改变，煤油进口增多，1922 年汾阳县就输入煤油 94.24 吨，价值 2.8 万银圆。② 煤油的倾销，直接影响到油脂的销售数量和价格，商品油脂需求数量逐渐下降，并造成粮油比价极不合理的反常现象。③ 这种情况抑制了内地油料种植，也压缩了榨油业商品化的空间，从表 3.1 可以看出因煤油倾销造成的食油价格急剧下降的趋势。

表 3.1 粮油换购数量表

粮食品种	每百公斤粮食换购食油数(公斤)	
	1919 年	1936 年
小　麦	18.50	23.34
小　米	11.00	18.52
玉　米	8.00	13.62

资料来源：山西省地方志编纂委员会编：《山西通志》(二十七卷)《粮食志》，中华书局，1996 年版，第 91 页。

洋货在境内倾销不仅使榨油业衰落，纺织业也大受影响。1929 年以后，由于洋布及太原、祁县等地机器织布充斥市场，晋西北木机织布因无力与之竞争而几乎陷于停顿。④ 新兴改良织机逐

① 渠绍淼、庞义才编：《山西省外贸志》上(初稿)，山西省地方志编纂委员会办公室 1984 年印行，第 231 页。

② 山西省汾阳县志编纂委员会编：《汾阳县志》，北京：海潮出版社，1998 年版，第 460 页。

③ 山西省地方志编纂委员会编：《山西通志》第 27 卷《粮食志》，北京：中华书局，1996 年版，第 85 页。

④ 刘欣、景占魁主编：《晋绥边区财政经济史》，太原：山西经济出版社，1993 年版，第 54 页。

渐代替了土机，土法纺纱被洋纱打垮。① 大西北尤其是晋西、陕北、甘肃、宁夏等地是支撑汾阳纺织业繁荣的重要市场，自陇海铁路通车后，沪、津等大城市的纺织品源源不断进入陕、甘，汾阳纺织业走向衰落。1931 年，汾阳有纺织厂 40 家，资本 4.12 万元，织机 448 台，工人 1 168 名，全部用手工操作，原料靠进口，产值 18 万元。到 1936 年，汾阳机器纺织厂减少到 10 家，资金 1 980 元，织机 86 台，职员 36 名，工人 145 名，全年用纱量 528 包，年产布 58 140 匹，产值 100 890 元，产值下降 44%。② 据《山西大观》记载，1934 年，徐沟县种植棉花 2 277 亩，亩产皮棉 13 斤，有纺妇 243 人，布机 253 台，年产土布 1 143 匹，每匹 1.8 元，产值 2 545.2 元。但土纺在洋布打入后就凋敝了。③

其他手工业品也因商路改变或战争造成的道路阻塞大受影响。洋布洋纸泛滥于晋西北内地市场，土布麻纸销路被夺，不是停闭不作（如织布），便是改进质量另觅出路（如麻纸改造烧纸），矿产及瓷铁器也因平绥、同蒲、陇海等路修通，外地销路被夺，市场日蹙，繁荣大减。④ 行销全国的交城皮业，自民国以还，亦渐趋衰落。⑤ 内蒙古、陕西、宁夏等地是河曲硬地峁陶瓷的传统市场，后产

① 中共晋西区党委：《抗战中的晋西北纺织业》（1941 年 12 月），晋绥边区财政经济史编写组、山西省档案馆编：《晋绥边区财政经济史料选编》（工业篇），太原：山西人民出版社，1986 年版，第 150 页。

② 山西省汾阳县志编纂委员会编：《汾阳县志》，北京：海潮出版社，1998 年版，第 266 页。

③ 山西省政协《晋商史料全览》编辑委员会编：《晋商史料全览·商镇卷》，太原：山西人民出版社，2007 年版，第 331 页。

④ 吕梁地区地方志编纂委员会编：《吕梁地区志》，太原：山西人民出版社，1989 年版，第 182 页。

⑤ 吕梁地区地方志编纂委员会编：《吕梁地区志》太原：山西人民出版社，1989 年版，第 226 页。

品出现滞销，铺沟、范家梁、刘元头的瓷场倒闭。①

据《晋绥边区财政经济史资料选编》记载，战前“洋货（及来自京、津、沪、江浙等地国货）倾销，洋布洋纸张滥于市场，土布麻纸销路被夺，矿产及瓷、铁器也因平绥、同蒲、陇海等路修通，外地销路顿减。农村经济日趋破产的情况下，土著小工业和家庭手工业逐年衰落到大部倒台”。②“洋货的倾销形成对山西手工业和商业的摧残，促使自然经济解体，农村经济凋敝，民生骤加困苦”。③ 晋西北手工业和商业面对洋货倾销急速衰落，逐步走向凋敝。

四、日军入侵流通滞阻

七七事变后日军迅速进入了山西，使本已跌遭重创的晋西北工商业再遭灭顶之灾。据晋西北各县史志资料记载，日军入侵对当地商业的破坏是毁灭性的，所到之处，市井萧条，商店倒闭。④ 1937 年 10 月，日军侵入崞县境内，原平镇的商业店铺大部毁于炮火之中，崞县城等地的商店亦纷纷倒闭。⑤ 日军入侵忻县后，许多粮店倒闭。⑥ 日军侵占交城后，作为该邑商业贸易主干之毛皮产品

---

① 河曲县志编纂委员会编:《河曲县志》，太原：山西人民出版社，1989 年版，第 223 页。

② 吕梁地区地方志编纂委员会编:《吕梁地区志》，太原：山西人民出版社，1989 年版，第 182 页。

③ 山西省地方志编纂委员会编:《山西通志》第 28 卷《对外贸易志》，中华书局，1999 年版，第 4 页。

④ 山西省汾阳县志编纂委员会编:《汾阳县志》，北京：海潮出版社，1998 年版，第 433 页。

⑤ 原平县志编纂委员会编:《原平县志》，北京：中国科学技术出版社，1991 年版，第 222 页。

⑥ 山西省忻州市地方志编纂委员会编:《忻县志》，北京：中国科学技术出版社，1993 年版，第 271 页。

被日方列为军需统购物资而遭受掠夺。加之交通断绝，生皮无源，皮店几乎全部停业倒闭，历时数百年的这一民族工商业被彻底摧毁。一业萧条，百业凋零。① 离石城被日军侵占后，外商大部撤走，城里商号由 200 余家减为 30 余家。② 创办于 1934 年，年产值达 9 万元银圆的永丰蛋厂也被迫停业。③ 1938 年，日军入侵神池，多数私商停业，幸存者亦由大化小。1940 年神池全县各镇商业门店仅存 10 余家，日营总计不足千元。④ 保德商号由 1937 年春的 107 家减至 1938 年的 69 家。敌人“扫荡”前，兴县商店数量由 1937 年的 396 家减至 1939 年的 350 家。⑤ 宁武新屯堡镇商店由 24 家减至 6 家，减少 75%。临县大商店为避免战争损失，由大化小、由小化无，据统计，较大商户歇业者达 14 家。⑥ 1937 年后，岚县大部分店铺倒闭，商贩弃商务农。⑦ 据《抗战日报》的报道，日军占领下的岚县城、东村等四大城镇总共只有五六家卖饼子的，战前的数百家商店全部倒闭。⑧ 可见日军侵略和“扫荡”对晋西北商业为害之烈。

---

① 交城县志编纂委员会编：《交城县志》，太原：山西古籍出版社，1994 年版，第 429 页。

② 李文凡主编：《离石县志》，太原：山西人民出版社，1996 年版，第 304 页。

③ 李文凡主编：《离石县志》，太原：山西人民出版社，1996 年版，第 214 页。

④ 神池县志编纂委员会编：《神池县志》，北京：中华书局，1999 年版，第 179 页。

⑤ 中共晋西区党委：《晋西北商业贸易发展概况》（1941 年 12 月），晋绥边区财政经济史编写组、山西省档案馆编：《晋绥边区财政经济史资料选编》（金融贸易编），太原：山西人民出版社，1986 年，第 491 页。

⑥ 中共晋西区党委：《晋西北商业贸易发展概况》（1941 年 12 月），晋绥边区财政经济史编写组、山西省档案馆编：《晋绥边区财政经济史资料选编》（金融贸易编），太原：山西人民出版社，1986 年，第 490 页。

⑦ 康茂生主编：《岚县志》，北京：中国科学技术出版社，1991 年版，第 265 页。

⑧《岚县新解放区的生产工作》，《抗战日报》，1945 年 5 月 10 日，第 4 版。

表 3.2　1937 年 7 月至 1939 年 12 月临县停业商号统计

字号	行业	创立日期	股东	资本(法币)
巨兴隆	药铺	光绪年	周绍武	5 000 元
巨和厚	绳麻铺	1920	郝嘉言、郝文华	10 000 元
格和祥	饼子铺	1926	高光宗、张耀宗	1 000 元
庆和隆	布匹、什货	1934	李增瑞、李货庄	2 000 元
协嶷厚	纸烟布	1930	赵学礼	1 600 元
德记商行	盐局、书铺、什货	1935	贺子巽	20 000 元
中和信	当铺、估衣庄	光绪年	李承启	1 500 元
同生利	布匹、零星什货	1937	商子温	500 元
同生义	酒店面行	抗战前	侯锡福	1 000 元
德厚昌	面行	抗战前	刘敦芝	1 000 元
积顺昌	磨坊	抗战前	秦三根	600 元
伍义隆	什货行	抗战前	贺茂招	5 000 元
复义广	什货行	抗战前	李庆富、马锡山	1 000 元
德成厚	什货行	抗战前	郭保恩、李计升	4 000 元
共计	14 家			
备注:1. 停业商号大部散伙,各自缩小营业,独自经营。 2. 个别商号迁移内地营业。				

资料来源:中共晋西区党委:《晋西区党委经济经济建设材料汇集——商业贸易》,1941 年 12 月,山西省档案馆馆藏档案:A22-7-4-1。

中共晋西区党委在“晋西事变”后所作的商业贸易工作总结中记录了 1937 年 7 月至 1939 年 12 月间,临县有 14 家商户倒闭,这些商户里,既有设立于光绪年间的老商号,也有刚成立一两年的新摊子。

从抗战爆发以来,晋西北一直是敌人“扫荡”的重点。到 1940 年,晋西北抗日根据地在敌人的进逼下,仅剩下兴、临、岚、岢等几个完整县。奉行“武力战就是经济战”①的日军对根据地的“扫荡”十分残酷，他们认为“中共的生存力极为坚韧，因此不仅要摧毁其经济中枢地区，还必须破坏其所有的辅助性经济地区”。② 日军除大肆抢掠外，对根据地的生产能力进行了彻底破坏。与战前比较，到 1940 年，晋西北劳动力减少 1/3，牛、羊各减少 3/5，驴、骡各减少了 4/5、9/10，猪减少了 4/5 以上，耕地面积仅为战前 84%，山地粮食产量减少了 1/3 以上，棉花产量仅为战前 3%。③ 对商业造成的破坏也是毁灭性的。仅 1940 年的三次“扫荡”中，临县被烧掉的房子就达 8 658 间，其中有不少是商店铺面，买卖因而歇业很多。兴县城仅在冬季“扫荡”中被烧的商民房屋就达 5 273 间，商户停业者众。敌“扫荡”结束后，兴县城商户由 244 家减至只剩 76 家。④ 1942 年春季“扫荡”中，仅保德商号被敌抢走货物即值 250 余万元，致停业者 13 家之多。1944 年夏，敌人“扫荡”六分区，忻州贸易局又损失货物值 70 余万元。⑤ 1940—1943 年，在敌人不断“扫荡”、烧杀、破坏以及经济封锁下，各地市场被破坏，市面上堆满

① 张国祥主编：《山西抗日战争史》下卷，太原：山西人民出版社，1992 年版，第 21 页。

② 日本防卫厅战史室编，天津市政协编译组译：《华北治安战》（下），天津：天津人民出版社，1982 年版，第 255 页。

③ 李树萱、牛丽平：《关于晋绥边区财政问题的探讨》，山西省史志院编：《根据地经济建设研究》，太原：山西人民出版社，1997 年版，第 165 页。

④ 中共晋西区党委：《晋西北商业贸易发展概况》（1941 年 12 月），晋绥边区财政经济史编写组、山西省档案馆编：《晋绥边区财政经济史资料选编》（金融贸易编），太原：山西人民出版社，1986 年版，第 491 页。

⑤ 晋绥边区行署：《晋绥边区贸易工作材料》（1944 年 8 月 29 日），晋绥边区财政经济史编写组、山西省档案馆编：《晋绥边区财政经济史资料选编》（金融贸易编），太原：山西人民出版社，1986 年版，第 565 页。

了破砖瓦砾，没有被烧掉的铺面很少。①

日军1941年开始实施“强化治安运动”，对根据地经济实行残酷的破坏以达到其“光”的目的。同时，在其占领区内实施严厉的经济封锁，日军在“扫荡”根据地的同时，加强了经济封锁，不准有一点必需品进入根据地。先后设立了“华北开发公司”、伪省县合作社、“物资对策委员会”及各种经济特务组织，发行巨量伪钞，以图“困死八路”。② 日军采取的主要措施是：(1) 在较大据点均设“合作社”，一切货物的调剂与分配一律经过“合作社”，不许私自交易；(2) 小据点的商业活动完全停止，小商店勒令停业，小市场完全取消，据点外商店均被迫令限期搬入据点；(3) 货物运输均须经过伪“新民会”许可，领取“搬运证”；(4) 群众购买日用品被限定数量，(需)发给购买证，登记购买数量，(在)售货商店既不(准)多买，也不(准)多卖；(5) 设立“巡查队”，加紧巡查，防止货物私运进入根据地；(6) 统制交通工具，各种交通工具均须登记严格加以统制；(7) 第三期(共五期)的“强化治安”运动以“经济封锁，加强物资统制”为主，自1941年8月开始，严格执行。③

为杜绝必需品输入根据地，日军在“三次强化治安”中，把沦陷区按地区划分为“地区组合”主持封锁工作。各据点均设

---

① 林枫：《坚持敌后抗战的晋西北根据地》(1943年7月8日)，晋绥边区财政经济史编写组、山西省档案馆编：《晋绥边区财政经济史资料选编》(总论编)，太原：山西人民出版社，1986年版，第444页。

② 山西省地方志编纂委员会编：《山西通志》第二十八卷《山西外贸志》，北京：中华书局，1999年版，第100页。

③ 中共晋西区党委：《晋西北商业贸易发展概况》(1941年12月)，晋绥边区财政经济史编写组、山西省档案馆编：《晋绥边区财政经济史资料选编》(金融贸易编)，太原：山西人民出版社，1986年版，第519页。

有经济班，负责进行查缉，不许物资出据点。即便在据点之内其办法也异常严格，违者处死。如甲据点商人到乙据点买货，首先须具保经当地之特务机关批准（项目、数目等），领得搬入证、通行证（身份证每人均须有）才能到乙据点；到乙据点后以搬入证换领搬出证，所买货物须经检验才能起运，运回后须经批准搬入之机关检查，在搬出证上盖章，商人将搬出证缴回原机关后换回搬入证缴销，始算手续完备。沦陷区及接沦陷区民众（据点以外）也买不到物品。如文水一民众买一包火柴与六七尺布被斩首悬于城门上，汾阳民众有因买四两煤油被查住当即灌于肚内，等等。

为了彻底封锁根据地军民，日军把某些区域的民众手工业也彻底破坏。如汾阳平川本产小盐很多，日军便把所有的熬盐锅或打碎或没收，且查有熬盐者即予严惩，致小盐完全停产。再如汾阳（与平遥接近地区）民众有一部土机能自织土布，敌人亦将机子全部破坏或没收，如有织布者严惩，使土布生产停顿。

不仅如此，日军还在沦陷区实行所谓配给制度（尽管这一企图因遭民众之反对多未实行，既实行者也只做到配给粮食）。敌人规定民众收获的粮食须全部交到仓库（汾阳且不准民众自由收割，收割时划定区域，规定日期，派人监视收割，收割并经登记后将打下的粮食交仓库），粮交仓库后，每家每日按登记人口去领粮，每人每天一十二两（秤小只有半斤）。领粮人多，拥挤一处，有等候数日领不到一粒粮者，即便领到者也不够吃，客人来了则更无办法。故沦陷区民众因此自杀者有之。如汾阳一老汉因数日领不到粮，全家自杀。

太平洋战争爆发后，日军进一步加强了对晋西北抗日根据地的封锁和破坏。除对根据地核心区进行大规模的烧、抢、“扫荡”

外，对游击区也经常进行抢劫、破坏。此种抢劫，一是公开抢掠民众，二是武装抢劫商旅。如抢汾文平川的棉花、各地的粮食、耕牛、农具以及轻工业原料等。1943 年所抢粮食中，从忻县即抢走 30 万斤，从静乐抢走 3 000 吨（600 万斤），宁武（包括沦陷区在内）被抢去 40 万斤。因而游击区的民众被迫自杀者有之，如宁武、宁化附近一民众因粮被抢光，又变卖物产买了一点粮，结果又被抢去，于是全家自尽。① 1942 至 1943 年的两年间，日军从汾、文、孝、交等县掠夺粮食 20 万石（4 000 万斤）以上。② 而对商人的武装抢劫既破坏了根据地的商业往来，又达到了其抢劫物资的目的。晋察冀边区商人运货往晋西北途中时有被劫者，直到 1944 年 8 月前，晋察冀抗日根据地仍有公商被抢劫货值 150 余万元。日军还对晋西北抗日根据地实行倾销奢侈品和伪币并盗取根据地有用之资材，③极大地阻碍了根据地物资流通，使根据地面临更加严重的局面。

五、“晋西事变”商业萧条

1939 年 12 月，在晋西北发生了阎锡山排斥中共抗日力量的“晋西事变”，该事件对商业破坏很大，④使本已略有恢复的晋西北工商业掉头向下，愈加萧条。

---

① 晋绥边区行署：《晋绥边区贸易工作材料》（1944 年 8 月 29 日），晋绥边区财政经济史编写组、山西省档案馆编：《晋绥边区财政经济史资料选编》（金融贸易编），太原：山西人民出版社，1986 年版，第 565—566 页。

② 张国祥：《山西抗日战争史》（下），太原：山西人民出版社，1992 年版，第 22 页。

③ 晋绥边区行署：《晋绥边区贸易工作材料》（1944 年 8 月 29 日），晋绥边区财政经济史编写组、山西省档案馆编：《晋绥边区财政经济史资料选编》（金融贸易编），太原：山西人民出版社，1986 年版，第 565 页。

④ 临县志编纂委员会编：《临县志》，北京：海潮出版社，1994 年版，第 321 页。

事变之前，工商户的产销负担就在加重(抗战爆发后，赵承绶骑兵军不战而退进入静乐，人民难以承受骑兵军所谓的合理负担，商业店铺不堪重负，纷纷关门)。① 事变时，当时有个别商店如临县之庆恒炉被没收了，有的商铺如临县振东书局货物被没收了，致使商人袖手不敢营业，很多富商大贾携资逃亡，商业大部陷于停顿。如保德逃亡商店达 15 家，离、临两县逃往榆林商民不下 300 人。

据事后统计，“晋西事变”后的碛口市面货币流通额从 150 万元减至 70 万元，3 万元营业额规模的商户从 60 余家(1939 年营业流水 5 万—6 万者 10 家，3 万元者 50 家)减少到 18 家，减少了 70%；兴县商户从 350 家减至 244 家；保德 1939 年有商户 69 家，事变后只剩下 55 家。②

“晋西事变”后，晋西北对外贸易衰退，绥远河运不通，口外土产来源断绝，境内土产销路滞塞，洋货输入减少，小商人摊子销售的洋货从 55%下降到 21%。③ 一直作为晋西北输出商品大宗的油业在“晋西事变”后半年这一时段更加萧条。④

持续的战乱破坏了晋西北固有的商业网络，商品流通环境恶

① 山西省政协《晋商史料全览》编辑委员会编：《晋商史料全览 · 商镇卷》，太原：山西人民出版社，2007 年版，第 469 页。

② 中共晋西区党委：《晋西北商业贸易发展概况》(1941 年 12 月)，晋绥边区财政经济史编写组、山西省档案馆编：《晋绥边区财政经济史资料选编》(金融贸易编)，太原：山西人民出版社，1986 年版，第 490—491 页。

③ 中共晋西区党委：《晋西北商业贸易发展概况》(1941 年 12 月)，晋绥边区财政经济史编写组、山西省档案馆编：《晋绥边区财政经济史资料选编》(金融贸易编)，太原：山西人民出版社，1986 年版，第 506 页。

④ 中共晋西区党委：《晋西北作坊工业及其他手工业概况》(1941 年 12 月)，晋绥边区财政经济史编写组、山西省档案馆编：《晋绥边区财政经济史料选编》(工业编)，太原：山西人民出版社，1986 年版，第 259 页。

化到极点。据史料记载，当时各地的传统标期生意停止了，①大商跑了，许多中小商人业务关系被打断了②，商业极端疲惫，大批商人失业，③商店大批关门，④农村商品流通滞涩，⑤又回到了古老的以物易物的状态。⑥ 某些剩余产品和土产苦无销路，商品供应困难，群众的基本生活受到很大影响，买不到日用消费品，⑦即使原来标准较低的穿、用也无法保证供应。据对临县武家坪村的调查，农民吃盐减少一半以上(从 1937 年的 7.5 斤减至 1939 年的 3.5 斤)，新衣减少 2/3(从 1937 年的人均 1 匹减至 1938 年的人均 1/3 匹)，到 1939 年就只能穿旧衣服了。⑧ 有些商品供应彻底断绝。由于商路阻绝，岚县盐店无盐可卖，民众只有扫盐碱土过滤而食。⑨ 静乐群众既无米吃，又无衣穿。群众没盐、没碱吃，只能是扫盐碱熬炼。没油点灯用动物油代用或以麻秆燃烧一下，没火柴是用火镰打火，嘴吹之，冬天絮衣没棉花用

---

① 中共晋西区党委:《晋西北商业贸易发展概况》(1941 年 12 月)，晋绥边区财政经济史编写组、山西省档案馆编:《晋绥边区财政经济史资料选编》(金融贸易编)，太原:山西人民出版社，1986 年版，第 499 页。

②《牛荫冠纪念集》编写组编:《牛荫冠纪念集》，北京:中国商业出版社，1996 年版，第 161 页。

③《抗战日报》社论:《发展内地商业，组织对外贸易》，《抗战日报》，1941 年 5 月 4 日，第 1 版。

④ 晋绥边区财政经济史编写组、山西省档案馆编:《晋绥边区财政经济史资料选编》(总论编)，太原:山西人民出版社，1986 年版，第 13 页。

⑤ 中共晋西区党委:《晋西北商业贸易发展概况》(1941 年 12 月)，晋绥边区财政经济史编写组、山西省档案馆编:《晋绥边区财政经济史资料选编》(金融贸易编)，太原:山西人民出版社，1986 年版，第 490 页。

⑥《牛荫冠纪念集》编写组编:《牛荫冠纪念集》，中国商业出版社，1996 年版，第 161 页。

⑦《发展内地商业，组织对外贸易》，《抗战日报》，1941 年 5 月 4 日，第 1 版。

⑧ 临县志编纂委员会编:《临县志》，北京:海潮出版社，1994 年版，第 322 页。

⑨ 康茂生主编:《岚县志》，北京:中国科学技术出版社，1991 年版，第 290 页。

羊毛代替。①

彼时的晋西北抗日根据地的市场上，“一切必需品的供给，都感到异常缺乏，布匹、火柴、颜料、文具，等等，都变成非常难得的奇货”。②

第二节　根据地商业管理机构之调整和政策之完善

一、晋西北抗日民主政权之建立

“晋西事变”最终得以和平解决。1940 年 1 月 15 日，中共抗日民主政府在临县召开了庆祝反顽斗争胜利大会，成立了新的第二游击区行署。1940 年 2 月 1 日至 3 日，晋西北行署(其时仍沿用“山西省第二游击区行署”名称)在兴县召开第一次行政会议，正式宣布行署成立。大会选举了新的领导机构，讨论通过了《晋西北抗日拥阎讨逆行政实施大纲》，标志着晋西北抗日根据地正式建立。4 月 24 日，中共与阎锡山在秋林达成正式停战协议，双方规定军队停止武装冲突，以汾离公路为界，以北为八路军、新军的活动区，以南为旧军的活动区，由此结束了晋西北地区两种政权、两种军队并存的局面。

新政权建立后，重新划分了行政区划，设立了相应的行政机构，各项工作逐步规范起来。此时的抗日民主政府实际管辖范围

---

① 闫俊:《抗日战争、解放战争时期的静乐贸易局》，娄烦县政协文史委员会编:《娄烦文史资料》第五辑，1999 年 12 月，第 62 页。

② 晋西北行署:《两个半月贸易工作中的重要教训》(1942 年 4 月 15 日)，晋绥边区财政经济史编写组、山西省档案馆编:《晋绥边区财政经济史资料选编》(金融贸易编)，太原:山西人民出版社，1986 年版，第 423 页。

为黄河以东，汾离公路以北，同浦路以西，横贯偏关、朔州、神池等地的内长城一线以南地域。参照历史区划，将晋西北属区划分为四个专区。以北部的神池、五寨、河曲、偏关、岢岚、保德等县为二专区；以岚县、静乐、忻县、崞县、代县、宁武等县为三专区；以临县、临南、离石、方山等县为四专区；以汾阳、文水、清源、太原、徐沟、交城、平介、离东、阳曲等九县为八专区；[①]兴县和位于河西的神府县为行署直辖（抗战时期，忻县、崞县以同蒲线为界分为东、西忻县，东、西崞县，西忻县、西崞县属晋西北抗日根据地，东忻县、东崞县属晋察冀抗日根据地）。

此次行政区划之27县与此前第二游击区行署中内长城以南3个行政督察区属之28县相比变化为："晋西事变"后，中阳、石楼归入国统区，榆次、太谷、祁县归入晋冀鲁豫，增加了离东、平介、临南、神府等县。

晋西北行署行政组织及机构：行署设主任、副主任各一人，由续范亭、牛荫冠分别担任正副主任。下设秘书处、民政处、财政处、教育处、建设处、司法处及经济总局和公安总局共六处两局。[②] 商业贸易工作归经济总局，此后成立了贸易局，和银行合署办公，由牛荫冠任局长，王磊等任副局长。[③] 经济和贸易各项工作逐步开展起来。

1943年11月，晋西北行署改称晋绥边区行政公署，分为晋

---

① 刘欣、景占魁：《晋绥边区财政经济史》，太原，山西经济出版社，1993年版，第40页。

② 中共中央财政经济部：《晋西北的自然地理社会政治经济概况》（1940年6月29日），晋绥边区财政经济史编写组、山西省档案馆编：《晋绥边区财政经济史资料选编》（总论编），太原：山西人民出版社，1986年版，第4页。

③ 中共吕梁地委党史研究室编：《吕梁党史资料》1984年第一辑（总第八辑），1984年11月，第5页。

西北区和大青山区，晋西北抗日根据地北部疆域又到达此前外长城一线，与大青山绥南专区相邻。晋西北抗日根据地设立了二、三、五、六、八及直属区等6个专区，辖36县。二专区有神池、朔县、偏关、岢岚、五寨、保德、河曲。三专区有临县、临南、离石、方山。八专区有阳曲、交城、交西、汾阳、文水、清徐、太原、祁北、榆太、静乐、离东。六专区有静宁、宁武、忻县、崞县。五专区有右玉、右南、左云、平鲁、山朔、怀仁、大同。直属区有兴县、岚县及神府代管县。

二、商业贸易管理机构之调整

晋西北抗日根据地的经济建设是在一片废墟上开始，伴随着对敌军事斗争进行的。从抗日政权成立伊始，敌人就开始对根据地反复进行各种“扫荡”。1940年，日军进行了2个月的春季“扫荡”及夏、秋、冬大“扫荡”。1941年7月下旬，日军4 000余人对晋西北抗日根据地进行合击。1941年，日军对根据地进行了17次的局部“扫荡”，据统计，全年共打了1 000多次仗。1942年春，日军又纠集4.5万人对根据地进行“扫荡”。

尽管晋西北抗日根据地军民先后取得了反击胜利，但却面临着百废待兴的局面，振兴商业贸易首当其冲。诚如行署工作报告所指出：“贸易工作是经济建设的先驱者。它有一种任务，必须要医治那由于敌人的破坏所引起的创伤，它必须活跃那已被破坏了的国民经济，它必须把工业、运输及农业刺激起来。这正是一项异常艰巨的任务，但是我们必须要完成这个任务，一切困难都必须要用最大的勇敢来努力克服。只有完成这件任务，才能发展我们根据地的经济，巩固我们的根据地。”①

新政权在建立后立即着手设立贸易管理机构，1940 年 1 月，行署成立了财政处和建设处，着手整理千疮百孔的边区经济，4 月又成立了经济总局，由段云任局长，后由行署副主任牛荫冠兼任，在岢岚、临县、静乐、太原等地建立了经济局。6 月，行署经济局将归属地方政府的商店统一起来，在接收原有 8 个公营商业实体的基础上，在各地建立了 6 个营业公社，即充实整理后的 6 个商店：兴县晋兴商店、保德晋保商店、岢岚晋茂源、娄烦西北农民商店、临县裕华商店、碛口大北商店。② 建立了太原营业公社和碛口西北转运站。③ 10 月，经济总局改为统制贸易局，11 月又称贸易局，专营商业。行署贸易局主要有四个任务：一、管理对外贸易④；二、团结私商，扶植合作事业，发展内地贸易；三、运销土产，供给原料，指导土货生产；四、调节物价，巩固农钞。⑤ 各县贸易局的主要任务概括起来就是“繁荣市场，搞活经济，打击投机倒把，平抑物价”。⑥

① 晋西北行署：《两个半月贸易工作中的重要教训》（1942 年 4 月 15 日），晋绥边区财政经济史编写组、山西省档案馆编：《晋绥边区财政经济史资料选编》（金融贸易编），太原：山西人民出版社，1986 年版，第 424 页。

② 晋西北行署：《两个半月贸易工作中的重要教训》（1942 年 4 月 15 日），晋绥边区财政经济史编写组、山西省档案馆编：《晋绥边区财政经济史资料选编》（金融贸易编），太原：山西人民出版社，1986 年版，第 424 页。

③ 刘欣、景占魁主编：《晋绥边区财政经济史》，太原：山西经济出版社，1993 年版，第 135 页。

④ 晋西北抗日民主政府所称之对外贸易实际上是在当时国内特定区域内两个敌对政权之间发生的交易行为，有别于严格意义上的国际贸易，故本书内之“对外贸易”实为“境外贸易”。

⑤ 刘欣、景占魁主编：《晋绥边区财政经济史》，太原：山西经济出版社，1993 年版，第 85 页。

⑥ 闫俊：《抗日战争、解放战争时期的静乐贸易局》，娄烦县政协文史委员会编：《娄烦文史资料》第五辑，1999 年 12 月，第 63 页。

1941 年 10 月，行署通过决议以进一步加强商业贸易管理机构，提升转运网络效率，改善商品流通环境：

(1) 健全分局，各分区政府对各分区贸易局负全责，分局贸易局长不得兼职。补充所缺编的股长，补充时应先补充营业股与审计股。六专署建立分局，七专区不建立，碛口分局改为支局。

(2) 建立和健全各县支局——分局所在地不另设支局，支局业务由分局兼办。此外首先在保德、岢岚、临县的白文镇、临南、方山的马坊镇、阳曲、兴县等地建立支局，并健全内部机构。健全五专区各支局。

(3) 建立代办所。离支局远的地区设代办所，主要管理对外贸易的工作。

(4) 无支局县份，其贸易工作由专署会同贸易分局指定附近之支局或分局兼办。

(5) 健全现有商店，每一个商店至少加上一个政治上强的人进去。

(6) 干部配备上——股长(分局)与支局长，由专署负责配备，要选好的(相当于区长一级的干部)。支局股员由县政府配备。①

设立分区和县级商业贸易行政管理机构之外，还在根据地内各县城和重要集镇建设了转运站，保证区域内外货畅其流。

(1) 在河曲巡镇，保德，岢岚，兴县城，黑峪口，方山的马坊镇、碛口，临县、临县的白文镇、克虎寨，娄烦、交城等处设站，五专区与二专区之间可设一个站。

---

① 晋西北行政公署:《现阶段的金融贸易工作》(1941 年 10 月 1 日)，晋绥边区财政经济史编写组、山西省档案馆编:《晋绥边区财政经济史资料选编》(金融贸易编)，太原:山西人民出版社，1986 年版，第 27 页。

(2) 有贸易分局之地区转运站由贸易局兼办,无分支局之处由贸易分局派人办理。三个月内(1942 年 1 月前)要一律建立起来。

(3) 一般的站各设牲口 10 头,干部 2 人,转运员 5 人;岢岚设牲口 4 头,干部 2 人,转运员 4 人;马坊设牲口 15 头,干部 3 人,转运员 8 人;黑峪口设牲口 5 头,干部 2 人,运输员 3 人;保德站增加 4 头牲口。能行大车之地区,搞大车运输亦可。

(4) 转运站经费待遇与贸易局同,运转员特别优待,每月每人发给津贴 20 元至 30 元,并发给鞋子、衣服(亦可折发给钱)。

(5) 各站附设骡马大店,公道取利,便利行商。

(6) 无论任何机关部队与民众需要运输货物一律收费,费用由贸易总局统一规定。

(7) 转运站由各该贸易机关领导。①

随着这些措施的落实,晋西北抗日根据地商业贸易组织机构得到健全,交通运输等基础设施日趋完备,各项政策得以顺利实施,为根据地商业贸易的恢复和发展提供了基本条件。

三、境内商业政策之变革

为搞活流通,刺激和推动生产,行署采取一系列发展商业的措施以促进境内商品贸易。1940 年行署第一次行政会议确定了内地贸易应允许自由进行的政策,但是没有具体保障商民的措施和办法,只强调了公营商业而没有统筹考虑私营商业及对整个商业系统的组织与领导,因而境内商业实为自流之商业,且内外贸易之间

① 晋西北行政公署:《现阶段的金融贸易工作》(1941 年 10 月 1 日),晋绥边区财政经济史编写组、山西省档案馆编:《晋绥边区财政经济史资料选编》(金融贸易编),太原:山西人民出版社,1986 年版,第 28 页。

亦无相互联系与配合。据此，行署于1942年颁布了《人权保障条例》，使商民自由贸易有了确实的保障；贸易局统管内外贸易，加强了双方联系，贸易局并直接经营商店，便于了解商情，有的放矢；组织成立了各地商业联合会，团结商人，繁荣内地商业。鼓励各机关部队举办商店，推动内地市场的繁荣。1941年8月第三次行政会议后，采取了促进商业的具体措施，如建立官商合办的企业，增加对民间商业投资，举办集会，建立集市等。① 在负担方面，1943年以前是重于1944年以后的，1943年以前工商业者之公粮负担虽依纯收入计征，并给予四成至九成的照顾（摊贩资本额折米1.5石以下的其纯利以四成计征，三石以下的以五成计征，一般商业之纯收益以九成计征，一般工业性以七成计征），但实际的公粮负担比既定政策重要。1944年，检讨了工商业负担政策，工商业停征公粮，仅征一道营业税并按纯收益计征，最高不超过20%。② 这一系列措施的实施和对商业贸易工作的认真组织，③使工商业负担轻于农业，营商环境得到改善，大批农业资本转移到商业领域。由于生产发展，对敌斗争逐步胜利，根据地工商业逐渐恢复了市面，商业贸易趋于繁荣。④

---

① 刘欣、景占魁主编：《晋绥边区财政经济史》，太原：山西经济出版社，1993年版，第139页。

② 山西省财政厅税务局、内蒙古自治区税务局、山西省档案馆、内蒙古自治区档案馆编：《晋绥革命根据地工商税收史料选编》，太原：山西人民出版社，1986年版，第56页。

③ 陈希云：《晋绥财经工作报告》（1946年6月19日），晋绥边区财政经济史编写组、山西省档案馆编：《晋绥边区财政经济史资料选编》（总论编），太原：山西人民出版社，1986年版，第737页。

④ 林枫：《坚持敌后抗战的晋西北根据地》（1943年7月8日），晋绥边区财政经济史编写组、山西省档案馆编：《晋绥边区财政经济史资料选编》（总论编），太原：山西人民出版社，1986年版，第444页。

四、对外贸易政策之演进

战时状态下,统制贸易政策成为必然选择。“百团大战”前,日军在军事上处于战略进攻和战略相持的前期,大部分兵力用于正面战场,敌后空虚,日伪据点只限于铁路沿线,其他区域敌之力量薄弱。经济上主要靠经济侵略,用廉价商品向根据地倾销,掠夺边区物资。日军对出入口贸易统制和物资出入封锁尚不至严,沦陷区与边区商人可以自由来往且很频繁,在贸易上一般的非必需品大体能输出,必需品的进出也不太难。① 但 1940 年后,日军的“扫荡”日趋残酷,经济封锁也日渐严密。严格禁止必需品输入根据地,日军文件显示,要“杜绝一切物资资敌(指中共抗日根据地)”,②“在需要的处所,构成适当的切断线,严禁物资的流进流出;对我占领区(指沦陷区)内主要城市的物资,严禁向敌方(根据地)流出;特别注意向敌方(指中共)流出物资的主要道路及我(指日军)兵团的间隙部分”。③ 企图在经济上窒死抗日军民。晋西北抗日根据地经济刚经历了“晋西事变”之破坏,又逢日军春、夏“扫荡”和“百团大战”后日军之数次报复“扫荡”,遭到反复的劫掠,必需品的供给变得异常困难。同时,日军还改变策略,配合封锁,大量向晋西北抗日根据地内倾销奢侈品,以吸收我之法币,盗取外汇。

在外部商路断绝,境内商业凋零、商品流通滞涩、市面萧条的

① 王庆成:《华北对外贸易统制政策初探》,山西省史志研究院编:《根据地经济建设研究》,太原:山西人民出版社,1997 年版,第 249—250 页。

② 日本防卫厅战史室编,天津市政协编译组译:《华北治安战》(上),天津:天津人民出版社,1982 年版,第 243 页。

③ 日本防卫厅战史室编,天津市政协编译组译:《华北治安战》(下),天津:天津人民出版社,1982 年版,第 5 页。

局面下，[1]中共抗日民主政府必须采取一套正确的应对措施来打破日军之封锁，破坏其计划，尽快恢复因受战争摧残而几乎陷入绝境的商业贸易，使商品流通起来，满足根据地军民起码的各种必需品供给，促进生产，发展经济，支持长期的反侵略战争。统制对外贸易已势在必行。因而，"发展内地商业，保护商业自由，组织对外贸易，实行保护政策"就成为当时贸易政策的主要内容，核心是对贸易实行统制。而根据地作为一个统一的市场，尽管物资供给困难，但对外依附只是部分或很局限的，农村低下的生活水准和半自然经济环境使得根据地发展独立自主经济，脱离对沦陷区城市的依赖成为可能。这是能够实行统制贸易政策之前提。[2]

1940 年初，针对日伪大量从根据地吸收资源并倾销敌货这一问题，行署在 4 月召开的经济建设会议上草拟了对外贸易条例，要点为：

（1）对出入境货物实行严格的登记许可证制度；

（2）对入境货物根据其是否本区必需品或有无代用品、代用品多少，决定其是否许可输入；

（3）对出境货物，根据货物资敌与否，决定其许可输出与否；

（4）一切出入境及过境贸易之申请许可登记，均由经济局办理；

（5）在严格的统制下，辅以税收制度的管理。[3]

---

① 《抗战日报》社论：《发展内地商业，组织对外贸易》，《抗战日报》，1941 年 5 月 4 日，第 1 版。

② 王庆成：《华北对外贸易统制政策初探》，山西省史志研究院编：《根据地经济建设研究》，太原：山西人民出版社，1997 年版，第 250 页。

③ 中共晋西区党委：《晋西北商业贸易发展概况》（1941 年 12 月），晋绥边区财政经济史编写组、山西省档案馆编：《晋绥边区财政经济史资料选编》（金融贸易编），太原：山西人民出版社，1986 年版，第 520 页。

统制贸易政策之施行，使商人有规可循，避免了过去出入境贸易程序混乱、商人经常受意外勒索的现象，有利于对外贸易的发展。但也出现了一些问题，如在军政民正常的联系不够，各地政权机构不健全、步调不一致、社会秩序仍比较混乱的情况下，各机关部队滥扣滥没收的现象仍然很多；在当时严格地统制对外贸易，不仅一般商人不习惯于烦琐的手续，即使个别部队与机关，也因限制过严而表示不解；且个别地方滥行统制，妨害了内地贸易自由原则；某种货物许可与否，依靠商人的临时请求，给商人带来诸多不便；再加上经济局和税收机关一起兼办，工作混淆，经济局收税，但自己做买卖却免税，有些货物，商人不准贩运，而经济局的营业公社却独占运出运入的特权，引起商人的不满。① 滥用统制，妨害了内地贸易自由；统制过于严格，增加了商民的疑惧。② 如一些权力部门和军队单位，利用权力（以统制之名义）随意扣押物品，强买商品，甚至保护商人走私。四专署强以半价购买裕华商店的麻油；还有的商人和部队拉关系，可以写护照，资敌品能出去，税重的可以不出税，等等；严重破坏了对外贸易秩序。③

在此情况下，行署适时地把统制贸易政策改为了保护贸易政策。1941 年 3 月召开的财政经济建设会议对前段统制贸易政策实施情况进行了检讨和总结，决定把统制改为保护，转而把通过贸易

① 刘录开、钟廷豪主编：《中国革命根据地商业史》，北京：中国商业出版社，1997 年版，第 238 页。

② 刘欣、景占魁主编：《晋绥边区财政经济史》，太原：山西经济出版社，1993 年版，第 137 页。

③ 中国晋西区党委：《晋西北政权初建时期财政状况概述》（1941 年 12 月），晋绥边区财政经济史编写组、山西省档案馆编：《晋绥边区财政经济史资料选编》（财政编），太原：山西人民出版社，1986 年版，第 40 页。

满足根据地需求、进出口平衡作为主要目的。与此前相比，重要的变化有二：从重点统制资敌货物的输出、限制非必需品输入，变为着重奖励有余货物的输出；从对货物种类的直接统制，变为运用税率杠杆进行间接调节，除禁止奢侈品入口外，其他货物实行“寓禁于征”的方式。[①] 为统一军政部门思想，正确认识对外贸易政策，解决部分人员中存在的“排斥商人和自由营业，希望以公营事业代替一切”的想法及干扰自由贸易之行为，1941 年 5 月 4 日，《抗战日报》发表社论指出，“在我抗日根据地内，应允许商业自由，一切正当经营，应得到抗日政权和部队的拥护”，“必须排除一切商业上的障碍”。实行贸易保护政策是为了使“我之幼稚的手工业大量发展，我之必需品得到调剂，法币又不致大量外流”。要支持私人在“政府许可范围内”的经营活动，“绝不可垄断对外贸易”。[②]

保护贸易政策的施行，限制了非必需品的输出，对保护根据地商业贸易确实发挥了重要作用，但并没有达到预想的促进进出口贸易平衡的局面，反而使外贸的入超加重。[③] 主要是没有兼顾贸易与生产的关系，没有把贸易与外汇管理等措施和手段统筹、综合运用，造成了政策效果之不彰。如 1940—1941 年间边区非常需要布匹，然而一方面奖励进口布匹，一方面又允许把布匹出口输往敌顽区，使根据地军民穿衣困难。根据地当时麻油产量不大，也需进口，却奖励出口，出沦陷区征 3%，非沦陷区 2%，而入口时，来自沦

① 刘欣、景占魁主编：《晋绥边区财政经济史》，太原：山西经济出版社，1993 年版，第 137—138 页。

② 《抗战日报》社论：《发展内地商业，组织对外贸易》，《抗战日报》，1941 年 5 月 4 日，第 1 版。

③ 刘欣、景占魁主编：《晋绥边区财政经济史》，太原：山西经济出版社，1993 年版，第 138 页。

陷区征 10%，来自非沦陷区 8%。[①] 这些都是各项政策缺乏协同致使其执行效力受损的突出事例。

有鉴于此，为加强各项政策之间的协调配合，更有针对性地管理对外贸易，晋西北行署于 1941 年 11 月颁布了《晋西北管理对外贸易办法》，[②]替代了原来的贸易保护政策，同时，为发挥税收在对外贸易中的调节作用，行署在办法出台后不久即颁布了《晋西北行署修正税务稽征暂行条例》。[③]

《晋西北管理对外贸易办法》主要内容为：

（1）配合外汇管理，对贸易管理采取有效措施，争取进出口贸易平衡；

（2）出入境贸易的原则除看是否资敌、是否自给有余外还要看是否有利于根据地生产发展；

（3）出境货物要求尽可能换回等价必需品，入境贸易应尽可能带出一部分土货，即本地商人须预先输出相当于输入货物 1/3 的土货、境外商人货物入境须输出相当于入境货物 1/6 的土货；

（4）出入境贸易管理统由各级贸易局负责。[④]

《晋西北管理对外贸易办法》是行署颁布的第一个全面、系统

---

① 山西省财政厅税务局、内蒙古自治区税务局、山西省档案馆、内蒙古自治区档案馆编：《晋绥革命根据地工商税收史料选编》，太原：山西人民出版社，1986 年版，第 38 页。

② 晋西北行署：《晋西北管理对外贸易办法》（1941 年 11 月 1 日），山西省档案馆馆藏档案，档案号 A88－5－9－2。

③ 《晋西北行政公署修正税务稽征暂行条例》（1941 年 12 月 20 日），晋绥边区财政经济史编写组、山西省档案馆编：《晋绥边区财政经济史资料选编》（金融贸易编），太原：山西人民出版社，1986 年版，第 284 页。

④ 晋西北行署：《晋西北管理对外贸易办法》（1941 年 11 月 1 日），山西省档案馆馆藏档案，档案号 A88－5－9－2。

地管理对外贸易的法规。上述办法和暂行条例的出台，标志着晋西北抗日根据地对外贸易管理逐步走向规范。

在执行《晋西北管理对外贸易办法》的过程中，针对各分局在办理具体业务中出现的对办法理解和执行不一等现象，行署于1943年4月专门发文进行强调，对外贸易管理不是断绝与敌贸易，而是要有程序地以我剩余之土产从沦陷区换回我之必需品，各单位必须按此精神要求以促进内地物资之输出输入。① 虑及根据地货物进出口变化的情况及其对内地生产之影响程度，行署于1943年7月对原有暂行条例进行了修订。新颁布的《修正税稽征暂行条例》增加了经友区入口仇货视同由沦陷区输入课税、特许进口证商品由免税改为课税30%，布匹入口由免税改为课税20%等条款，有针对性地突出了保护土产的内容。② 随着晋西北抗日根据地政治、经济、军事等形势的迅速发展，对外贸易领域出现了许多新的情况，必须对政策进行及时调整以确保《晋西北管理对外贸易办法》能得到良好执行，故行署分别于1943年7月下发了《关于今后半年贸易金融工作努力方向的指示》，③于1944年3月下发了《关于开展贸易稳定金融的秘密的命令》，④对加强敌顽区之间贸易做了具体要求，要求不得进入根据地境内之货物可在此两区间进行流通以赚取利润。

---

① 晋西北行署：《关于八专署贸易分局擅自扣油给各级的指示》(1943年8月9日)，山西省档案馆馆藏档案：A88－5－13－2。

② 刘欣、景占魁主编：《晋绥边区财政经济史》，太原：山西经济出版社，1993年版，第244—245页。

③ 晋西北行署：《关于今后半年贸易金融工作努力方向的指示》(1943年7月)，山西省档案馆馆藏档案：A88－5－13－4。

④ 晋绥行署：《关于开展贸易稳定金融的秘密的命令》(1944年3月10日)，山西省档案馆馆藏档案：A90－4－97－2。

由于《晋西北管理对外贸易办法》在实际执行中存在原则性过强，法律概念不够准确等不足，1944 年 5 月，行署在对实施该项办法两年半时间内各项成绩和不足进行系统总结的基础上，颁布了新的《晋绥边区管理对外贸易办法》，其基本内容与原《晋西北管理对外贸易办法》精神基本一致，但两者相比，新办法的法律表述更加专业、规范，与相关法律如税收法规的配合也进一步加强。在实际执行过程中，新的办法无论对具体业务还是对外贸行业整体的指导性都更强，更具可操作性，也更加实用。①

如新办法把原来的五章二十七条缩减为七条，在体例和内容上都变得更为简练。原办法运用了多条款项分别表述对输出和输入货物的管理，但对出境货物的规定较为原则，货物输出的条件是“自给有余之货物或有利于本区土货生产之发展”、输出货物时“应尽先向非敌占区输出”、根据地尚自给不足者应“酌情限制出境”，而这些货物如能换回我方迫切需要之货物，经贸易局批准却又“不在此限”，等等。同时，法律所涉及的货物名称在配套的税务法规中开列，所以在涉及一些具体业务时，管理部门的自由裁量权很大，往往容易出现人为因素干扰进出口业务的情形。新办法则把对外贸易中所有涉及的货物明确分为允许、禁止、特许三种，并把原先列于其他法律条文的所有货物品种名称在该办法中以附表（甲、乙）的形式开列。附表甲包括第一类允许入口物品、第二类允许出口物品，附表乙包括第一类严禁入口物品、第二类严禁出口物

① 参见《晋绥边区管理对外贸易办法》（1944 年 5 月 14 日），晋绥边区财政经济史编写组、山西省档案馆编：《晋绥边区财政经济史资料选编》（金融贸易编），太原：山西人民出版社，1986 年版，第 415—417 页。

品。这样不仅使表述更加准确和符合法律要求，且使各项具体业务活动有章可循、方便快捷，方便了经营对外贸易的单位和个人，提高了对外贸易管理的效率和规范程度。1944 年 12 月，行署又分别颁布了《晋绥边区货物税暂行条例》①及相应的《晋绥边区货物税暂行条例施行细则》。② 新办法及配套税收法规的实施为发展根据地对外贸易创造了更加符合实际的政策条件，不仅体现了晋西北抗日根据地对外贸易政策的连续性，并使对外贸易和对内贸易有机结合起来，使根据地的外贸进出口秩序更趋稳定。

管理对外贸易的目的，是为了适应对敌经济斗争需要并取得胜利。1945 年 4 月，为了达到“土产输出，必需品输入，消除入超，争取群众，削弱与破坏敌人”的目的，行署对各分局如何执行好《晋西北管理对外贸易办法》提出了要求，明确规定，输入方面，如西布（来自陕甘宁边区之布匹）、东布（来自晋察冀边区之布匹）入境应有限制，特别是对坏布之输入。关于输出方面主要应经过群众路线，大致可分四种性质：第一是不愿往出推销的土产如粮食、牲畜、棉花等，应禁止输出。如因对敌斗争，特别需要的可临时特许输出，其特许税率也应在特许之时随时确定。第二种是销路不困难的产品，如黄油、硫磺、铁、麻、葡萄、碱等，应有管理地输出。第三种是为了争取游击区、沦陷区群众而输出的产品，如盐、布、碱等与有计划出口的粮食应登记输出。第四种是急于推销的剩余土产，如木材、货、药材、皮毛、枣子、柏油、色叶、香、表等，应尽量让群众自由输出。输出土产的精神是尽

---

① 山西省财政厅税务局、内蒙古自治区税务局、山西省档案馆、内蒙古自治区档案馆编：《晋绥革命根据地工商税收史料选编》，太原：山西人民出版社，1986 年版，第 199 页。

② 山西省财政厅税务局、内蒙古自治区税务局、山西省档案馆、内蒙古自治区档案馆编：《晋绥革命根据地工商税收史料选编》，太原：山西人民出版社，1986年版，第211页。

量多输出，特别是第四种土产，更应无限制地使其多出口，并为群众输出创造条件，不应因贸易机关统计、登记而使输出土产的群众耽误时间与路程。此外各边沿地区如忻州、阳曲、碛口等口子必须统一出口，统一对敌斗争。[①] 外贸管理工作不是消极地单纯查、扣、没收与履行手续，更重要的是进行积极的管理工作，使管理更具体、更有针对性。

晋西北抗日根据地的对外贸易政策随着时局变迁和形势的日益稳定，经历了从无到有、逐步规范的过程。适应形势要求，外贸政策之重点从根据地成立之初的以统制为主，过渡到实施保护贸易以实现进出口平衡，再到最终的综合管理；政策之内容从行政文件形式，继而演变和上升为法律法规，并经修改逐步完善；管理手段从单一的管理贸易改变为对外贸、外汇、税收（最初上述职能统由根据地贸易银行局一个单位行使，后逐步分设）等实施统筹协调、综合管理。总之，根据地外贸政策的逐步规范使根据地对外贸易秩序趋于稳定，亦体现出对外贸易管理走向了成熟。

第三节　根据地商业贸易之恢复和发展

一、境内商业之恢复和发展

为搞活流通，刺激和推动生产，促进境内商品流通，抗日民主政府成立以后，推行了一系列促进内地贸易自由进行的政策，如具

① 晋绥边区行署：《半年来贸易工作总结》(1945 年 4 月)，晋绥边区财政经济史编写组、山西省档案馆编：《晋绥边区财政经济史资料选编》(金融贸易编)，太原：山西人民出版社，1986 年版，第 482—483 页。

体的保障商民的规定和办法，统筹推动公营、私营商业协调发展的措施，减轻商业税赋、促进商品流通的措施，繁荣了内地商业。这一系列措施的实施和对商业贸易工作的认真组织，①使工商业负担轻于农业，商业营商环境得到改善，大批农业资本转移到商业领域。由于生产发展，对敌斗争逐步胜利，根据地工商业逐渐恢复了市面，商业贸易趋于繁荣。②

（1）商业贸易恢复，商户数量增长。经历了1940年的四次大的反"扫荡"后，1941年商业开始恢复，发展迅速。贸易局和贸易支局机构逐渐完善，一些重要市镇公、私商户大量增加。③ 经过数年发展，到1943年1月行署发放的境内各类营业牌照达到12 123个。④

表3.3　各区领取牌照统计表

票照单位：个

税票项目	四分局	六分局	兴　县	合　计
制产烟照	—	—	—	300
制产酒照	—	—	10	10
零烟牌照	—	—	1 410	4 301
零酒牌照	—	—	400	3 700

① 陈希云：《晋绥财经工作报告》（1946年6月19日），晋绥边区财政经济史编写组、山西省档案馆编：《晋绥边区财政经济史资料选编》（总论编），太原：山西人民出版社，1986年版，第737页。

② 林枫：《坚持敌后抗战的晋西北根据地》（1943年7月8日），晋绥边区财政经济史编写组、山西省档案馆编：《晋绥边区财政经济史资料选编》（总论编），太原：山西人民出版社，1986年版，第444页。

③ 吕梁地区地方志编纂委员会编：《吕梁地区志》，太原：山西人民出版社，1989年版，第270页。

④ 晋绥边区行署：《各区领取票照统计表》（1943年1月4日），山西省档案馆馆藏档案：A90－4－97－19。

续表

税票项目	四分局	六分局	兴　县	合　计
整酒牌照	—	—	—	1 089
整烟牌照	—	—	—	723
营业证	—	—	2 000	2 000
总计	—	—	3 820	12 123

注：本表缺神府、八分区数据，原始档案只有四、六分区入境税票、出境税票、非本位币证明书数据（略），供参考。

资料来源：晋绥边区行署：《各区领取票照统计表》（1943 年 1 月 4 日），山西省档案馆馆藏档案：A90－4－97－19。

仅 1941 年一年之内，各县商户数量就有较大增长。1941 年，兴县商店由春季的 76 家，临县城由春季的 186 家，到 8 月底分别增至 171 家、248 家。下半年，兴县商户又先后增加到 244 家和 285 家，碛口增至 61 家。1941 年河曲、巡镇、保德、兴县、临县、碛口六处商号即达 635 家。到 1941 年 3 月，碛口、河曲巡镇（连摊贩）商户已分别增至 98 家和 97 家。此后几年商号数量继续增加，1943 年兴县商户增为 322 家，临县为 205 家。1944 年兴县增加到 403 家（各镇有 71 家，摊贩 135 家），较 1940 年增 5 倍多；碛口商户 1944 年比上年增加 20 家。① 临县增为 265 家，其他各地均有增加，共计达 1 748 家之多，较 1941 年时增一倍半以上。②

（2）商品流通改进，物资交流加强。1941 年后，境内商品的流

① 《碛口市商业调查总结》（1944 年 10 月 15 日），山西省档案馆馆藏档案：A90－4－101－4。

② 晋绥边区行署：《晋绥边区贸易工作材料》（1944 年 8 月 29 日），晋绥边区财政经济史编写组、山西省档案馆编：《晋绥边区财政经济史资料选编》（金融贸易编），太原：山西人民出版社，1986 年版，569 页。

通逐渐畅达，物资交流愈加频繁。粮食是境内交易的大宗商品，最典型的如二分区、神府等地的粮食之“下流”三分区，三分区的土布之“上流”神府、二分区等地区。[①] 根据地粮食除河曲、保德自给不足外，其他县份都可以自给。河、保麻油也大量运来临、兴；神池、朔县的麻油运到二区；岚县粮食每月平均运兴县 80 石；1941 年 5 月以后，静乐、娄烦每日运往方山、马坊之粮食达 45 石，大部分换回土布。[②] 游击区粮食大量运到根据地，一部分运往河西。岢岚、五寨农作物以莜面为主，大量输往河曲、保德，一部分转运河西。[③] 1945 年春天，碛口缺粮，贸易局由二分区运去 5 000 大石。当年夏锄前，兴岚贸易局从岢（岚）、五（寨）吸收莜面 70—80 万斤，并发动群众由岢（岚）五（寨）往南运粮 5 000—6 000 石，使岢、五之粮调剂到三分区达万余石之多。[④] 六区宁武、二区岢岚、河曲、五区朔县及四区临县麻籽产量很大，输往兴县、四区、八区；经济作物以红枣流通较多，沿河保德、兴县、临县、离石红枣产量很大，多输往游击区。根据地内棉、麻的流通量也很大，四区出产的棉花可供本地纺织原料，一部分运往兴县。据抗日政府贸易部门的估计，过去临县三交集市每年上市棉花达 60 万斤。临县、方山出产白麻产量

① 晋绥边区行署：《半年来贸易工作总结》（1945 年 4 月），晋绥边区财政经济史编写组、山西省档案馆编：《晋绥边区财政经济史资料选编》（金融贸易编），太原：山西人民出版社，1986 年版，第 460 页。

② 中共晋西区党委：《晋西北商业贸易发展概况》（1941 年 12 月），晋绥边区财政经济史编写组、山西省档案馆编：《晋绥边区财政经济史资料选编》（金融贸易编），太原：山西人民出版社，1986 年版，第 492 页。

③ 中共晋西区党委：《晋西北商业贸易发展概况》（1941 年 12 月），晋绥边区财政经济史编写组、山西省档案馆编：《晋绥边区财政经济史资料选编》（金融贸易编），太原：山西人民出版社，1986 年版，第 501 页。

④ 吕梁地区地方志编纂委员会编：《吕梁地区志》，太原：山西人民出版社，1989 年版，第 282 页。

很大，大量输往沦陷区，一部分输往内地兴县、河、保一带。[①] 工业品交流也非常活跃。临县、临南生产的土布数量很大，大量销售到河西及兴县、方山、静乐、河、保一带。据统计，1941 年 5 月仅同济号一家买卖布匹的营业额即达法币 9 万余元；临县麻绳输往内地各县甚多；河曲产瓷器、果丹皮、席子行销境内外；保德纸张、旱烟、瓷、煤、果丹皮等运往岢、五、神、朔；临县的纸大批输兴县；临县土烟产量很大，销往境内各县；临县铁器、瓷器、铜器，离石顺顺（线口袋）、丝织物可以销售到兴、方、静等山地县份。[②] 兴县由河西运来的食盐运往静乐，一时静乐的盐价甚至还低于兴县黑峪口的价格。[③] 各个市镇的营业额增加，兴县 1941 年 5 月营业较 2 月增加 63%。商业营业税也同步增加。据兴县稽征局统计，1941 年 5 月营业税 2 388.56 元，6 月增至 2 457.79 元，增加 3%。[④] 显示商业逐步繁荣。

（3）调剂力度提升，品种逐渐丰富。财经会议拟定的经济协定、贸易合同大部分完成。调剂运销深入农村一部分，特别是合作社发展到 1 000 多个，资本达 1 亿元，在农村供给群众必需品、推销

① 中共晋西区党委：《晋西北商业贸易发展概况》（1941 年 12 月），晋绥边区财政经济史编写组、山西省档案馆编：《晋绥边区财政经济史资料选编》（金融贸易编），太原：山西人民出版社，1986 年版，第 501 页。

② 中共晋西区党委：《晋西北商业贸易发展概况》（1941 年 12 月），晋绥边区财政经济史编写组、山西省档案馆编：《晋绥边区财政经济史资料选编》（金融贸易编），太原：山西人民出版社，1986 年版，第 502 页。

③ 中共晋西区党委：《晋西北商业贸易发展概况》（1941 年 12 月），晋绥边区财政经济史编写组、山西省档案馆编：《晋绥边区财政经济史资料选编》（金融贸易编），太原：山西人民出版社，1986 年版，第 492 页。

④ 中共晋西区党委：《晋西北商业贸易发展概况》（1941 年 12 月），晋绥边区财政经济史编写组、山西省档案馆编：《晋绥边区财政经济史资料选编》（金融贸易编），太原：山西人民出版社，1986 年版，第 491 页。

土产上起了很大作用。各机关部队自力更生的流动贸易也做了不少工作,还有的在村镇设立商店、联系合作社帮助农民。一系列调剂工作与运输工作的改进,一方面使土产得到推销,刺激了生产的发展,另一方面也供给了群众必需品。兴县调剂草麦籽,三分区调剂耕牛,八分区调剂粮食种子,塞北调剂种莜麦用的白酒等,对生产有很大的帮助。① 根据对八分区贸易局编印的《经济旬报》第1—27期所列商品统计,从1944年开始在根据地输入输出的商品有6大类316种,包括粮食类(32种)、百货类(165种)、食品(34种)、生产资料(44种)、药材(35种)、废旧金属(6种),显示商品交易和供应已经比较充分。②

(4) 网络趋于完善,支持生产改进。1944年12月,八分区合作社有11个商店,5个小贩(对此没有具体统计,但数目不少),临县与内地小商脚户驮货在乡村零卖的不少。后方到八分区来货较多,据米峪镇合作社对本月往来账目的统计,由临县运来土布500余匹、麻5 000余斤、白面3 500余斤、谷米1 000余斤、盐33 000余斤、碱15 000余斤、挂面900余斤、毛巾300余打、棉花1 000余斤、煤油500余斤、旱烟2 500余斤、麻纸800余令、肥皂300余条、洋火4箱,这些货大部分运往交城、阳曲、静乐一带。榆林运来盐3 000余斤,产品的运销进入了正常轨道。商业贸易与群众生产、生活进一步结合,1944年12月,米峪镇增加了一个商店(广记一分号),增加了一骡马大店(公私合办),由变工队组织的小型合作社

---

① 晋绥边区行署:《晋绥边区贸易工作材料》(1944年8月29日),晋绥边区财政经济史编写组、山西省档案馆编:《晋绥边区财政经济史资料选编》(金融贸易编),太原:山西人民出版社,1986年版,第570页。

② 晋绥边区贸易第八分局编印:《经济旬报》第1—27期(1944年6月25日—1945年7月27日),山西省档案馆馆藏档案:A96-3-31-6至A96-3-31-29。

亦不少，如潘家庄两个运输合作社、国练村两座油粉坊，有的代售群众必需品。①

（5）组织引导加强，供应日益稳定。六分区与朔县的滞涩局面打开了。1944 年底以来，半年内运销铁轨 25 万斤，铁丝 3 万多斤，硫磺 19 万斤等，配合了对敌斗争。八分区组织、引导群众的商业活动，如 1945 年 12 月，八分区贸易局从后方购入洋火（火柴）、汗（旱）烟、碱子、肥皂、羊子等 9 种货，大部分转运到了新解放区。洋火、碱子、汗（旱）烟卖得特快，因当时平川缺这些货物。骡驴是卖给新解放区群众及机关拉车、驮货之用，有二十多头驴卖到了八分区贸易局驻地米峪镇。② 还组织内地群众送粮食、麻油、盐碱到清源边山一带换回葡萄、花椒、棉花（数字没统计）。静乐天池济生商店存货二次临朝烟 1 000 余斤，每斤 100 元，出售碱 100 余斤，每斤 80 元出售。③ 对商品供应各种的计划性加强，供应得到保证。1944 年，根据地全年运入食盐将近 600 万斤，除军政人员足用外，群众每人平均达 4 斤。由于特殊条件下的土产输出换入了西布、棉花与金子，而金子又换入晋察冀布匹，使穿衣也未感困难。市场上各种主要货物如布、粮、盐、油、棉花等未感大缺，因而物价也较平稳。1943—1944 年，食盐供销有计划、有组织，④满足了根据地

---

① 晋绥边区贸易第八分局编印：《经济旬报》第 8 期，1944 年 12 月 27 日，山西省档案馆馆藏档案：A96 - 3 - 31 - 18。

② 《八分区利民商店调剂物资材料》（1945 年 12 月 30 日），山西省档案馆馆藏档案：A96 - 3 - 31 - 5。

③ 晋绥边区贸易第八分局编印：《经济旬报》第 7 期，1944 年 12 月 18 日，山西省档案馆馆藏档案：A96 - 3 - 31 - 17。

④ 晋绥边区行署：《目前贸易中存在的问题与贸易工作的任务》（1944 年 8 月 5 日），晋绥边区财政经济史编写组、山西省档案馆编：《晋绥边区财政经济史资料选编》（金融贸易编），太原：山西人民出版社，1986 年版，第 431 页。

军民所需，扭转了群众数年没有食盐供应的局面。

在自力更生及大力发展生产之下，晋西北抗日根据地粮、油、瓷、铁、炭、麻纸、硫磺、牲畜、麻等重要物资已自给有余，布棉已能解决大部。经过贸易局对公私商户的引导和物资调剂，如布、棉、粮等在境内的流通，基本满足了军民需求，当然有些只能是勉强解决最低的需要。①

对于部分地区、一定时间内的供给不足问题，解决的办法一方面是节省，如布匹，可以根据供应量决定穿用的多少。群众生活富裕了，布多了，则用得多些；否则就少些，有伸缩性。如二分区部分地方缺乏布匹就以羊皮代替，夏天毛向外，冬天毛向里。另一方面是寻找代用品，如最困难的时候，绝大部分地区群众用火镰代替火柴，或则一家有火多家借用。其他也莫不尽量节省。② 总之，为保证物资供应，根据地尽量做到物尽其用，对根据地不能出产之必需品，努力通过小商贩以多种渠道如从沦陷区偷偷买入、由友区贩入和没收获得。在日顽封锁的情况下，基本满足了军民所需。随着时间的推移，军事斗争的不断胜利，根据地面积不断扩大，生产能力也大大增加，物资供给得到更有力的保障，保证了对敌斗争的胜利。

二、对外贸易之规范和繁荣

由于根据地不能生产而又急需的部分西药、军用品、印刷设备、

---

① 晋绥边区行署：《晋绥边区贸易工作材料》(1944 年 8 月 29 日)，晋绥边区财政经济史编写组、山西省档案馆编：《晋绥边区财政经济史资料选编》(金融贸易编)，太原：山西人民出版社，1986 年版，第 571 页。

② 晋绥边区行署：《晋绥边区贸易工作材料》(1944 年 8 月 29 日)，晋绥边区财政经济史编写组、山西省档案馆编：《晋绥边区财政经济史资料选编》(金融贸易编)，太原：山西人民出版社，1986 年版，第 571 页。

材料等必须通过外贸渠道从沦陷区和国统区获得，同时，根据地可以出产的棉花、布匹在开始阶段不能自给，也必须从境外输入一部分，因此，为加强对外贸易工作，沟通内外物资交流，满足根据地生产生活所必需，贸易局适时对外贸政策作了调整，完善了各级管理机构，相继成立了缉私委员会，统一领导对外贸易，改变了政权成立之初对外贸易事实上处于放任自流的现象，对外贸易逐步走上了正轨。

（1）对外贸易管理加强，土货输出迅速增加。对外贸易的管理必须体现在对交易行为的有效管理，战争状态下此点尤其重要。根据《晋西北管理对外贸易办法》第二章第八条规定，凡运销土产货物出境时应于起运前详列出口货物品名、数量，具书申请当地贸易局审核，经核准后发给贸易局颁发之货物出境许可证及往返护照。

表 3.4　各贸易分局领取票照统计表

票照单位：个

证照类别项目	二分局	三分局	四分局	六分局	兴县	黑峪口	合　计
入境许可证	4 700	1 850	3 150	1 100	1 179	171	12 150
出境许可证	4 300	1 449	4 000	500	543	57	10 849
境外购货证	1 500	1 750	300		250		3 800
分运许可证	100		150		150		400
特许证	200		150		150		500
保证金收据	300		650		249		1 199
入境运输证	6 300		44		200		6 544
出境运输证	1 560				1 099	199	2 858
过境运输证					166		166
过境购货证	300		150				450
过境许可证	250	150					400
总　计	19 510	5 199	8 594	1 600	3 986	427	39 316

资料来源：晋绥边区行署：《各区领取票照统计表》（1943 年 1 月 4 日），山西省档案馆馆藏档案：A90－4－97－19。

依二分区贸易局统计，1942 年 1—8 月，该分局共计开出票照达 33 313 张，贸易额达 28 625 750 元，即根据地有 3 万多起对外贸易都经过管理部门办了手续。在对外贸易相对缩减的情形下，这是相当大的数目。① 据贸易总局 1943 年 1 月 4 日统计资料，发给二、三、四、六分局及兴县和黑峪口各类管理票证达 39 316 个。行署贸易局票证档案亦显示到 1943 年初，无论是各贸易分局领取的票证数量还是总局累计发放的底薄数量均较大，反映出彼时贸易情形之活跃和土产输出数量之迅速增加。

在鼓励土货输出之政策实施后，土货输出迅速增加。1941 年，二、四分局和总局卖到河西粮食共达 1 300 多石。总局、二分局都主动有计划地与河西友军调整了盐、碱的交换关系。六区更通过日伪关系，筹划木材的输出。② 议卖了价值 8 万法币的木材。③

表 3.5　贸易总局票照收支统计表

票照单位：个

证照类别项别	上期结存	本期领取	本期开除	本期结存	附　注
入境许可证	2 200	9 950	12 150	—	
出境许可证	799	10 050	10 849	—	
境外购货证	4 900	5 692	3 800	6 792	

① 晋西北行署：《晋西北贸易政策及贸易局业务概况》(1942 年 10 月)，晋绥边区财政经济史编写组、山西省档案馆编：《晋绥边区财政经济史资料选编》(金融贸易编)，太原：山西人民出版社，1986 年版，第 561 页。

② 中共晋西区党委：《晋西北商业贸易发展概况》(1941 年 12 月)，晋绥边区财政经济史编写组、山西省档案馆编：《晋绥边区财政经济史资料选编》(金融贸易编)，太原：山西人民出版社，1986 年版，第 551 页。

③ 中共晋西区党委：《晋西北商业贸易发展概况》(1941 年 12 月)，晋绥边区财政经济史编写组、山西省档案馆编：《晋绥边区财政经济史资料选编》(金融贸易编)，太原：山西人民出版社，1986 年版，第 554 页。

续表

证照类别项别	上期结存	本期领取	本期开除	本期结存	附 注
分运证	400	85	400	85	
特许证	500	2 645	500	2 645	
保证金收据	350	4 206	1 151	3 405	
入境运输证	1 544	10 000	6 544	5 000	
出境运输证	2 466	—	2 466	—	
过境购货证	450	—	450	—	
过境许可证	400	—	400	—	
过境运输证	166	300	166	300	
总计	14 175	42 928	38 870	18 227	

资料来源：晋绥边区行署：《各区领取票照统计表》(1943 年 1 月 4 日)，山西省档案馆馆藏档案：A90－4－97－19。

就全晋西北统计，1941 年 12 月土货出口 257 063 元(银圆)，1942 年 1 月增至 1 132 803 元，2—3 月遭敌"扫荡"出口减少。2 月减至 180 429 元，3 月又增至 419 455 元，4 月猛涨至 3 165 741 元，5 月则涨至 4 340 185 元。土货出口数目增加，固因管理较严密，偷漏者减少，但另一主要因素系内地生产的增加，管理贸易者要求强制带出土货，也是很大的原因。同时，正因土货输出的增加，更刺激了内地土货的生产(1941 年 12 月到 1942 年 5 月土货输出增加之情况见下表 3.6)。①

据行署引自河曲贸易部门的统计，1941 年 12 月土货输出在总输出额中仅占 30%，而 1942 年 1 月则猛涨至 96%，4 月也不

① 晋西北行署：《晋西北贸易政策及贸易局业务概况》(1942 年 10 月)，晋绥边区财政经济史编写组、山西省档案馆编：《晋绥边区财政经济史资料选编》(金融贸易编)，太原：山西人民出版社，1986 年版，第 562 页。

下 80%。同样依河曲统计，1942 年 2 月输出土货 12 种，共值 220 314 元，而上年同期依三种主要物品统计，价值不过 3 495 元，只抵 1942 年 2 月的 1.13%。河曲纸的输出，在对外贸易最盛的 1942 年 2 月达 4 095 刀，较 1941 年 12 月的 1 245 刀增加了 11 倍；以后虽因对外贸易一般减退，然最少的 7 月亦不下 4 352 刀。黄香的输出 1941 年 12 月共 120 罗，翌年增至 16 375 罗，增加了 136 倍，1942 年 6 月虽较 2 月为少，然亦达 7 660 罗。保德 1942 年 6 月水烟出口 7 224 块，上年 12 月则没有出口。① 据不完全统计，晋西北 1942 年 5 月比 1941 年 12 月土产出口增加了 20 倍。② 1944 年在油籽没有丰收的情况下，根据地仍输出食油 100 万斤。③ 随着与晋察冀抗日根据地贸易渠道的开通，1944 年底到翌年 4 月之间向东输出硫磺 7 万多斤、大牲畜 1 000 余头，输出境外羊毛 3 万斤、葡萄数十万斤。④ 1945 年，输出食油 50 万斤、硫磺 40.5 万斤、毛绒 2.6 万、白麻 30 万斤、煤炭 10 亿斤，另出口了大量药材、木材、牲畜、鸡蛋、猪鬃、猪毛、羊皮、红枣、麻纸、粉条、粉面、瓷器、核桃等。⑤

(2) 非必需品入口锐减，必需品输入激增。限制非必需品输入

---

① 晋西北行署：《晋西北贸易政策及贸易局业务概况》(1942 年 10 月)，晋绥边区财政经济史编写组、山西省档案馆编：《晋绥边区财政经济史资料选编》(金融贸易编)，太原：山西人民出版社，1986 年版，第 562 页。

② 《抗战日报》社论：《巩固农币的物质基础》，《抗战日报》，1943 年 1 月 9 日，第 1 版。

③ 吕梁地区地方志编纂委员会编：《吕梁地区志》，太原：山西人民出版社，1989 年版，第 289 页。

④ 刘欣、景占魁主编：《晋绥边区财政经济史》，太原：山西经济出版社，1993 年版，第 235 页。

⑤ 刘欣、景占魁主编：《晋绥边区财政经济史》，太原：山西经济出版社，1993 年版，第 299 页。

取得明显效果。二分区沦陷区奢侈品倾销不来，河西的消耗品也不能过来。① 二分区花椒消费减少，而禁止鞭炮、红纸等的入口，(每年)可节省白洋数万元。依统计，保德1941年12月入口纸烟价值达80 000元，1942年6月则仅只600元，其他如香皂、化妆品、红花布、化学手镯、玩具、曲沃锭烟等，在限制入口的情况下，数量大为减少。② 相形之下，必需品的入口数目迅速增加，1942年1月后之较短时间内，四分局从河西买到224块棉纱。五分局也从沦陷区买进必需品达32 520元。③ 1944年春，二分区从东边区(晋察冀

表3.6 晋西北部分地区土货输出情况(1941.12—1942.5)

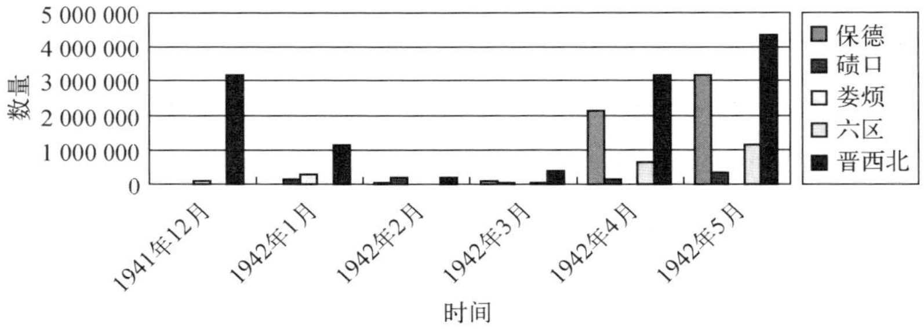

资料来源：晋西北行署：《晋西北贸易政策及贸易局业务概况》(1942年10月)，晋绥边区财政经济史编写组、山西省档案馆编：《晋绥边区财政经济史资料选编》(金融贸易编)，太原：山西人民出版社，1986年版，第562页。

---

① 《两个半月贸易工作中的重要教训》(1942年4月15日)，晋绥边区财政经济史编写组、山西省档案馆编：《晋绥边区财政经济史资料选编》(金融贸易编)，太原：山西人民出版社，1986年版，第426页。

② 晋西北行署：《晋西北贸易政策及贸易局业务概况》(1942年10月)，晋绥边区财政经济史编写组、山西省档案馆编：《晋绥边区财政经济史资料选编》(金融贸易编)，太原：山西人民出版社，1986年版，第562页。

③ 中共晋西区党委：《晋西北商业贸易发展概况》(1941年12月)，晋绥边区财政经济史编写组、山西省档案馆编：《晋绥边区财政经济史资料选编》(金融贸易编)，太原：山西人民出版社，1986年版，第551页。

抗日根据地)调入铁锹 9 000 余把,以供群众购买。[1] 有的地方必需品输入增幅还异常惊人,依据统计数字,保德食盐入口 1941 年 12 月仅 25 925 斤,1942 年 4 月增至 54 895 斤,1942 年上半年,碛口进口棉花达 106 282 斤,棉纱达 1 628 块,铁 12 924 斤(经登记者)。[2] 粮食、布匹是战略性物资,为解决根据地军民穿衣问题,在小心保护边区纺织业不受伤害的情况下,积极组织布匹的输入,1945 年进口东布 20 万匹,[3]从游击区、沦陷区输入粮食 572 万斤,比 1944 年多 130 万斤。[4] 1945 年进口食盐 600 万斤,1946 年上半年输入食盐 200 万斤,[5]确保了根据地的物资供给。

(3) 加强具体业务管理,群众参与取得成效。贸易局运用经济手段,用高价买铁轨、铁丝,提供军工原料,在组织群众开展境内外贸易方面取得进展。猪羊出口共 4 000 只,除输出神木 200 只外,余均输往东边区。1944 年上半年输出 1 500 头。虽较战前下降很多,[6]但该项输出得以恢复。八分局组织交西的群众砍道板,向敌

---

① 晋绥边区行署:《晋绥边区贸易工作材料》(1944 年 8 月 29 日),晋绥边区财政经济史编写组、山西省档案馆编:《晋绥边区财政经济史资料选编》(金融贸易编),太原:山西人民出版社,1986 年版,第 570 页。

② 晋绥边区行署:《晋西北贸易政策及贸易局业务概况》(1942 年 10 月),晋绥边区财政经济史编写组、山西省档案馆编:《晋绥边区财政经济史资料选编》(金融贸易编),太原:山西人民出版社,1986 年版,第 562 页。

③ 刘欣、景占魁主编:《晋绥边区财政经济史》,太原:山西经济出版社,1993 年版,第 299—300 页。

④ 刘欣、景占魁主编:《晋绥边区财政经济史》,太原:山西经济出版社,1993 年版,第 235 页。

⑤ 刘欣、景占魁主编:《晋绥边区财政经济史》,太原:山西经济出版社,1993 年版,第 300 页。

⑥ 见附表一:《一九四三年出境货物表》,晋绥边区行署:《晋绥边区贸易工作材料》(1944 年 8 月 29 日),晋绥边区财政经济史编写组、山西省档案馆编:《晋绥边区财政经济史资料选编》(金融贸易编),太原:山西人民出版社,1986 年版,第 574 页。

人换回洋布 20 大疋；组织山地群众砍椽子，向平川换回白面、棉花、食盐；吸收道轨 10 293 斤；[1]组织群众到沿边山沦陷区买入粮食，调剂余缺，成绩很大。[2]

（4）转运贸易重新兴起，东西物流渐趋繁盛。转运贸易在晋西北商业中历来占有较大比重，故各对外贸易的市镇商户中过载店的比例也很大，如碛口较大商店都是经营过载打运的。[3] 随着根据地商业秩序的稳定，转运贸易逐渐恢复。外地纸张、布匹、毛巾等大宗产品经晋西北大量输往河西；食盐、白碱等由河西运来，部分经本地再输往沦陷区，输往沦陷区的猪鬃、牛皮、黄油、麻绳、牲畜等大宗货物大部分亦来自河西。[4] 转口贸易的货物大多通过转运栈经营，较大的对外贸易市镇都有转运栈，如碛口、巡镇、保德东关，专以转运过载为营业，不啻小规模出入口、商人的交易所。境内商人贩货来，经转运栈经纪人介绍成交，每元货物扣佣 2 分或 3 分，营业额很大，利润很厚。如碛口新华商店四、五、六三个月营业额达 42 万元，盈余三个月共计 8 400 元。这是在出入口贸易上占重要地位的组织。外地商人和境内小商人也积极参与转运贸易，有的集体行动，有的单独贩运，通过卖给转运栈、市集销售、自行叫

① 《八分区利民商店调剂物资材料》（1945 年 12 月 30 日），山西省档案馆馆藏档案：A96－3－31－5。

② 晋绥边区贸易第八分局编印：《经济旬报》第 27 期，1945 年 7 月 27 日，山西省档案馆馆藏档案：A96－3－31－6。

③ 中共晋西区党委：《晋西北商业贸易发展概况》（1941 年 12 月），晋绥边区财政经济史编写组、山西省档案馆编：《晋绥边区财政经济史资料选编》（金融贸易编），太原：山西人民出版社，1986 年版，第 494 页。

④ 中共晋西区党委：《晋西北商业贸易发展概况》（1941 年 12 月），晋绥边区财政经济史编写组、山西省档案馆编：《晋绥边区财政经济史资料选编》（金融贸易编），太原：山西人民出版社，1986 年版，第 515 页。

卖或屯集待售等方式获利。[①] 随着转运贸易的兴起，为了加强沦陷区、国统区之间的贸易，行署要求二分区应开通与榆林、府谷的贸易线路，三分局开通绥德、延安、榆林与离石，六分局开通忻县与晋察冀（如以油、盐、牲畜等换来那边的布、花椒等，应主动地去做），八分局开通沦陷区（太原、静、阳等）与晋冀鲁豫，塞北分局开通与蒙疆区，神府支局开通与国统区，兴县开通与阳曲、绥德贸易线路的具体要求，进一步促进了转运贸易的发展。[②]

（5）出入境税收稳定增长，涉外税收占比始终较高。1940 年根据地税收总收入为 100 583 142 元，而 1941 年 1—10 月 10 个月的税收总收入则达 1 293 774 471 元，比上年全年增长近 12 倍之多。按税种统计，入境税为 492 411 220 元，占税收总收入的 38%，出境税为 488 438 446 元，占税收总收入的 37.7%，出入境税合计 680 855 666 元，占根据地税收总收入的 75.7%，在已开征的出入口税、营业税、烟酒牌照税、卷烟印花税（1941 年 2 月改为纸烟入口税，仍为单独税种）4 种税中占绝对优势。[③] 1943 年 7 月，行署颁发的《修正税稽征暂行条例》规定了对抗税案件的稽查办法，这一条例执行后，又极大地促进了货物出入过境税的增长。1943 年出入口货物税折布 11 053 匹，占总税收额的 69.3%；1944 年出入口货物税折布 7 942 匹，占总税收额的 73%；1945 年出入口货物税折布

① 中共晋西区党委：《晋西北商业贸易发展概况》（1941 年 12 月），晋绥边区财政经济史编写组、山西省档案馆编：《晋绥边区财政经济史资料选编》（金融贸易编），太原：山西人民出版社，1986 年版，第 515—516 页。

② 晋绥行署：《关于开展贸易稳定金融的秘密的命令》（1944 年 3 月 10 日），山西省档案馆馆藏档案：A90-4-97-2。

③ 中共晋西区党委：《晋西北税收工作情况》（1941 年 12 月），晋绥边区财政经济史编写组、山西省档案馆编：《晋绥边区财政经济史资料选编》（财政编），太原：山西人民出版社，1986 年版，第 327—328 页。

17 250 匹，占总税收额的 63.2%。[①] 可以看出该项税收始终在总税收中占据较大比重，虽然所占比例总体上逐年略有下降，但绝对数量有了很大的增长。进出口税收的变化反映出了晋西北抗日根据地进出口贸易逐步走向兴盛的过程和景象。

(6) 对外贸易形势逐渐好转，贸易逆差由缩小转为顺差。新政权成立之初，根据地对外贸易处于劣势地位。据《山西省经济资料》记载，晋西区忻、离、河、方、保、临、静、兴八县民国三十年(1941年)8 月的统计，平均每县年入口总值达农币 394 165 元(农币在本书中亦称农钞、本币，下同)，入超 65 684 元。直接由沦陷区输入的商品总额 12 840 元。[②]

晋西区民国三十年(1941 年)年出口总值为 2 627 848 元(银圆)，入口总值 3 153 320 元，入超额达 525 472 元。[③] 随着根据地生产能力发展及一系列促进土产出口措施的实施，相对地缩小了逆差的数字。保德 1941 年 10 月的入境货物 673 544 元，12 月份减至 493 594 元，减少 179 950 元；10 月份出口 166 237 元，12 月份增至 250 335 元，增加 84 099 元；入超由 10 月份的 497 308 元减至 12 月份的 243 259 元。[④]

---

① 刘欣、景占魁主编：《晋绥边区财政经济史》，太原：山西经济出版社，1993 年版，第 247 页。

② 晋绥行署：《关于开展贸易稳定金融的秘密的命令》(1944 年 3 月 10 日)，山西省档案馆馆藏档案：A90－4－97－2。

③ 中共晋西区党委：《晋西北商业贸易发展概况》(1941 年 12 月)，晋绥边区财政经济史编写组、山西省档案馆编：《晋绥边区财政经济史资料选编》(金融贸易编)，太原：山西人民出版社，1986 年版，第 558 页。

④《两个半月贸易工作中的重要教训》(1942 年 4 月 15 日)，晋绥边区财政经济史编写组、山西省档案馆编：《晋绥边区财政经济史资料选编》(金融贸易编)，太原：山西人民出版社，1986 年版，第 425—426 页。

表 3.7　晋西北地区 1941 年 8 月输出、输入统计表

单位:农钞

时间	输出额(元)	占总贸易额%	输入额(元)	占总贸易额%	总贸易额
1940 年 10 月	466 367.62	36.12	824 657.90	63.88	1 291 025.52
1941 年 8 月	926 428.06	40.20	1 429 616.40	62.00	2 306 544.46
相对比较		6.20%		—4.50%	

资料来源:中共晋西区党委:《晋西北商业贸易发展概况》(1941 年 12 月),晋绥边区财政经济史编写组、山西省档案馆编:《晋绥边区财政经济史资料选编》(金融贸易编),太原:山西人民出版社,1986 年版,第 511 页。

1941 年输出占总额的比例为 40.2%,较上一年增加 6.2%;输入占总额的比例为 62%,较上一年减少 4.5%。数年的生产建设,使根据地贸易实力有了很大增长,1942 年土产出口大增,对外贸易转趋平衡。① 全年入口货物约 1 亿元,出口 5 000 万元,入超减少为将近 5 000 万元。② 1943 年冬,根据地各区对外贸易仍是大量入超。1944 年的入超仍达农币 367 968 394.83 元,其中东布即占 175 204 187 元,③但当年药品出口即达 908 190 320 元,总体仍为出超。民国三十三年(1944 年)以后,日伪军在军事上节节退败,经济上每况愈下。敌由物资优势变为物资缺

① 晋绥边区财政经济史编写组、山西省档案馆编:《晋绥边区财政经济史资料选编》(金融贸易编),太原:山西人民出版社,1986 年版,第 168 页。

② 晋西北行署:《彻底禁止行使银洋的指示》(1943 年 9 月),晋绥边区财政经济史编写组、山西省档案馆编:《晋绥边区财政经济史资料选编》(金融贸易编),太原:山西人民出版社,1986 年版,第 182 页。

③ 晋绥边区行署:《半年来贸易工作总结》(1945 年 4 月),晋绥边区财政经济史编写组、山西省档案馆编:《晋绥边区财政经济史资料选编》(金融贸易编),太原:山西人民出版社,1986 年版,第 468 页。

乏，[1]转而处于被动地位。晋西北抗日根据地在对外贸易上的出超地位得到巩固。

晋西北抗日根据地境外贸易的发展，保证了境内必要物资的供给，打破了敌人的经济封锁。日军认为他们所实行的封锁、限制交易的方式，不仅徒劳无功，而且由于中共控制区域采取开放性的价格政策，反使己方处于被动地位，为中共提供了良好机会。他们不得不承认“以前所试行的种种官方统制均已失败”。[2]

三、对外贸易之改进与提升

晋西北抗日根据地境内外贸易均迅速发展的同时，出现了流通不畅、政令不一、妨害贸易自由等问题。具体表现如下：

（1）供需脱节，交流滞涩。河曲素有种植土兰传统，抗战爆发后，为了抵消进口，北元、南元种兰发展起来，但却因无销路扩大生产受到影响，而三分区却从沦陷区买土兰进来。兴县、神府、二、六、八分区都出产羊毛、羊绒，但销路亦不畅，使生产者情绪低落，但有些机关打毛口袋反而买不到毛；兴业公司需要毛绒作为外汇抵用，反而收买的不多。河曲的羊毛卖不出去，相邻的保德反而买不到毛；各地杀羊不少，羊油也会有一定的数量，但根据地化学厂制肥皂买不到羊油，被迫减少生产，又必须以银洋到友区买羊

---

① 晋绥边区行署：《半年来贸易工作总结》（1945年4月），晋绥边区财政经济史编写组、山西省档案馆编：《晋绥边区财政经济史资料选编》（金融贸易编），太原：山西人民出版社，1986年版，第475—476页。

② 日本防卫厅战史室编，天津市政协编译组译：《华北治安战》下，天津：天津人民出版社，1982年版，第333页。

油。[①] 这种流通的不畅，反过来又影响了生产发展。而在这种流通滞涩的局面中吃亏最大的就是广大农民，在市镇与大川一带，群众不能以其生产品得到有利交换，农民的粮价相对减低。如兴县1940年以3斗8升小米(小斗)换布1匹，到1944年需6斗2升才能换1匹；临县1940年用3斗3升米换布1匹，到1944年则需6斗2升，相差一倍左右。这虽然由于在战争期间工业品一般都必然涨价，但是贸易工作上的漏洞也是重要的原因之一。至于在偏远乡村与边沿地区则群众更遭受了许多不应有的损失。如鸡蛋在临县城里价为13元，在兴县城里价为8元，但在兴县乡村里只卖到4元，农民吃亏很大；兴县魏家滩能以6大斗米换标准布1匹，而离魏家滩仅20里路的一个保德村子则需9斗米才能换1匹；兴县的炭在淡月每斤0.8元，还卖不出，限制了生产，到旺月则涨到2元多还买不到，影响到人民生活需要；临县八堡一带每小斗米比城里少卖300元，五寨1大石米才换标准布1匹，1斗莜麦只能换3.5斤盐，比之保德的换8斤差一倍还多；宁武一个地方，1匹平山布能换群众的胡麻7斗至1石，若以此榨成油则值平山布3匹。由于贸易工作存在的漏洞，群众吃了许多不应吃的亏。[②]

(2) 政策失调，效果不佳。小商资本小，借款对他们有相当大的帮助作用，但是他们把大部分借款换成白洋和法币，直接用农币

① 晋绥边区行署：《目前贸易中存在的问题与贸易工作的任务》(1944年8月5日)，晋绥边区财政经济史编写组、山西省档案馆编：《晋绥边区财政经济史资料选编》(金融贸易编)，太原：山西人民出版社，1986年版，第431页。

② 晋绥边区行署：《半年来贸易工作总结》(1945年4月)，晋绥边区财政经济史编写组、山西省档案馆编：《晋绥边区财政经济史资料选编》(金融贸易编)，太原：山西人民出版社，1986年版，第463—464页。

做买卖的很少，在农币不稳定的情况下，这样的借款是值得考虑的。[①] 外汇和进出口没有很好协同，外汇使用不集中，限制不严，不仅造成浪费，而且给了敌方倾销奢侈品的机会。[②] 如有些奸商利用我管理经验不足及漏洞，以一次入口货可以换到几次出口货，结果根据地又被套取大批外汇，加剧了贸易入超。一些奸商乘机囤积，损害了大公（即公家）和群众利益。

(3) 统制过紧，影响流通。如清源发生了因人为因素导致群众销售土产不畅的情况。该县边山土地大部种植瓜菜、水果且为当地群众主要生活来源，有葡萄、桃、果等，估计年产水果约 230 万斤（实际数目恐大于此）。菜蔬产量未估计，但为数当不会小。这些果菜除一部分销于内地外大部出口到太原及其他城市，过去贸易局掌握大价，出口太机械，甚至怕敌人搞特务关系而禁止群众出山口卖，认为会使群众遭受损失（实则如时间长了卖不出就要烂掉）；实践中"这种统制作法甚为不妥，应按当时情形灵活掌握，务使尽量输出而不使群众吃亏"。[③]

(4) 情报不准，公私俱损。在天津和太原没有可靠的人，商业情报不灵（准），贸易部门什么都不知道。[④] 造成了物价交换不平

① 狄景襄：《农贷中的一些问题》(1943 年 1 月 5 日)，晋绥边区财政经济史编写组、山西省档案馆编：《晋绥边区财政经济史资料选编》(金融贸易编)，太原：山西人民出版社，1986 年版，第 241 页。

② 晋绥边区行署：《1940 年至 1947 年金融工作总结及今后的任务与方针》(1948 年 11 月)，晋绥边区财政经济史编写组、山西省档案馆编：《晋绥边区财政经济史资料选编》(金融贸易编)，太原：山西人民出版社，1986 年版，第 305 页。

③ 《八区土产产量及现在和过去情形的初步调查》，晋绥第八分区裕民号主办：《经济旬刊》，1946 年 9 月 26 日，山西省档案馆馆藏档案：A96 - 3 - 1 - 1。

④ 张稼夫：《晋绥边区生产会议总结》1946 年 2 月 4 日。晋绥边区财政经济史编写组、山西省档案馆编：《晋绥边区财政经济史资料选编》(总论编)，太原：山西人民出版社，1986 年版，第 731 页。

等、我跌敌涨的局面。后勤部造纸厂把货款买成杂牌纸烟，推销不易，把流动资金压死。①八分区贸易局收购了农民的木料，但形势判断失误，没有卖出去，许多都因雨沤坏了。②1945年春，由于未注意研究敌情，被日伪套取大量外汇。对方主要是把非必需品和假货向根据地大量倾销，如进入晋绥边区的有镜子、袜子、扑克、假颜料等。当时公私争购，以为有利可得，但输入进来后却都成了冷货，公与私均吃亏不小。③更严重的是，由于许多公商经营人员不懂贸易，买入的货物中有许多是假货，损失更大。④

(5)竞争无序，买入利敌。根据地内部各单位之间存在着各自经营、互相竞争的现象。交、清方面，1945年6月前的农币1元换伪钞2元，而到1945年7月时，反而变成1元换1元土产出口货物，我方价格特别低，白菜每斤卖伪钞220元，白碱100元，菜油280元。主要原因我们内部步调不统一，在土货出口份数方面，互相竞争，形成对敌人有利的局面。同样的货物，同样的价格，"有的同志不卖，但有的同志就卖了"，因此将原有价格闹得逐渐低落。特别是临县商人过来，他们不愿等待日子，比成本贵点就卖。⑤加重了土产价格跌落。

① 晋绥军区：《要迅速纠正在工商业中对外贸易自由主义的现象的训令》(1945年6月25日)，山西省档案馆馆藏档案：A90-4-98-9。

②《八区土产产量及现在和过去情形的初步调查》，晋绥第八分区裕民号主办：《经济旬刊》，1946年9月26日，山西省档案馆馆藏档案：A96-3-1-1。

③ 山西省地方志编纂委员会编：《山西通志》第二十八卷《山西外贸志》，北京：中华书局，1999年出版，第103页。

④ 晋绥军区：《要迅速纠正在工商业中对外贸易自由主义的现象的训令》(1945年6月25日)，山西省档案馆馆藏档案：A90-4-98-9。

⑤ 晋绥边区银行贸易第八分行局编印：《经济旬报》第26期，1945年7月4日，山西省档案馆馆藏档案：A96-3-31-9。

忻州等口子(关卡)也是如此。仅忻县一地即有当地政府、驻军、贸易局、卫生部等几个部门分头向外购货,而各自所购货物种类大多相同,所接头的沦陷区商人亦都限于同样的三四人,使对方商人乘我之空,赚了大钱,我之急用物品还不能到手。① 各单位间甚至互相猜忌、竞争、隐瞒、不择手段,把钱交付商人,反转为被动,听其抬高外货价格。②

1944 年下半年,我方有兴业公司、忻崞支队,晋源长三大家在忻州口子做买卖,还有许多小单位,如贸易二分局,三十六团,分区供给处、卫生处、联合商店等,还有许多延安与边区临时的单位,也有地方机关,受其直接上级委托买货,使忻县当地政府不易管理。日伪商人则受己方命令,一方面有组织、有联系地在政治上做情报活动,并勾引我方干部。仅在这一口子上,到 1945 年 4 月止,各机关被腐化与牺牲的干部不下 20 余人。另一方面,敌人在经济上以种种手段,各个击破,甚至引起晋西北方面内部之不团结、不信任、互相欺骗,使己方经济上吃了大亏。如钢鬃在太原只用银洋 8 厘,而晋西北方以 5 分买;三鸽青天津 10 元,太原 15 元,而我方以 40—45 元买;毛边纸 9 元,我方以 20 元买。这样混乱无组织的结果是我之土产如木材、药材等推销不出去,即使敌伪急用的黄油出口价格也很低,在内地 150 元,出去只卖到银洋 1 元。而敌货则大涨其价,只 1944 年 9 月到 1945 年 1 月,颜料就涨了一倍。

① 晋绥边区行署:《目前贸易中存在的问题与贸易工作的任务》(1944 年 8 月 5 日),晋绥边区财政经济史编写组、山西省档案馆编:《晋绥边区财政经济史资料选编》(金融贸易编),太原:山西人民出版社,1986 年版,第 446 页。

② 晋绥边区行署:《半年来贸易工作总结》(1945 年 4 月),晋绥边区财政经济史编写组、山西省档案馆编:《晋绥边区财政经济史资料选编》(金融贸易编),太原:山西人民出版社,1986 年版,第 478 页。

鹰球兰原来以 14 元即可买到，后来涨到 30 元，三鸽青 22 元涨到 45 元（颜料在 1942—1944 年只用 5—6 元就可买到，1944 年春涨价幅度较大；洋布由 30 元涨到 80 元；毛边纸由 9 元突然涨到 50 元）。①

（6）宽严失济，贸易受损。据八分区贸易局《经济旬报》资料，1945 年 6 月前后从沦陷区买来运往根据地后方货物计“洋锁子 1 打、牙膏 69 打、鱼肝油 11 瓶、日记本 8 打、黑扣子 27 箩、葡萄糖 24 盒、眼药 7 瓶、杏仁霜 3 盒、保命针 1 盒、美人油 16 盒、茶碗 210 个、煮兰 25 桶、品青 40 桶、男女袜子 2.5 打、复条纸 4 盒、蜡纸 2 桶、牙粉 70 打、铅笔 25 打、道轨 2 664 斤、毛口袋 15 条、铁菜刀 10 把、水笔 5 支、缝衣机 1 架、毛边纸 12 令、火硝 180 斤”。所输入商品有许多是非必需品，故该局根据此统计材料提出“敌方向我倾销非必需品情形和对外贸易管理概状值得注意”。②

（7）管理不善，剪刀差畸形。在发展对外贸易的过程中也出现了一些问题如外贸价格由于管理不善，敌方价格高于我方且涨幅远大于我方。抗战以来，根据地洋火价格涨了 16—17 倍，洋布涨了 9 倍，而我农民所产的粮食只涨了 3 倍左右。煮青的价格，1940 年时在兴县以 3 斗 9 升米即可换 1 桶，到 1944 年需 3 石 5 斗，涨了 10 倍；1940 年时在临县用 4 斗，1944 年需 3 石 2 斗 5 升，涨了 8 倍（比战前涨了 13 倍）；保德 1940 年用 7 斗 5 升，在 1940 年需 3 石 7 斗 5 升，涨了 5 倍。这说明一方面境内流通不畅，影响农产品价格，

① 晋绥边区行署：《半年来贸易工作总结》（1945 年 4 月），晋绥边区财政经济史编写组、山西省档案馆编：《晋绥边区财政经济史资料选编》（金融贸易编），太原：山西人民出版社，1986 年版，第 478—479 页。

② 晋绥边区银行贸易第八分行局编印：《经济旬报》第 24 期，1945 年 6 月 12 日。山西省档案馆馆藏档案：A96－3－31－10。

另一方面，之前对敌经济斗争也很差，给群众的损失很大。虽然工业品战争状态下涨价是必然的，但不应有如此悬殊。①

(8) 政出多门，扰乱秩序。1941 年 5 月，行署就明确了“发展内地商业，保护贸易自由”②的基本政策，但是在经营中并没有做到政出一门，令行禁止，管理和经营中存在许多不规范、不严肃之处，各地区或多或少都有违反内地自由贸易政策的现象。③

首先是存在破坏商业秩序的现象。个别干部利用职权假公济私，明里暗里走私。河东和河西的一些干部互相勾结，晋绥军区卫生所的一个干部利用缉过私的经验，与他人合伙从根据地走私，然后运入外地纸烟百余条，冒充土产纸烟，④被晋西北抗日民主政府缉私部门查获。

其次是各地政府本位主义盛行，过分强调自己的利益，限制内地自由贩运，人为割裂、封锁市场。八分区贸易局把三分区贸易局批准出口且已纳税的食用油 1 400 斤以违反规定为由无理扣留，最后由贸易总局承担了 4 000 元农币的损失，八分区贸易局受到整个边区通报批评的处分。⑤ 1944 年春天，兴县、神府禁止本地粮食贩到临、离；二分区限制临县脚夫买粮，限制以本币（即晋西北农民银

① 晋绥边区行署：《半年来贸易工作总结》（1945 年 4 月），晋绥边区财政经济史编写组、山西省档案馆编：《晋绥边区财政经济史资料选编》（金融贸易编），太原：山西人民出版社，1986 年版，第 468 页。

② 《发展内地商业，保护贸易自由》，《抗战日报》，1941 年 5 月 4 日，第 1 版。

③ 晋绥边区行署：《半年来贸易工作总结》（1945 年 4 月），晋绥边区财政经济史编写组、山西省档案馆编：《晋绥边区财政经济史资料选编》（金融贸易编），太原：山西人民出版社，1986 年版，第 461 页。

④ 晋绥军区：《要迅速纠正在工商业中对外贸易自由主义的现象的训令》（1945 年 6 月 25 日），山西省档案馆馆藏档案：A90－4－98－9。

⑤ 晋西北行署：《关于八专署贸易分局擅自扣油给各级的指示》（1943 年 8 月 9 日），山西省档案馆馆藏档案：A88－5－13－2。

行所发行之农币，下同）买黄油；三分区限制神府商人买货；八分区以县区为界限制粮食出口，葭县限制粮店。[1] 二分区不让别处买走本地的黄油，理由是黄油为本分区之外汇，不能轻易外流，致使产油地区的群众收入减少，用油区的群众得不到油；有的地方不让耕牛卖到外县，理由是怕流到沦陷区去，使生产者与使用者都感困难；有的不让麻卖到外县，理由是其本地区也不够用，不但使用麻的地方得不到麻用，而且也使想卖麻的群众不能解决问题；还有的地方为了在本地建立集市，不让群众到附近县份赶集，以便多卖价钱，使粮食得不到调剂，产粮的人减少收入；也有的地方为了稳定金融，对于外县去的商人，强迫其将所带本币交出，在内地也要经过管理才能使用，使物资不能畅流，本币信用减低；有的县份宁使其油籽放坏了，也不让别的县买去制油，理由是本县榨油需要贱买油籽，使群众损失不小，限制了油籽与黄油的生产。[2]

再次，部分单位存在单纯追求利润的思想，妨碍群众自由买卖。如强制群众以低价把铁轨、色叶、油籽等卖给合作社，不准卖给别处，规定炭由贸易局专卖，使群众减少收入吃了亏，不肯积极生产；还有的为了自己开店，利用税卡检查的配合，多方为难客人，迫使群众住自己的店，挤垮了私人的店，使私商不能经营，而运货住店的群众也多绕了路，多花了费用，因而增加了运费，限制了物资的畅流与产品的推销。

---

① 晋绥边区行署：《目前贸易中存在的问题与贸易工作的任务》（1944 年 8 月 5 日），晋绥边区财政经济史编写组、山西省档案馆编：《晋绥边区财政经济史资料选编》（金融贸易编），太原：山西人民出版社，1986 年版，第 448 页。

② 晋绥边区行署：《半年来贸易工作总结》（1945 年 4 月），晋绥边区财政经济史编写组、山西省档案馆编：《晋绥边区财政经济史资料选编》（金融贸易编），太原：山西人民出版社，1986 年版，第 462 页。

这种违反政令、限制内地自由贸易的结果,使生产者减少收入,不肯继续多生产,消费者不易得到物品,或须多出价格,使全边区物资不能畅流,本币用途发生限制,对发展边区经济,是极端有害的。①

商业和贸易领域出现问题的原因多种多样,如特权思想,如有人以为谁能违反金融政策谁就能通过开展贸易获利;②如有的单位和个人公私不分,利字当头,为了利润"不顾大局、不择手段、不执行政策法令"③等。最主要的原因是公商单位太多,诉求不一,政令各异。

针对商业贸易工作中出现的问题,行署和部队统一政策尺度,加强协调与沟通,逐步形成合力,扭转了此前之乱象。

第一,整顿公商,统一经营。为了规范境内商业秩序,在对外贸易中更好地开展对敌斗争,发展根据地生产,统一管理商业贸易事业,1944 年 3 月,行署要求党政军民各单位所设商店,只要 1942 年底前仍在营业的,须于 1945 年 3 月 20 日前把包括全体干部和杂务人员、全部资本、用具、牲畜、实物等在内的所有人、财、物尽数移交当地贸易局。④ 1944 年 5 月 29 日,行署进行了具体安排,神府之

---

① 晋绥边区行署:《半年来贸易工作总结》(1945 年 4 月),晋绥边区财政经济史编写组、山西省档案馆编:《晋绥边区财政经济史资料选编》(金融贸易编),太原:山西人民出版社,1986 年版,第 462 页。

② 《现阶段的金融贸易工作——晋西北行政公署第三次行政会议决议》(1941 年 10 月 1 日),晋绥边区财政经济史编写组、山西省档案馆编:《晋绥边区财政经济史资料选编》(金融贸易编),太原:山西人民出版社,1986 年版,第 21 页。

③ 晋绥军区:《要迅速纠正在工商业中对外贸易自由主义的现象的训令》(1945 年 6 月 25 日),山西省档案馆馆藏档案:A90-4-98-9。

④ 晋绥行署:《关于所有商店移交当地贸易局的通知》(1944 年 3 月 5 日),山西省档案馆馆藏档案:A90-4-97-9。

对友区贸易、六分区阳曲之对敌、对晋察冀贸易，全部由贸易总局直属之兴业公司进行，其他单位不得经营。如有需要购买之兵工、医药、通信器材物料，交由该公司代买，原价专卖各单位。其余一般货物直接向兴业公司或境内私商购买。兴业公司负责神府、兴县境内之商业，其他单位不得经营。① 据由王生甫编写的《牛荫冠传略》记载，晋绥行署、军区机关开办的所有商店统一合并为"兴业公司"，委任廖诗权为总经理，张明才为副总经理，李余香为协理，下设营业、土产、会计、采购 4 科，管辖 3 个货栈 10 余个分店、门市部，都设在兴县、神府县一带。②

移交过程中仍发生了一些提款、打埋伏及本位主义的事情。如岚县县政府借口留作坊，留下许多物资，数目超出已交出数。兴县某机关商店共交出家务折米 609 石，而未交出部分折米 520 石，占全部家务之 47%，且所留全是热货。五寨"同庆和"交的货中亦有 90%的冷货。还有许多作价方面的问题。③

针对少数单位仍没有按时移交和移交不彻底的情况，行署又于 1944 年 9 月 5 日下发了《关于各公商统一经营的令》进行了强调，④随之加强了对移交工作的督查，保证了这些工作的顺利进行，从根本上解决了公商影响经营秩序和货币稳定的问题。

---

① 晋绥边区行政公署贸易总局：《关于对敌实行经济斗争特决定各点的通令》(1944 年 5 月 29 日)，山西省档案馆馆藏档案：A90－4－97－12。

②《牛荫冠纪念集(续)》编委会编：《牛荫冠纪念集(续)》，第 326 页。

③ 晋绥贸易公司：《1947 年内地贸易工作概况》(1948 年 2 月)，晋绥边区财政经济史编写组、山西省档案馆编：《晋绥边区财政经济史资料选编》(金融贸易编)，太原：山西人民出版社，1986 年版，第 691 页。

④ 晋绥行署：《关于各公商统一经营的令》(1944 年 9 月 5 日)，山西省档案馆馆藏档案：A90－4－97－10。

表 3.8 岚县政府留存物质类

品名	黄油	粉面	粉条	油籽	莜麦	麦子	白洋
数量	3 000 斤	2 500 斤		130 石	70 石	40 石	200 元
品名	金子	洋布	东布	羊	小豆	高粱	驮骡
数量	4 两	2 匹	50 匹	240 只	100 石	30 石	5 头

资料来源：晋绥贸易公司：《1947 年内地贸易工作概况》（1948 年 2 月），晋绥边区财政经济史编写组、山西省档案馆编：《晋绥边区财政经济史资料选编》（金融贸易编），太原：山西人民出版社，1986 年版，第 691 页。

第二，加强管理，改善供需。行署于 1945 年 6 月下令禁止金银及粮食出口，并严禁非必需品入口，从法律上进行了规定，杜绝了进口混乱的现象。①

第三，互通情报，协同对敌。由于加强了对价格的掌握，使河曲输入盐的价格未涨，清源输出葡萄的价格提高，都是对根据地群众有利的例子。三分区在购买钢鬃当中，先提价不几天，使外区商人争相贩来大量钢鬃，后来内地公私商人采取一致行动，将其价格压到每根 4.3—4.6 元，以大价先买少许，而最终以小价买了大部。既买到了必需的工具解决了纺织需用，又压低物价，节省了外汇。这是由于预知其天津买价每千根为银洋 6 元，到太原 17 元。在压价时也有一定根据，使商人也有利可图。这是以价格指挥商人，买来必需物品，而又在斗争中压低物价求得有利交换。② 是利用价格法进行交易有利于我的案例。

1945 年夏天，日伪（彼方）派商人专来根据地（我方）作物资交

① 《行政公署通令严禁金银粮食出口非必需品一律不准进口》，《抗战日报》，1945 年 6 月 20 日，第 2 版。

② 晋绥边区行署：《半年来贸易工作总结》（1945 年 4 月），晋绥边区财政经济史编写组、山西省档案馆编：《晋绥边区财政经济史资料选编》（金融贸易编），太原：山西人民出版社，1986 年版，第 480 页。

换，带有彼方发的“购兑物资交换证明书”，主要吸收我方之桐油、黄磺、铜、铜元、水银、羊毛、羊等，彼方以洋布和我方换，但很狡猾，谈一次谈不成，后谈几次才能做成一点交换。我方在各管理口子上，工商起码要步调一致，否则会吃亏的。因为商人的腿非常快，和各口子都接头。况且彼方是有组织的，我方某一口子或一家掌握不紧，彼方即购来。交西与彼方的交换是，我方以枕木 27 根（每根五寸厚七寸宽八尺长）换洋布一匹，已做成 50 匹洋布的交换。在双方私下暗谈的当中，清太口子也有商人来谈交换，每匹布有 14—15 根即能做成，因交西的木料是走水往下运，况且木料多容易砍，27 根换洋布一匹也是赚钱，同时将木料变成布，对我方有利，交西做成后，商人很快将洋布送来，因洋布不好去换货又跑了一趟。清太边山口子的交易谈不成，因清太的木料是牲口运输，况且路远，如以 27 根换洋布一匹交易是要赔钱的，由这些例子说明，我方贸易管理步调一致很重要，确实要互相取得联系，沟通情报。①

针对忻州口子出现的单位众多、政令不一、经营混乱之状况，行署特要求以岢岚联合商店作为所有公商的总协调单位，各单位无论买进还是卖出，都不得高于或低于联合商店的价格；阳曲口子由新成立的管理委员会统一负责。②

第四，多方筹划，拓展销路。此后的交易中各部门形成了合力，避免了单纯的买卖行为，使商业活动更有针对性。各单位按照抗日政府有关具体要求诸如“盐购进后要很好地掌握，有计划地卖出，防止奸商捣乱，更需要的是要有计划地运到六、八等地区”的要

---

① 晋绥边区银行贸易第八分行局编印：《经济旬报》第 27 期，1945 年 7 月 27 日，山西省档案馆馆藏档案：A96－3－31－6。

② 晋绥行署：《为开展对敌经济斗争特拟定公商在忻县、阳曲对外贸易管理办法的通令》（1945 年 4 月 3 日），山西省档案馆馆藏档案：A90－4－98－7。

求有针对性地开展贸易。[①] 八分区贸易分局认识到本地木材经营主要还是销路问题，[②]有了销路自然能继续扩大砍伐规模。故从工作上主动纠正过去的错误，积极找销路，并推动群众零整运销，成立运销合作社，此后重新打开了商品销路。

四、与晋察冀和晋冀鲁豫抗日根据地之比较

研究抗日根据地的商业贸易，不能不提到晋察冀抗日根据地和晋冀鲁豫抗日根据地。与晋西北抗日根据地相比，晋察冀抗日根据地和晋冀鲁豫抗日根据地商业贸易的规模更大、影响深远，故对此二根据地的商贸工作进行粗略的梳理和比较，有助于对晋西北抗日根据地商业贸易全面准确地理解和总结。

晋察冀抗日根据地和晋冀鲁豫抗日根据地均处四战之地，处于敌伪环伺的环境，开展商业贸易工作面临很大的困难。晋西北抗日根据地则三面受敌，西依陕甘宁边区并与国统区接壤，地理位置相较于其他根据地较为有利，也是相比于晋察冀抗日根据地和晋冀鲁豫抗日根据地为数甚少的优点之一。在“皖南事变”前国共关系尚不十分紧张的这段时间里，晋西北抗日根据地可以从西安买到许多东西，也可把根据地的部分产品销到河西国统区，对于拓展贸易、扩大流通而言有着便利的一面。

抗战后期，随着贸易渠道的打通，晋西北抗日根据地与晋察冀和晋冀鲁豫抗日根据地的经济往来更加密切，尤其是与晋察冀的

---

① 晋绥边区行署：《关于春季稳定金融开展贸易的秘密指示信》(1944 年 1 月 31 日)，晋绥边区财政经济史编写组、山西省档案馆编：《晋绥边区财政经济史资料选编》(金融贸易编)，太原：山西人民出版社，1986 年版，第 37 页。

② 《八区土产产量及现在和过去情形的初步调查》，晋绥第八分区裕民号主办：《经济旬刊》，1946 年 9 月 26 日，山西省档案馆馆藏档案：A96 - 3 - 1 - 1。

贸易数量较大。一是相互调拨的物资较多，根据地内地如静乐等地所需物资如棉布、棉花、火柴、食盐、粮油等，少量的由兴县运来，量大则由晋察冀抗日根据地调入，①如晋西北常用的东布等就是指从晋察冀调入的布。二是人员往来密切，晋西北各地集市上来自晋察冀、晋冀鲁豫的客商很多，出售土产、收买农具和牲畜等。据1944年9月28日《抗战日报》记载，1944年7月中旬的兴县骡马大会上，因贸易路线打通，许多远至晋察冀边区的客商前来参会。会上成交牛马驴等牲畜金额超290余万元，其中耕牛大部分是东区（晋察冀）群众买走（计190余头），他们运来破坏敌人的铁路铁轨，买走耕牛等牲口、麻油。有的客商在穿过沦陷区时常有日伪抢掠事件发生。

但晋察冀抗日根据地和晋冀鲁豫抗日根据地所在地域的商业传统由来已久，自然条件和经济社会发展水平皆远超晋西北，所以无论是境内商品流通抑或境外商品贸易之规模都是晋西北所无法比拟的。晋西北与二者之差别主要有以下几点：

一是经济体量大小不同。晋西北抗日根据地在所有抗日根据地中条件较差、面积也较小。其所有辖区不过38个县。据《民国实业志》（山西省）的统计，1935年，晋西北地区全部人口225万余人。② 到1941年，抗日民主政府能完整控制的县仅有6个，其他都是游击区或沦陷区。1941年1月，晋察冀抗日根据地辖28个专区、98个县，根据地面积80万平方公里，人口1 800万。1945年8月，扩大到拥有29个专区、8个市、163个县、27个旗的抗日民主政

① 闫俊：《抗日战争、解放战争时期的静乐贸易局》，娄烦县政协文史委员会编：《娄烦文史资料》第五辑，1999年12月，第63页。

② 实业部国际贸易局编：《中国实业志》（山西省）上册第一编总论第三章人口，上海：华丰印刷铸字所，民国二十六年版，第30—36页（甲）。

权，人口 2 500 万。[1] 1945 年 8 月，晋冀鲁豫抗日根据地面积达 60 万平方公里，有县城 105 个，人口 2 550 万。两个根据地面积、人口、产出等都远远超过晋西北抗日根据地。

二是生产能力差距较大。晋察冀和晋冀鲁豫抗日根据地所辖地方都有手工业传统，由于根据地面积较大、集镇数量较多、各类手工作坊、店铺及小摊贩数量庞大，故此二根据地之生产能力和规模均为晋西北不可企及。以纺织业为例，晋察冀抗日根据地中仅冀西 18 个县即有土纺机万余台，纺车更多，数倍于此数。[2] 1945 年 4 月，晋察冀土布年产量已达 9 075 750 匹，根据地内年需求量 4 505 750 匹，剩余 4 570 000 匹，产量超过需求的一倍以上。[3] 1944 年，整个晋西北抗日根据地才有土机 12 472 台。[4] 当年产布 607 830 匹，相较 1941 年的 170 084 匹有了很大增长，[5]但仍只有晋察冀年产量的 1/15。1944 年 7 月，因生产不足，供不应求，晋西北抗日民主政府还在素无纺织基础的二分区农村大力推广群纺群织。[6] 而晋察冀抗日根据地不仅生产能力较强，所生产的商品也更具市场竞争力，因此早在 1942 年就在境外贸易中总体达到了输入

① 唐锡林:《晋察冀抗日根据地的经济政策》,《历史教学》,1988 年第 2 期,第 17 页。

② 赵克北:《边区工业发展的报告稿》,魏宏运主编:《抗日战争时期晋察冀边区财政经济史资料选编》(工商合作编),天津:南开大学出版社,1984 年,第 284 页。

③《晋中土布产销调查表》,魏宏运主编:《抗日战争时期晋察冀边区财政经济史资料选编》(工商合作编),天津:南开大学出版社,1984 年,第 211 页。

④《边区工矿业概况》(1945 年 7 月 8 日),晋绥边区财政经济史编写组、山西省档案馆编:《晋绥边区财政经济史资料选编》(工业编),太原:山西人民出版社,1986 年版,第 252 页。

⑤ 景占魁、李树萱:《抗战时期晋绥根据地是怎样解决财政问题的》,财政科学研究所编:《革命根据地的财政经济》,北京:中国财政经济出版社,1985 年,第 140 页。

⑥《河曲城关、巡镇妇纺飞速发展》,《抗战日报》,1944 年 7 月 15 日,第 2 版。

与输出平衡，只有季节性的“小变动”。[①] 晋冀鲁豫抗日根据地同样出产丰富，仅一个太行区在个别年份从西边运到东边的粮食超过21万石，其东西两边调剂粮食的数量就达到了晋西北一个产粮大县一年的产量（兴县1944年粮食总产量22万石，是1941年产量的2.75倍），同样显示了强大的物质基础。冀南币也是凭借强有力的物资支撑，一直保持了币值坚挺。

三是商品流通规模悬殊。晋察冀和晋冀鲁豫两个抗日根据地面积较大，物产丰富，调节余缺、腾挪流动的空间大，境内外贸易的数量多，而且善于运用金融、贸易手段积极主动开展对敌经济斗争，这些都是晋西北抗日根据地所缺乏的。

晋冀鲁豫抗日根据地太行区西临白晋铁路，东临平汉铁路。由于西线相对粮多人少，东线人多粮少。西粮东运，由来已久。1942年，当敌人在西线部署抢粮计划时，边区政府即组织大批力量集中于西线，进行广泛宣传，并利用各种商人小贩关系，和敌人争夺粮食。先用大量伪币购粮，并拿一部分伪币高价购买冀钞，使伪币粮价上涨，币值下降，冀钞根价下降，币值上升到高于东线冀钞并用冀钞大量吸收粮食，因冀钞比伪币值钱，群众欢迎冀钞而拒收伪币，愿意多卖粮食给我方。在东线沦陷区，首先用伪币高价购粮，使粮价上涨，然后出售从西线运进的粮食，只收冀钞，不收伪币，并在一定限度内逐步降低售价。从而在东线提高了冀钞对伪币的比值，使抗日民主政府金融贸易部门能以较少的冀钞兑换大量伪币，提升了本币币值且拉低了伪币币值，占据货币战主动的同时，还掌握了更多的物资。

---

① 《漫谈晋西北金融记录》，《晋西北金融贸易资料》，1942年11月19日，山西省档案馆馆藏档案：A88－5－9－3。

从1942年秋到1943年春，晋冀鲁豫抗日民主政府从西线共购运粮食210 200石，其中12万石运销给东线沦陷区、游击区灾民，9万多石在内地灾区进行调剂。边区政府通过上述办法，有效地掌握了西线的粮食资源，挫败了日军的抢粮阴谋，对救灾度荒起了重大作用，并从东西线粮食差价中获得了高额利润，沉重打击了伪钞，提高了冀钞的地位，扩大了它的流通范围。①

四是货币政策主动有效。在度过了艰苦的1942—1943年后，晋冀鲁豫抗日根据地发行的冀南币币值更稳，购买力稳步提升。在对敌货币斗争中，抗日民主政府贸易部门以1元以下冀钞的价格去吸收一批伪钞，随收随处理，以打击伪钞，制造了伪钞的狂跌。这一方面是因为对敌斗争的方法对头、措施精准，另一方面主要还是因为晋冀鲁豫抗日根据地在抗战后期生产发展，物资已足够丰富。本币对伪钞、法币占有压倒性优势。② 抗战胜利后，冀南币币值也一直保持了坚挺。1948年5月后，冀南币成为华北解放区的本位币。同年10月，规定按1元冀南币兑北海币1元、兑西北农民币20元的固定比价在各解放区并行流通。1948年12月停止发行，按100元冀南币折合旧人民币1元的比价收兑。反观晋西北农民银行之农币自发行以来，由于根据地自身条件有限、出产不足而财政压力巨大，一直处于超发状态。抗战后期晋西北还逐步承担了供应陕甘宁边区的任务，货币超发更趋加剧，物价处于反复涨价的恶性循环之中。虽在1944年夏天开始有了一段难得的持续时间较长的币值稳定期。但在抗战接近胜利之时，又大量发行农币，

① 毛锡学:《抗战时期晋冀鲁豫边区的对敌经济斗争》,《许昌师专学报》,1986年第4期,第51页。

② 魏宏运:《晋冀鲁豫抗日根据地的商业贸易》,《历史教学》,2007年第12期,第11页。

开始了新一轮更大规模的通货膨胀，币值迅速下降的农币自然是无法与冀南币相比的。

当然，晋西北抗日根据地与其他抗日根据地一样，在“对外统制、对内自由”的统一方针指引下，在商业环境之改进、内外贸易政策之演进、发挥公商主渠道作用、大力扶持私营商业、发展集市贸易尤其是游击区集市及积极拓宽本币流通范围等方面都经历了一个相似的过程。在克服了经济封锁、流通渠道阻绝等许多困难之后，经过了艰苦的持久抗战阶段，与晋察冀和晋冀鲁豫抗日根据地一样迎来了形势好转，逐步在境外贸易中取得了主动。

总之，晋西北抗日根据地商业贸易活动保证了各项物资和基本必需品的供给。随着抗日战争进程的发展，军事形势转变带来的我方优势地位的加强，商业贸易有利于我的趋势日益明显，物资之输入输出更为顺畅。尽管有过对商业贸易的认识不够、工商户政策曾出现反复等诸消极因素，但抗日军民在极端困难的战争环境下，恢复和发展了集市贸易，发挥了公营商业之作用，调动了私营商业的积极性，通过积极组织生产和生活资料供应、开展对敌贸易、争取有利的商品交换、组织物资调剂保障军需民用、巩固币值和稳定物价，支持和保证了根据地整体的经济建设。① 而晋西北抗日根据地培养的大批专业干部、所实施的行政管理、建构起的相对完善的流通渠道等，为随之而来的解放战争和新中国成立后晋西北地区商业贸易的发展奠定了基础。

---

① 山西省史志院编：《山西通史》第26卷《商业志·商业贸易编》，北京：中华书局，1999年版，第15—16页。

第四章　晋西北抗日根据地商业成分和集市贸易

第一节　根据地商业成分

根据地的商业成分主要有公商、私商及私营小摊贩、消费合作社等几个类型。

一、公商

公营商业，即由贸易局和其他单位及部队办的商业，主要是贯彻商业贸易政策，更负有指挥与调剂市场之责，兼顾解决机关自力更生的任务。就经营目标而言，公商兼具政治和盈利两个任务，尤其是贸易局办的商业，不是单纯的业务单位。

行署贸易局系统所开设的商店是公商的主体，发挥了流通领域主渠道的作用。

1940 年 6 月，行署经济局通过接收、新设等方式成立了 6 个商店：兴县晋兴商店、保德晋保商店、岢岚晋茂源、娄烦西北农民商店、临县裕华商店、碛口大北商店，其后设立了太原营业公社和碛口西北转运站。1941 年 3 月财经会议后，为加强各贸易分局对营业的领导,开展内地贸易,各营业公社改为各分局直属商店。后为密切公商与私商联系,减少公商机关的形式,又把各商店改为普通字号。兴县改为晋兴商店,保德改为晋源长,岢岚改为晋源茂,静乐改为农民商店,临县改为裕华商店,碛口改为大北商店。① 1941年底,各营业公社资本合计有农钞 138 619.53 元,法币 53 962.81 元,现洋 6 674 元。

表 4.1　1941 年晋西北抗日根据地各营业公社资本表

公社名称	农钞	法币	现洋
兴县营业公社	19 450.88	20 000.00	674
临县营业公社	20 000.00	28 164.81	
保德营业公社	21 574.60	5 298.00	
离石营业公社	22 670.55		3 000
太原营业公社	14 500.00	500.00	3 000
静乐营业公社	30 000.00		
岢岚营业公社	10 423.50		
合计	138 619.53	53 962.81	6 674

资料来源:中共晋西区党委:《晋西北商业贸易发展概况》(1941 年 12 月),晋绥边区财政经济史编写组、山西省档案馆编:《晋绥边区财政经济史资料选编》(金融贸易编),太原:山西人民出版社,1986 年版,第 535 页。

此时根据地内公营商店以碛口为最多,共 16 家;临县次之;静乐又次之;保德、巡镇再次之。游击区内占极少数,部队经营的较多。公商的经营范围比较大,基本包括了各类必需品的供给。

① 中共晋西区党委:《晋西北商业贸易发展概况》(1941 年 12 月),晋绥边区财政经济史编写组、山西省档案馆编:《晋绥边区财政经济史资料选编》(金融贸易编),太原:山西人民出版社,1986 年版,第 536 页。

表 4.2 1941 年晋西北抗日根据地公营商店统计表

业别	河曲	保德	兴县	临县	碛口	岢岚	静乐	交城	总计
什货行	3	2	8	3	3	3	11	1	34
转运栈	1			7	11				19
店　房			1						1
饭　馆				2					2
饼子铺				1					1
澡　堂				1					1
布匹行					2				2
总　计	4	2	9	14	16	3	11	1	60

资料来源：中共晋西区党委：《晋西北商业贸易发展概况》(1941 年 12 月)，晋绥边区财政经济史编写组、山西省档案馆编：《晋绥边区财政经济史资料选编》(金融贸易编)，太原：山西人民出版社，1986 年版，第 497 页。

公商之大规模发展集中在经济困难的 1942 年，面对极端困难的形势，上级要求各军政单位自己解决一部分预算，即贺龙司令员说的要"水往上流"①。此后各地公营商店得到迅速发展。

三次行政会议后，根据地公商数量又稍减少，政府系列县级、部队团级以下都停止了商业经营活动。彼时，全部公营商店达 72 家，其中非贸易局领导的有 60 家。

从 1943 年起，行署逐步把晋西北各机关、部队在兴县城开设的商店、货栈全部集中起来，成立了贸易局直属之"兴业公司"，统一管理，统一经营。总公司设在兴县，计划在各分区设分公司，各重要县、乡设支店。成立之初，因人员不足而暂不设分公司，只是在神府、岚县设了支店。总公司有总经理和副经理各一人，下有营

① 《贺龙传》编写组：《贺龙传》，北京：当代中国出版社，2007 年版，第 343 页。

业、土产、会计、采购等科。① 兴业公司有了雄厚的资金，经营方向也更加明确。该公司成立后，成为晋西北抗日根据地最大之公商。

从根据地商业的总体情况来看，公营商业所开办的商店在数量上无疑居于少数，但从资本额来看，则公商所办企业占有绝对优势。公商的任务是贸易局职责在经营中的具体体现，它的经营方向、经营水平，很大程度上决定了商业贸易政策的效果。②“如其为政策服务，则效力很大；如听其发挥单纯盈利思想，则对政策的损害也很大”。③ 从经营情况看，公商在流通领域发挥了应有的作用，保障了供给，发挥了稳定物价、金融，促进生产的主渠道作用。

表 4.3　1944 年静乐县部分公营商业统计表

商号名称	行业	驻地	股东	资本
静乐济生商行	杂货	天池店	静阳支局	本币 150 万
静乐济生粮店	粮店	天池店	八分局	
米峪镇济生粉酒坊	酒粉坊	米峪镇	静阳支局	小米 50 石
大白石酒坊	酒坊	大白石	县政治部静阳支局	小米 20 石
米峪醋坊	醋坊	米峪镇	县政治部静阳支局	银洋 300 元
复盛祥	粉铺、豆腐坊	团堡	县政府	
济生药店	药铺	团堡	静阳支局	银洋 300 元
大树村酒坊	酒坊	大树村	县政府	

资料来源：静乐县志编纂委员会编：《静乐县志》，北京：红旗出版社，2000 年版，第 237 页。

① 黎军：《记兴业公司》，《抗战日报》，1944 年 5 月 23 日，第 2 版。

② 刘欣、景占魁主编：《晋绥边区财政经济史》，太原：山西经济出版社，1993 年版，第 85 页。

③ 晋绥边区行署：《半年来贸易工作总结》(1945 年 4 月)，晋绥边区财政经济史编写组、山西省档案馆编：《晋绥边区财政经济史资料选编》(金融贸易编)，太原：山西人民出版社，1986 年版，第 470 页。

公商的首要任务是投资生产、发展生产。如制汗(旱)烟得利就小,办药庄、皮毛庄等则得利较大,这样既可发展生产,又能赚取利润。如兴县投资晋兴烟厂、临县投资染坊就是成功的例子。① 总局供给工厂棉纱 800 余斤,并积极从民间为工厂采购原料。四分局供给纺织工人以必需的棉纱,一架机子每月凭价小布两匹,大大提高了工人的劳动效能,增加了土布的生产。各局向生产部门投资粮食达 34 石、法币 500 元、农钞 6 655 元,推销了大量的工业成品,并建立起和各种生产部门的联系。兴县支局和供销社建立了初步的联系,供给棉花,承销货物;二分局和瓷窑订合同,规定向贸易局买货,按合作社待遇,并代销其产品,更进而谋和纸厂、煤窑建立关系,并筹备建立硫磺厂。② 1942 年 8 月至 10 月,公营商店恒昌信即发纱收布 9 000 匹,同济布庄、前线转运栈、裕华商店也都采取类似办法扶植民间织布。公营纺织一厂一年内在兴县发花收纱 6 400 斤,纺织二厂在临县发花收纱 5 000 余斤。临南县政府妇救会发动群众纺纱织布,供 5 斤棉花收 1 匹布,一冬春织布 4 万余匹。③

第二个任务是深入乡村、扩大商业范围,供给偏僻乡村及边沿地区群众,解决群众的一些困难,也可得到一部分利润。因为大家都挤到市镇上获利很难。兴业公司瓦塘支店深入农村,帮助群

---

① 晋绥边区行署:《半年来贸易工作总结》(1945 年 4 月),晋绥边区财政经济史编写组、山西省档案馆编:《晋绥边区财政经济史资料选编》(金融贸易编),太原:山西人民出版社,1986 年版,第 461 页。

②《两个半月来贸易工作中的重要教训》(1942 年 5 月 15 日),晋绥边区财政经济史编写组、山西省档案馆编:《晋绥边区财政经济史资料选编》(金融贸易编),太原:山西人民出版社,1986 年版,第 426 页。

③ 刘欣、景占魁主编:《晋绥边区财政经济史》,太原:山西经济出版社,1993 年版,第 130 页。

众。[1] 为了解决敌人不断“扫荡”造成物资运输时有中断，内地土特产品滞销，日用品短缺的现象，兴业公司总经理亲自带人深入各县发动团体和个人大办商店，并由总公司抽出 240 万元资金资助垫底，先后开办了 121 个门市部。[2] 第八堡收买枣子、粮食，供给布匹，八分区推销药材、木材。[3] 为群众解决了实际问题。

第三，做敌友与各根据地之间的过境生意。这样可以壮大公商，赚敌人的钱。如贩碱子、毛绒等，利润就很大。[4] 据《牛荫冠传略》记载，兴业公司动员全体采购出动，四处组织内外商人，在抗日政权和部队保护下，开辟了大同、交城、太原、榆次 4 个运输栈，联系了 12 个硝房生产火硝，价格由 13 元提高到 70 元；组织了 60 头牲畜驮运，换回了大量军需民用商品。[5]

第四，加强调剂，解决群众供需困难。河曲贸易局为了帮助纺运发展，特贴上运费买回棉花，低价贷给妇女，其价格比市价每斤低 20 元。[6] 民国三十三年(1944 年)下半年，静阳支局供给群众价值

---

① 晋绥边区行署:《半年来贸易工作总结》(1945 年 4 月)，晋绥边区财政经济史编写组、山西省档案馆编:《晋绥边区财政经济史资料选编》(金融贸易编)，太原:山西人民出版社，1986 年版，第 486 页。

② 王生甫编写:《牛荫冠传略》，《牛荫冠纪念集(续)》编委会编:《牛荫冠纪念集(续)》，第 327 页。

③ 晋绥边区行署:《半年来贸易工作总结》(1945 年 4 月)，晋绥边区财政经济史编写组、山西省档案馆编:《晋绥边区财政经济史资料选编》(金融贸易编)，太原:山西人民出版社，1986 年版，第 461 页。

④ 晋绥边区行署:《半年来贸易工作总结》(1945 年 4 月)，晋绥边区财政经济史编写组、山西省档案馆编:《晋绥边区财政经济史资料选编》(金融贸易编)，太原:山西人民出版社，1986 年版，第 486 页。

⑤ 王生甫编写:《牛荫冠传略》，《牛荫冠纪念集(续)》编委会编:《牛荫冠纪念集(续)》，第 327 页。

⑥《河曲纺运逐渐发展，贸易局廉价供应棉花》，《抗战日报》，1943 年 7 月 10 日，第 2 版。

254 万元本币的生活必需品，推销农副土特产品 158.78 万元，供给八分区、方山一区、岚县六区 83.48 万元本币的生产生活必需品。① 同年，一分局在纺织不旺时，提高纱价，市价 800 元，提为 1 000—1 200 元收。三分局在淡月时，收购了 4 200 多打毛巾。在中阳新解放区，定收群众土布 2 万匹，先行垫款，已付出棉花几千斤，粮食几百石。② 在淡月旺月时节，临县调剂炭 44 万斤，收买土纱、毛巾、麻等物；偏关以烟收买香等。这些措施使土产在淡月时有销路，扩大了生产，同时解决了旺月时物资缺乏、物价过高的困难。③ 第八分区贸易局及其所属商店、边区一些县的贸易局、运输队还建立了煤炭运输栈，以调剂群众的煤炭供需，便利了群众购买。运输栈将炭贩和运输队运来的炭收购下来，收购价虽比市价低 10%，但称炭便交钱，不耽误时间，一天至少可运 2 趟，1 头驴驮炭一天能净赚 200 多元，而群众买炭比市价便宜 5%，并且随时可以买到炭。解决了卖和买的困难，双方都获得了实惠。④ 1944 年春耕来临之前，第八分区贸易支局及商店积极准备春耕农具、种子及必需品等充分供给群众需要。⑤

第五，推广本币，稳定物价、金融。公营商业是推广和使用本币的主要渠道。政府通过公营商店收取负担和派款、农贷等，扩大

---

① 静乐县志编纂委员会编：《静乐县志》，北京：红旗出版社，2000 年版，第 237 页。

②《晋绥边区一九四五年一月至一九四六年六月贸易工作综述》(1946 年 7 月 10 日)，晋绥边区财政经济史编写组、山西省档案馆编：《晋绥边区财政经济史资料选编》(金融贸易编)，太原：山西人民出版社，1986 年版，第 664 页。

③ 晋绥边区行署：《半年来贸易工作总结》(1945 年 4 月)，晋绥边区财政经济史编写组、山西省档案馆编：《晋绥边区财政经济史资料选编》(金融贸易编)，太原：山西人民出版社，1986 年版，第 461 页。

④ 刘欣、景占魁主编：《晋绥边区财政经济史》，太原：山西经济出版社，1993 年版，第 223 页。

⑤ 晋绥边区贸易第八分局编印：《经济旬报》第 15 期，1945 年 3 月 10 日，山西省档案馆馆藏档案：A96 - 3 - 31 - 12。

了本币的流通范围。二区晋保商店 1941 年 12 月销货达 41 205 元；兴县晋兴商店 1941 年 11 月 16 日至 1942 年 1 月底共销农钞达 261 595.50 元，由于收农钞供给原料和货物，使小商贩和小生产者都开始接受农钞，给农钞以有力的支持。[①] 1945 年 1 月上旬，八分区向老百姓收农青（苗）贷款时，老百姓没本币，想以粮抵交，政府为提高本币信用兼活跃市面，不要现粮而要本币，米峪镇济生商店适时收买粮食放出本币。[②] 兴业公司在消灭银圆黑市、打击伪币、控制法币、提高本币的过程中发挥了带头作用，维持了农币形象和信誉。这些有效的措施，扶持了本币，稳定了根据地金融发展。

公商在实际经营中起到了扩大本币流通范围、控制物价、稳定金融、扶助贫民的作用，影响很大，效果很好。就经济地位而言，各地的公商已代替了过去之大商。[③] 从资金实力上说，公商的力量亦能左右各地市场而有余。[④] 但公商和大商之间终究有着很大的不同。大商以利润为唯一目的，而公商则是直接和间接为群众服务。[⑤] 如

---

① 《两个半月来贸易工作中的重要教训》（1942 年 5 月 15 日），晋绥边区财政经济史编写组、山西省档案馆编：《晋绥边区财政经济史资料选编》（金融贸易编），太原：山西人民出版社，1986 年版，第 426—427 页。

② 晋绥边区贸易第八分局编印：《经济旬报》第 9—10 期，1945 年 1 月 20 日，山西省档案馆馆藏档案：A96 - 3 - 31 - 201。

③ 晋绥边区行署：《目前贸易中存在的问题与贸易工作的任务》（1944 年 8 月 5 日），晋绥边区财政经济史编写组、山西省档案馆编：《晋绥边区财政经济史资料选编》（金融贸易编），太原：山西人民出版社，1986 年版，第 454 页。

④ 晋西北行署：《彻底禁止行使银洋的指示》（1943 年 9 月），晋绥边区财政经济史编写组、山西省档案馆编：《晋绥边区财政经济史资料选编》（金融贸易编），太原：山西人民出版社，1986 年版，第 190 页。

⑤ 晋绥边区行署：《目前贸易中存在的问题与贸易工作的任务》（1944 年 8 月 5 日），晋绥边区财政经济史编写组、山西省档案馆编：《晋绥边区财政经济史资料选编》（金融贸易编），太原：山西人民出版社，1986 年版，第 454 页。

1945 年初青黄不接时，八分区米峪镇济民商店受贸易局委托，经各村村公所、农会介绍贷出白面 25 斤，麻油 77 斤，盐 201 斤；1945 年初，天池商店贷出白面 2 斤，麻油 16 斤，盐 64 斤，碱 24 斤，麦子 55 斤，让贷款者夏收后归还，总计贷给 1 000 余人物资。在米峪镇赶集的老百姓说，“现在政府就是这样帮助咱们穷人”。①

公商在稳定物价、金融方面发挥着主要作用。公商的经营原则是：机动灵活，有吞有吐，购销正常不插手；粮价上涨，私商囤积居奇，人心不安，贸易局开仓销售；粮价下跌，农民有粮卖不了，贸易局全部收购。经过几个回合的斗争，私商不敢哄抬物价，扰乱市场了。工业品销售上，如遇物价波动，群众是拥挤抢购，私商是套购，哄抬物价，从中渔利。贸易局采取的办法是不惜售价卖完为止。私商关门停业，贸易局开门营业，私商提价销售，贸易局有时压价敞开销售，满足顾客，安定人心。② 1944 年 6 月，静乐公管商店为了稳定金融，把货物减低 10%出售，如盐此前卖 100 元，此时卖 90 元，布此前卖 80 元，此时卖 70 元。③ 1944 年反“扫荡”结束后，兴县某些物品有些涨价，但经过兴业公司减价，很快就平抑了物价。如白面市场上卖 55 元 1 斤，公司卖 43 元；黄油市场上卖 140 元 1 斤，公司卖 125 元；而食盐反比反“扫荡”前低 2 元；小米（小斗）只 320—330 元，较“扫荡”前还便宜。不但物价无波动，市场也较以前任何一次反“扫荡”后恢复得快。④ 据《经济旬报》记载：

---

① 晋绥边区贸易第八分局编印：《经济旬报》第 13 期，1945 年 2 月 20 日，山西省档案馆馆藏档案：A96－3－31－21。

② 闫俊：《抗日战争、解放战争时期的静乐贸易局》，娄烦县政协文史委员会编：《娄烦文史资料》第五辑，1999 年 12 月，第 63 页。

③ 晋绥边区贸易第八分局编印：《经济旬报》第 1 期，1944 年 6 月 25 日，山西省档案馆馆藏档案：A96－3－31－13。

④ 刘献珺：《稳定的兴县金融》，《抗战日报》，1944 年 11 月 29 日，第 1 版。

"1945 年 1 月，由临县来静阳带货的私商少，公商多，原因是来的货多，物价低，私商无利可省(图)。"[①]抗战期间，根据地公商成为群众最信得过的商店，营业额倍增。

第六，积极扶助、团结中小商人。扶持私商也是公商的任务之一。为进一步搞活根据地内外商品流通，由行署贸易局组织、兴业公司供给中小商人货品，帮他们转销、发售，使公商、私商能共同发展。兴业公司和其他公商营业发达，不光可以解决公家一部分经费，而且可使私商发财，使根据地市场更加活跃起来。[②] 兴县城关有些缺乏资金的人想办商店，兴业公司二货栈就赊货支持他们办店。据时任行署贸易总局局长的牛荫冠回忆，商人阎克明从 15 岁当店员，苦熬了二十多年还是没有自己的生意。他在兴业公司的扶助下开店后，几年当中就积累资金近百万元，成了新政权下的新富商。[③] 静乐贸易局对于工商业小商小贩，只要奉公守法经营，本小微利，经营有困难的，贸易局有重点扶持，对他们经常赊销、预付，支垫资本，以使其经营活跃。[④]

第七，扩大规模，提升经营利润水平。贸易局系统和部队经营的商业都获得了一定的利润。西北土产公司系根据地内经营规模最大者，业务覆盖陕甘宁和晋西北两部分，1943 年所经营的运输、畜牧、皮毛出口、盐业、土布、其他企业等六个业务类别计划年利润

---

① 晋绥边区贸易第八分局编印:《经济旬报》第 1 期，1945 年 11 月 31 日，山西省档案馆馆藏档案：A96－3－31－13。

② 黎军:《记兴业公司》,《抗战日报》,1944 年 5 月 23 日，第 2 版。

③《牛荫冠纪念集(续)》编委会编:《牛荫冠纪念集(续)》,第 327 页。

④ 闫俊:《抗日战争、解放战争时期的静乐贸易局》,娄烦县政协文史委员会编:《娄烦文史资料》第五辑，1999 年 12 月，第 64 页。

达到了百分之百。[①] 1943 年，军区政治部的商业收入达 310 万元，[②]极大地补充了经费之不足。根据相关统计，到 1944 年底，部队商业资本即扩大到农币近 2.5 亿(248 211 300)元。在解决部队生活经费开支上，逐步可以做到全部自供自给。[③]

贸易总局领导的整个商业贸易系统不仅搞活了流通，满足了物资供给，在承担了部分政策性的亏损，有的还在"累赔很多"[④]的情况下，经过认真的经营，取得了盈利。如以小米为计算单位，则公商是赚钱了。[⑤] 而把小米作为统计单位，由于是平价比较，是比较合理的。公商在履行诸多社会职能的同时，在经营上仍能赢利，是很有成绩、很不容易的。

与此同时，公商因其成分多，开办单位办商店的初衷和诉求不一，加上初期政策不很具体，在发展过程中出现了一定的问题。

最突出的是禁绝银洋和法币的基本政策得不到彻底执行，对金融和贸易市场造成了一些干扰。据临南范县长在三次行政会议上讲，临南县大商人和部队拉上关系，带现洋由部队保送，每百元抽 5 元，据五、六、七三个月估计，临南带出现洋和法币数量，折合

---

① 晋西北行署:《1943 年度西北土产公司业务计划大纲》(1943 年)，山西省档案馆馆藏档案:A88－5－14－1。

② 刘欣、景占魁主编:《晋绥边区财政经济史》，太原:山西经济出版社，1993 年版，第 260 页。

③《晋绥军区抗战七年来(1937—1944 年)供给工作报告》(1945 年)，晋绥边区财政经济史编写组、山西省档案馆编:《晋绥边区财政经济史资料选编》(金融贸易编)，太原:山西人民出版社，1986 年版，第 400 页。

④ 中共晋西区党委:《晋西北商业贸易发展概况》(1941 年 12 月)，晋绥边区财政经济史编写组、山西省档案馆编:《晋绥边区财政经济史资料选编》(金融贸易编)，太原:山西人民出版社，1986 年版，第 534 页。

⑤ 牛荫冠:《晋西北贸易工作和土地改革》(1984 年 3 月)，中共吕梁地委党史研究室编:《吕梁党史资料》1984 年第一辑，1984 年 11 月，第 11 页。

法币至少有30万。1941年1—2月独二旅用农钞在神、朔、偏一带收买白洋，仅在朔县即花费农币8万元之多。[①] 兴县一个商店是较大公商之一，在执行政策上算中等，能代表兴县一般商家执行货币政策的大致情形。1943年1月到7月的半年内，进货的79%使用银洋，其余21%是用农币，货物计有从兴茂公购进的15 000元肥皂，从晋源长购进的12 000元毛边袋，从岢岚购进的6 000元文具，从兴县购进的6 000元香，从兴县各货栈购进的10 000元铧子、颜料、花椒，从临县购进的46 000元布等。这些货当中，临县的布并不是直接以农币买来，而是经过临县店里调换银洋后买来的。1943年上半年的销货一半用银洋一半为农币。农币卖出的货以肥皂、盐、水烟等为主，是在栏柜上零星做的，其他大宗生意与赊账生意都是用银洋，卖下的农币也是将其中一部分先在市面上换成银洋后，再往出行使。[②] 兴县城关有公商11家，其中对农币态度较好的只有2家，其余有些栏柜收农币，有些则根本不要农币，还有四家货栈专作银洋买卖，贸易局的2家商店还有以公家资格搬用银洋给私人使用，抽钱二分的行为，还有一家公商自带枪支无人敢问，这些都严重损害了根据地政权威信和农钞信用。[③]

其次，在贸易工作作风上也存着偏向。有的地方以特权压价

---

① 中共晋西区党委：《晋西北政权初建时期财政状况概述》(1941年12月)，晋绥边区财政经济史编写组、山西省档案馆编：《晋绥边区财政经济史资料选编》(财政编)，太原：山西人民出版社，1986年版，第40页。

② 晋西北行署：《彻底禁止行使银洋的指示》(1943年9月)，晋绥边区财政经济史编写组、山西省档案馆编：《晋绥边区财政经济史资料选编》(金融贸易编)，太原：山西人民出版社，1986年版，第183页。

③ 晋西北行署：《彻底禁止行使银洋的指示》(1943年9月)，晋绥边区财政经济史编写组、山西省档案馆编：《晋绥边区财政经济史资料选编》(金融贸易编)，太原：山西人民出版社，1986年版，第190页。

收买，不但损害了政府的威信，而且减少了他们本身可能经营的事业，阻碍了物资的流转。还有以 7.5 元买黄表(转手)以 15 元卖给合作社，而合作社又以 20 元卖给群众的。其次是存在不守信用的现象。如有的订立合同后取消，有的交付的货物质量欠佳，也有的借口货物质量问题而拒绝履约，也有故意拖延的；许多人欠下别人款过期不还，有货嫌吃亏不肯变卖。此种风气有些也传染到私商，使期款生意无法进行，物资的畅流受到限制。这种违反内地自由贸易政策、工作没有深入、作风不正派的情况，其思想根源是缺乏群众观念、生产观念所致。①

再次，各公商之间为了本单位一己之私，互不通气，互相竞争，给贸易局和部队造成损失的事例屡见不鲜。

这些现象与公商的地位和性质不符，原因之一就是政令不一、本位主义。行署就此强调，公商经营必须以地区为单位，在当地贸易局领导下分散经营(如能做到像二分局统一调动资本、干部更好)，成为执行政策法令之模范，做到：第一，根本不用银洋；第二，根本不贩违禁品。② 在具体业务上要改进观念，积极组织和促进生产，调剂运销，使广大群众得到有利的交换。③ 通过设立公商管理委员会，1945 年其他单位所经营的所有商店移交给政府，由各级贸

---

① 晋绥边区行署：《半年来贸易工作总结》(1945 年 4 月)，晋绥边区财政经济史编写组、山西省档案馆编：《晋绥边区财政经济史资料选编》(金融贸易编)，太原：山西人民出版社，1986 年版，第 463 页。

② 晋西北行署：《彻底禁止行使银洋的指示》(1943 年 9 月)，晋绥边区财政经济史编写组、山西省档案馆编：《晋绥边区财政经济史资料选编》(金融贸易编)，太原：山西人民出版社，1986 年版，第 190 页。

③ 晋绥边区行署：《半年来贸易工作总结》(1945 年 4 月)，晋绥边区财政经济史编写组、山西省档案馆编：《晋绥边区财政经济史资料选编》(金融贸易编)，太原：山西人民出版社，1986 年版，第 483 页。

易机关统一领导、统一经营等一系列措施，公商工作得到改进。①

二、私商及小摊贩

只有充分发挥各类商业成分的作用，才能够取得对敌经济斗争的胜利。因此，运用好私商这一力量把土产推销出去，调剂供销、刺激生产是非常重要的。抗日民主政府成立后，对私商发展从政策、税收方面给予了支持，指出"一切企图以合作社代替商业，排斥商人，排斥自由营业的企图，以公营事业代替一切的办法，都是错误的"。② 随着各项商业贸易政策的出台，"公私两利、团结私商"要求的逐步落实，私营和小摊贩的作用得到发挥。

抗战以来，晋西北抗日根据地私人商业领域出现了一些与战前不同的特点：

（1）私商商业资本趋于分散。大商很少，小商很多。原因一是战前大商大多遭敌抢劫，基本倒闭。如兴县 21 户大商，其中外商 11 户，到 1938 年就都走光；10 户本地商户亦于新政权建立前倒闭，③二是受"晋西事变"影响，有的远走他处避祸，据不完全统计，保德逃亡商店达 15 家，离、临两县逃往榆林商民不下 300 人。有的商人因为商店或货物被没收，如振东书局，致使袖手不敢营业。商业规模大幅萎缩，据统计，1939 年碛口流水 5—6 万元者 10 家，3 万

① 《晋绥军区抗战七年来（1937—1944 年）供给工作报告》（1945 年），晋绥边区财政经济史编写组、山西省档案馆编：《晋绥边区财政经济史资料选编》（财政编），太原：山西人民出版社，1986 年版，第 400 页。

② 《抗战日报》社论：《发展内地商业，组织对外贸易》，《抗战日报》，1941 年 5 月 4 日，第 1 版。

③ 晋绥边区行署：《晋绥边区贸易工作材料》（1944 年 8 月 29 日），晋绥边区财政经济史编写组、山西省档案馆编：《晋绥边区财政经济史资料选编》（金融贸易编），太原：山西人民出版社，1986 年版，第 569 页。

元者50家，事变后大小只剩18家；兴县由350家减至244家；保德由69家减少至55家。同时现有商店资本大多很小。① 三是与当时社会环境有一定的关系，地主、富农（许多兼做商人）畏于政策想减轻负担。体现在市面上就是商业资本除逃亡之部分外，所余多化整为零。原来战前合资的私商商户散伙各自经营，自立门户自当家，大商店化小商店，小商店化小摊贩，小摊贩化游击小贩，字号改用人名，人名化为没有名而隐蔽起来。如碛口大买卖很少，除"兴盛乾"等两家中药铺、"万兴德""复德昌"两家焚金炉之外再无大商，其他就是个人摆摊子或二三人合伙，资本很少，每天现金结账，不合适就关门。② "小食摊贩虽数量上较多，但资本则甚微末"。③ 如兴县城大商1户，中商51户，小商81户，小贩295户。这些商户有许多是自带家室自经营，合伙者较少。④

（2）农业资本转向商业资本。⑤ 由于政府对商业的支持政策，促使资本从农业流入商业。1940—1943年间对工商业是既征营业税又征公粮，但贩卖业的营业税是千分之五至十，本质上很

① 中共晋西区党委：《晋西北商业贸易发展概况》（1941年12月），晋绥边区财政经济史编写组、山西省档案馆编：《晋绥边区财政经济史资料选编》（金融贸易编），太原：山西人民出版社，1986年版，第490—491页。

② 《碛口市商业调查总结》（1944年10月15日），山西省档案馆馆藏档案：A90－4－101－4。

③ 中共晋西区党委：《晋西北商业贸易发展概况》（1941年12月），晋绥边区财政经济史编写组、山西省档案馆编：《晋绥边区财政经济史资料选编》（金融贸易编），太原：山西人民出版社，1986年版，第494页。

④ 晋绥边区行署：《目前贸易中存在的问题与贸易工作的任务》（1944年8月5日），晋绥边区财政经济史编写组、山西省档案馆编：《晋绥边区财政经济史资料选编》（金融贸易编），太原：山西人民出版社，1986年版，第456页。

⑤ 张闻天选集传记组、中共陕西省委党史研究室、中共山西省委党史研究室编：《张闻天晋陕调查文集》，北京：中共党史出版社，1994年版，第369页。

轻。[1] 因此“大、中商大都是由地主、富农转化来的”。如“临县地主刘子直，本人是医生，1940 年后出售了大部分土地，把资本转入工商业”，然后“在临县饭馆投资白洋 800—900 元，在岐道投资数万元。在刘家庄纺织业投资白洋 500 元，三交投资数万元。自己还零星卖贵重的药。估计共有流动资本 3 000 元（银圆）以上”。[2] 1944 年对工商业采取了轻税政策，仅征营业税，商业负担一般比农业轻，有的商号如兴县中商郭灵珠，营业已发展较好，但负担营业税反而比负担公粮轻了一半，进一步促使一些地主、富农跑到城市经营工商业。[3]

（3）商业利润较战前大幅增加。据行署贸易局统计，抗战爆发后晋西北抗日根据地的商业利润总体是战前的 2.5 倍弱，[4]这也是促使私商大量增加的重要原因。

据张闻天晋陕调查组的了解，当时的晋西北抗日根据地内，凡是经营商业的基本都能赚钱。行署直属之神府县贺家川义盛店、义成店、万义恒、义盛长等以经营杂货为主的四个小商店，出卖土

① 《晋绥边区历年来税收工作概况——一九四〇年至一九四七年》（1948 年 3 月 5 日），山西省财政厅税务局、内蒙古财政厅税务局、山西省档案馆、内蒙古自治区档案馆编：《晋绥革命根据地工商税收史料选编》，太原：山西人民出版社，1986 年版，第 42 页。

② 晋绥税务总局：《晋绥边区四六年度营业税总结（草稿）》（1947 年 7 月），山西省档案馆馆藏档案：A90 - 4 - 74 - 11。

③ 《晋绥边区历年来税收工作概况——一九四〇年至一九四七年》（1948 年 3 月 5 日），山西省财政厅税务局、内蒙古财政厅税务局、山西省档案馆、内蒙古自治区档案馆编：《晋绥革命根据地工商税收史料选编》，太原：山西人民出版社，1986 年版，第 42 页。

④ 中共晋西区党委：《晋西北商业贸易发展概况》（1941 年 12 月），晋绥边区财政经济史编写组、山西省档案馆编：《晋绥边区财政经济史资料选编》（金融贸易编），太原：山西人民出版社，1986 年版，第 495 页。

布、洋布、盐、碱、油、水烟、靛青、面粉(白面、豆面)、火香、麦纸、洋火、针、线、毛等基本日用品,合股资本从 300—1 200 元,最大的一家,每年可做 7 000—8 000 元的生意,赚 2 000—3 000 元,能有 30% 左右的利润率。① 八分区静乐县的油坊、粉坊每元资本可赚 2 元(至多一月周转一次),“与战前相比利润是较高的”。② 临县清塘村晋太旱烟坊 1944 年获利 130 万元,安业村李吉昌磨坊干粮铺半年收利 37 000 元。③ 私商、私营小摊贩从外边买进商品,照原价加上点利息卖出,是赚钱的主要方法。某些必需品(如布、盐),农民们或多或少非买不可。如果农民们没有钱,拿粮食来调换时,私商和小摊贩也是欢迎的,他们又可以从这里得到一些利息。④

从碛口商户的经营情况看,无论公私性质、规模大小,各商户均能盈利。总计 106 户商家中,有公商 11 家,其中 9 个转运栈,2 个饭铺,其余均是私商。根据 1944 年 10 月的调查,《碛口商业调查总结》所考察的 21 个行业中,利润率超过 50% 者 7 个、40% 者 4 个、30% 者 2 个,大多数行业利润率高于 30%,其余少数亦在 15%—20% 之间,总体而言利润相当可观。⑤

医药行和颜料行的利润很高。如碛口市面上中药材生意对

① 张闻天选集传记组、中共陕西省委党史研究室、中共山西省委党史研究室编:《张闻天晋陕调查文集》,北京:中共党史出版社,1994 年版,第 55 页。

② 张闻天选集传记组、中共陕西省委党史研究室、中共山西省委党史研究室编:《张闻天晋陕调查文集》,北京:中共党史出版社,1994 年版,第 366 页。

③ 刘欣、景占魁主编:《晋绥边区财政经济史》,太原:山西经济出版社,1993 年版,第 245 页。

④ 张闻天选集传记组、中共陕西省委党史研究室、中共山西省委党史研究室编:《张闻天晋陕调查文集》,北京:中共党史出版社,1994 年版,第 56 页。

⑤《碛口市商业调查总结》(1944 年 10 月 15 日),山西省档案馆馆藏档案:A90-4-101-4。

半看利，西药则利可达六成。[1] 卖颜料的利率也比较高，每两煮黑本钱 80 元，售出价 120 元，这样卖出去能盈利 1/3，每集能卖 20 两，能卖本币 24 000 元，平均每月能卖 100 两（以各种颜料计算），每月流水 10 万元，以 30% 利润计算，每月能盈利 30 000 元。[2]

表 4.4　1944 年碛口私商营业利润统计表

项目 / 类别 / 数额	户数	资本	营业额	获利	1943 年负担		增减数	
					公粮	营业税	新增	停止
中药房	6	1 480 000	642 000	50%	14.915	2 200	2	2
西药房	2	100 000	120 000	55%	0.58	1 155	1	
饭铺	7	169 200	544 500	50%	1.906	3 500	2	1
干粮铺	5	7 000	70 000	40%				
转运点	5	16 600 000	25 760 000	8%				
骡马店	3	90 000	610 000	40%	1.112	100	5	6
小店	2	40 000	100 000	30%	0.46	1 200		1
染坊	4	95 000	215 000	50%	1.139	1 348	1	
磨坊	6	140 000	274 000	15%	1.065	4 800		
酒坊	1			40%				
绳麻店	2	1 878 500	2 950 000	20%	19.916	8 524		
杂货店	37	260 000	270 000	15%	1 953	1 300		
鞋架皮革店	2	270 000	260 000	50%	4 388	1 200		

① 《碛口市商业调查总结》(1944 年 10 月 15 日)，山西省档案馆馆藏档案：A90 - 4 - 101 - 4。

② 《碛口市商业调查总结》(1944 年 10 月 15 日)，山西省档案馆馆藏档案：A90 - 4 - 101 - 4。

续表

项目/类别/数额	户数	资本	营业额	获利	1943年负担		增减数	
					公粮	营业税	新增	停止
铁匠	3							
木铺	3	78 000	72 000	40%	347	1 016		
颜料铺	4	236 000	400 000	30%	1.333	1 750		
流动生意	2	205 000	350 000	20%	2.7	700		
银铺	4	550 000	376 000	50%	13.173	2 000		
文具	2	70 000	70 000	50%	28	600		
丝织品	3	245 000	180 000	20%	1.033	800		
焚金炉	1	150 000	230 000	15%	27.5	8 200		
合计	106	22 694 700	33 151 500		92.6	4 755		

资料来源:《碛口市商业调查总结》(1944年10月15日),山西省档案馆馆藏档案:A90-4-101-4。

碛口首饰业的利润也较高。此业重新兴盛既反映出根据地生产发展情形,也体现出群众生活水平之改进。自抗战爆发以来,首饰业沉寂已久,但得益于根据地群纺群织活动的开展,许多妇女由于经济上翻了身,对首饰的需求促使首饰业重新兴起,开银匠铺变得很有赚头。如银子价格为每两370元,做一种名叫蒲花(妇女们最时兴)的首饰每个需银子一钱三分,卖价本币180元净赚利100元,每人一天能做出四个;(也是最时兴的)领卡每个需银子五分,成本为185元(含宝石在内),每个卖本币500元,净赚315元,每人两天能做三个;如手镯每对赚工资200元,每人每天能做三对,净赚600元,再加上其他首饰每月平均流水120 000元,四个人每月开支费用8 400元(每人每天以70元计),这样估计下来银匠铺的利润率在50%以上,如果再加掺假计算,利润率就不止于此了。①

碛口中西药、颜料、首饰业等铺面的盈利固然较高，而倒卖粮食和生活必需品的收益也很不错。如临县的李步初三人合伙闹（开）一个摊子，业务以贩卖油、碱为主，每集从蛆镇往碛口贩回碱26 筐、油 5 篓（共 4 500 斤），据柜上人员讲，每月均有流水 30 万元，除开支外净利 4.1 万元。②

表 4.5　抗战爆发前后晋西北地区货物利润比较表

货币单位：元/法币

货 / 项目	布（匹）			棉花（斤）			火柴（包）		
	战前	1939	现在	战前	1939	现在	战前	1939	现在
买　价	1.40	7	52	0.30	1.20	8	0.14	0.135	4
卖　价	1.50	8	56	0.33	1.40	12	0.045	0.15	4.5
赚　利	0.075	1	4	0.03	0.20	4	0.005	0.015	0.5
利　成	5.3%	14%	7%	10%	17%	50%	12.5%	11.1%	12.5%

资料来源：中共晋西区党委：《晋西北商业贸易发展概况》（1941 年 12 月），晋绥边区财政经济史编写组、山西省档案馆编：《晋绥边区财政经济史资料选编》（金融贸易编），太原：山西人民出版社，1986 年版，第 495 页。

由于实行"对内自由"的商业政策，除盐等部分商品优先供给公营商店和合作社外，其他都是私商可以参与的，因此，境内商业的繁荣既推动了物资的充分流通，也反映了当时商业氛围浓厚吸引着经营者的参与。相较之下，兴县二区抗属白武功，本为佃户，战前以贩猪为业，常走天津、北平，往来于大商之间，然生活始终无

① 《碛口市商业调查总结》（1944 年 10 月 15 日），山西省档案馆馆藏档案：A90-4-101-4。

② 《碛口市商业调查总结》（1944 年 10 月 15 日），山西省档案馆馆藏档案：A90-4-101-4。

着。[①] 可以看出战前小生意收益之微薄和根据地各类商户获利之提高。

(4) 商户数量增长,商业类型丰富,中小私商及小摊贩比较活跃。由于商业贸易政策的扶持及营业利润的吸引,根据地商户数量得到了迅速增加,促进了商业繁荣。到1941年底,有各类商户1 123家,其中私商、小摊贩占商户总数的比例达93.3%,在数量上占绝对优势。[②]

表4.6　1941年晋西北抗日根据地私商摊贩数量表

项　数　县		兴县	临县	河曲	碛口	保德	娄烦	岢岚	交城	合计
私商、私摊贩		280	248	297	102	48	76	—	—	1 051
%		96.5	93.5	98	84	94	86.2			93.3
公商	公商	9	14	4	16	2	11	3	1	60
	贸易局商店	1	1	2	3	2	1	1	1	12
	%	4.5	6.5	2	16	6	13.8	100		6.7
总　计		290	263	303	121	52	88	4	2	1 123

附记:1. 依家数、材料加以资本论,公商比重较大;2. 河曲项内包括巡镇。

资料来源:中共晋西区党委:《晋西北商业贸易发展概况》(1941年12月),晋绥边区财政经济史编写组、山西省档案馆编:《晋绥边区财政经济史资料选编》金融贸易编,太原:山西人民出版社,1986年版,第498页。

根据1935年《晋绥社会经济调查统计社年刊》职业人数调查

① 晋绥边区财政经济史编写组、山西省档案馆编:《晋绥边区财政经济史资料选编》(农业编),太原:山西人民出版社,1986年版,第99页。

② 中共晋西区党委:《晋西北商业贸易发展概况》(1941年12月),晋绥边区财政经济史编写组、山西省档案馆编:《晋绥边区财政经济史资料选编》(金融贸易编),太原:山西人民出版社,1986年版,第498页。

表载，方山县居住人口中，从商者 173 人，皆为男性。又据 1941 年《山西省现住人口职业分配统计报告表》载，方山县居住人口中，从事商业的有 1 209 人，其中男性 906 人、女性 303 人，商业人口增加较多。① 临县从事个体经营转运货物的商人，1940 年为 134 人，1941 年增加为 459 人。②

从商人成分上看，除部分商业资本从农业、工矿业转入外，晋西北抗日根据地的私商有许多是在新政权领导下起家的。如兴县 1941 年底的 44 户中商中，战前大部分是穷苦之家（小商 5 户、摊子 6 户、货郎 4 户、染布 1 户、磨面 1 户、旧日当警察者 6 户，卖饼子的 1 户、伙计 2 户、割皮子的 2 户、店员 6 户、钉鞋的 1 户、当过掌柜者 2 户、农村小有钱者 1 户），只有 5 户是由中商，1 户是由吃租转化来的。再如 7 户上中商户是由战前 1 户小商、1 户摊贩、2 户伙计、1 户旧日警察、1 户磨面、1 户收羊肠子的上升起来的。③

1943 年之后，由于总体形势逐渐改善，1944 年政府在负担上继续照顾工商业，取消了公粮，只征一道营业税且规定 1944 年最高不超过纯收益的 20%，1945 年最高不超过纯收益的 25%，促使工商业进一步发展起来。④ 如碛口 1943 年有商户 157 户，1944 年

---

① 方山县地方志编纂委员会编：《方山县志》，太原：山西人民出版社 1993 年版，第 108 页。

② 中共晋西区党委：《晋西北商业贸易发展概况》（1941 年 12 月），晋绥边区财政经济史编写组、山西省档案馆编：《晋绥边区财政经济史资料选编》（金融贸易编），太原：山西人民出版社，1986 年版，第 492 页。

③ 晋绥边区行署：《晋绥边区贸易工作材料》（1944 年 8 月 29 日），晋绥边区财政经济史编写组、山西省档案馆编：《晋绥边区财政经济史资料选编》（金融贸易编），太原：山西人民出版社，1986 年版，第 569 页。

④《晋绥边区关于对工商业负担政策的检查》（1948 年 3 月），山西省财政厅税务局、内蒙古财政厅税务局、山西省档案馆、内蒙古自治区档案馆编：《晋绥革命根据地工商税收史料选编》，太原：山西人民出版社，1986 年版，第 56 页。

即增长到207户。[①] 1943年以前,临县有商户912户,1945年一年中就增加400户,年增长率达44%。[②] 1945—1946年间,兴县城商户达350户,数量比1941年前又增加3倍以上。兴县城商户数量的增长明显反映了这种增长的趋势。

表4.7 1945—1946年根据地兴县城商户业态分布表

	业态	数量		业态	数量		业态	数量		业态	数量
贩卖业	布行	20	贩卖业	文具店	3	生产作坊	木匠	23	生产作坊	成衣局	6
	杂货行	105		饼子铺	34		纺织	15		染坊	1
	药行	9		客店	10		铁匠炉	21		皮坊	4
	梨果行	5		瓷铺	1		油坊	2		烟坊	5
	肉铺	14		澡堂	1		鞋厂	7		麻铺	4
	理发所	4	作坊	磨坊	21		铜匠	5		银炉	2
	饭铺	10		粉坊	13		修洋车铺	3			

资料来源:赵立德:《晋绥工商业情况报告》(1948年2月),晋绥边区财政经济史编写组、山西省档案馆编:《晋绥边区财政经济史资料选编》金融贸易编,太原:山西人民出版社,1986年版,第600页。

据八分区贸易部门统计,到1944年5月,八分区所属各县作坊、私商数量均有较大增长(详见表4.8)。其中,静乐县抗日民主政府辖区(主要是二区、六区、八区)有私作坊37家,资本金19 420元农币;私商43家,资本金银洋3 715元。私商中资本金最多者为圪梁村尤平子的230元,最少者为南峪村尹丑孩和庆善村崔二脸

① 《碛口市商业调查总结》(1944年10月15日),山西省档案馆馆藏档案:A90-4-101-4。

② 赵立德:《晋绥工商业情况报告》(1948年2月),晋绥边区财政经济史编写组、山西省档案馆编:《晋绥边区财政经济史资料选编》(金融贸易编),太原:山西人民出版社,1986年版,第600页。

的 40 元。①

中小私商大多亦农亦商，与农业有着直接联系。1944 年 7 月，八区交东县进口货物很少，就是因沦陷区商人来得很少而内地商人正在农忙时期。② 一般富户经营商业的较多。如富农生产情绪高，自己雇工种地，自己做生意，开油坊、粉坊，由于日军控制了洋油，开油坊很赚钱。③ 保德财主姚五户在城关共有 500 石(细米)租子，兼做生意，主要依靠把绥西甘草贩到天津、西安发财。④ 八区地主(撂)荒土地、富农分散土地出典后入股商店，达到“单独不搞、利息不少、雇工不雇”的结果。有的成为公商的营业干部，通过太原、平遥两条线路贩运布匹、洋布、纸、洋油、针、洋火等。⑤

表 4.8　八分区各县私商作坊家数资本统计

县	家数		资本		备考
	私作坊	私商数	银洋	本币	
交城		81		550 500	
离东	12		5 800		
离东三区		5	1 750		
汾阳	4		2 500		

① 八分区:《物价、合作社股金、私商作坊资本的统计》(1944 年 5 月 11 日)，山西省档案馆馆藏档案:A33－7－3－1。

② 晋绥边区贸易第八分局编印:《经济旬报》第 3 期(1944 年 7 月 22 日)，A96－3－31－14，山西省档案馆。

③ 张闻天选集传记组、中共陕西省委党史研究室、中共山西省委党史研究室编:《张闻天晋陕调查文集》，北京:中共党史出版社，1994 年版，第 366 页。

④ 张闻天选集传记组、中共陕西省委党史研究室、中共山西省委党史研究室编:《张闻天晋陕调查文集》，北京:中共党史出版社，1994 年版，第 378 页。

⑤ 张闻天选集传记组、中共陕西省委党史研究室、中共山西省委党史研究室编:《张闻天晋陕调查文集》，北京:中共党史出版社，1994 年版，第 369 页。

续表

县	家数		资本		备考
	私作坊	私商数	银洋	本币	
阳曲	23		6 560		
		32	4 580		
交西		47	10 960	232 000	
静乐	37		19 420		
静乐八区		43	3 715		
交城		42			
合计	76	250 人	55 285	782 500	
白洋折本币				8 292 750	
总计				9 075 250	

资料来源:八分区:《物价、合作社股金、私商作坊资本的统计》(1944 年 5 月 11 日),山西省档案馆馆藏档案:A33-7-3-1。

小摊贩基本都兼顾农作。静乐县湾子村吕联科家共三口人,本人挑货郎担串村卖货,捎种地两垧,收入主要靠贩货。① 神府县贺家川做小生意的,除了几家没有土地的外来小商人,大多数都是兼营农业的。因为村里的小商店是合股经营,大家又都是本村人,所以各店东平常均可轮流回家种地,有些主要的还依靠农业。② 一些商贩原来是佃农,因经济条件改善,也做贩卖生意。一些农民农忙种地,农闲倒贩。如汾阳小相村的潘志云,在本村杂货店入有股

① 中共晋绥分局研究室:《怎样划分农村阶级成分?》(1946 年 9 月),晋绥边区财政经济史编写组、山西省档案馆编:《晋绥边区财政经济史资料选编》(农业编),太原:山西人民出版社,1986 年版,第 339 页。

② 张闻天选集传记组、中共陕西省委党史研究室、中共山西省委党史研究室编:《张闻天晋陕调查文集》,北京:中共党史出版社,1994 年版,第 56 页。

子，冬天农闲时赶车运货，做倒贩的生意。①

小贩大部分是本地人，也有部分外地商人往来贩货。如八区运到兴、临等地货物或由晋察冀边区运货到河、保的，多为外地商人组织并在根据地内贩卖。他们或者是一起四五十人集体的行动，或者是个体的、零散的。有的通过转运栈脱售，有的则自己在市上出售。② 有的小贩将货物寄存在乡村，以游贩形式招揽主顾，成交后回至乡村交货，娄烦一带就是如此。③

如前所述，私商之发展在很大程度上得益于公商之扶持。而公私合营商业也是根据地商业一个很重要的经营形式，如兴业公司就吸收私营投资。④ 而公商与私商之合作，在于各取所需。有的是公商利用私商的关系和身份而出资合作，由私商买回根据地必需品，如“边股生意”。⑤ 有的是公商由于经营资本、人才和业务渠道的缺乏，选择与私商合作。私商依附于公营名义下，兼营私利。⑥ 前者双方责任明确、分红清楚，但后者往往容易出现以私侵

---

① 中共晋绥分局研究室：《怎样划分农村阶级成分?》(1946 年 9 月)，晋绥边区财政经济史编写组、山西省档案馆编：《晋绥边区财政经济史资料选编》(农业编)，太原：山西人民出版社，1986 年版，第 335 页。

② 中共晋西区党委：《晋西北商业贸易发展概况》(1941 年 12 月)，晋绥边区财政经济史编写组、山西省档案馆编：《晋绥边区财政经济史资料选编》(金融贸易编)，太原：山西人民出版社，1986 年版，第 516 页。

③ 中共晋西区党委：《晋西北商业贸易发展概况》(1941 年 12 月)，晋绥边区财政经济史编写组、山西省档案馆编：《晋绥边区财政经济史资料选编》(金融贸易编)，太原：山西人民出版社，1986 年版，第 496 页。

④ 黎军：《记兴业公司》，《抗战日报》，1944 年 5 月 23 日，第 2 版。

⑤ 中共晋西区党委：《晋西北商业贸易发展概况》(1941 年 12 月)，晋绥边区财政经济史编写组、山西省档案馆编：《晋绥边区财政经济史资料选编》(金融贸易编)，太原：山西人民出版社，1986 年版，第 516 页。

⑥ 刘录开、钟廷豪主编：《中国革命根据地商业史》，北京：中国商业出版社，1997 年版，第 238 页。

公现象。如临县市公商26户中直接间接由地主大商掌握的17家，占65.5%。[①] 如八方商店公股只占一股半而私股是十一股二，远远超过公股数量；新临门市部公股还不及私股的1/10；碛口新华工厂资本12 800元中，公家资本只有5 000元；兴县的德兴永以公商名义出面开栈房，其实卫生部只有很少资本，其余均属私商赵玉文（地主）；离石大武镇酒精厂系地主数人与吕梁供给及军品卫生部公私合营名义经营。私商李善恩从事流动贸易，借一公营货栈名义在临、碛一带买土布，每次10—20捆地收买。以上私商或对税局以公商出面，“甚至身着军服”，往往利用公商身份非法牟利。[②]

私商和小摊贩的经营促进了根据地物资的内外流通，协助推广了本币，在根据地商业格局中发挥了重要作用。抗日政府对此予以肯定，特别指出肩挑小贩“更是深入农村的桥梁”。[③] 晋西北内地大部分地方地广人稀，广大乡村及偏僻地方的供应主要依靠私商和小摊贩，他们熟悉地理、了解行情，吃苦耐劳，翻山越岭，并成为推广本币的有效渠道。许多小商人自愿肩挑担下乡，如静乐天池店有三家做小生意，所卖货物大多是必需品。[④] 与游击区物资交流主要依靠小商贩。游击区大部分地方没有商店，货物交换全靠从根据地去的肩挑小贩进行。所谓肩挑小贩并不一定都有挑担，

---

① 晋绥税务总局：《晋绥边区四六年度营业税总结（草稿）》（1947年7月），山西省档案馆馆藏档案：A90－4－74－11。

② 晋绥税务总局：《晋绥边区四六年度营业税总结（草稿）》（1947年7月），山西省档案馆馆藏档案：A90－4－74－11。

③ 晋绥边区行署：《半年来贸易工作总结》（1945年4月），晋绥边区财政经济史编写组、山西省档案馆编：《晋绥边区财政经济史资料选编》（金融贸易编），太原：山西人民出版社，1986年版，第471页。

④ 晋绥边区贸易第八分局编印：《经济旬报》第3期，1944年7月22日，山西省档案馆馆藏档案：A96－3－31－14。

赶驴驮货的也很多。二区岢、五一带(游击区)农村物资的供应大部分仰给于由河曲、保德下来的小贩。① 小贩还把农币也推到游击区和沦陷区。如忻州平川过去完全是用伪钞的,后来因为不少小贩在贩运根据地货物(黄油、硫磺等)时使用本币,平川的群众也就收受本币,本币在平川也就部分行使起来。②

私商和小摊贩在对外贸易中也发挥了无可替代的作用。私商与友区、沦陷区的贸易是根据地输入必需物资的有效渠道。静乐贸易局组织小商贩和有经商经验的群众,深入沦陷区太原、古交、交城等地,向根据地输入日用必需品如棉花、火柴、煤油、食盐、白碱、毛巾、文具、纸张等。当时八分区娄烦一带驻军、机关人员较多,军需民用物资用量很大,小商贩和经商的群众在解决物资供应方面发挥了很大作用。③ 临县市的八方商店、高子文、赵继维,碛口的同和庆、同庆恒等,代县的市源记、广聚成、益记等私商的经营规模较大。高子文去西安买蜂蜜一次即买 200 余箱,除中途卖外,运回临县者 80 余箱;八方商店借用公家名义以药铺为名常有两三人去汾阳、平遥、太原一带买货;赵继维养七八头骡子,常去汾阳贩货。④ 根据地的小商人经常到沦陷区贩运货物,如娄烦的小贩到太原光来回行程就要 7 天,许多人都能跑太原,

---

① 中共晋西区党委:《晋西北商业贸易发展概况》(1941 年 12 月),晋绥边区财政经济史编写组、山西省档案馆编:《晋绥边区财政经济史资料选编》(金融贸易编),太原:山西人民出版社,1986 年版,第 496 页。

② 晋绥边区行署:《半年来金融工作总结》(1945 年 4 月),山西省档案馆馆藏档案:A90－4－99－1。

③ 闫俊:《抗日战争、解放战争时期的静乐贸易局》,娄烦县政协文史委员会编:《娄烦文史资料》第五辑,1999 年 12 月,第 63 页。

④ 晋绥税务总局:《晋绥边区四六年度营业税总结(草稿)》(1947 年 7 月),山西省档案馆馆藏档案:A90－4－74－11。

贩卖多自行出售或囤积待高价出售。① 从静游到临县的商路在抗战爆发之前是走龙泉川—梁家庄—东村—普明—赤坚岭的官道，日军在马家岩、东村、普明设立据点后，老百姓贩货改走李家山—郭家庄—神堂沟之山梁，继续在根据地、游击区、沦陷区之间倒贩货物。② 据八分区贸易局有关资料记载，1945 年夏，阳曲县抗日政府动员组织群众下平川买了不少小米。购买的地方大部分分散在该县靠近根据地边沿各村，日军发现了，在边山埋伏着搜老百姓，由于老百姓（小贩）对当地地理很熟，虽被日军打击过一次，捉走一个老乡，但他们并不害怕，还是到平川买粮。③ 私商还通过与公商合作做所谓“边股生意”，为根据地购入了大量必需品。正式商人因为敌人封锁，出入境危险性大，都不敢从事此种营业。有一些半商人成分富有冒险精神的老百姓，与寺圪塔维持会沟通关系，通过贿赂，取得搬运证与“良民证”，才敢前去。“边股生意”的资本构成大半采取小量投资朋伙合股方式，根据地部队机关利用有搬运证与沦陷区有关系之商人，公家拿资本，商人出人力，红利公家占 70%，商人占 30%，以此规避意外与损失。④ 路小玉以经济力量团结群众，设立沦陷区合作小组，争取伪人员，解决了抗日民兵的子

① 中共晋西区党委：《晋西北商业贸易发展概况》（1941 年 12 月），晋绥边区财政经济史编写组、山西省档案馆编：《晋绥边区财政经济史资料选编》（金融贸易编），太原：山西人民出版社，1986 年版，第 516 页。

② 访谈对象：韩山海，男，80 岁，娄烦县（原属静乐县）上静游村人；访谈时间：2013 年 6 月 8 日。

③ 晋绥边区贸易第八分局编印：《经济旬报》第 27 期，1945 年 7 月 27 日，山西省档案馆馆藏档案：A96-3-31-6。

④ 中共晋西区党委：《晋西北商业贸易发展概况》（1941 年 12 月），晋绥边区财政经济史编写组、山西省档案馆编：《晋绥边区财政经济史资料选编》（金融贸易编），太原：山西人民出版社，1986 年版，第 516 页。

弹等。[1]

贸易部门在工作中注意发挥小商贩的作用以扩大供给。商人的逐利性决定了私商和小摊贩的经营行为是以利润为导向的。他们无论是来回在各个集市间赶集还是沿村叫卖都是如此，而农民所蒙受的剥削也比较重。如静乐（宁）新屯堡四家商人中有3个是挑贩。[2] 据《抗战日报》报道，静乐小贩一匣火柴和一包旱烟的卖价很高，远远超过兴县同类商品价格。[3] 因此，为了保护群众利益，维护经济秩序，贸易局加强了对私商的引导和支持，有针对性地增加商品供应，发挥他们的积极性，有效提升了他们的经营能力。晋西北抗日民主政府成立后，贸易总局深感农村人民生活必需品之短缺，又拨发资本一批，分发到二、三、四、八等专区分局，每局2万元，专作供给肩挑小贩之资本，以调剂农村商品之供需，并可使农钞普及于乡村，以提高农钞价格。[4] 二分区廉价供给中小商人食盐每日500余斤。四区贸易局给小商贩短期贸易贷款，非常受欢迎。[5] 路小玉能在沦陷区买入根据地急需的物资，靠的也是很好地运用了根据地的

---

① 晋绥边区行署：《半年来贸易工作总结》（1945年4月），晋绥边区财政经济史编写组、山西省档案馆编：《晋绥边区财政经济史资料选编》（金融贸易编），太原：山西人民出版社，1986年版，第476页。

② 中共晋西区党委：《晋西北商业贸易发展概况》（1941年12月），晋绥边区财政经济史编写组、山西省档案馆编：《晋绥边区财政经济史资料选编》（金融贸易编），太原：山西人民出版社，1986年版，第496页。

③ 特派记者丽生：《从兴县到静乐》，《抗战日报》，1941年1月1日，第1版。

④ 艾平：《贸易总局拨款投出资本八万元，借给肩挑小贩调剂农村供需》，《抗战日报》，1941年8月25日，第3版。

⑤ 中共晋西区党委：《晋西北商业贸易发展概况》（1941年12月），晋绥边区财政经济史编写组、山西省档案馆编：《晋绥边区财政经济史资料选编》（金融贸易编），太原：山西人民出版社，1986年版，第550页。

盐、布、碱、火柴等物资，密切联系群众，依靠群众，给群众解决困难。① 碛口小贩货物也全靠贸易局供给。离石县政府把没收的香廉价供给了小商人，博得了他们的一致称赞。五分局投资给小商贩 935 元，总局晋兴商店在 1941 年 11 月 16 日至 1942 年 1 月 31 日的两个半月内即供给小商人货物 99 070 元。② 岚县贸易部门把盐、碱照本赊给小商人，以使其以公平价格卖给群众。③ 贸易局低价供给愿意经商的群众以商品，使其深入农村发展了不少的商贩，④取得了明显的成效。

贸易局低价供给中小商人货物，给他们以实际的帮助，使中小商人得到了实惠，边远区域群众供应也因此得到改善，并使小商和摊贩解脱了对大商人的依赖，逐渐独立发展，所以一般小商人对贸易局的反映是较好的。⑤ 私营商业、小摊贩的营业活动，在根据地商业贸易中发挥了重要作用。

---

① 晋绥边区行署:《半年来贸易工作总结》(1945 年 4 月)，晋绥边区财政经济史编写组、山西省档案馆编:《晋绥边区财政经济史资料选编》(金融贸易编)，太原:山西人民出版社，1986 年版，第 476 页。

②《两个半月贸易工作中的重要教训》(1942 年 4 月 15 日)，晋绥边区财政经济史编写组、山西省档案馆编:《晋绥边区财政经济史资料选编》(金融贸易编)，太原:山西人民出版社，1986 年版，第 425 页。

③ 海云:《界河口集市的建立及其作用》,《抗战日报》，1945 年 3 月 27 日，第 1 版。

④《晋绥边区一九四五年一月至一九四六年六月贸易工作综述》(1946 年 7 月 10 日)，晋绥边区财政经济史编写组、山西省档案馆编:《晋绥边区财政经济史资料选编》(金融贸易编)，太原:山西人民出版社，1986 年版，第 665—670 页。

⑤ 中共晋西区党委:《晋西北商业贸易发展概况》(1941 年 12 月)，晋绥边区财政经济史编写组、山西省档案馆编:《晋绥边区财政经济史资料选编》(金融贸易编)，太原:山西人民出版社，1986 年版，第 553 页。

三、消费合作社

“进步的工具要以进步的组织来配合”。① 面对新政权成立后百业萧条、商品匮乏、供应枯竭的状况，必须发动和利用群众，积极组织各类生产、消费合作社，促进生产发展，满足必需品供给。

1939 年 4 月 13 日，朱德、彭德怀、杨尚昆致电聂荣臻、贺龙要求各部队“开荒种地，举办各种合作社、手工业工厂，织造布匹、鞋袜，以供应部队需要”。② 中共领导人朱德、彭德怀都强调要“大力发展边区的合作事业”，③活跃市场。彭德怀指出：“发展合作社的目的就是为了增加生产，活跃市场，平定物价，改善人民生活。同时发展生产合作事业，还能吸收民众中各阶级的资本参加合作事业。”④

晋西北抗日根据地合作事业起步较早。在抗战开始到“晋西事变”结束的这段时间里，由于政权系统仍被阎锡山把持，中共推行合作事业必须依靠战动总会来发动群众。经过努力，晋西北地区逐渐发展起了一批生产、消费、信用合作社。最初设立的合作社资金来源主要是从反贪污运动中收回的贪污款项，如岚县消费合作社的资金中有相当部分就是这样筹集的。抗战爆发后，岚县圣北窑一个绅商浑水摸鱼，砍了村里的松树准备运往文水、交城卖给敌人，经农会组织查清，勒令其将所得款项退出，做了合作社的基

---

① 张稼夫：《晋绥边区生产会议总结》(1946 年 2 月 4 日)，晋绥边区财政经济史编写组、山西省档案馆编：《晋绥边区财政经济史资料选编》(总论编)，太原：山西人民出版社，1986 年版，第 718 页。

② 中共中央文献研究室编：《朱德年谱》(中)，中央文献出版社，2006 年版，第 877 页。

③ 朱德：《论发展边区的经济建设》，《抗战日报》，1940 年 12 月 14 日，第 1 版。

④ 彭德怀：《财政经济建设》，《抗战日报》，1940 年 12 月 4 日，第 1 版。

金。还有战前曾有 5 000 元修岚县—静乐公路的民工款存于岚县县政府内，抗日战争爆发后，工人走散，账簿也丢了，农民发起要办合作社时，从县政府找到这笔钱，县长只好从其中取用一部分用作合作社基金。岚县消费合作社有了这笔基金后，除了可以补助农会的经费外，还可以用于春耕贷款和救济贫农、抗属、难民等。

由于合作社是自己开办的，所以群众有权利按照自己的意见来处理一切。偏关、保德、宁武等地也先后成立了类似的合作社。1939 年 5 月，晋西北农联第二次执委会会议后，决定在晋西北除雁北、太原沦陷区外的四个中心区农会中以农救会为主，另外号召妇救会、青救会参加，在临县区、岢岚区共同成立中心区合作社。①

随着新政权的成立，晋西北抗日根据地的合作事业进入了迅速发展的时期。1940 年 1 月，晋西北行署颁发《合作社暂行条例》，规定合作社业务包括生产、消费、运销、消费等四项，实际上主要都是消费合作社，很少能延伸到生产环节。1940 年 12 月 4 日，中共晋绥分局以《抗战日报》社论的形式，明确提出了合作社应向生产方向发展的指示，指出应注意发展工业和农村副业生产合作社，如纺纱、织布、织毛巾、织袜子、毛织业、制纸、制绳、制烟、制肥皂、铁器、瓷器以及一切农具的生产等。

为切实推动合作事业发展，行署明确合作社的性质是大多数人组织起来的，为大家谋共同利益的一种经济制度，因此要戒绝脱离群众、单纯营利主义，甚至走私避税、拉夫索脚等行为。要求举办多种形式的合作社如消费合作社、生产合作社、运销合作社，消费合作社的物品要价格低，适合既是股东又是顾客的一般社员之

① 刘欣、景占魁主编：《晋绥边区财政经济史》，太原：山西经济出版社，1993 年版，第 61—62 页。

需要，站在为大众服务的立场上。① 1941 年 2 月 28 日，又颁布了《山西省第二游击区贷款暂行办法》，规定凡在本游击区内私人经营生产事业和合作事业者，可呈请政府请求低利或无利贷款之权利。其中支持合作社的贷款按照成立时间、社员人数作了四类规定：

成立三月以上，社员在百人以上，业务确有成绩之生产运销信用等合作社，并已呈请政府登记立案者，政府斟酌贷与社股总金额二倍以下之贷款，但性质重要之生产合作社不在此限；成立未久，社员不足百人，而业务确有必要之生产运销信用合作社，并已呈请政府登记立案者，酌贷与其社股总金额一倍或一倍以下之贷款；业务重要有特殊情况之消费合作社已向政府登记立案者，酌贷与其社股总金额一倍以下之贷款；抗属集股所办之合作社，得受特殊之待遇。②

1941 年 5 月 20 日，《抗战日报》再次发表关于《如何建立合作社》的社论，③对如何推动根据地合作事业发展提出了新的具体要求。

1943 年 11 月，为了保证合作事业更加顺利开展，行署要求在各县所属每个区都成立一个核心的合作社，作为合作事业之支撑。④ 在政策鼓励和新政权的大力支持下，晋西北抗日根据地合作社获得了很大发展。据不完全统计，到 1944 年 8 月，合作社（只是商

① 山西省政府第二游击区行署：《关于粉碎敌人经济进攻大批成立合作社的代电》，山西省档案馆馆藏档案：A88－5－13－5。

② 山西省第二游击区行政公署：《山西省第二游击区贷款暂行办法》（1941 年 2 月 28 日），晋绥边区财政经济史编写组、山西省档案馆编：《晋绥边区财政经济史资料选编》（金融贸易编），太原：山西人民出版社 1986 年版，第 201 页。

③《如何建立合作社》，《抗战日报》，1941 年 5 月 20 日，第 1 版。

④ 晋绥边区行政公署：《关于金融贸易工作成立各合作社及经济问题迅报行署的命令》（1943 年 11 月 15 日），山西省档案馆馆藏档案：A90－4－97－13。

业、运输业的，不包括农民劳动互助）能起作用的共有 117 个（实际可能高于此数），除兴县 21 个，每区平均 3 个，其余县份每区平均 1 个。①

表 4.9　八分区各县合作社股数股金社员统计

县	合作社	股数	资金（元）	社员（人）	备考
静乐	2	345	25 729.5	75	
交城	5	659	310 704.5	1 975	
阳曲	7	18 762	223 225	1 117	
离东	8	2 086.5	377 250		约 1 000 人
交西	8	11 802	390 172	964	
合计	30	346 545	1 327 081	4 731	约 5 700 人

资料来源：八分区：《物价、合作社股金、私商作坊资本的统计》（1944 年 5 月 11 日），山西省档案馆馆藏档案：A33－7－3－1。

八分区五县共有合作社 30 个，平均每县 6 个，远超平均水平。1944 年，边区合作社有很大发展，总数在千个以上，资本约计万万元。② 这些合作社对组织群众生产、运输、信用，以及供给群众必需品上都起了不小的作用。特别在游击区及战争情况时，它们仍然能供给群众以物品使民众不至于因战争而感到困难。

贸易局在各方面为合作社发展提供帮助和支持，极大地促进了农村物资的顺利供销。

（1）规范购销行为，切实保证供应。兴县供给合作社货物达

① 晋绥边区行署：《晋绥边区贸易工作材料》（1944 年 8 月 29 日），晋绥边区财政经济史编写组、山西省档案馆编：《晋绥边区财政经济史资料选编》（金融贸易编），太原：山西人民出版社，1986 年版，第 572 页。

② 晋绥边区行署：《半年来金融工作总结》（1945 年 4 月），山西省档案馆馆藏档案：A90－4－99－1。

2 600 元，临县供给合作社货物计火柴 600 包、颜料 7 桶、棉花 700 斤，二分局也供给了一些日用必需品。保德 9 家合作社和贸易局都订了合同，规定每月 5 日以前各合作社到贸易局取货，供货总值 120 390 元，如供给冯家川合作社货物达 22 848 元。河曲 13 个合作社也都和贸易支局建立了关系，贸易局供货达 24 308 元，供应最多的是榆泉合作社，供给货物达 5 151 元。河曲原有合作社只 5 个，其余 8 个都是新建立起来的，共计社员 720 人，社股 1 338 股，资本总额达 63 801 元。岢岚新组成的合作社计 22 处，已开始营业者 8 处，计社员 1 756 人，资本农钞 6 901 元，粮食 13.93 石，集股而未开办者"计社员 533 人，资本农钞 2 770 元，粮食 5.72 石"。依不完全统计，到 1942 年 10 月，各局供给合作社货物总值至少 536 510 元。①

（2）政策予以倾斜，提供赊货支持。贸易局与合作社双方之间业务用赊贷、贷款、投资等方式进行，通过这种方式扶持合作社。赊货时一般都是八五折扣，贷款不收利息，投资少计股金（算 80%）等，如三分区经常赊给合作社款达 500—600 万元。② 二分局会同保德县政府、抗联，建立起合作指导委员会，召集了合作社的会议，具体签订了相互供给货物的合同，贸易局供给合作社货物依规定给以折扣；河曲支局为了鼓励合作社的建立，特别规定供给合作社

① 晋西北行署：《晋西北贸易政策及贸易局业务概括》（1942 年 10 月），晋绥边区财政经济史编写组、山西省档案馆编：《晋绥边区财政经济史资料选编》（金融贸易编），太原：山西人民出版社，1986 年版，第 563 页。

② 晋绥边区行署：《晋绥边区贸易工作材料》（1944 年 8 月 29 日），晋绥边区财政经济史编写组、山西省档案馆编：《晋绥边区财政经济史资料选编》（金融贸易编），太原：山西人民出版社，1986 年版，第 573 页。

的货物按七折计算。[①] 贸易局直属之兴业公司从各货栈和门市部抽调出80万元的资金和10余种生产资料赊给群众办起的合作社，仅两个月就有31处开业生产。他们的产品优先推销，价格优惠。[②] 八分区静乐县顺道合作社赊了贸易局10万元的货，阳曲西皮合作社赊货20万元，惠家庄合作社赊货120多万元。[③]

表4.10　三分区贸易局与合作社资金来往表

收付额 社　名	共收数	共付数	共欠数
南临合作社	783 008.00	1 233 008.00	450 000.00
北临合作社	3 434 329.00	9 206 596.00	5 772 267.00
一区合作社	122 270.00	457 891.00	335 621.00
三区合作社	973 625.00	973 625.00	—
五区合作社		128 000.00	128 000.00
合　　计	5 313 232.00	11 999 120.00	6 685 888.00

资料来源：晋绥边区行署：《晋绥边区贸易工作材料》(1944年8月29日)，晋绥边区财政经济史编写组、山西省档案馆编：《晋绥边区财政经济史资料选编》金融贸易编，太原：山西人民出版社，1986年版，第573页。

在保证供给的同时，贸易局要求合作社言不二价，看利二成，并负责供给贸易局土货；合作社坚决收农钞，严禁白洋，不用法币，以物易货不超过营业额1/2；合作社向贸易局买到之货，不可转卖商人，供其便宜取利。

---

① 中共晋西区党委：《晋西北商业贸易发展概况》(1941年12月)，晋绥边区财政经济史编写组、山西省档案馆编：《晋绥边区财政经济史资料选编》(金融贸易编)，太原：山西人民出版社，1986年版，第548—549页。

② 《牛荫冠纪念集(续)》编委会编：《牛荫冠纪念集(续)》，第327页。

③ 八分区：《关于合作社工作几个问题的整理》(1945年12月)，山西省档案馆馆藏档案：A33-7-3-2。

(3) 加强培训力度,促进持续发展。四分局、碛口、兴县的县政府开办了合作社训练班。计临县到训干部 30 人,碛口调训从事合作运动的村干部达 60 余人,兴县到了 12 个村的村主任、农救秘书和区的建设助理员。此外,各贸易支局协助政权团体筹备、辅导各地合作社的建立。1941 年底,五分局决定贸易局在各县负责组织起来一个合作社,六分局也计划帮助建立三个合作社。①

在贸易局的支持下,合作社在供应群众、收集土产、推广农币、打开销路、促进赢利及配合对敌斗争等方面都发挥了重要作用。

(1) 推广使用农币,扩大使用范围。合作社是推广农币的主要渠道之一。合作社多数是群众自己举办的,他们一般都坚决使用本币。每个合作社周围,都围绕着或多或少的本币。群众从合作社可以用本币买到东西,而且廉价地买到东西,自然乐于收受本币。如兴县六区张家坪合作社卖货只收本币,这样群众就用开本币了。经验证明,哪个地方有了合作社,哪个地方及其周围本币就多起来。合作社成为本币在农村的支点,合作社愈普遍,本币在农村也就愈深入。② 离石四区农民合作社坚持用本币,就是例证。③ 1943 年冬季敌“扫荡”当中,兴县杨家坡合作社供给群众货物接受本币,维持了附近乡村金融的稳定。④ 有的合作社利用自己

---

① 中共晋西区党委:《晋西北商业贸易发展概况》(1941 年 12 月),晋绥边区财政经济史编写组、山西省档案馆编:《晋绥边区财政经济史资料选编》(金融贸易编),太原:山西人民出版社,1986 年版,第 548—549 页。

② 晋绥边区行署:《半年来金融工作总结》(1945 年 4 月),山西省档案馆馆藏档案:A90-4-99-1。

③ 侯建华:《介绍一个农民合作社》,《抗战日报》,1941 年 6 月 10 日,第 3 版。

④《一年来金融工作的基本总结及今后的任务与方针》(1944 年 8 月 5 日),山西省档案馆馆藏档案:A90-4-101-3。

的货郎担子，把本币推广到游击区。① 六分区在收复石家庄南沟口之后，合作社商店就都推向前去，政府发了救济款，部队机关的菜金及购买零星东西也花出一部分本币。合作社及商店带了货去，一面供给货物，支持本币，一面也陆续吸收那里的土产，把本币推行出去。宁三区合作社除自己卖货外，团结着十来个小贩，到那一带卖货收土产，他们都使用本币，有时接到白洋马上就到银行来兑换。这样一来本币就行使开了。② 阳曲在新收复区也有同样的做法。总之，向新的地区推广主要是运用合作社或商店、货物及农币三位一体向前推的办法。③

(2) 深入农村市场，稳定流通秩序。合作社在农村市场起到了公商所不能的独到作用。以兴县为例，他们在战争前都准备了货，以供战时群众需要。固贤合作社主任在 1944 年 11 月 3 日(敌人已进到白家沟)时亲自到贸易局驮回烟 1 驮、盐 1 驮，以备群众购买。蔡家会、红乐村合作社在战争中组织了 3 个货郎担子，卖货给群众，还把存货分散转移到各村，卖了 20 匹布、几十包烟以及其他货物，货卖得较私商便宜，如 1 包烟私商卖 56 元，合作社只卖 40 元。其他如高家村、车家庄等合作社也都卖给了群众很多必需品。合作社普遍对本币的支持，不但解决了群众困难，稳定了金融，而且打击了奸商的投机。兴业公司在敌"扫荡"前就存有大批物资，"扫荡"时把物资分散到各村并专门成立了流

---

① 晋绥边区行署:《半年来金融工作总结》(1945 年 4 月)，山西省档案馆馆藏档案：A90-4-99-1。

② 晋绥边区行署:《半年来金融工作总结》(1945 年 4 月)，山西省档案馆馆藏档案：A90-4-99-1。

③ 晋绥边区行署:《半年来金融工作总结》(1945 年 4 月)，山西省档案馆馆藏档案：A90-4-99-1。

动商店将物资卖给群众，价格和“扫荡”前一样，只盐一项即卖出3 000余斤。日军已经到了沟门前的时候，他们还连夜磨面供给群众食用，在反“扫荡”中仅面就卖了800余斤，大大地巩固了金融。此外晋兴烟厂在反“扫荡”前加夜班赶造水烟600余斤，敌人到干城（距城五里）他们才离开城，3号一天就卖了10箱水烟，所以群众说：“以前的旧政权在战争时做独行生意，现在兴业公司的合作社要盐有盐，要布有布，甚都有，投机的吃不开了。”由于合作社、公司烟厂等的努力维持，使本币更加深入乡村，打下了更深厚的基础。① 交城七区中庄合作社组织了两个货郎担子，合作社的干部亲自担担子下乡，卖棉花，收纱子，解决群众日用品需要，还收买大批土产推销，组织群众剩余劳动力砍采药材，并又组织妇女做鞋卖了53双，赚了3.5万元（农币）。②

（3）促进物资供销，增加经营利润。临县梁家会合作社自1943年11月至1944年3月的五个月内供应群众货物1 700余万元，售价较市价低5%，抗属社员打九折，约为群众省70万元，还赚利1 330 500元（原股金227 610元）。③ 临县五区合作社以低于市价供给群众日用品，大量收买群众土产，半年来营业总额达150万元。到1944年7月有股金12万元，社员200人，普及到13个自然村。④ 招贤工人产销合作社，1945年年中赢利分红，每元股份0.2元，分红后又新增股份1万余元。1945年6月共盈利160余万元，其中40%是以推

---

① 刘献珺：《稳定的兴县金融》，《抗战日报》，1944年11月29日，第1版。

② 八分区：《关于合作社工作几个问题的整理》（1945年12月），山西省档案馆馆藏档案：A33-7-3-2。

③ 晋绥边区行署：《晋绥边区贸易工作材料》（1944年8月29日），晋绥边区财政经济史编写组、山西省档案馆编：《晋绥边区财政经济史资料选编》（金融贸易编），太原：山西人民出版社，1986年版，第573页。

④《临县五区合作社，半年营业百五十万》，《抗战日报》，1944年7月15日，第2版。

销棉花、磁等产品获利的。[1] 岚县李林芳的群众合作社赊给群众必需品即有 30 多万元，扶助铁匠郭来福等 3 人先后翻了身，建立起自己的家务，在短短半年内，平均每人赚了 5 万多元。[2] 招贤工人产销合作社，每个股份 2 毛，1945 年年中赢利分红后，群众又新增股份 1 万余元。利润有 60%是生产利润，40%是商业利润，以推销布匹、粮食、棉花、瓷器等生产品获利最多。[3] 临县梁家会合作社 5 个月内供群众货物 1 700 余万元，售价较市价低 5%，抗属社员打九折，约为群众省 70 万元，还赚利 12.3 万元（原股金 227 610 元）。1944 年冬，兴县白家沟村贾宝执以原有 19 户农民参加的互助组为基础，创办了吕梁地区第一个农业生产合作社，经营油坊、粉坊、养猪、织土布等副业，1945 年春扩大为 35 户，37 个劳力。还吸收社外资金，开办了一座小纺织厂（专门解决社员的穿衣问题）、一座药铺，社内 23 人种地，14 人从事副业。当年开荒地 300 亩，粮食产量增加，副业生产赚小米 85.6 石。[4] 保德行宫堰合作社在 1945 年春耕中以 11 200 元本币购买 2 头耕牛贷给穷人，又制成 20 辆纺车贷给妇女们纺织，纺妇们通过纺织赚了钱，纺下的布供给大家，使全村人的夏衣问题彻底解决，无论贫农还是富农都纷纷入股合作社。[5] 离石四区农民合作社一年之内分了三次红，除每次

① 衡华甫:《招贤工人产销合作社七成资本投入生产》,《抗战日报》,1945 年 5 月 28 日，第 2 版。

② 海云:《界河口集市的建立及其作用》,《抗战日报》,1945 年 3 月 27 日，第 1 版。

③ 衡华甫:《招贤工人产销合作社七成资本投入生产》,《抗战日报》,1945 年 6 月 21 日，第 2 版。

④ 吕梁地区地方志编纂委员会编:《吕梁地区志》，太原:山西人民出版社，1989 年版，第 115 页。

⑤《保德行宫堰合作社为群众谋利业务发展》,《抗战日报》,1945 年 6 月 7 日，第 2 版。

抽2%作为公积金，还抽出利润600元开了一个煤窑合作社。[①] 1943年夏至之后，农民（因出卖特产得利）购买力大幅提高，纷纷购买布匹等必需品，五区农民合作社营业因而空前繁盛，7月中旬即比6月超过10倍以上，每日营业额多至18 000元，一般亦在七八千元至万元，合作社工作人员从1人增至3人，仍极忙碌。该社为大量供应农民必需品，除购入大批货物外，并决定扩大股金，一个多月的时间，股金已扩大至3倍以上。[②] 宁武到处都有狼毒草（又名头痛花，）此草可做原料造出洁白的纸来。贸易六分局为发展生产，增加财富，解决造纸原料困难，特委托各合作社向群众代为收买，买价规定去皮、干者每斤7—9元，并规定贸易局出售后如赔了钱，完全由贸易局负责，赚了钱则按情形与合作社分红，各地群众采此草者甚多，宋家清两天就向合作社卖了2 000多斤。[③] 以八分区惠家庄为例可以反映出解决群众供销的具体情况。

临县五区合作社经数月努力，做出不少成绩。他们低于市价供给群众日用品，大量收买群众土产，租贷了370户纺织，发出4 600斤棉花，低价供给了200辆纺车，又给食粮困难的纺织户贷粮25石，收回了棉纱400多斤，每斤使群众获利300—600元，织出的标准布80尺，每尺使群众获利500元。由于博得群众的拥护，1944年以来的半年内营业总额已达150万元。到1944年7月已有股金12万元，社员200人，地区普及到13个自然村。[④]

---

① 侯建华：《介绍一个农民合作社》，《抗战日报》，1941年6月10日，第3版。

②《农民合作社营业空前繁荣》，《抗战日报》，1943年8月21日，第2版。

③ 奕述：《狼毒草可以造纸——贸易六分局大量收买》，《抗战日报》，1945年6月6日，第2版。

④《临县五区合作社，半年营业百五十万》，《抗战日报》，1944年7月15日，第2版。

据《抗战日报》报道，宁武驸马汉合作社在1942冬季组织了5头驴的一个运输队，按毛驴的强弱顶股，到岢岚去运群众日用必需品，贩卖给游击区，在5次贩卖中共赚了米2.5石，每股可分利5斗。组织纺妇95人，棉花、车子都由社里提供，纺下纱后交到合作社，或按价取卖，或折腰转卖都可以。在冬季组织群众开采煤矿，由16人重新整理原来坏掉的3座煤窑，34人新开煤窑1座，4座窑只用10天就都出煤了，开采以来每个工人已赚细粮4斗，村民也不用到外边买炭了；发展了手工业，组织的织席子小组，织了23丈，按每人技术高低顶股分红，以每天织6尺算1个工，除本钱外共赚1石细粮；此外还组织村中几个木匠做纺车和锅盖，合作社代卖；由合作社投资发动群众开设作坊，开了1座醋店、1个豆腐坊，解决群众食用问题，几个作坊已赚细粮1.7石。①

表4.11 1945年八分区四区惠家庄合作社供给与吸收群众货物表

供给产品名	数量	供给产品品名	数量
莜麦种子	70斤	文水土布	107丈
白酒	300斤	食盐	1 955斤
铁锹	30把	火柴	156包
木叉	20把	席子	89支
镰刀	25把	棉花	154斤
锄头	26把	生花	800.5斤
皮绳	73.5斤	吸收产品名	数量
麻绳	25斤	麻皮	238斤

① 《宁武驸马汉合作社组织群众挖煤、运输、手工业、纺织生产》，《抗战日报》，1945年3月13日，第2版。

续表

供给产品名	数量	供给产品品名	数量
铁铧	79 个	麻籽	291.59 石
菜籽	5 斤	菜籽	29.29 石
土布	560.57 丈	熟铁	230 斤

资料来源：八分区：《关于合作社工作几个问题的整理》(1945 年 12 月)，山西省档案馆馆藏档案：A33－7－3－2。

另外，八分区静乐县六区某村合作社是在贸易局 5 万元资金资助下开始的。有 165 人入股，资金 40 600 元，实物 80 700 元，贸易局入股 53 000 元。由公家派秘书吕孙同志负责，建立了一座水打磨的油坊，已于 1944 年中秋节开始榨油。① 保德刘家坪行政村集股 105 000 元开办煤窑合作社，可供 50 辆牛车经常拉运。煤窑开工后，仅 1944 年一个冬天的收入即可抵全行政村粮食产量的 30%。② 交七区中庄合作社、静乐下静游合作社③、兴县杨家坡合作社、八分区惠家庄合作社、离石妇女合作社、六分区燕家村合作社、保德二分区合作社④、临县梁家会、神府贺家川、麻会合作社、桥头合作社、下水头合作社及其他许多地方的合作社也都在供给群众物品，推动生产方面发挥了或大或小的

---

① 王子记：《静乐某村合作社由消费转入生产》，《抗战日报》，1944 年 10 月 15 日，第 2 版。

② 《保德刘家坪行政村秋收结束进行副业生产》，《抗战日报》，1944 年 10 月 29 日，第 2 版。

③ 八分区：《关于合作社工作几个问题的整理》(1945 年 12 月)，山西省档案馆馆藏档案：A33－7－3－2。

④ 晋绥边区行署：《晋绥边区贸易工作材料》(1944 年 8 月 29 日)，晋绥边区财政经济史编写组、山西省档案馆编：《晋绥边区财政经济史资料选编》(金融贸易编)，太原：山西人民出版社，1986 年版，第 573 页。

作用。①

(4) 供给新区物资,配合对敌斗争。合作社在游击区通过供给群众、争取伪人员,在挤走敌人方面发挥了重要作用。如岚县李林芳合作社用盐、布等物资配合武工队争取群众,扩大我之经济范围,建立沦陷区秘密合作社;离石县李秉庭合作社以肩挑小贩形式,深入敌后,创立游击集市,团结群众;五寨东秀庄路玉小合作社以经济力量团结群众,设立沦陷区合作小组,争取伪人员,解决我民兵的子弹需求等。他们主要是很好地运用了我之盐、布、碱、火柴等物资,依靠群众,真正帮助群众解决困难。② 同时,积极供给新解放区群众物资。静宁南港口被日军占领后,群众日用必需品极感困难,布匹是老百姓前一年内就见不到的东西,十七八岁的青年,大多数是赤膊跑,一些群众衣服破烂得遮不住肉体,日常都是淡食,根本没有调味品,种地的犁耙等工具也大部分被敌破坏,因之土地荒芜,生活、生产都困难极了。1944 年 9 月初我收复该地后,三区合作社立即将现存的麦、布匹、针线、纸张及秋收、秋翻地所急需之铧、杈、耙等工具以低于一般市价 20%—30%的卖价出售。政府调来的 10 石经济粮,亦已全部发给急待救济之同胞,从敌人统治下翻了身的群众都感激地说:“亲娘到底是亲娘,抗日政府光复咱们,合作社为咱们解决了困难。”③

---

① 《两个半月贸易工作中的重要教训》(1942 年 4 月 15 日),晋绥边区财政经济史编写组、山西省档案馆编:《晋绥边区财政经济史资料选编》(金融贸易编),太原:山西人民出版社,1986 年版,第 455 页。

② 晋绥边区行署:《半年来贸易工作总结》(1945 年 4 月),晋绥边区财政经济史编写组、山西省档案馆编:《晋绥边区财政经济史资料选编》(金融贸易编),太原:山西人民出版社,1986 年版,第 476 页。

③ 王斌、刘震:《静宁三区合作社廉价供给收复区物品》,《抗战日报》,1944 年 9 月 30 日,第 2 版。

合作社举办之初大多是消费性质的，主要是满足群众必需品和推销土产的需要。随着合作社的发展，向生产、供销、消费、信用、运输①等综合合作社方向转变成为趋势，但在举办和转化、发展过程中出现了如下问题：

（1）举办过程简单教条，发动群众流于形式。许多地方的干部没有真正理解举办合作社的重要性，缺乏必要的宣传发动工作，只是把办合作社当成一件例行公事的任务，导致老百姓没有从思想上、行动上认同合作社，使举办合作社的效果大打折扣。静乐县顺道合作社采取命令形式要求群众入股，甚至在农忙时节、青黄不接之际不解决大家困难反而派民兵强迫，计划认缴的 30 000 元股本只收上来 12 000 元，从贸易局赊了 10 万元的货就开张了。老财说，"公家是左一圪梁、右一圪梁，让老百姓负担"。群众说，"公家关心的是赚钱"。干部说，上级指定"就得干"，"有上级想办法"，领导合作社的唯一思想是赚钱。②

（2）经济扶助重于思想教育，供给支持多于业务指导。举办合作社的原则是"民办公助"，但政府在经济上的支持大于具体的教育、指导、培训，工作不深入、不细致。在许多地区，合作社的资力相当一部分来自贸易局帮助，有的超过合作社本身资本的一倍；还有少数的地区超过六倍。③ 如交城四区的双家寨合作社，资本

① 《两个半月贸易工作中的重要教训》（1942 年 4 月 15 日），晋绥边区财政经济史编写组、山西省档案馆编：《晋绥边区财政经济史资料选编》（金融贸易编），太原：山西人民出版社，1986 年版，第 455 页。

② 八分区：《关于合作社工作几个问题的整理》（1945 年 12 月），山西省档案馆馆藏档案：A33－7－3－2。

③ 晋绥边区行署：《半年来贸易工作总结》（1945 年 4 月），晋绥边区财政经济史编写组、山西省档案馆编：《晋绥边区财政经济史资料选编》（金融贸易编），太原：山西人民出版社，1986 年版，第 469 页。

249 577 元，其中公家资本占 2/3，内有供给部的白洋 540 元，工作团 270 元，贸易局 97 元，区公所农币 10 000 元，群众股金只占 1/3。阳曲狮子村合作社，贸易局投资 20 000 元，农会投入斗争来的贪污款 20 000 元，群众股金只有 8 000 元。[①] 这就助长了合作社的官办特点，养成对公家的依赖。有些合作社干部认为有公家资金可以周转，就不肯扩大股金了，怕给群众按股分红。而群众也认为这类合作社是公家的。因此，对合作社的这种扶助办法，不但没有好处反而妨害了合作社的发展。[②] 而政府的经济扶助也有不足的一面，贸易局有时也不能切实保障供给货物，银行有时亦未能给以必要的资金的融通。如二区某县合作社到贸易局买货，被转而介绍到另一家商店，被拒绝而买不到货，无法进行营业。阳曲五区合作社从游击大队生产队买到 200 斤盐，里边掺了 70 斤沙子，营业一下便垮了。[③] 有些贸易部门没有帮助群众发展其经济的思想，只是单纯为了利用合作社来推行本币。[④] 此外，有些公家单位利用参股合作社做一些其他生意。行署为此专门要求，农民开办的合作社必须设在农村，部队机关所开的合作社商店必须设在本单位所在地，只限于给群众（农民、干部、战士）提供必需品，推销其土产，不得借合

---

① 八分区：《关于合作社工作几个问题的整理》（1945 年 12 月），山西省档案馆馆藏档案：A33－7－3－2。

② 晋绥边区行署：《半年来贸易工作总结》（1945 年 4 月），晋绥边区财政经济史编写组、山西省档案馆编：《晋绥边区财政经济史资料选编》（金融贸易编），太原：山西人民出版社，1986 年版，第 469 页。

③ 中共晋西区党委：《晋西北商业贸易发展概况》（1941 年 12 月），晋绥边区财政经济史编写组、山西省档案馆编：《晋绥边区财政经济史资料选编》（金融贸易编），太原：山西人民出版社，1986 年版，第 554 页。

④《两个半月贸易工作中的重要教训》（1942 年 4 月 15 日），晋绥边区财政经济史编写组、山西省档案馆编：《晋绥边区财政经济史资料选编》（金融贸易编），太原：山西人民出版社，1986 年版，第 455 页。

作社名义做大宗买卖。①

（3）经营背离业务方针，侧重赚钱走了歪路。发展合作社的业务方针是“生产为主，纺织为中心”。一些合作社把精力主要放在赚钱方面，只经营消费消耗品，经营方针、具体业务方向都没有切合群众需要，没有与群众生产紧密结合。交西双家寨合作社主要做买卖，专卖消耗品如花生、柿饼、梨、核桃、羊肉、白酒、粉条。由于不懂业务，除把所有本钱赔光还赔了 5 万元。② 一些合作社和妇女纺织训练班以每匹布 50 元买入，以 70—80 元卖给社员群众，更以 100 元卖给一般老百姓。③ 顺道合作社卖给社员群众是低价，卖给地主是高价，使地主跑到天池川去买货。④ 平鲁翔燕合作社检讨过去的大毛病是“光闹买卖，没闹生产”，“今后要多闹生产”。⑤

（4）业务不精货流不畅，土产滞留群众受损。阳曲嘉乐泉合作社发动群众砍刨黑矾，共刨了 3 万斤，以 50 元/斤收上来，卖到临县的价格为 40 元/斤，结果赔了钱。各地合作社 1944 年收的药材、黑矾、破麻绳，1945 年收的土兰都没有销出去。麻会合作社就存了药材几十斤、生铁 600 斤、破铜 100 斤及纸毛 100 多斤。这些货物送到临县又算不过脚费的账来。⑥

---

① 晋绥边区行政公署贸易总局：《关于对敌实行经济斗争特决定各点的通令》（1944 年 5 月 29 日），山西省档案馆馆藏档案：A90－4－97－12。

② 八分区：《关于合作社工作几个问题的整理》（1945 年 12 月），山西省档案馆馆藏档案：A33－7－3－2。

③ 八分区：《关于合作社工作几个问题的整理》（1945 年 12 月），山西省档案馆馆藏档案：A33－7－3－2。

④ 八分区：《关于合作社工作几个问题的整理》（1945 年 12 月），山西省档案馆馆藏档案：A33－7－3－2。

⑤《平鲁合作社发展，今后业务要多抓生产》，《抗战日报》，1944 年 10 月 11 日，第 2 版。

⑥ 八分区：《关于合作社工作几个问题的整理》（1945 年 12 月），山西省档案馆馆藏档案：A33－7－3－2。

（5）赊货较多影响运转，账目不清营业衰落。合作社面临的最大问题是相当普遍的赊货问题，形成合作社赊贸易局的货，群众再赊合作社货的局面。八分区静乐县顺道合作社只有股本 1.2 万元，赊了贸易局 10 万元的货；惠家庄合作社股金 20 多万，赊货 120 多万，赊货金额达到了股本额的 6 倍左右；阳曲西皮合作社股金 8 万元，赊货 20 万元，群众又赊了合作社 10 万元；[①]交西双家寨合作社被称作“倒塌合作社”，干部自私自利，吃伙食、自己家用货不记账，贪污 37 051 元，清算时合作社共赔 100 800 元，三个干部共赔偿出 96 438 元。[②] 狮子村合作社也赊了贸易局的许多货，1945 年 8 月敌人“扫荡”损失了 400 多斤盐，股金赔了 3 万多元，结果闹得账目不清，垮台了。[③] 赊合作社货的依次是村干部、二流子、贫困群众。一般正派农民是不欠人账的。如顺道合作社欠账最多的是两个村干部。赊货也给部分坏人钻了空子，想着拖垮合作社，如果去要账就说怪话。[④] 这种赊货太多、账目不清的现象比较普遍。阳曲 1945 年 11 个合作社垮了 2 个，如果清账，合作社至少要垮台一半。[⑤] 有的地方如贸易三分局因此走了另一偏向，因为合作社欠款过多，不敢与合作社往来，只管收账，不从积极方面在思想上、方针

① 八分区：《关于合作社工作几个问题的整理》（1945 年 12 月），山西省档案馆馆藏档案：A33－7－3－2。

② 八分区：《关于合作社工作几个问题的整理》（1945 年 12 月），山西省档案馆馆藏档案：A33－7－3－2。

③ 八分区：《关于合作社工作几个问题的整理》（1945 年 12 月），山西省档案馆馆藏档案：A33－7－3－2。

④ 八分区：《关于合作社工作几个问题的整理》（1945 年 12 月），山西省档案馆馆藏档案：A33－7－3－2。

⑤ 八分区：《关于合作社工作几个问题的整理》（1945 年 12 月），山西省档案馆馆藏档案：A33－7－3－2。

上指导合作社，对合作社敬而远之，而合作社方面也有先甜后苦之感。①

总之，消费合作社发展过程中的问题，主要的是没有贯彻业务方针，以供销促生产，走了单纯商业的路子。而干部素质、管理制度、贸易局业务指导不足、赊货严重等问题也极大地制约了初始以消费为主的合作社的转型和发展。

为使合作社健康发展，在保证供销、促进流通、解决群众日用品供给、推销土产需求并有力促进生产，政府健全了对合作社的组织领导，有计划地加强了对合作社干部的培养训练，加强业务管理，清理账目，扩大股东，处理好贸易机关和合作社之间的关系。② 经过整理后，合作社的数字减少了，但发挥的作用比以前有进步。合作社继续发挥了根据地流通主渠道和政府与群众在贸易上沟通的桥梁作用。

第二节　根据地集市贸易

抗战以来，晋西北因较大的城镇大部被敌所占，根据地原有商业格局被完全打破，根据地内原来商业繁荣的市镇，因受封锁等影响，也大为衰落。唯临县因本地土产发展，商业上已形成晋西北的中心市场，而河曲、保德和河西的贸易比较频繁，兴县则成为各路

① 晋绥边区行署：《半年来贸易工作总结》(1945 年 4 月)，晋绥边区财政经济史编写组、山西省档案馆编：《晋绥边区财政经济史资料选编》(金融贸易编)，太原：山西人民出版社，1986 年版，第 469 页。

② 八分区：《关于合作社工作几个问题的整理》(1945 年 12 月)，山西省档案馆馆藏档案：A33 - 7 - 3 - 2。

货物销售的尾闾(集聚地)。① 战前许多对外商镇,战时只有碛口、娄烦、巡镇、保德四个对外贸易市镇。②

相比市镇贸易,集市贸易尽管也受到影响,但由于其交易地点、交易方式的灵活性,成为境内交易的主要形式。

一、内地集市

恢复原有集市、设立新集市是新政权一项比较迫切的工作。随着内地秩序的稳定和商业贸易的发展,根据地集市渐趋活跃。经过一年多的发展,到 1941 年底,晋西北抗日根据地有集市 33 个,内地基本形成了集市贸易网络。其中以兴县之 8 处为最多,临县次之,游击区绝少。③ 这些集市基本都是在战前基础上恢复起来的。

临县和巡镇成为根据地内货物集散的南北中心,沦陷区及后方(河西)来货大部分集中于临县和巡镇,然后分销内地。根据地土产以临县为最多,其他县份土产准备出口的也大部分到临县集中,然后输出。④ 根据地内集市以临县集市规模较大,每集可上

---

① 中共晋西区党委:《晋西北商业贸易发展概况》(1941 年 12 月),晋绥边区财政经济史编写组、山西省档案馆编:《晋绥边区财政经济史资料选编》(金融贸易编),太原:山西人民出版社,1986 年版,第 494 页。

② 中共晋西区党委:《晋西北商业贸易发展概况》(1941 年 12 月),晋绥边区财政经济史编写组、山西省档案馆编:《晋绥边区财政经济史资料选编》(金融贸易编),太原:山西人民出版社,1986 年版,第 503 页。

③ 中共晋西区党委:《晋西北商业贸易发展概况》(1941 年 12 月),晋绥边区财政经济史编写组、山西省档案馆编:《晋绥边区财政经济史资料选编》(金融贸易编),太原:山西人民出版社,1986 年版,第 500 页。

④ 中共晋西区党委:《晋西北商业贸易发展概况》(1941 年 12 月),晋绥边区财政经济史编写组、山西省档案馆编:《晋绥边区财政经济史资料选编》(金融贸易编),太原:山西人民出版社,1986 年版,第 502—503 页。

3 000 人，营业额达农币 15 万元，盈利 1.5 万元。①

恢复旧集的同时，抗日民主政府积极推进设立新集的工作。旧有集市由于日军“扫荡”，多半停顿，经过贸易部门的努力，逐渐得到恢复。有的集市被日军占领，贸易局迅即又设立了新的集市。如 1942 年，方山圪洞、静乐娄烦沦陷后，离东支局和静阳支局又分别开设了鸦儿岩、天池集市。而之后米峪镇市场较天池繁荣起来，成了八区与后方交易市场。② 由于处于战争状态，晋西北抗日根据地集市的数量始终处于变动之中。随着各方面形势的变化，到 1944 年 8 月，内地恢复的集市中，兴县有 5 处，三分区有 20 处，二分区有 5 处。③

表 4.12　1941 年底晋西北抗日根据地九县市集统计

县　份	市集名称	合计集数
方　山	马坊、圪洞	2
离　石	碛口、孟门	2
临　南	招贤、刘家会、丛罗峪、堡子峪、曲峪	5
临　县	岐道、兔坂、第八堡、克虎寨、白文镇、城关	6
静　乐	娄烦、米峪镇	2
岢　岚	水峪贯	1
保　德	东关、桥头、林遮峪	3
河　曲	旧县、巡镇、河曲城、楼子营	4

① 刘欣、景占魁主编：《晋绥边区财政经济史》，太原：山西经济出版社，1993 年版，第 136 页。

② 晋绥边区贸易第八分局编印：《经济旬报》第 9—10 期，1945 年 7 月 27 日，山西省档案馆馆藏档案：A96-3-31-6。

③ 晋绥边区行署：《晋绥边区贸易工作材料》（1944 年 8 月 29 日），晋绥边区财政经济史编写组、山西省档案馆编：《晋绥边区财政经济史资料选编》（金融贸易编），太原：山西人民出版社，1986 年版，第 572 页。

续表

县份	市集名称	合计集数
兴县	魏家滩、瓦塘、蔡家会、黑峪口、康宁镇、城关、罗峪口、裴家川口	8
合计		33

资料来源:中共晋西区党委:《晋西北商业贸易发展概况》(1941年12月),晋绥边区财政经济史编写组、山西省档案馆编:《晋绥边区财政经济史资料选编》金融贸易编,太原:山西人民出版社,1986年版,第500页。

一些地方原来依赖的中心市镇或集市在战后被日军占领,原有商品供应渠道断绝,群众无集可赶,供销阻滞,生活、生产都受到很大影响。因此,在尽力恢复旧集的同时,在内地一些商业网络空白的地方建集也成为一项中心工作。如二分区是根据地的核心部分,敌人"扫荡"较少,环境较安定,但是除了河、保、偏、岢四个县城外,只有两处集市,不能满足群众需要。① 岚县界河口没有集市,附近群众到兴县或岢岚城里赶集(岚县城被敌所占)往返要费三四天工夫,误工很多。② 岢岚水峪贯周围90里没有集市,③群众生产、生活受到很大影响。

界河口东距岚县城80里,北、南距岢岚、兴县城各60里,是从兴县到岢岚、岚县必经大道。附近群众对集市的需要是非常迫切的。一方面战前因苛捐杂税重,兴、岚及大蛇头大商人怕集市夺去自己生意,多方阻碍建集,另一方面以前的集上卖的尽是烟、粉、花

① 晋绥边区行署:《半年来贸易工作总结》(1945年4月),晋绥边区财政经济史编写组、山西省档案馆编:《晋绥边区财政经济史资料选编》(金融贸易编),太原:山西人民出版社,1986年版,第463页。

② 晋绥边区行署:《目前贸易中存在的问题与贸易工作的任务》(1944年8月5日),山西省档案馆馆藏档案:A90-4-101-2。

③ 刘欣、景占魁主编:《晋绥边区财政经济史》,太原:山西经济出版社,1993年版,第231页。

生等消耗品，油、盐、碱等必需品没有卖的，群众不感兴趣，因此曾两次建集都失败了，群众对重建集市缺乏信心，常说："界河口，闹集会，会完人散；唱大戏，有人看，戏完会停。"1944 年 3 月，岚县抗日政府总结了过去的经验教训，经过认真准备，新建了铺面、备足了货物、动员了 22 家商户，界河口集市于同年 4 月 18 日正式开集。三天的会期，人一天多过一天。抗日政府委托合作社代卖 40 多石粮食，以低于市场价格五分之一出售，并平价供给商贩盐、碱。铁匠打出的 200 件锹镢，通过合作社赊给变工组，秋后打下粮食再还。有些穷苦老百姓手中钱缺也可赊账。集上还大量地收买土产。因此，不少群众深深感动地说："那几年可不能这样，还赊东西?！给的钱少了东西也拿不走。"有些群众更以新旧政权两个时代比较说："过去公家闹是为赚钱，买米要成石、成斗地买，现在新政府成立集市是为咱老百姓，三二斤米也可买到。"贫农李锁雷欣慰地说："这下穷人可有活法啦，背上一背柴，推上两升豆子的豆腐都能卖了，这还不是公家为咱想活法吗?"地主刘温也兴奋地说："敌人烧毁过的地方，公家想法修补得这样整齐，成立集市对于咱们老百姓买卖东西更方便啦！"整个集上做的买卖在第三天达到 50 万元以上。大会结束后，集市也正式建立起来了，逢四、九赶集，从此一直没间断过。① 六分区贸易支局在宋家沟骡马大会之后，在此恢复了集市。② 1945 年 7 月，水峪贯集市开张，逢一、六日交易，③使

① 海云：《界河口集市的建立及其作用》，《抗战日报》，1945 年 3 月 27 日，第 1 版。

② 晋绥行署：《关于开展贸易稳定金融的秘密的命令》(1944 年 3 月 10 日)，山西省档案馆馆藏档案：A90-4-97-2。

③ 岢岚县志修订编纂委员会编：《岢岚县志》，太原：山西古籍出版社，1999 年版，第 15 页。

离城市六七十里之群众得到很大便利。①

战争环境下的根据地集市发挥了重要作用，满足了群众生活所需，并吸收土产，促进了生产。如兴县城每年举行的大规模的物资交流会，设有粮食、牲畜等专业性市场，赶会人达数万，成交额达 1 000 万元以上，交流商品有牲畜、农具、土产品以及群众生活必需品。② 1944 年农历腊月二十七、二十八，第八贸易分局为解决群众过年用品需要，合作社商店准备了充足的过年物资，在天池、米峪镇连赶两天较大的集。米峪镇共有 300 余人，天池有 500 余人。群众反映“想不到庄儿上（集市附近村庄）今年还能再赶这样的一个集”。③

随着大生产运动的开展和军事斗争的胜利，抗战胜利前夕，内地已成为稳定的后方，根据地集市也日趋繁荣。为解决农民秋收农具和秋收耕地牲畜等困难及繁荣贸易，兴县政府于 1944 年 7 月 15 日举行骡马大会，会期一连七天，赶会群众约 10 万余人，盛况空前。大会上，各地来卖土布、白面、火柴等物品的甚多，兴业公司更大批低价出售群众必需品。因贸易路线打通，远至晋察冀边区还有货物来到。会期成交额超 1 300 余万元，城内商号营业额较过去增加一倍以上。据当时的《抗战日报》记载，由于会前贸易支局组织秋收农具之产销，在合作社主任联席会议上发动东

---

① 《晋绥边区一九四五年一月至一九四六年六月贸易工作综述》（1946 年 7 月 10 日），晋绥边区财政经济史编写组、山西省档案馆编：《晋绥边区财政经济史资料选编》（金融贸易编），太原：山西人民出版社，1986 年版，第 665—670 页。

② 吕梁地区地方志编纂委员会编：《吕梁地区志》，太原：山西人民出版社，1989 年版，第 276 页。

③ 晋绥边区贸易第八分局编印：《经济旬报》第 13 期，1945 年 2 月 20 日，山西省档案馆馆藏档案：A96 - 3 - 31 - 21。

山的一、四区各合作社及群众大批制造秋收农具，并给四区货款2万元作为制造农具之资本，会上有大批镰刀、木锹等上市，廉价出售。会上成交牛马驴等牲畜金额超290余万元，其中耕牛大部分是东区（晋察冀）群众买走了（计190余头），他们拿来破坏敌人的铁路铁轨，搬走耕牛等牲口、麻油，这更鼓舞了群众对敌斗争的情绪与信心。① 翌年，停办已久的兴县骡马大会于1945年3月15日（阴历二月初二）正式揭幕，第一天来自各地的客商已达两万人以上，骡马牛驴864头，第二天上市的牲畜又增至1 150头（其中耕牛853头），河川坪上挤满牲畜行列，东头广场中壅塞着交易的人群。至17日，雁北、神府、岢岚、岚县、临县、保德等地客商与兴县周围百里内之群众闻声前来的仍络绎不绝。城内14家公私客店内住客已满，会场上集货之多、客商之众、规模之大，多年未有。②

除兴县外，根据地其他地方的集市也愈加繁荣。岚县界河口开集后市面日盛，有骡马店7家，小商铺26家，每集出来摆摊的小摊贩有50多家。赶集的人们由开始的50—60人至年底已增加为600—700人，最热闹时可达千人上下，平均每集有30多石粮食上市，每集都可做50万—60万元的买卖。③ 根据地内原先被敌占领的方山圪洞、峪口在解放后，商店、集市日趋繁荣。圪洞在敌人统治时每集只有100—200人，每集只能交易1斗到1石多的粮食。解放后每集平均约有3 000人左右，牛驴30余头，交易粮食24石

① 李书田:《七天赶会群众十万余人，兴县骡马大会盛况空前，群众用破路所获铁轨换走耕牛》，《抗战日报》，1944年9月28日，第2版。

② 《迎接大生产运动，兴县骡马大会揭幕——农民争购耕牛农具，三天交易六百余万》，《抗战日报》，1945年3月20日，第1版。

③ 海云:《界河口集市的建立及其作用》，《抗战日报》，1945年3月27日，第1版。

左右。峪口镇过去每集只有1斗粮食，解放后每集平均有18石多粮食。赶集时熙熙攘攘的人群中，常常能听到这样的话："八路军不来，米价一斗早涨到六七元白洋了。"①新解放的普明镇，商业恢复很快，该镇在敌侵占时，只有三四家小摊贩，解放后有公私合作社、商店、摊贩等48家，每遇集日，四乡群众纷纷前来交易，成交在10万元以上。② 娄烦镇在被敌占领后，"鸡犬无声，街上无人，铺面关门"，③商业一片死寂。1945年6月5日（阴历四月二十五），解放后的娄烦镇举办了传统古会，三天中贸易额共达500万元以上。大众剧社赶来演出，给几年来没有看过戏的群众增加了分外的喜悦。④

根据地集市的恢复与新建，便利了群众交换，不但使群众节省了很多到城市赶集的人工畜力，也由于贸易局出卖商品与吸收粮食，削弱了商人等高价出卖外来工业品、低价收买群众土产的商业剥削。⑤

二、游击区集市

在加强内地集市建设同时，在游击区亦新建立了不少集市。所谓游击区集市即沟通根据地、游击区、沦陷区物资流通，为附近

① 《圪洞、峪口市面繁荣，群众争购棉花纺织》，《抗战日报》，1945年5月11日，第2版。

② 《普明解放后商业迅速恢复》，《抗战日报》，1945年5月13日，第4版。

③ 郝成芳：《事变前娄烦商业的概况》，娄烦县政协文史委员会编：《娄烦文史资料》第二辑，1987年7月，第111页。

④ 王子记、苗志兰、强文荣、尹集真、张继亚：《娄烦解放后气象一新，三天古会贸易达五百余万，成立商联会商业走上正轨》，《抗战日报》，1945年6月28日，第2版。

⑤ 《晋绥边区一九四五年一月至一九四六年六月贸易工作综述》（1946年7月10日），晋绥边区财政经济史编写组、山西省档案馆编：《晋绥边区财政经济史资料选编》（金融贸易编），太原：山西人民出版社，1986年版，第665页。

群众供给必需品、收购土产的集市，有几种形式，一种是在我根据地边缘靠近游击区设立，另一种是在游击区内我方举办的武装集市，还有根据地合作社派出的货郎小贩组成的流动集市，以第一种为多。到 1944 年 8 月，游击区集市计八分区 7 处，六分区 1 处，岚县 1 处。① 随着我方军事政治形势持续好转，游击区建集工作又取得了新的进展，吸引了大批沦陷区群众前来我方赶集，促进了供销，推广了农币，吸收了物资，扩大了政治影响，不但便利了民众交易，而且在对敌斗争中也起了较大作用。

贸易局在离东鸦儿岩设立集市后，附近游击区、沦陷区一般人之日用品全到鸦儿岩集市赶集解决，到 1944 年底，就把峪口的集市摧毁了，峪口集市每逢赶集只有十数人，圪洞的集也同样的不(去)赶了。② 还有一些游击区集市依赖于我，如奇村周围七八十里的商民均赴奇村赶集，甚至同蒲路东的商贩带上布匹也到奇村交易，换去牲畜、麻油等。根据地与新解放区的食粮、牲畜、麻油等土产走私到奇村者颇多，而由于我方在附近无集，敌人得以从中榨取、盗取物资，商民痛苦不堪，我方损失很大。③ 为此我方在位于六分区忻县四坪川口上之杨胡村建立了集市。

在游击区办武装集市也取得了成效。据《抗战日报》记载，1944 年 8 月，处于游击区的朔县某地在抗日政府周密布置与武装保卫下，召开了盛大的骡马大会。此地以前有集市，抗战后先遭军

① 晋绥行署:《贸易金融材料》(1944 年 8 月 29 日)，山西省档案馆馆藏档案：A90－4－101－1。

② 晋绥边区贸易第八分局编印:《经济旬报》第 14 期，1945 年 2 月 28 日，山西省档案馆馆藏档案：A96－3－31－11。

③《晋绥边区一九四五年一月至一九四六年六月贸易工作综述》(1946 年 7 月 10 日)，晋绥边区财政经济史编写组、山西省档案馆编:《晋绥边区财政经济史资料选编》(金融贸易编)，太原：山西人民出版社，1986 年版，第 666—667 页。

队蹂躏，后来敌人在附近设下两处据点，集市从此停了。1940 年新政府建立后，我军先后拔除这两处据点，从 1942 年又尝试恢复集市，皆因准备不足及汉奸特务的破坏而半途而废。1944 年，由于群众生产迅速发展，对集市的需求日益迫切，县政府与武委会决心以武装保卫召开骡马大会。随即派人布置情报警戒敌人，接敌区民兵埋设地雷封锁敌人，部队向敌据点派出侦察，当地民兵负责调查与警戒，并部署兵力以备发生情况时掩护到会人员安全转移，并严格检查路条，没有路条的不准赴会。四天大会中，每日到会群众多至 4 000—5 000 人，各种群众必需品应有尽有。贸易局委托各合作社准备了价值百余万元的粮食、布匹、工具、食物、棉花等，群众赶牛 250 余头，驴骡马 610 头，另有小商贩 40 余家。各合作社统一规定价格，土产一律 95 折，工人组团卖货 9 折优待，银行又设了兑换所。四天当中，成交牛、驴 200 余头，价值 150 万元，四大合作社卖出 40 万元的实物，偏、朔、神、平四县及沦陷区群众都在这里买到了必需品，党的威信更加提高。为进一步解决群众困难，交换土产，活跃市场，稳定经济起见，朔、平二县已于某地联合建立集市，1944 年 8 月 18 日开集，三天内营业额约 50 余万元。①

还有一种游击集市，以肩挑小贩形式，深入敌后，团结群众，供给我方货物，密切联系群众，依靠群众，给群众解决困难。② 离石县李秉庭合作社设立游击集市就是此类范例。当时离东地区周围 100 多个村庄中，只剩 3 个没有"维持"敌人。县里派合作社干部李

① 贾丕绩：《在武装保卫下，朔县某地开骡马大会，敌占区群众都来买必需品》，《抗战日报》，1944 年 10 月 9 日，第 2 版。

② 晋绥边区行署：《半年来贸易工作总结》（1945 年 4 月），晋绥边区财政经济史编写组、山西省档案馆编：《晋绥边区财政经济史资料选编》（金融贸易编），太原：山西人民出版社，1986 年版，第 476 页。

秉庭在接沦陷区办起一个游击合作社，开始到石门堰敌据点周围推销土产，供应我之盐、布、碱、火柴等货物。因为货物品种较多，价钱便宜，很受群众拥护。自从有了这个合作社，广大群众在日用品上就不再依靠敌人，逐渐割断了与敌之经济联系，并使群众增加了打断“维持”的斗争勇气。之后，又以这个合作社为基础，在接沦陷区建立了四个集市，构成对敌斗争的经济阵地。1944 年，通过集市从沦陷区收回铜、铁 3 000 多斤，运到后方造军械。①

三、集市作用

随着根据地集市的恢复和集市网络的完善，集市发挥的作用更加明显。

（1）沟通了供销，方便了群众生产生活。据《抗战日报》登载，界河口集市建立后，群众节省下大量跑岢岚等地赶集的人工与畜工，根据农忙时一个变工队两个月的统计即可节省人工 248 个，畜工节省了 166 个，折成工钱达 7 万多元。同时两个月内共推销出 200 万元的碱、盐，每斤价钱比别处便宜 5 元，群众又省下了 10 万多元。② 三分区贸易部门利用掌握的粮食开设了粮店，规定集市上的粮食要经过指定牙子（经纪人）的过半，与卖方买方都有便利。③ 岚县东村镇解放后迅速建起了中小商店、货摊 120 余家，每逢集日，有一万多人前来交易，为附近各解放区城镇中最繁荣的一

① 《吕正操回忆录》，北京：解放军出版社，2007 年版，第 342 页。

② 海云：《界河口集市的建立及其作用》，《抗战日报》，1945 年 3 月 27 日，第 1 版。

③ 晋绥边区行署：《目前贸易中存在的问题与贸易工作的任务》（1944 年 8 月 5 日），晋绥边区财政经济史编写组、山西省档案馆编：《晋绥边区财政经济史资料选编》（金融贸易编），太原：山西人民出版社，1986 年版，第 450 页。

个，极大地方便了周边群众。[①] 临离集市每天上市土布平均不下800—900匹。临南招贤、碛口、离石集上，每次都有大批土布上市，经过集市卖到消费者手里。[②]

（2）扩大了交流，促进了各方物资互通。集市的恢复、发展、兴盛，使内地之间及和友区、游击区、沦陷区的物资得以交流，满足了群众所需。与此同时，贸易部门利用集市，大量收购各类物资，发挥调节作用，以备调剂余缺。临县白文大众商店在骡马大会上收买群众收的山货如耙子、扁担、犁、木磨、榛子等，四天内共收买了耙子3 000余条，市价50元，这样，既减去卖山货需要一来一去一天的工夫甚至卖不出去的困难，又能使群众得到较大的利润。大众商店还进了些山货按原价批发到村合作社等地，供给群众做农具。[③]

（3）增加了影响，拓展了农币流通市场。集市是农币流通的主要渠道之一，通过内地和游击区集市，大量的农币被推广到更广大的地区，扩大了抗日政府的影响。离招贤40里的临南梁家岔过去是游击区，1944年7月设立集市时，还全部是白洋的市场，合作社带了盐、碱、纸烟、火柴、肥皂等实物到集市上，除自卖外并分配给小商贩让他们以本币销售，不要以货易货，并把自己的货价降低，这样一集又一集，情形一次一次好转，群众就乐于接受本币了。有一个小贩，因贸易局供给他盐、碱，他一下就去乡下

① 《在废墟上重建家园，东村镇日趋繁荣》，《抗战日报》，1945年5月11日，第2版。

② 中共晋西区党委：《抗战中的晋西北纺织业》，晋绥边区财政经济史编写组、山西省档案馆编：《晋绥边区财政经济史资料选编》（工业编），太原：山西人民出版社，1986年版，第165页。

③ 《临县白文大众商场收买山货》，《抗战日报》，1945年5月18日，第10版。

定买了 2 000 斤白面，本币就这样逐渐行使开了。[①] 界河口集市建立后，把伪币、白洋在市场上打垮了，农钞活动范围很快扩大并深入农村甚至敌据点周围。有些敌据点里的伪军想吃碱盐就必须用农钞来买，因而争取了不少伪军。仅在抗日政府向外倾销土产上，5 个月内即吸收兑换回银洋 7 000 多元，进一步禁止了行使银洋。金融稳定，影响到粮价也下跌了。单拿小米价格的变动来说，建集以前为每斗 700 元，建集不到两个月就跌至 280 元，加上其他粮食货物价格的降低，切实为群众节省了许多金钱。[②] 李秉庭合作社的游击集市因供应充足、价格公道、本币交易方便，最后用根据地的本币打垮了伪钞，根据地的货币在沦陷区也能流通。各村藏有伪币的群众都把伪币往敌据点里推，闹得敌据点大武市面上伪币充斥，物价猛涨，许多商店也纷纷抛出伪钞，市场上金融大乱。连伪警备队的官兵都说："金票（伪钞）不如西农票。"[③] 1944 年 11 月 14—21 日，天池举行了七天骡马大会，静阳支行兑出农币 500 多万元。[④] 兴县骡马大会期间，物价连续下降，虽正值群众用布之际，但每尺土布仍由 4 000 元落至 3 800 元，小米一石由 3 700 落至 3 300 元。群众拿白洋到银行兑换本币的甚多，本币在群众中的威信更加提高。[⑤] 忻县三月骡马大会上的本币成交了大批货物，群众对本币更加相信，故"最近各村女人娃娃也都保存本

---

① 晋绥边区行署：《半年来金融工作总结》（1945 年 4 月），山西省档案馆馆藏档案：A90-4-99-1。

② 海云：《界河口集市的建立及其作用》，《抗战日报》，1945 年 3 月 27 日，第 1 版。

③ 《吕正操回忆录》，北京：解放军出版社，2007 年版，第 342 页。

④ 山西省娄烦县老区建设促进会编：《娄烦革命老区》，2005 年 9 月，第 103 页。

⑤ 李书田：《七天赶会群众十万余人，兴县骡马大会盛况空前，群众用破路所获铁轨换走耕牛》，《抗战日报》，1944 年 9 月 28 日，第 2 版。

币”。沦陷区群众在赶会时看到根据地有这样多物资，加以伪币狂跌而本币更加稳定，忻县某两村已拒用伪钞，专用本币。① 1945 年 6 月 5 日（阴历四月二十五）的娄烦古会本币兑换处的前面，每天都有以银洋兑换本币的人数，说明在新解放的土地上，本币已有了深厚的信用。② 冀村市场建市一个多月，便使法币市场变为农币市场（法币与农币比价由原来比农币高 2—3 成变为 1 元法币兑 0.8 元农币）。③ 六分局之楼板寨、陀罗集市建立后，本币迅速推广到普遍的乡村和据点。以本币可以大量地买到粮食，大批地推出土产，给新解放区群众解决了不少问题，也争取敌顽据点一部分商人到我区来经商，帮助平川不少的乡村建立或恢复了私人经营的商店。在恢复新解放区的经济上起了推动作用。④

集市发展过程中出现了一些不足，如集市在各地发展的不平衡等具体问题。

集市地点选择不适当。如保德林遮峪较偏僻，不如冯家川适当，神府之温家川离贺家川的集仅 10 里路，岢岚宋家沟离岢岚县城仅 20 里，所以作用不大，也不易使集市巩固。

开集的日期计划性不强，有的不适于群众需要。每个集市之间应有间隔，且每集举办的日期应当错开进行。

集市商品的品种和数量需要充实，解决群众的各种问题。不

---

① 午列：《忻县沦陷区群众拒用伪钞专用本币》，《抗战日报》，1945 年 5 月 5 日，第 2 版。

② 王子记、苗志兰、强文荣、尹集真、张继亚：《娄烦解放后气象一新，三天古会贸易达五百余万，成立商联会商业走上正轨》，《抗战日报》，1945 年 6 月 28 日，第 2 版。

③ 刘欣、景占魁主编：《晋绥边区财政经济史》，太原：山西经济出版社，1993 年版，第 301 页。

④《晋绥边区一九四五年一月至一九四六年六月贸易工作综述》（1946 年 7 月 10 日），晋绥边区财政经济史编写组、山西省档案馆编：《晋绥边区财政经济史资料选编》（金融贸易编），太原：山西人民出版社，1986 年版，第 665 页。

但应使群众能买到东西，而且还需能卖了土产，特别是粮食。此前的界河口集市就存在这些问题。

贸易局和当地政府在新建立集市的地方要事先有很好的准备，动员农民、商人等有关各种力量参加。岢岚中寨建集日期未一致，兴县罗峪口等地建集贸易局还不知道，就是没有准备的教训。在游击区建集市，更要与武装结合，与当地群众密切结合，团结一致，团结群众，围攻和挤走敌人，有计划地建立与培植集市。已有的集市，必须充实其经济内容，扩大其作用，巩固集市。在适当时期组织与发动骡马大会或利用古会，调剂供销，也能解决群众面临的一些实际问题。①

集市建设和管理中存在之问题随形势发展逐步得到解决，根据地集市数量由少变多、规模从小到大。"集市贸易的发展，活跃了根据地经济，也是根据地赖以巩固和发展的重要因素之一。"②

① 晋绥边区行署：《半年来贸易工作总结》（1945年4月），晋绥边区财政经济史编写组、山西省档案馆编：《晋绥边区财政经济史资料选编》（金融贸易编），太原：山西人民出版社，1986年版，第475页。

② 刘录开、钟廷豪主编：《中国革命根据地商业史》，北京：中国商业出版社，1997年版，第236页。

第五章　晋西北抗日根据地的物价调控

物价即商品价格，是商品价值的货币表现，也是商品与货币交换的比率，物价水平的高低通常用居民消费价格指数（简称 CPI）来表现。民众日常生活离不开商品的购买和消费，因此，价格之涨落与人们的日常生活息息相关。大而言之，经济增长、物价稳定、充分就业、经济总量基本平衡是国家经济的四大宏观调控目标，物价指数是反映国家整体经济活动情况的重要指标。无论战争时期抑或和平年代，物价稳定与否皆极大关乎国计民生。诚如抗战期间国民政府公告所言：战争之胜负虽决于战场，而支持长期战争端赖经济组织健全稳固。必须“国力集中”，方可“经久不竭”，支持战争。如“凡百物品价格飞涨”，则难免使“忠勇将士衣食不周，公务人员饥寒难免”，最终引起“民心士气动摇”的“堪虞”局面。[①] 物价稳定与否成为决定战争胜败之重要因素。

晋西北抗日根据地地瘠民贫，出产有限，但供养的脱产军政人

---

① 《国民政府总动员委员会第九次常委会原则通过之全面限价实施方案草案》（1942 年 7 月 10 日），四川联合大学经济研究所、中国第二历史档案馆编：《中国抗日战争时期物价史料汇编》，四川大学出版社，1998 年版，第 80 页。

员较多，如何在发展经济、保障供给的同时保持物价基本稳定始终是一项重要而艰巨的任务。中共抗日民主政府采取了积极发展生产的各种措施，努力兼顾了保障军政供给与市场物价之平衡，使商品价格上涨不至太过影响民生，勉力支撑了商业贸易发展，为赢得抗战的最后胜利提供了有力的支持。

第一节　抗战爆发前之晋西北物价

清末民初之晋西北，位置偏远、交通不便，与外界沟通较少，仍以自然经济为主，对外来商品的依赖相对较低，外部经济对本地的冲击有限，因此其物价虽略呈涨势，但较为平稳。《汾阳县志》记载，民国初年，该县商品零售物价逐年略有上涨，但幅度不大。[①] 晋西北岚县和兴县的史料记载的情况与此类同，[②]反映了战前当地物价稳定的状况。这一阶段包括晋西北在内的整个山西物价平稳，很大程度上是由于当时北洋政府的币值稳定，也与正逢第一次世界大战结束前后，国际资本（与进口商品）对山西的影响还较为有限。[③]

晋西北乃至山西的物价以民国十七年（1928 年）为界限，可以分为两个明显不同的阶段。此前物价稳定，波动很小，此后受国内外形势影响，涨跌幅度较大。

---

① 山西省汾阳县志编纂委员会编：《汾阳县志》，北京：海潮出版社，1998 年版，第 540 页。

② 康茂生主编：《岚县志》，北京，中国科学技术出版社，1991 年版，第 337 页。贾维桢、尚永红、孙海声主编：《兴县志》，北京：中国大百科全书出版社，1993 年版，第 254 页。

③ 山西省地方志编纂委员会编：《山西通志》第 27 卷《粮食志》，北京：中华书局，1996 年版，第 88 页。

一、1928—1937 年物价波动上涨

抗战爆发之前，国民政府尽管面临财政支出不断膨胀，连年出现赤字的局面，但国民经济各个部门经过逐年发展，在 1936 年至 1937 年上半年抗战爆发前达到战前最佳状态，市场上供求关系相对平衡，全国物价基本稳定。以上海物价为例，1926—1936 年的十年内物价上涨了 8.5%，其他地区在同期内涨幅还低于上海。说明抗战爆发前夕，全国物价涨幅是较低的。①

抗战前之山西物价总体上亦较为平稳，据《汾阳县志》记载，以民国十七年(1928 年)物价指数为 100，1937 年物价指数为 109.78，十年间物价涨幅达到了 10%。② 略高于全国水平，大致反映出整个晋西北物价变动之情形。

从 1928 年起，山西在大力发展工业、交通外，大力扩充军备，数次参与军阀混战，开支浩繁，军政靡费严重依赖本省政府发行的晋钞。随着 1930 年反蒋联军失利，原先尚可在省外流通的晋钞全部被挤回山西，晋钞出现大幅贬值，一向稳定的晋西北物价出现了较大波动。据《汾阳县志》记载，“民国十九至二十年(1930 至 1931 年)，晋钞贬值，物价涨幅增大”。③

表 5.1　1928—1937 年汾阳生活资料物价变动表

年份	1928	1930	1931	1934	1937
物价指数	100	109.36	120.93	99.96	109.78

资料来源：山西省汾阳县志编纂委员会编：《汾阳县志》，北京：海潮出版社，1998 年版，第 544 页。

---

① 周春主编：《中国抗日战争时期物价史》，成都：四川大学出版社，1998 年版，第 7 页。

② 山西省汾阳县志编纂委员会编：《汾阳县志》，北京：海潮出版社，1998 年版，第 540 页。

③ 山西省汾阳县志编纂委员会编：《汾阳县志》，北京：海潮出版社，1998 年版，第 540 页。

根据《汾阳县志》有关记载，民国十七至二十三年（1928 至 1934 年）的六年间，汾阳生活资料价格总体呈平缓上涨之势，其中生活类商品价格总体上涨，粮食价格大跌后反弹，不动产、生产资料价格下跌。以 1928 年汾阳物价总指数为 100 计，七类商品 1930 年、1931 年、1934 年的物价指数分别为：粮食指数 105.42、123、48.95；副食品 137.94、130.35、93.8；烟酒茶 103.42、109.62、99.83；日用品 122.65、123.9、114.68；燃料类 126.12、119.56、123.70；医药类 108.62、114.31、114.31；衣着类 83.51、81.23、95.20（见表 5.2）。

此七大类商品中，医药和衣着类价格上涨、其他 5 类商品价格下跌或基本持平，烟酒茶价格微跌，燃料类商品价格在六年时间里有 2%左右的跌幅，粮食和副食品类商品价格跌幅较大，其中粮食类在 1931—1934 年下跌了 53.6%，物价变动曲线（见下表 5.2）突出反映了这种下跌之明显趋势（粮食价格下降与大的形势密切相关）。除粮食、副食品、衣着类商品全部或部分系本县或晋西北自产外，其他商品均需从外地输入。

表 5.2　1928—1934 年汾阳生活资料类商品物价变动趋势图

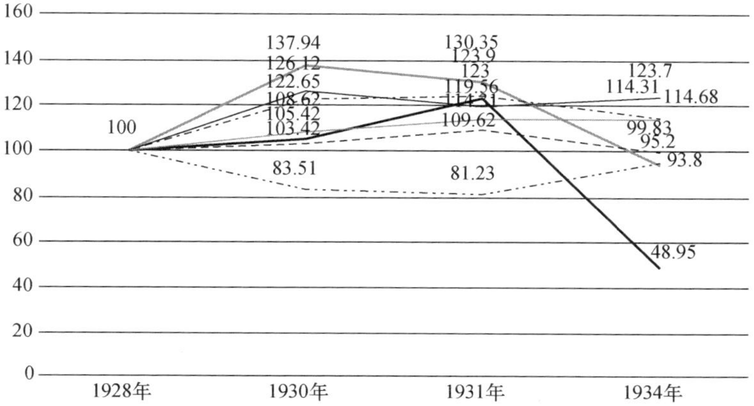

资料来源：山西省汾阳县志编纂委员会编：《汾阳县志》，北京：海潮出版社，1998 年版，第 540 页。

同一时期，与汾阳相邻的同属晋西北地理范围的孝义物价走势与汾阳趋同。1928—1936 年间孝义物价统计范围的 16 种商品(见表 5.3)，其中有 9 种(小米、面粉、玉米、食油、食盐、猪肉、毛巾、煤油、纸烟)涨价，3 种(色布、有光纸、煤炭)跌价，4 种(棉花、白布、肥皂、袜子)价格与九年前基本持平。

各类物价变动中，以煤油价格涨幅最大，上涨了 1.36 倍，煤炭价格跌幅最大，下降约 39%，故综合燃料类商品价格应与汾阳该项指数相当，即总体变化不大。也反映了当时进口煤油代替土产麻油之趋势和范围，本地产品剪刀差扩大的情况(以表 5.3 所列煤油与麻油价格对比)。

汾、孝物价上涨部分多为生活类商品，具有刚性需求特征。同时外来洋货、京货替代本地土产，一方面显示了本地产业萎缩，另一方面也反映出彼时消费升级的趋势。

民国年间之晋西北因地域广大、交通条件及物产情况各不相同，不同种类的商品在各地因供求关系价格趋势不一。内地兴县物价之特点则异于汾、孝。

表 5.3　1928—1936 年孝义 16 种生活资料零售价格变动表

单位：银圆

品种	规格	单位	年份								
			1928	1929	1930	1931	1932	1933	1934	1935	1936
小米	中等	市斤	0.038	0.034	0.037	0.053	0.044	0.023	0.023	0.033	0.046
面粉	标准	市斤	0.061	0.073	0.069	0.080	0.074	0.050	0.037	0.044	0.071
玉米	中等	市斤	0.031	0.032	0.035	0.040	0.035	0.019	0.015	0.024	0.042
食油	麻油	市斤	0.150	0.170	0.173	0.204	0.192	0.147	0.143	0.181	0.210
食盐	潞盐	市斤	0.030	0.030	0.049	0.084	0.033	0.077	0.088	0.092	0.076
猪肉	带骨	市斤	0.120	0.120	0.127	0.149	0.138	0.114	0.113	0.159	0.157

续表

品种	规格	单位	年份								
			1928	1929	1930	1931	1932	1933	1934	1935	1936
棉花	二级	市斤	0.350	0.320	0.305	0.320	0.340	0.300	0.320	0.350	0.360
白布	双龙珠	尺	0.075	0.075	0.075	0.098	0.092	0.075	0.080	0.080	0.080
色布	四君青	尺	0.160	0.170	0.105	0.140	0.128	0.097	0.117	0.105	0.115
毛巾	麻雀牌	条	0.150	0.150	0.170	0.192	0.190	0.195	0.190	0.190	0.190
袜子	男袜	双	0.320	0.300	0.334	0.370	0.350	0.355	0.326	0.306	0.300
肥皂	日光牌	条	0.155	0.160	0.190	0.188	0.180	0.156	0.170	0.164	0.150
煤油	灯用	市斤	0.140	0.142							0.330
有光纸	30磅	张	0.020	0.022	0.022	0.027	0.020	0.016	0.170	0.014	0.015
煤炭	烟煤	百斤	0.320	0.350	0.400	0.350	0.340	0.380	0.400	0.383	0.196
纸烟	哈德门	盒	0.120	0.120	0.120	0.120	0.120	0.120	0.120	0.160	0.160
平均指数	定基指数		100	101.16	101.16	115.00	108.38	101.24	102.8	111.48	118.52
	环期指数		100	101.16	101.44	116.10	94.24	93.32	101.41	108.42	92.61

资料来源：孝义县地方志编纂委员会编：《孝义县志》，北京：海潮出版社，1992年版，第470页。

1941年，抗日民主政府组织杨邦舟等人对处于晋西北内陆腹心的兴县民国部分年份之米、布、棉价格变化作了详尽的调查，并对物价变动原因进行了分析。① 此次兴县物价的调查资料所记载的1931—1936年六个统计年度内，米、布、棉三种主要商品涨价幅度依次为：米价涨幅（44%）最高，棉价（25%）居中而布价涨幅（14.4%）最低。米价在1933—1934到达最低点，此后迅速上涨，与整个晋西北及省内总体粮价变动趋势相同。除了此时段农产品价格报复性反弹的原因，亦叠加了晋钞通货膨胀之因素。如1935

① 杨邦舟、杨兴汉：《关于货物、货币变迁调查统计》，山西省档案馆馆藏档案：A88-5-11-1。

年米价的上涨，一是因为周边粮价大势所向，二是因为“货币（省钞）多，物价胀开（膨胀）”。1936 年米价继续微涨则因为“春天卖粮太多，省钞跌价”。[①] 而布价变动较为和缓之原因主要是产品输入比较顺畅，“布由徐宁来的多，平山（今河北平山）布、顺德府（今河北邢台）布，当地（指兴县）产棉，故（棉）花、布（价格）不高”。1934 年棉花同比涨价则是因为当地棉花“生产少、收（购）买多”，而农民在选择种植粮食或棉花时完全取决于上年价格，“粮价高，不种棉花；粮食贱时，就种（棉）花”。兴县与陕西隔河相望，粮食等商品外销依赖河西市场，故河西粮市价格之变化也会影响到兴县物价。兴县物价走势与周边地区相似，但因交通不便，脚费太贵，进一步抬高了当地粮价和物价。[②]

表 5.4 1931—1936 年兴县物价变动表

单位：银圆

年份	小米（斗）				布（尺）				棉（斤）			
	春	夏	秋	冬	春	夏	秋	冬	春	夏	秋	冬
1931	0.25	0.24	0.2	0.2	2.1	2.2	2.2	2.2	0.28	0.28	0.28	0.28
1932	0.3	0.33	0.18	0.16	2.2	2.2	2.2	2.2	0.3	0.3	0.24	0.21
1933	0.18	0.18	0.15	0.15	2.2	2.2	2.2	2.2	0.21	0.21	0.27	0.25
1934	0.2	0.2	0.28	0.29	2.0	2.4	2.5	2.4	0.32	0.34	0.3	0.32
1935	0.3	0.3	0.3	0.35	2.4	2.4	2.4	2.4	0.32	0.32	0.32	0.32
1936	0.35	0.35	0.36	0.36	2.5	2.5	2.4	2.4	0.35	0.35	0.35	0.35

资料来源：杨邦舟、杨兴汉：《关于货物、货币变迁调查统计》，山西省档案馆馆藏档案：A88-5-11-1。

① 杨邦舟、杨兴汉：《关于货物、货币变迁调查统计》，山西省档案馆馆藏档案：A88-5-11-1。

② 杨邦舟、杨兴汉：《关于货物、货币变迁调查统计》，山西省档案馆馆藏档案：A88-5-11-1。

粮食乃晋西北之商品大宗，粮价走势关乎总体物价变动者甚大。以前述之汾、孝粮食价格先跌后涨之变化趋势与晋西北及全省粮食价格变动情况进行比较，则可看到同样的涨跌过程。孝义粮价在民国二十二年(1933 年)下降，二十三年(1934 年)跌落到最低，此后猛烈上涨，于 1936 年到达最高值。据《吕梁地区志》记载，民国十九年(1930 年)，当时的晋西北地域内百斤小麦售价为 9.39 元，最低 7.26 元，普遍为 8.26 元；民国二十三年最高百斤售价 4.53 元，最低 3.4 元，普遍 3.84 元。从 1930—1934 年的五年间，百斤小米价格从 5.32 元跌至 2.63 元，累计下跌 50.24%；“高粱价格亦是跌落”，每百斤售价由 4.16 元跌至 2.05 元；玉米百斤售价由 5.09 元跌至 2.23 元，“跌落颇巨”；马铃薯百斤售价由 0.883 元跌至 0.578 元。①

民国二十二至二十三年间晋西北各地粮价的大幅波动与彼时大的国际国内经济形势有关。据《吕梁地区志》记载，小麦价低之原因“一方面因货币数量减少，一方面洋粉洋麦进口增加，兼之铁路运费提高，内地出售多不外运，以致呈现逐年跌落之现象”。② 又据《山西通志·粮食志》记载，1934 年晋西北及山西粮食价格之大跌，与 1929—1933 年的资本主义世界经济危机引发的国际市场对农业等初级产品需求减少有关，彼时口岸跌价，出口受阻，致使山西粮价连续下跌。1934 年粮价到达谷底后，因资本主义世界经济危机趋于缓和，促使农产品价格迅速反弹回升，使抗战爆发之前的

① 吕梁地区地方志编纂委员会编:《吕梁地区志》，太原:山西人民出版社，1989 年版，第 282 页。

② 吕梁地区地方志编纂委员会编:《吕梁地区志》，太原:山西人民出版社，1989 年版，第 282 页。

十余年粮价整体形成了"高—低—高"的"V"字曲线。① 粮价指数变化见表5.5。

表5.5 1930—1936年山西省粮食价格变动表

年度	1930	1931	1932	1933	1934	1935	1936
收购价格指数	100	98	61	49	56	61	91
零售价格指数	100	82	73	65	65	76	130

资料来源：山西省地方志编纂委员会编：《山西通志》第27卷《粮食志》，北京：中华书局，1996年版，第74页。

二、部分地区生产类商品价格下跌

战前晋西北物价之总体上涨主要是由生活资料类商品价格走势决定的。与此同时，在部分地方出现了土地、牲畜等不动产及生产类商品价格下降而与生活资料价格走势完全相反的情况。

河曲等地土地、牲畜等生产资料价格在抗战爆发前一直呈大幅下降趋势，这种情况的出现固然与当地社会不稳定的"小气候"有关，如民国十五至十六年（1926—1927年）间，河曲匪患频发，②导致当地地主、富户们无法静下心来专注于投资和生产，土地等不动产价格急速下降，牛、羊等牲畜价格比八年前下降50%以上。但从大的社会环境方面而言，战乱袭扰、局势动荡、日本侵略临近等因素对物价产生的消极影响同样不容忽视。这些情况在抗战爆发前之晋西北地区普遍存在，故河曲生产类商品价格下跌的情况具有一定的代表性，唯其更加典型和突出而已。

---

① 山西省地方志编纂委员会编：《山西通志》第27卷《粮食志》，北京：中华书局，1996年版，第74页。

② 河曲县志编纂委员会编：《河曲县志》，太原：山西人民出版社，1989年版，第12—13页。

表 5.6　1919—1935 年河曲土地、牲畜价格表

品名	单位	单价	年代	币制
牛	头	37.00 元	1919 年	银圆
	头	21.00 元	1927 年	银圆
羊	只	2.00 元	1919 年	银圆
	只	1.03 元	1927 年	银圆
驴	头	65.00 元	1919 年	银圆
	头	52.00 元	1927 年	银圆
骡	头	26.00 元	1919 年	银圆
	头	12.00 元	1927 年	银圆
山地	亩	1.30 元	1919 年	银圆
	亩	11.00 元	1927 年	银圆
	亩	4.00 元	1935 年	银圆
水地	亩	26.50 元	1919 年	银圆
	亩	23.50 元	1927 年	银圆
	亩	20.50 元	1935 年	银圆

资料来源：河曲县志编纂委员会编：《河曲县志》，太原：山西人民出版社，1989 年版，第 307 页。

三、粮食价格季节性变动

晋西北地区物价呈季节性波动特点，其中以粮食和布匹等主要商品对物价涨跌影响甚大。粮食既是本区域内部交易量最大的商品，也是本地区为数甚少的出口大宗，由于不同年份旱涝不均、丰歉不一，各年之间粮价屡有波动，对晋西北物价影响很大。布匹为晋西北输入数量最多之商品，亦是对物价影响最大之工业品。

张闻天的晋陕社会调查报告[①]特别强调了当地群众对粮食和工业品价格变化的态度："山区的居民因为粮食产量比较多些，所以特别抱怨工业品太贵，买不起。而平川里的居民因为粮食产量少，特别抱怨粮食太贵，吃不着。无形中山上的居民埋怨川里的居民，说这些'溜川鬼'把商品价格抬高了（因为川里的居民，经营商业的多些）！而川里缺少粮食的人，则埋怨山上的人，说他们有意抬高粮价，不肯出卖！其实，他们双方对于物价的普遍高涨，都是不必负责的。"[②]

粮食作为晋西北最大宗商品之一，无论荒年和平年价格均有波动。平年之粮价一般在春夏之交上下浮动。往往是"夏、秋收之前粮价暴涨，夏、秋收之后粮价跌落"。[③] 杨邦舟调查材料记载："春天米价高，因货币多，物价涨价。"1932 年秋后米价低的原因是"钱（货币）缺少，丰收打粮多"。民国二十年（1931 年）至二十二年，方山县基本风调雨顺，至少是平年。民国二十年，马坊、方山、圪洞、峪口四大粮食交易集市每百斤（旧制秤 1 斤等于 596.8 克）小米普通价格 5.3 元；民国二十一年（1932 年）落到 4.9 元。[④] 可见即使在平年，粮食价格也有近 10％的浮动。据抗日政府有关材料记载，民

① 笔者注：中共中央调查团张闻天一行于 1942 年 2—11 月对兴县、神府等地社会、经济、政权组织等进行了调查，其中以神府贺家川地主马维新所经营的崇德厚历年账册为资料对物价作了较为详尽的记载。由于神府与晋西北位置相邻，风俗相似、文化相近，经济社会联系频繁，故其时亦属于晋西北抗日民主政府管辖之神府物价资料对了解晋西北物价整体情况具有参考性。

② 张闻天选集传记组、中共陕西省委党史研究室、中共山西省委党史研究室编：《张闻天晋陕调查文集》，北京：中共党史出版社，1994 年版，第 58 页。

③ 吕梁地区地方志编纂委员会编：《吕梁地区志》，太原：山西人民出版社，1989 年版，第 282 页。

④ 方山县志编纂委员会：《方山县志》，太原，山西人民出版社，1993 年版，第 449 页。

国二十四年(1935 年)兴县米价高昂,其原因在于“出卖的粮多,牲口多,货币多”。① 一般情况下,每年青黄不接之际,粮食价格都会上涨,个别品种变动更大。如春天为黑豆价格上涨时期,因为这时牲口、骆驼均需黑豆。到了四月青草上来,牲口放青,黑豆价格就下降了。②

逢荒年则粮价波动更为剧烈。粮价高涨之时大多是闹灾荒的时候(年份)。③ 据张闻天晋陕调查有关记载,神府商号崇德厚既做“典地”④生意,也做“买地”生意,还大量从事粮食买卖。从每年年底粮食盘存的数目中,我们可以看出他“待价而沽”出卖粮食的规律:如 1924 年存粮的大卖,就是由于粮价于秋后突然上涨的缘故(小米从 8 角涨到 1.17 元一斗)。可见荒年粮价季节变化之幅度更甚,盖因荒年是高价出卖粮食的年份,也是有钱人廉价典进、买进土地的时候。这是“地主阶级经济积垒(累)最有利的年头,也是群众最倒霉的年头”。⑤ 再如 1927 年下半年、1928、1929 年,仓窑(粮仓)存粮空前减少,这一方面由于后两年为荒年,收租较少,而另一方面也由于地主趁粮价的高涨(粮价自 1927 年上涨,到 1929 春粮价每斗米价涨到 3.2 元)出卖粮食。两次物价上涨幅度都超过

---

① 杨邦舟、杨兴汉:《关于货物、货币变迁调查统计》,山西省档案馆馆藏档案:A88-5-11-1。

② 张闻天选集传记组、中共陕西省委党史研究室、中共山西省委党史研究室编:《张闻天晋陕调查文集》,北京:中共党史出版社,1994 年版,第 175 页。

③ 张闻天选集传记组、中共陕西省委党史研究室、中共山西省委党史研究室编《张闻天晋陕调查文集》,北京:中共党史出版社,1994 年版,第 259 页。

④ 旧时农户因借贷关系而典质的田地,亦称“典田”。典价一般低于卖价。典得的一方因此获得使用权,并可转典。在典期届满,如典者无力回赎,即成绝卖。地主、富农常以此兼并土地。田底、田面可以分别典质。

⑤ 张闻天选集传记组、中共陕西省委党史研究室、中共山西省委党史研究室编:《张闻天晋陕调查文集》,北京:中共党史出版社,1994 年版,第 260 页。

100%,可见荒年和平年粮价之悬殊。所以张闻天总结道:地主是靠荒年发财的。①

此外,粮价涨落行情取决于大粮商,而粮商往往也是地主。据《吕梁地区志》等史志资料记载,“经营地主、高利贷者和商人结合,为从粮食交易中获取高利”。② “粮、油在集市上自由买卖,价格由地主和粮商控制”。③ 以平年为例,他们(粮商)3 元银圆可购进小麦 1 石,然后伺机以 5—7 元卖给小商贩,商贩再以 7—10 元零售。④ 粮商“因为其有雄厚的实力有囤积粮食以居奇的条件”,“新粮上市压价囤积,荒年暴月抬价抛售,价格一集数变”。⑤ 如张闻天晋陕调查有关内容记载,普通民众是这种粮价波动的受害者,“在粮价低时,小户人家急需用钱不得不售出粮食”。⑥ 另据《古交志》记载,当时的农民为了生存,往往在秋季贱卖一部分粮食,到翌年向地主借粮或者借高利贷购买春荒粮。地主和粮商则贱买贵卖,牟取暴利。⑦

四、价格剪刀差日益扩大

价格剪刀差是指对外贸易中的工农业产品不等价交换。晋西北出产局限于农业、手工业等初级产品,生产技术落后,市场竞争

---

① 张闻天选集传记组、中共陕西省委党史研究室、中共山西省委党史研究室编:《张闻天晋陕调查文集》,北京:中共党史出版社,1994 年版,第 175 页。

② 吕梁地区地方志编纂委员会编:《吕梁地区志》,太原:山西人民出版社,1989 年版,第 282 页。

③ 康茂生主编:《岚县志》,北京:中国科学技术出版社,1991 年版,第 296 页。

④ 河曲县志编纂委员会:《河曲县志》,太原,山西人民出版社,1989 年版,第 299 页。

⑤ 康茂生主编:《岚县志》,北京:中国科学技术出版社,1991 年版,第 296 页。

⑥ 张闻天选集传记组、中共陕西省委党史研究室、中共山西省委党史研究室编:《张闻天晋陕调查文集》,北京:中共党史出版社,1994 年版,第 259 页。

⑦ 古交市地方志办公室编:《古交志》,太原:山西人民出版社,1996 年版,第 276 页。

力低，极易受到外来产品的冲击。

民国年间，晋西北出产的土特产品与外来工业品之间的价格剪刀差日趋扩大。以汾、孝为例，孝义县1936年的煤油价格比1928年上涨了137%，而同期小米价格仅上涨了21%、麻油上涨了40%，与进口洋油的涨幅差距分别达到5倍、3.4倍。[①] 汾阳之情形类同。

表5.7　抗战之前汾阳每百斤桃仁换回洋油(煤油)表

年份	1928	1931	1934	1937
物价指数	67.97	77.54	86.10	58.16

资料来源：山西省汾阳县志编纂委员会编：《汾阳县志》，北京：海潮出版社，1998年版，第544页。

1931—1933年间，汾阳县大量进口美洲、澳洲的小麦和棉花，导致本县农产品价格下落。农产品交换工业品的物价指数下跌，以民国十九年(1930年)为100，二十年(1931年)下降为99.8，二十一年(1932年)为94.8，二十二年(1933年)更跌到80.07。[②]

表5.8　抗战之前汾阳核桃价格剪刀差变动表

年份	1930	1931	1932	1933
物价指数	100	99.8	94.8	80.07

资料来源：山西省汾阳县志编纂委员会编：《汾阳县志》，北京：海潮出版社，1998年版，第544页。

1928年后，汾阳农产品和工业品剪刀差持续扩大。同时，无论本地价格如何变化，核桃仁经过商贩倒手运到天津口岸以后，其出口价格均要高出本县价格三倍之多。[③] 一方面价格剪刀差在扩大，

① 孝义县地方志编纂委员会编：《孝义县志》，北京：海潮出版社，1992年版，第470页。

② 山西省汾阳县志编纂委员会编：《汾阳县志》，北京：海潮出版社，1998年版，第544页。

③ 山西省汾阳县志编纂委员会编：《汾阳县志》，北京：海潮出版社，1998年版，第203页。

另一方面反映出晋西北主要出口商品价格由外地商人操纵之事实。

第二节 全面抗战时期根据地物价的变动

战时物价上涨是普遍且不可抗拒的。1937 年以后,国民政府直接统治地区内物价呈扶摇直上、日益上涨的趋势。① 国民党政府在国统区采取的通货膨胀政策造成了法币的急剧贬值。1937 年抗战前夕,法币发行总额不过 14 亿余元,到日本投降前夕,法币发行额已达 5 569 千亿元,比战前增加约 400 倍。国统区"到 1942 年至 1945 年,物价狂涨到最高程度,较之抗战初期,物价水平上涨了百倍之多"。② 沦陷区物价以汾阳为例,1945 年 7 月与抗战爆发时的物价相比涨幅达 219 倍之多。③

晋西北抗日根据地的物价亦以"上涨"为主旋律,根据涨跌变化之特点,可大致将物价变动过程分为三个明显不同的阶段。

一、1937—1940 年物价平缓上涨

晋西北抗日根据地成立之初,由于流通滞涩,敌伪封锁等原因而导致物资奇缺。1937—1940 年间的物价涨幅大大超过战前水平,但其年均增幅尚未超过两位数。据《河曲县志》有关资料记载,民国二十八年(1939 年)河曲县九种商品物价(洋布没有抗战爆发后之物价数据)与民国二十二年(1933 年)相比,最高累计上涨率不超过 50%。

---

① 周春:《中国抗日战争时期物价史》,成都:四川大学出版社,1998 年版,第 329 页。

② 周春:《中国抗日战争时期物价史》,成都:四川大学出版社,1998 年版,第 1 页。

③ 吕梁地区地方志编纂委员会编:《吕梁地区志》,太原:山西人民出版社,1989 年版,第 111 页。

表 5.9　1925—1939 年河曲县商品价格表

品名	单位	单价	年代	币制
土布	尺	0.07 元	1927	银圆
	尺	0.04 元	1933	银圆
	尺	0.08 元	1939	银圆
洋布	尺	260 文	1925	制钱
	尺	0.06 元	1933	银圆
白市布	尺	0.06 元	1933	银圆
	尺	0.10 元	1939	银圆
猪肉	斤	420 文	1925	制钱
	斤	0.24 元	1939	银圆
葫油	斤	0.13 元	1927	银圆
	斤	0.24 元	1939	银圆
炭	斤	0.10 元	1933	银圆
	斤	0.10 元	1939	银圆
红糖	斤	0.20 元	1931	银圆
	斤	0.28 元	1939	银圆
糜米	石	3.00 元	1933	银圆
	石	5.00 元	1939	银圆
小米	石	3.00 元	1933	银圆
	石	3.00 元	1939	银圆
食盐	斤	0.07 元	1933	银圆
	斤	0.08 元	1939	银圆

资料来源：河曲县志编纂委员会编：《河曲县志》，太原：山西人民出版社，1989 年版，第 306 页。

同一时期兴县物价的涨幅大体上与河曲类似。根据杨邦舟等人的调查，兴县米、布、棉三种主要商品 1940 年的价格与

1937年相比，年均增长率分别是25%、5.1%、22.2%。[①]据《兴县志》记载，1938年与1936年相比，物价总体上涨了50%。1941年的米价为1936年的4.6倍。[②]河曲和兴县二地的物价状况反映出这一阶段根据地物价上涨虽较战前迅猛，但考虑到战争状态下，涨幅应不算太高。这一时期个别商品因遭受封锁而涨幅甚大，多者达数十倍，如临县武家坪食盐价格由抗战之初的每百斤70元法币上涨到1938年的2 000元，上涨率高达30倍之多。[③]

二、1940—1944年物价迅猛上升

1940年后，根据地物价涨幅迅速扩大。以杨邦舟等物价调查资料记载的兴县物价变动情况为例（见表5.10），从1937年到1941年的五年间，该县米价上涨175%、布价上涨130%、棉价上涨138%。

表5.10　1937—1941年兴县物价变动表

单位：银圆

年份	小米（斗）				布（尺）				棉（斤）			
	春	夏	秋	冬	春	夏	秋	冬	春	夏	秋	冬
1937	0.4	0.4	0.44	0.44	2.6	2.7	2.7	2.7	0.42	0.42	0.44	0.44
1938	0.52	0.52	0.53	0.53	2.6	2.6	2.6	2.7	0.55	0.55	0.55	0.55
1939	0.6	0.6	0.65	0.65	3.0	3.0	3.0	3.2	0.6	0.6	0.65	0.65

① 杨邦舟、杨兴汉：《关于货物、货币变迁调查统计》，山西省档案馆馆藏档案：A88-5-11-1。

② 贾维桢、尚永红、孙海声主编：《兴县志》，北京：中国大百科全书出版社，1993年版，第254页。

③ 刘欣、景占魁：《晋绥边区财政经济史》，太原，山西经济出版社，1993年版，第57页。

续表

年份	小米(斗)				布(尺)				棉(斤)			
	春	夏	秋	冬	春	夏	秋	冬	春	夏	秋	冬
1940	0.8	0.8	0.5	0.75	3.0	3.0	3.5	3.5	0.6	0.6	0.7	0.7
1941	1.2	1.5	1.8	1.1	4.0	4.4	5.4	6.0	0.84	0.84	0.99	1.00

资料来源:杨邦舟、杨兴汉:《关于货物、货币变迁调查统计》,山西省档案馆馆藏档案:A88-5-11-1。

1940年到1941年,兴县之米、布、棉三类商品分别上涨了75%、42.8%、71.4%,一年涨幅即超过此前三年涨幅之和。① 物价迅速上涨的态势非常明显(见表5.11)。

表5.11　1937—1941年兴县粮食价格变动趋势图

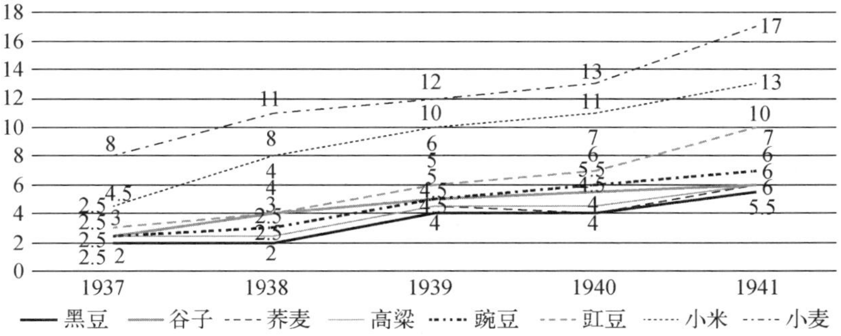

资料来源:杨邦舟、杨兴汉:《关于货物、货币变迁调查统计》,山西省档案馆:A88-5-11-1。

另一份物价资料登载了1937—1941年兴县粮食市场上8个品种的价格信息,其中1940—1941年的一年时间内,4个品种的价格上涨幅度与此前数年基本相当,有4个品种涨幅超过此前几年的

① 贾维桢、尚永红、孙海声主编:《兴县志》,北京:中国大百科全书出版社,1993年版,第254页。

年平均涨幅2倍以上(见表5.12)。

表5.12 1937—1941年兴县粮食价格表

单位:法币

品名	1937	1938	1939	1940	1941
小米	4.5	8	10	11	13
小麦	8	11	12	13	17
豇豆	3	4	6	7	10
豌豆	2.5	3	5	6	7
谷子	2.5	4	5	5.5	6
荞麦	2.5	2.5	4.5	4	6
高粱	2.5	2.5	4.5	4.5	6
黑豆	2	2	4	4	5.5

资料来源:杨邦舟、杨兴汉:《关于货物、货币变迁调查统计》,山西省档案馆:A88-5-11-1。

张闻天晋陕调查报告所记载的相关物价资料亦表明,1942年晋西北抗日根据地物价与战前相比,普遍涨价20—30倍,涨价最高者达到240倍。① 1937年相比战前,1942年春相比1940年春是两个涨幅较快的阶段,其中1941年冬到1942年春短时间内涨幅最大。此次涨价一直延续到1943年初。张闻天晋陕调查报告里提及的"神府百姓讲,白洋不合法,农票天天跌价"②正是发生在这段时间(物价变化的具体情形见表5.13)。③

在物价迅猛上涨的这个时段内,1943年上半年是一个物价相

---

① 张闻天选集传记组、中共陕西省委党史研究室、中共山西省委党史研究室编:《张闻天晋陕调查文集》,北京:中共党史出版社,1994年版,第57—58页。

② 张闻天选集传记组、中共陕西省委党史研究室、中共山西省委党史研究室编:《张闻天晋陕调查文集》,北京:中共党史出版社,1994年版,第120页。

③ 刘欣、景占魁:《晋绥边区财政经济史》,太原,山西经济出版社,1993年版,第225页。

对平稳的时期。由于行署此前采取的一系列平抑物价的措施，如发行30万巩固农币公债券等开始奏效，1943年上半年，根据地物价处于难得的平稳状态，稳定了此前根据地物价持续大幅上涨的态势。但到1943年下半年，由于货币超发等原因，物价再次进入涨价轨道。1943年7月到1944年3月，农币“在波动中步步跌价”，①引发物价快速上涨。

表5.13　晋西北行署直属神府县历年物价变化表

单位：银圆

商品	单位	革命前（元）/个	1936—1937(元)	1940春（元）	1940冬（元）	1941春（元）	1941冬（元）	1942春（元）
四八布	匹	2.0	5.0	14—5.0	20.0	23—24	56—57	100
棉花	斤	0.3	0.45	3.0	3.0	5.0	10—12	16
谷米	石	7—8.0	13.0	45—50	100.0	120—130	200—370	400
黑豆	石	6.0	6.0	70.0	70.0	60—70	100—150	170
盐	斤	0.1	0.1	0.2	0.3—0.4	0.6	0.7	1.00
油	斤	0.24	0.4	1.5	1.5—1.6	2.0	3.0	4.00
白面	斤	0.12	0.1	0.50	0.5—0.6	1.0	2.0	3.00
枣	斗	0.3	0.50	3.00	3.00	5.00	7.00	20.00
铁	斤	0.08	0.10	0.50	0.7—0.8	1.50	1.6	买不到

① 刘欣、景占魁：《晋绥边区财政经济史》，太原，山西经济出版社，1993年版，第224—225页。

续表

商品	单位	革命前(元)/个	1936—1937(元)	1940春(元)	1940冬(元)	1941春(元)	1941冬(元)	1942春(元)
炭	100斤	0.05	1.2—1.3	3.50	4.00	5.00	10.00	12.00
铧子	个	0.07	0.07	0.50	0.50	2.00	7.00	8.00
普通牛	头	20.0	20.0	67—70	100	150	270—280	500—800
普通驴	头	20.0	20.0	67—70	100	150	270—280	300—500
羊肉	斤	0.10	0.20	0.30	0.30	0.50	2.0	3.00
猪肉	斤	0.20	0.30	0.40	0.40	2.00	3.00	3.5—4.0
针	25包	0.10	0.15	0.15	0.40	0.50	0.99	1.00
线	斤	1.00	1.00	20.0	20.0	32.0	50.0	80.0

注：1. 此统计表是根据贺家川商人调查的。
2. 1942年春一栏中铧子的价格是4月的价格。

资料来源：张闻天选集传记组、中共陕西省委党史研究室、中共山西省委党史研究室编：《张闻天晋陕调查文集》，北京，中共党史出版社，1994年版，第57—58页。

为更加直观地了解这段时间的物价情形，根据张闻天晋陕调查报告中有关物价的内容制作了物价趋势图，从中可看到1940年后的两年间物价涨幅增大，尤其是1941年冬天到1942年春天物价上涨的翘尾特点非常明显（见表5.14），且这种陡然向上的曲线应延续了一个较长的时期，这一阶段的经济情势确如调查报告里所言“物价年来的飞涨，是不争的事实”。①

① 张闻天选集传记组、中共陕西省委党史研究室、中共山西省委党史研究室编：《张闻天晋陕调查文集》，北京：中共党史出版社，1994年版，第58页。

表 5.14　1936—1942 年春晋西北行署直属神府县物价趋势表

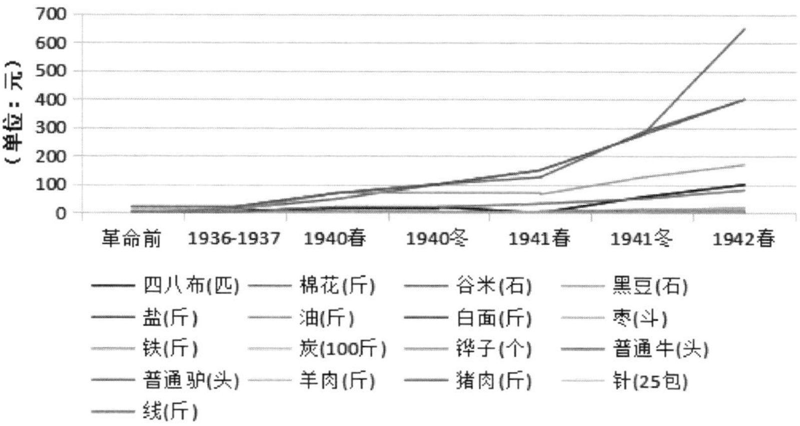

资料来源：张闻天选集传记组、中共陕西省委党史研究室、中共山西省委党史研究室编：《张闻天晋陕调查文集》，北京，中共党史出版社，1994 年版，第 57—58 页。

根据晋西北抗日根据地税务部门档案的记载，1943—1945 年晋西北根据地年税收总额分别是 1 242、4 257、10 686 万元（农币），对应所折标准布匹数分别为 15 933、10 741、27 400 匹（2.6 丈为一匹），以此对税收折布进行计算，则相应的布匹/货币比为 0.077 9、0.396 3、0.390 0，由于市场上货币折布的实际购买水平与物价的实际水平相对应，即 1943 年年中开始的 10 个月中，布匹类商品涨价近乎 5 倍之多（1944 年和 1945 年的布匹/货币比基本一致，期间价格未有明显波动）。① 据《兴县志》记载，该县物价在 1941 年到 1945 年间上涨了 8—10 倍。② 大幅度涨价的阶段从 1940 年开始，而以 1941—1944 年 5 月这段时间内最为迅猛。

① 刘欣、景占魁：《晋绥边区财政经济史》，太原，山西经济出版社，1993 年版，第 247 页。

② 贾维桢、尚永红、孙海声主编：《兴县志》，北京：中国大百科全书出版社，1993 年版，第 254 页。

三、1944—1945 年物价相对稳定

行署于 1944 年 3—4 月间采取了紧缩货币政策，此后物价逐渐回落，以后是本币提高与巩固的过程，各地农币币值有所恢复，到 5 月，物价基本回落到了 1943 年初的 3 倍左右。此后，从 1944 年 5 月到 1945 年 7 月，物价一直稳定在这一区间。晋绥边区贸易第八分局（后称银行贸易第八分行局）所编《经济旬报》详细记录了该时段内八分区、临县、静二五区、内地其他地方及沦陷区的金融、贸易及物价等方面的情况。行署税务部门档案资料也记载了 1944、1945 年两年的布/币折价分别为 0.396 3、0.390 0，亦成为这一期间物价相对稳定的又一例证。这也是晋西北抗日根据地八年时间里物价最为稳定且持续时间最长的一个时期。

（一）《经济旬报》内容介绍

该刊物包括四个部分的内容。第一部分为金融情形，主要登载了八分区和根据地内地货币流通情况，根据地农币与白洋黑市比价、沦陷区伪钞与白洋比价。

以第一期（1944 年 6 月 25 日）为例：

自本币波动以来，即停止了挂钩（公家互相行使以 150 元作计算标准），在市面上不行使本币，一切交易要小米，目前在静乐黑市为 200 元，阳曲 130 元，交西 150 元。太原伪币四元合白洋一元。①

第二部分为贸易情形，登载八分区静乐、阳曲、交东、离东及内地之临县（地点经常调整）贸易情况，这些内容里有许多商品供需信息。以第三期（1944 年 7 月 22 日）为例：

---

① 晋绥边区贸易第八分局编印：《经济旬报》第 1 期，1944 年 6 月 25 日，山西省档案馆馆藏档案：A96－3－31－13。

静乐：

1. 棉花非常缺，本币 480 元一斤还不好买；

2. 沦陷区粮食好买，但因运输力缺乏，不能很快返回，现正在组织群众运输中。

阳曲：

1. 土布不缺，大多是晋察冀来的，太原敌封锁较严，不好买；

2. 日用品不好买。原因敌重视重工业，轻视轻工业，同时敌对消耗品亦禁止。

交东：最近入口货很少，因沦陷区商人来得很少，内地商人正在农忙时期。

离东：

1. 木材，现在砍下的很多，每副棺材板运到沦陷区可换回小米三斗；

2. 现沦陷区(峪口)每石小米 65 元，(圪洞)每石银洋 60 元；

3. 根据地每石小米银洋 75—80 元，峪口、圪洞来的很多；

4. 其他物价无变化。①

第三部分为当期物价，又分根据地物价、沦陷区物价两部分。列出八分区静乐(天池川或米峪镇)、阳曲、交东、交西、麻会等地，内地之临县、静二五区及沦陷区太原(或交城、清源)等地物价。所登载商品种类并不固定，每期均略有调整。

以刊载的静乐物价信息为例，所列 16 类商品均为百姓日常生活必需品。其中粮食 3 种、布匹 2 种、日用品 7 种、烟酒 2 种、盐 2 种。

---

① 晋绥边区贸易第八分局编印:《经济旬报》第 3 期，1944 年 7 月 22 日，山西省档案馆馆藏档案:A96 - 3 - 31 - 14。

表 5.15　根据地八分区静乐物价(天池川)

商品	计量单位	价格（元/农币）	商品	计量单位	价格（元/农币）
小米	双斗	300	白酒	斤	240
麦子	双斗	200	后方大盐	斤	90
白面	斤	80	沦陷区小盐	斤	70
宽土布	尺	90	后方大碱	斤	120
土布	尺	80	旱烟	斤	160
洋火	包	120	蔴油	斤	200
土麻	斤	240	麻纸	张	6
□	斤	960	杂线	斤	1 440

资料来源：晋绥边区贸易第八分局编印：《经济旬报》第 3 期，1944 年 7 月 22 日，山西省档案馆馆藏档案：A96－3－31－14。

所列沦陷区物价信息一般选取的都是有代表性的商品，如第三期就总共列出 14 类商品，其中有根据地供应充足的粮食、布匹、麻油等 6 种，也有根据地不生产但需要输入的布匹(市布)、颜料、洋火、纸张等 8 种，其中甚至有子弹的价格信息。

表 5.16　沦陷区太原物价

商品	计量单位	价格（元/伪钞）	商品	计量单位	价格（元/伪钞）
小米	小斗	40	洋火	包	6
麦子	小斗	36	绒羊	斤	10
洋布	匹	750	领纸	令	450
无牌市布	匹	750	三鸽煮青	筒	400
青土布	尺	3.8	鹰球煮兰	筒	180

续表

商品	计量单位	价格（元/伪钞）	商品	计量单位	价格（元/伪钞）
土布	尺	2.2	子弹	粒	1.2
麻油	斤	11	草纸	刀(30 张)	1.5

注：一小斗(相对于双斗)等于 13 斤，见《经济旬报》27 期关于斗的计量单位说明。

资料来源：晋绥边区贸易第八分局编印：《经济旬报》第 3 期，1944 年 7 月 22 日，山西省档案馆馆藏档案：A96－3－31－14。

《经济旬报》刊载的物价信息中显示交东市场商品较为丰富，第六期共列出了该地 55 种商品的价格，反映了此时根据地市场供应比较充分。

表 5.17　根据地八分区交东物价

商品	计量单位	价格（元/农币）	商品	计量单位	价格（元/农币）
小米	斤	60	小豆	斤	42
麦子	斤	48	绿豆	斤	45
黄豆	斤	32	洋火	包	150
黑豆	斤	30	麻纸	张	5
扁豆	斤	40	油光纸	张	23
豌豆	斤	30	毛边纸	张	25
白面	斤	70	煮青	桶	230
莜麦	斤	60	品绿	桶	500
棉花	斤	400	品兰	桶	380
洋布	尺	200	煮兰	桶	180
土布	尺	70	品红	桶	500
后方盐	斤	100	火硝	斤	160

续表

商品	计量单位	价格（元/农币）	商品	计量单位	价格（元/农币）
平川小盐	斤	80	席子	支	350
磏（碱）	斤	130	三尺毛巾	条	200
旱烟	斤	150	皮绳	斤	480
葫油	斤	200	玉绳	斤	280
（火）镰	斤	220	黄芩	斤	120
麻	斤	120	党参	斤	200
牛皮	斤	120	赤芍	斤	30
			豆面	斤	50
秋白羊毛	斤	80	黄盐	斤	40
黑羊毛	斤	50	苍术	斤	15
羊绒	斤	80	陈皮	斤	20
白羊皮	张	200	桃杏仁	斤	50
黑羊皮	张	80	柴胡	斤	100
猪油	斤	120	椽子	根	20
牛油	斤	140	羊油	斤	120
鸡蛋	斤	6	熟铁	斤	30

资料来源：晋绥边区贸易第八分局编印：《经济旬报》第6期，1944年11月30日，山西省档案馆馆藏档案：A96－3－31－14。

（二）根据地商品流通及物价

根据对《经济旬报》各期信息的汇总，有价格信息的商品共6大类约316种，包括粮食类（32种）、日用百货类（165种）、食品类（34种）、生产资料（44种）、药材（35种）、废旧金属类（6种）。① 后

① 晋绥边区贸易第八分局编印：《经济旬报》第1—27期，1944年6月25日—1945年7月27日，山西省档案馆馆藏档案：A96－3－31－6至A96－3－31－29。

来，甚至连一向紧缺的西药也逐渐不大紧缺了。如 1944 年 8 月时，还记载“医药在敌区仍不好买”，①但到了 1945 年 4 月，阿司匹林、虫草、甘绿、碘化钠、盐化钙粉、纯鱼肝油、摄氏体温表、石炭酸、哥隆粉、红汞、易脱久、碘片、钾等数十种以前一直被日军列为禁运物资的药品已赫然摆在根据地市场上。② 说明到了战略反攻阶段，晋西北抗日根据地已经基本摆脱了此前物资匮乏的局面，商品交易活跃，物资供应充裕，物价比较稳定。

然而晋西北地区各地由于出产丰瘠有别、地理位置远近不同、运输成本高低不一，同一商品在根据地各地之价格并不统一，有些品种甚至还较为悬殊。如 1945 年春天，兴县盐价 30—40 元，岢岚 50 元，宁武东山 90 元，甚至上百元。所以导致六分区的一些群众一度走私从沦陷区以法币 40 元购进贩盐。③

作为根据地物流中心的临县货物来源渠道较多，来自根据地各地和河西的物产均可输入临县，又输出到根据地各地和其他根据地、沦陷区，加之临县在晋西北地区出产也较为丰富，历来是晋西北农业、手工业比较发达的地方和商品输出地，故其物价总体上低于根据地其他地区。如交东物价比临县普遍高出 40%—70% 左右。

---

① 晋绥边区贸易第八分局编印：《经济旬报》第 5 期，1944 年 8 月 11 日，山西省档案馆馆藏档案：A96 - 3 - 31 - 15。

② 晋绥边区贸易第八分局编印：《经济旬报》第 20 期，1945 年 4 月 30 日，山西省档案馆馆藏档案：A96 - 3 - 31 - 26。

③《晋绥边区一九四五年一月至一九四六年六月贸易工作综述》(1946 年 7 月 10 日)，晋绥边区财政经济史编写组、山西省档案馆编：《晋绥边区财政经济史资料选编》(金融贸易编)，太原，山西人民出版社，1986 年版，第 644 页。

表 5.18　1944 年临县与交东物价比较表

单位:农币

商品	规格	7 月 20 日临县价格	7 月 15 日交东价格	相差倍数
白面	斤	45	75	0.4
豆面	斤	30	50	0.4
麻油	斤	120	200	0.4
碱	斤	45	110	0.59
盐	斤	55	80	0.69

资料来源:晋绥边区贸易第八分局编印:《经济旬报》第 9—10 期合刊,1944 年 7 月 22 日,山西省档案馆馆藏档案:A96-3-31-20。

八分区内各地物价也参差不齐,以 1944 年 11 月四个地方物价进行比较,离东物价最低,因离东距离临县最近,运进货物成本最低。20 种商品价格在静乐和交东的价格往往此高彼低,但两地总体物价水平基本相当,交西物价在四地中最高。

5.19　根据地八分区各地物价比较表

单位:农币

商品	单位	静乐(米峪镇)	交东	交西	离东
小米	斤	30	30	45	23
麦子	斤	35	24	48	33
小豆	斤	18	20		20
豌豆	斤	16	15		15
扁豆	斤		20		17
绿豆	斤	20	24		23
黄豆	斤	16			13
黑豆	斤	15	15	18	13
高粱	斤	15			13
莜麦	斤	22	20		20
菜籽		30			28

续表

商品	单位	静乐（米峪镇）	交东	交西	离东
麻籽		28			19
临青布	尺	80	80		
离东土布	尺		95		70
毛巾	条	130	160		
食盐	斤	85	100	90	70
碱子	斤	100	120		120
肥皂	条	130	120		120
汗烟	个	200	240		
洋火	包	280	180	300	300

资料来源：晋绥边区贸易第八分局编印：《经济旬报》第 6 期，1944 年 11 月 30 日，山西省档案馆馆藏档案：A96－3－31－14。

又以 1945 年 7 月各地物价进行比较，临县、娄烦、米峪镇、阳曲物价呈阶梯状升高，离临县距离愈远则商品价格愈高，可见运输成本在物价中占比较高。

表 5.20　临县、娄烦、米峪镇、阳曲物价比较表

单位：农币

序号	品名	单位	临县价格	娄烦价格	米峪镇价格	阳曲价格
1	食盐	斤	56	60	70	85
2	白碱	斤	47	60	70	95
3	麦子	斤	46	35	—	45
4	麻油	斤	—	240	220	—
5	好毛巾	打	1 400	1 400	1 400	1 920
6	上毛巾	打	2 100			
7	棉花	斤	—	—	560	680

资料来源：晋绥边区银行贸易第八分行局编印：《经济旬报》第 27 期，1945 年 7 月 27 日，山西省档案馆馆藏档案：A96－3－31－6。

这一时期的晋西北抗日根据地的物价虽整体平稳，但不同地方在不同时段的物价涨跌情形并不相同。以位于根据地中心的临县为例，尽管其物价在整个根据地处于较低水平，但由于流通数量庞大，需求旺盛，行情自然有起有伏，其物价波动反而大于那些交易量较少、供需稳定的地方。如 1945 年 1—7 月之间，临县的物价涨幅（见表 5.21）反而高于八分区麻会（见表 5.22）。

表 5.21 1945 年根据地临县物价变动表

商品	规格	1 月 20 日价格（农币）	7 月 27 日价格（农币）	上涨倍数
食盐	斤	43	56	0.30
中土纱	斤	750	1 000	0.33
上棉花	斤	420	550	0.31
次棉花	斤	400	450	0.12
有光纸	令	15 000	10 000	—0.50
麦子	斗	1 000	1 200	0.20

资料来源：晋绥边区贸易第八分局编印：《经济旬报》第 9—10 期合刊，1945 年 1 月 20 日，山西省档案馆馆藏档案：A96 - 3 - 31 - 20；《经济旬报》第 27 期，1945 年 7 月 27 日，山西省档案馆馆藏档案：A96 - 3 - 31 - 6。

表 5.22 1945 年根据地八分区交东麻会物价变动表

商品	规格	1 月 20 日价格（农币）	7 月 27 日价格（农币）	上涨倍数
标准布	尺	75	75	0
后方条布	尺	100	140	0.40
毛巾	条	140	150	0.07
盐	斤	90	75	—0.16

资料来源：晋绥边区贸易第八分局编印：《经济旬报》第 9—10 期合刊，1945 年 1 月 20 日，山西省档案馆馆藏档案：A96 - 3 - 31 - 20；《经济旬报》第 27 期，1945 年 7 月 27 日，山西省档案馆馆藏档案：A96 - 3 - 31 - 6。

四、根据地与沦陷区物价比较

物价作为经济状况的晴雨表，意义重大，晋西北抗日根据地和沦陷区物价的跌涨变化经历了一个此消彼长的博弈过程。抗战爆发以来，由于日军占领的都是自然条件良好的平川地带，物产丰富，故沦陷区物价一直低于根据地，黑市伪钞牌价也远高于农币。抗战进入相持阶段以后，根据地面积逐步扩大而沦陷区范围日见缩小，日伪支撑物价的经济基础日益动摇。以静乐县为例，民国三十年（1941 年）时日军占领了全县 75 个主村（满百户之村皆为一编村，又有主村、副村之分）的 33 个，到 1945 年 3 月，日占区只剩下 1 个主村，8 个自然村，控制规模急剧缩小。① 经济不可避免地走向崩溃，伪钞被迫大幅跌落，双方物价变动趋势亦发生了反转。

1944 年 7 月前后的一段时间是双方物价变动过程中较为特殊的一个时期。其时，晋西北抗日根据地因为实行货币紧缩的政策，又因生产发展、流通顺畅、供需平衡，物价相比上半年迅速回落且已经稳定下来。与此同时，伪钞与白洋比价仍维持在 1∶10，伪钞贬值尚不明显，此时的沦陷区物价亦尚称稳定。所以这一时段是双方在 1937—1945 年期间物价水平最为接近的一个时期。故选取位于根据地东缘的交东和相邻的沦陷区交城物价进行比较。此后双方物价此低彼高，情势发生逆转。

1944 年 7 月当期交东市场和交城市场上都有售的 22 种商品中，交城有 8 种商品价格低于交东，交东有 11 种商品价格低于交城，一种商品双方价格相等，除麻纸和品绿双方价格悬殊外，其余价格均比较接近。对具体商品类别和品种进行分析，则可见沦陷区农产品价

① 静乐县志编纂委员会编：《静乐县志》，北京：红旗出版社，2000 年版，第 371—372 页。

格略高于根据地，而根据地仍需从沦陷区输入的产品如洋布、小盐等的价格略高于对方，双方总的物价水平基本相当。说明此时的根据地物价终于摆脱了此前长期高于沦陷区的被动状况。

表 5.23　根据地交东与沦陷区交城同期物价比较表

序号	品名	单位	交东价格（农币）	交城价格（伪钞）	交东价格（白洋）	交城价格（白洋）
1	小米	斤	60	44/13	0.33	0.34
2	麦子	斤	48	38/13	0.27	0.29
3	小豆	斤	42	35/13	0.23	0.27
4	豌豆	斤	30	37/13	0.17	0.28
5	黄豆	斤	32	27/13	0.18	0.20
6	黑豆	斤	30	28/13	0.17	0.21
7	白面	斤	70	43/13	0.39	0.33
8	莜面	斤	60	35/13	0.33	0.27
9	棉花	斤	400	17	2.2	1.7
10	洋布	尺	200	9.5	1	0.95
11	土布	尺	70	2.8	0.39	0.28
12	小盐	斤	80	3	0.44	0.3
13	麻油	斤	200	11	1.1	1.1
14	洋火	箱	150	1 500	0.83	?
15	麻纸	令	5	45/500	0.028	0.009
16	油光纸	令	23	650/500	0.12	0.13
17	毛边纸	令	25	650/500	0.14	0.13
18	煮青	桶	230	15	1.28	1.5
19	品绿	桶	500	40	2.78	4
20	麻儿	斤	120	11	0.67	1.1

续表

序号	品名	单位	交东价格（农币）	交城价格（伪钞）	交东价格（白洋）	交城价格（白洋）
21	牛皮	斤	120	10	0.67	1
22	碱子	斤	130	4.5	0.72	0.45

注：本期根据地黑市白洋牌价为：1个白洋在交西值180元农币、静乐值200农币，交东无独立牌价，参考交西牌价；沦陷区黑市白洋牌价为：1个白洋值10元伪钞。本表所列沦陷区交城粮食、纸张计量单位为"斗""令"，故按1斗＝13斤（27期有"一斗为13斤"的记载）、1令＝500张进行了换算。其他商品双方计量单位相同。

资料来源：晋绥边区贸易第八分局编印：《经济旬报》第3期，1944年7月22日，山西省档案馆馆藏档案：A96－3－31－14。

1944年8月后，伪钞与白洋比价突破了长期维持的1∶10币值，伪钞开始跌价并逐步加速。到1944年12月，"白洋与伪钞已跌破1∶40，盟军飞机连日轰炸太原及同蒲路沿线各地，致物价飞涨，伪钞大跌，商人存货不存钱（伪钞）"。① 到1945年7月，太原部分商品一年之内涨价最高者达26倍之多。②《山西通志·外贸志》亦记载，山西沦陷区1945年物价平均比1944年上涨了24.4倍。③ 与稳定的晋西北抗日根据地物价已无法同日而语了。

五、价格剪刀差幅度增大

根据地价格剪刀差幅度较前增加，因此蒙受了巨大损失。如抗战以来洋火涨价十六七倍，洋布价格涨了9倍，而根据地农民所

① 晋绥边区贸易第八分局编印：《经济旬报》第8期，1944年12月27日，山西省档案馆馆藏档案：A96－3－31－18。

② 晋绥边区贸易第八分局编印：《经济旬报》第4期，1944年8月2日，山西省档案馆馆藏档案：A96－3－31－34；《经济旬报》第27期，1945年7月27日，山西省档案馆馆藏档案：A96－3－31－6。

③ 山西省地方志编纂委员会编：《山西通志》第二十八卷《山西外贸志》，北京：中华书局，1999年出版，第103页。

产的粮食只涨了3倍左右。1940年，兴县煮青买价为3.9斗米/每桶，到1944年需3石5斗/每桶，相差10倍之多；1940年，临县煮青买价为4斗/每桶，1944年则需3石2斗5升/每桶，相差8倍（与战前比较则扩大13倍）。1940年，保德煮青买价为7斗5升/每桶，到1944年即需3石7斗5升/每桶，相差5倍。八分区输入的沦陷区布由0.7元/尺涨为1.1元/尺；而我出口黄油却由16元/斤降为8元/斤（伪钞），累计进出相差3倍以上。

1940年4月—1944年8月四年多时间里，晋西北抗日根据地输出之土产只涨价3倍上下，沦陷区来货却有涨价10倍者，两者涨价幅度相差三分之二（详见表5.25）。

表5.24 晋西北抗日根据地每百斤黄油可换来之外货数

商品 年份	鹰球蓝（桶）	洋布（匹）	令纸（令）	火柴（箱）	麻绸（尺）
1943	7.5	1	3	1	64
1944	2.75	0.5	1	0.183	27.5
所差倍数	1.7	1	2	4.5	1.3

资料来源：晋绥边区行署：《目前贸易中存在的问题与贸易工作的任务》，1944年8月5日。晋绥边区财政经济史编写组、山西省档案馆编《晋绥边区财政经济史资料选编》（金融贸易编），山西人民出版社，1986年版，第441页。

从1943年到1944年的一年内鹰球兰与令纸即涨价三四倍（见表5.25），如运到根据地内计算则价格更高，突出反映了根据地方面在贸易中的被动地位。说明过去一年对敌经济斗争很差，给根据地军民造成了很大的损失。故行署工作总结指出"虽然工业品在长期的战争中涨价快于农产品是必然的，但不应有如此悬殊"。①

---

① 晋绥边区行署：《半年来贸易工作总结》（1945年4月），晋绥边区财政经济史编写组、山西省档案馆编：《晋绥边区财政经济史资料选编》（金融贸易编），太原，山西人民出版社，1986年版，第468页。

表 5.25　根据地三分区和沦陷区货物价格变动表

	物品	1940 年 4 月	1943 年 4 月	1944 年	涨价倍数
内地货物	米(斗)	2.50		6.00	2.2
	猪肉(斤)	0.18		0.33	1.8
	土布(匹)	3.00		8.00	2.6
	食盐(斤)	0.08		0.25	3.1
沦陷区货物	火柴(包)	0.12		1.40	11.6
	将军青(桶)	4.00		40.00	10.00
	鹰球兰(桶)		5.00	16.00	3.2
	令纸(令)		12.00	50.00	4.2

资料来源:晋绥边区行署:《目前贸易中存在的问题与贸易工作的任务》,1944 年 8 月 5 日。晋绥边区财政经济史编写组、山西省档案馆编《晋绥边区财政经济史资料选编》(金融贸易编),山西人民出版社,1986 年版,第 441 页。

总之,晋西北抗日根据地物价特征是"以涨为主、间或平缓"。从 1937 年至 1945 年的八年内,晋西北抗日根据地物价走势呈现出一个"平缓上升—猛烈上升—平稳—剧烈上升—平稳"的曲线,物价轨迹大致形成了二个叠加的"√"符号形状。其中物价上涨的时间远多于物价平稳的时间。抗战胜利前夕,晋西北抗日民主政府为即将到来的国共内战未雨绸缪、准备物资,又增发了大量农币,导致晋西北抗日根据地物价又开始震荡上行,持续了一年多的物价平稳状态随之结束。

第三节　根据地物价上涨成因分析

一、自然条件较差　地方出产有限

晋西北地区生产力水平很低,经济发展落后。"地瘠民贫、生产落后”，晋西北抗日根据地是各个根据地中“最贫困最落后的地区，它甚至也不如晋东南、晋西南和晋东北”。[①] 作为晋绥边区之腹地的晋西北，实属山西最贫困的地区之一。[②]

晋西北抗日根据地的农业自然条件较差，属于靠天吃饭，遇有雨水少的年份往往易发旱灾。1939、1942、1943 年，根据地连年遭灾。据杨邦舟等人物价资料记载，1939 年的兴县直到阴历五月十八才下雨，收成也只有丰年的一半，年成不好。[③] 事实上，这些年份粮食价格都涨势迅猛。

1945 年 6 月，八分区米峪镇粮价较前上涨，原因就是天旱不雨，八分区贸易局《经济旬报》记载：“依现在看来年景已较往年歉收，群众盼雨迫切！”[④]该年旱灾造成根据地普遍歉收，获粮平均不及四成。[⑤]

除了上述原因，1944 年前，根据地还多次遭到敌人的烧杀破坏与蚕食，生产力遭到极大破坏。徐向前元帅多年后回忆起 1940 年秋从山东根据地返回延安时途经晋西北时所见：“经交城地区沿吕梁山脉行进，沿途村落多遭敌人洗劫，房屋烧掉不少，老百姓大都逃到山里，景象十分凄惨。”[⑥]在日伪疯狂“扫荡”下，晋西北抗日根

---

① 甘惜分：《烽火中的晋绥十年》，王金平主编：《兴县文史资料》第 10 辑，2011 年 3 月，第 46 页。

② 张国祥：《山西抗日战争史》(下)，太原，山西人民出版社，1992 年版，第 346 页。

③ 杨邦舟、杨兴汉：《关于货物、货币变迁调查统计》，山西省档案馆馆藏档案：A88－5－11－1。

④ 晋绥边区贸易第八分局编印：《经济旬报》第 24 期(1945 年 6 月 12 日)，山西省档案馆馆藏档案：A96－3－31－10。

⑤《晋绥边区行政公署重申禁止蒸酒令》，1945 年 12 月 14 日。晋绥边区财政经济史编写组、山西省档案馆编：《晋绥边区财政经济史资料选编》(工业编)，太原：山西人民出版社，1986 年版，第 613 页。

⑥《徐向前回忆录》，北京：解放军出版社，2007 年版，第 497 页。

据地“地区缩小，财政上与人民生活上感到极端的困难，同时国民党也同样对抗日根据地进行封锁进攻与破坏”。①

由于客观条件较差，农业生产水平较低，晋西北抗日根据地的人均产量与其他根据地相比属于很低的水平，仅高于陕甘宁边区，日伪顽之破坏使生产面临更艰巨的局面，仅靠根据地自身来满足军政民各项需求面临绝大的困难。

二、财政入不敷出　群众负担偏重

晋西北抗日根据地自然条件差，粮食产量低，但处于屏障陕甘宁的位置，是联系华北、华中、华南各抗日根据地与中共中央所在之陕甘宁根据地的唯一通道和阻止日寇西渡黄河的前卫阵地，又直接威胁敌人控制的同蒲、平绥两大交通线以及大同、太原等重要城市，故必须驻守相当的兵力。因此，在根据地特殊的地理环境下，驻守的军政人员数量庞大，大大超过正常水平，使得人均负担能力本已十分有限的根据地人民的负担进一步加重。晋西北抗日根据地一般年份脱产人员占总人口的比例为 4%—5%，最高的 1942 年达到 8%，与其他根据地相比高了 5%—6%。随着我军逐渐从游击战转为运动战和大兵团作战，人员、马匹迅速增长，晋西北民众负担不得稍减。晋西北根据地 1943 年脱产人员为 4.9 万人，1944 年增至 5.2 万人，增长 6%，1945 年增至 8.2 万人，较上年增长 64%。② 抗日战争后期，根据地开始承担支援陕甘宁边区的任务，负担数量逐年增加，③“鱼大水小”矛盾愈加突出。

---

① 《关于种植药材情况的总结》(1948 年)，山西省档案馆馆藏档案：A90－4－96－2。

② 刘欣、景占魁：《晋绥边区财政经济史》，太原：山西经济出版社，1993 年版，第 253 页。

③ 刘欣、景占魁：《晋绥边区财政经济史》，太原，山西经济出版社，1993 年版，第 159 页。

处于相当贫困状态的晋西北人民，在1940—1943年间的负担包括交纳公粮、田赋、村摊款、营业税等，负担占到了总收入的30%。[①] 据临南屈坞村调查，1942年征收公粮后有的中农只剩下5斗细粮，贫农只剩下4斗。晋绥边区人均负担以白洋计算，1940年为2.71元，1942年增加到6.55元。[②] 由于货币购买力逐年降低，1942—1945年之间，人民是在半饥饿的状态中支持抗战的。在这种情况下，仅公粮负担一项，中农负担率一般为20%—30%，有的地区则高达40.8%，超过可能负担一倍左右。以通常年产量计算，1944年总负担率为36.7%，每人平均负担0.328石，1945年总负担率为29%，每人平均负担0.26石。以银洋计，1941、1942年人均负担分别比上年增加57.8%、236.5%。[③]

过往费是晋绥边区比其他根据地多出的数目很大的一笔开支。许多从晋察冀、晋冀鲁豫、山东和江苏等地去延安开会、汇报和出差的人员都要经过晋西北，在兴县落脚。1941年3月，成立了以120师干部为主的晋西北军区交通运输委员会，由参谋长周士第兼任主任委员，进一步加强交通部队，做好护送工作。为此设立两个招待所，由副官处长陈仕南负责接待来往人员。1942年10月，刘少奇经晋绥边区回延安，一路上通过敌人的重重封锁线，被褥、替换衣服等都不便随身携带，而一到兴县，供给部就给刘少奇一行将这些东西一一补充好。中共其他领导人从敌后来到晋西北

---

① 刘欣、景占魁：《晋绥边区财政经济史》，太原：山西经济出版社1993年版，第158页。

② 李树萱、牛丽平：《关于晋绥边区财政问题的探讨》，山西省史志研究院编：《根据地经济建设研究》，太原：山西人民出版社，1997年版，第174页。

③ 中共晋西区党委：《晋西北政权初建时期财政状况概述》（1941年12月），晋绥边区财政经济史编写组、山西省档案馆编：《晋绥边区财政经济史资料选编》（财政编），太原：山西人民出版社，1986年版，第56页。

也都是缺什么补什么。对于一般过往干部均如此。1942 年 5 月，晋察冀的抗大二分校一批学员迁往延安，一个一百多人的女生队在过同蒲铁路时被敌人冲散，被子、衣服、生活用品全部丢光。当她们三五成群地到达兴县时，供给部及时给她们补充了被服。1942 年秋，彭德怀从太行山到延安开会，经过若干道封锁线，东西都扔光了。他路过兴县时，对 120 师招待所的工作人员们说："感谢你们把所有问题都解决了，吃的，穿的，还有牲口，还特意给我们改善生活，让我们好好休息。贺总在晋西北宁肯自己饿肚子，吃黑豆，也要招待好过往干部这一点，人人皆知，我是很钦佩的。"①

尽管根据地各项生产逐渐恢复，大生产运动取得了很大成绩，工农各业都有了很大提升，但由于单位产量低，脱产人员比例高，晋西北抗日根据地民众的实际负担比例远高于其他根据地。以 1942 年为例，以晋绥人口 80 万计，每人平均负担 53.4 斤，比冀中区高出 16 倍。② 人民的负担是相当沉重的。③

由于公粮负担过重，加之战争和军勤影响，有些村庄的农业生产受到了打击，经济形势逐年下降，甚至造成青黄不接时吃不上粮、被服问题解决不了和部分耕地荒芜的情况。④

三、日顽经济封锁　外部通胀输入

抗战进入相持阶段后，日伪顽为达到"困死八路军、饿死八

① 张福民:《热血晋绥》，太原:山西春秋电子音像出版社，2011 年版，第 147 页。

② 李树萱、牛丽平:《关于晋绥边区财政问题的探讨》，山西省史志研究院编:《根据地经济建设研究》，太原:山西人民出版社，1997 年版，第 173 页。

③ 刘欣、景占魁:《晋绥边区财政经济史》，太原，山西经济出版社，1993 年版，第 159 页。

④ 李树萱、牛丽平:《关于晋绥边区财政问题的探讨》，山西省史志研究院编:《根据地经济建设研究》，太原:山西人民出版社，1997 年版，第 173 页。

路军”的战略意图，进一步加强了对根据地的经济封锁。“在沦陷区实行严厉的封锁，不使有一点物资到我军民手里”。① 日军于1941年在其控制区内实行“治安强化”运动，加强对晋西北抗日根据地的经济封锁，对村民日常所需用品实行严格的“配给指导”。粮、盐、布、棉花、羊毛麻皮、火柴、火药、油料、钢铁以及各种机器零件等军用、民用品一律禁止流入根据地。强迫“治安区”人民把自己收获的粮食80%都送到日军各个据点或伪区政府设立的“储粮委员会”等机构加以“保管”，每户只准留两个月的粮食，除有伪县公署发给的证明外，凡毛皮、牲畜、鸡蛋、油、麻等农副产品一律不准在市面上流通。为了强化物资封锁，成立了“经济检查班”日夜巡逻搜查禁运物资。为了禁止群众与根据地的来往，小村并入大村，村村四周垒墙筑堡挖沟灌水；在边山接近平川地区，设有封锁沟，在山区制造“无人区”；在“治安区”据点十里之内为“保护区”，十里之外为“匪区”，物资一律不准流入“匪区”。

偏居晋西南一隅的阎锡山政府推行封建的“村管理”，一方面对群众不分男女老幼，严密监视并限制其行动。另一方面对物资转运加以严格限制，提出“不让什么东西进村，什么东西进不了村，不让什么东西出村，什么东西出不了村”。制定了《山西省沦陷区和半沦陷区县分管理粮食暂行办法》，防止粮食资敌。② 禁止群众卖粮给晋西北及其他中共抗日根据地，规定了谁卖粮给根据地谁

---

① 晋绥边区行署：《晋绥边区贸易工作材料》（1944年8月29日），晋绥边区财政经济史编写组、山西省档案馆编：《晋绥边区财政经济史资料选编》（金融贸易编），太原：山西人民出版社，1986年版，第564页。

② 山西省地方志编纂委员会编：《山西通志》（二十七卷）《粮食志》，北京：中华书局，1996年版，第25页。

受处罚的条例。[①] 河西的神木、榆林、府谷等地顽方对我亦多方为难，连进入边区的马鞍下面垫的一点棉花、饮牲口用的帆布水桶都要没收。[②] 封锁食盐不准过来，经我方多方交涉，没有多大效果，造成我食盐昂贵，由 1941 年的 70 元法币/斤涨到 1944 年的 2 000 元/斤以上，涨价约 30 倍。[③] 敌顽经济封锁使晋西北抗日根据地必要的物资输出、输入受到极大的限制。

沦陷区的物价通胀输入对根据地的物价稳定也形成压力。由于日本侵华是以小国临华夏，其岛国经济注定无法支撑长期战争所需之浩大费用，在抗日战争转入持久阶段后这一劣势暴露无遗。因此，日寇被迫实行“以战养战”的策略，大肆掠夺战略物资，山西沦陷区工农业生产趋于崩溃，商业也濒临困境，市场萧条，一派死象，倒闭情况接踵而来，物价飞涨，殖民经济日益恶化，市场零售物价犹如火箭般上升。如以民国二十六年(1937 年)物价为 100，则民国二十九年(1940 年)为 226.48，民国三十三年(1944 年)达 1 478.66，民国三十四年(1945 年)更猛增到 37 603.71。从民国二十六年(1937 年)7 月至三十四(1945 年)年 8 月，粮食上涨 354 倍，衣着上涨 549 倍，日用品上涨 438 倍，烟类上涨 251 倍，医药品上涨 367 倍。在日本侵略军铁蹄下，山西沦陷区人民生活在水深火热之中。[④] 尤其是沦陷区经济在民国三十四年(1945 年)日本投降前夕

---

① 李树萱、牛丽平：《关于晋绥边区财政问题的探讨》，山西省史志研究院编：《根据地经济建设研究》，太原：山西人民出版社，1997 年版，第 163 页。

② 邓加荣、韩小蕙：《南汉宸传》，北京：中国金融出版社，1993 年版，第 233 页。

③ 晋绥边区行署：《晋绥边区贸易工作材料》，1944 年 8 月 29 日。晋绥边区财政经济史编写组、山西省档案馆编：《晋绥边区财政经济史资料选编》(金融贸易编)，太原，山西人民出版社，1986 年版，第 568 页。

④ 山西省地方志编纂委员会编：《山西通志》第二十八卷《山西外贸志》，北京：中华书局，1999 年出版，第 103 页。

已经崩溃，其物价火箭式上涨对与沦陷区经济部分存在依赖关系的晋西北抗日根据地物价上涨起了推波助澜的作用。

四、农钞超量发行　币值持续下跌

货币发行量之适当与否自有其应当遵循的一般规律。“当时的战争条件下，影响市值物价的因素主要是发行。一般地说，货币发行数量的增多与币值的降低是成反比例的，也就是说，发行指数的上升与物价指数的上升是成正比例发展。虽然如此，如果发行政策掌握得好，发行方法运用得适当，控制物价的工作做得好，则物价的上升幅度会低于发行指数的。”①但边区由于条件有限，财政困难，“鱼大水小”的矛盾十分突出。“晋绥的穷苦，地瘠人稀，财政来源少开支大，不得不借发行以弥补赤字，这是必须的。”②面对捉襟见肘、赤字日增的经济状况，边区政府财政开支方面可腾挪的余地非常之小，只能以超量发行货币来弥补财政开支不足，而这种没有物质基础担保的发行，币值必然无法保证，③进一步人为推高了物价。因此，晋西北抗日根据地政府的货币超发有其被迫的一面，即不得已被迫依靠银行发行货币以弥补财政开支不足，如 1940 年至 1942 年间的发行。然亦有盲目发行的一面，认为“农币只要不烂即可以不断发行，主观上任其不断落价。认为抓回东西，解决了问题，农币落了价，便增加财富，是变相向群众上税。这种思想必

① 冯田夫：《抗日战争时期晋冀鲁豫边区金融贸易工作》，山西省史志研究院编：《根据地经济建设研究》，太原：山西人民出版社，1997 年版，第 235 页。

② 晋绥边区行署：《一九四〇年至一九四七年金融工作总结及今后的任务与方针》，1948 年 11 月。晋绥边区财政经济史编写组、山西省档案馆编：《晋绥边区财政经济史资料选编》（金融贸易编），太原：山西人民出版社，1986 年版，第 282 页。

③ 刘欣、景占魁：《晋绥边区财政经济史》，太原：山西经济出版社，1993 年版，第 226 页。

然造成恶性通货膨胀，把农币搞垮，并严重地危害边区经济。如1943年冬、1945年秋冬的大发行，都是在这种思想指导下进行的”。① 在没有必要的物资支撑下贸然扩大了发行量，“激增的发行额与缩小的流通量之间的矛盾加大”②，必然引发物价的急剧通胀。

表5.26　晋西北抗日根据地本币发行数目表

单位：元/农币

项　目	发行总数	9 156 729.00	占发行总数百分比
用途	财政用款	6 922 392.46	76%
	业务运用	1 789 672.04	19.5%
	印刷费	444 664.05	4.5%

资料来源：《晋西北货币金融的发展简况及现状》，1942年9月。晋绥边区财政经济史编写组、山西省档案馆编：《晋绥边区财政经济史资料选编》金融贸易编，山西人民出版社，1986年版，第80页。

兴县农民银行最初发行的农币数量有限，币值比较稳定，有信誉。③ 但随着军事斗争形势的好转，我方部队日渐增多，开支日益加大，在当时的条件下，（被迫）只能采用增大农币发行量的方式。从1940年5月到1942年5月，两年间就发行了950万元，基本上全部用于财政开支。如表5.26所示，所发行货币中用于业务的仅有19.5%，这说明银行对社会生产及贸易的刺激作用太小了，而因

① 晋绥边区行署：《一九四〇年至一九四七年金融工作总结及今后的任务与方针》，1948年11月。晋绥边区财政经济史编写组、山西省档案馆编：《晋绥边区财政经济史资料选编》（金融贸易编），太原：山西人民出版社，1986年版，第296页。

② 于松晶、薛薇：《抗日根据地的物价管理》，《历史档案》，1999年第1期，第125页。

③ 牛何之：《刘少白奉党之命办银行》（1984年3月），中共吕梁地委党史研究室编：《吕梁党史资料》，1984年第4辑（总第八辑）第18页，1984年11月。

本币贬价，致使印刷费竟在开支中占了4.5%的比重。①

此后本币的历次发行中财政开支所占比重依然很大。尽管如此，因为晋西北抗日根据地有100万人口，1 000万元农钞在这个区域中流通并不感到困难。② 因此这段时间虽然物价涨幅较大但尚不至于猛烈。1943年7月前后，西北农民银行在短时间内突然增发农币17 365万元，超过以往3年发行总数的6倍还多，其中财政性开支占82%，贷款占17.4%，贸易占0.6%。这种没有物质基础担保的财政性发行，其币值必然无法保证。③ 这次盲目过量的发行，直接导致金融波动，④引发了严重的通货膨胀。

随着农币数量之持续增加，其币值逐年不断下降之轨迹更为明晰。

1940年5月，农币发行后与法币同价，与银洋比价为1∶4.5。此后币值一直缓慢下跌，至年底比价跌为1∶10。由于实物的准备与运用都差，到1941年底，币值再降为1∶40。1942年底，继续下降为1∶60。1943年1月至6月底，略回升到1∶50—55，7月农币与银圆比价(跌)为1∶60，到同年12月底，兴县的农币跌到1∶150，临县1∶160，保德1∶140，河曲1∶130。1944年1月至2月，农币继续下跌不止，神府最低跌到1∶250，兴县1∶220，临县1∶200，河曲、保德1∶180。由于根据地内各地之间币值差价扩大，神

---

① 《晋西北货币金融的发展简况及现状》，1942年9月。晋绥边区财政经济史编写组、山西省档案馆编：《晋绥边区财政经济史资料选编》(金融贸易编)，太原：山西人民出版社，1986年版，第80页。

② 甘泗淇：《晋西北最近的金融情况(摘要)》，1942年11月20日。晋绥边区财政经济史编写组、山西省档案馆编：《晋绥边区财政经济史资料选编》(金融贸易编)，太原：山西人民出版社，1986年版，第109页。

③ 刘欣、景占魁：《晋绥边区财政经济史》，太原：山西经济出版社，1993年版，第226页。

④ 刘欣、景占魁：《晋绥边区财政经济史》，太原：山西经济出版社，1993年版，第226页。

府的农币大量流向三分区(河、保),使三分区的农币和银圆比价猛跌至 340 元左右,致使离石米价也增到 4 000 元/斗。总之,从 1943 年 7 月到 1944 年 3 月,农币步步跌价以致地方商人拒收农币,要求以物易物,银圆交易再度复活。工农业生产受到限制,生活用品日趋昂贵,军民生活再度受到严重影响。①

经多方努力、多措并举,1944 年 5 月到 1945 年 7 月之间的一年多的时间内,根据地物价处于一个难得的稳定阶段。然而,1945 年 1—6 月又增发农币 33 088 万元,其中财政开支 43.8%、贸易 35.6%、贷款 16.2%、其他 4.4%,财政开支仍居首位,②使得好不容易稳定下来的根据地物价在抗战胜利前后转为通胀且日益加剧。

五、部门协调不够　对策调整滞后

政府各部门应对通胀局面协同不够、效率不高亦是造成物价居高不下的一个重要因素。为扭转因货币超发造成的被动局面,行署投入大量实物回笼货币以提升币值,却因各部门配合不力而使得政策效应大减,物价也没有如愿及时稳定下来。

一是政府部门在执行政策上过于坚持原则。稳定物价的工作实际上就是抗日政府和上下其手、翻云覆雨的投机商人博弈,必须根据对手的情况随时变换套路,精准出招。《晋绥财经工作报告》对此进行了反思:

---

① 刘欣、景占魁:《晋绥边区财政经济史》,太原:山西经济出版社,1993 年版,第 224—225 页。

② 晋绥边区行署:《1940 年至 1947 年金融工作总结及今后的任务与方针》,1948 年 11 月。晋绥边区财政经济史编写组、山西省档案馆编:《晋绥边区财政经济史资料选编》(金融贸易编),太原:山西人民出版社,1986 年版,第 290 页。

对于价格战这种时效性极强的斗争而言，如不能及时对瞬息万变的市场情况作出反应，即是未开战已先输一着。政府起初只是机械地大量抛售物资，(一厢情愿地)希望把物价“砸”下来。但人家的布卖三万，贸易公司的卖二万八，人家的布卖不出去，只有贸易公司一家卖，原本这些布是从陕西贩过来的，但由于贸易公司大量抛布之后，大批的布又从碛口向陕西倒流，以致内地市场布匹空虚(抛售布匹并没有使市场布价稳定、布量增加)，潜伏了布价再涨的因素。投机商人们摸到了贸易公司的规律，专看贸易公司有多大力量，能抛到什么程度，等布快抛完的时候，就大胆吸收，你卖他买，你卖完了，他买不到贸易公司的布就到市场上去买布，使布价提高甚至暴涨起来。贸易公司这种只吐不吞或只吞不吐的做法，使这种商人投了机得了大利，大小公家和群众都吃了亏。①

二是对外贸易缺乏统一管理。各单位各自经营，多头对外，内部互相竞争，竞相杀价，搞“窝里斗”，使敌商坐收“渔利”。② 据《经济旬报》有关记载，我方在出口方面“内部步调不统一，在土货出口价格方面互相竞争，形成对敌人的有利。有的同志不卖，但有的同志就卖了，因此将价格闹得逐渐低落，特别是临县商人过来，他们不愿等待日子，贵贱要卖”。③ 造成了一方面土产输不出去，另一方面与他方进行着实则不平等的交易，沦陷区货物进口价猛涨，根据

① 陈希云:《晋绥财经工作报告》，1946 年 6 月 19 日。晋绥边区财政经济史编写组、山西省档案馆编:《晋绥边区财政经济史资料选编》(总论编)，太原:山西人民出版社，1986 年版，第 757 页。

② 刘欣、景占魁:《晋绥边区财政经济史》，太原:山西经济出版社，1993 年版，第 232 页。

③ 晋绥边区贸易第八分局编印:《经济旬报》第 26 期(1945 年 7 月 4 日)，山西省档案馆馆藏档案:A96－3－31－9。

地土产出口价格却变化不大，甚至还跌价。这类进口既推高了根据地物价，又给边区经济带来了损失。据统计，1943 年整个晋西北抗日根据地入超达 200 多万。

三是缺乏对经办货物市场行情的了解和对涨跌趋势的判断。从事外贸的业务人员对沦陷区的实际情况并不了解，没有主动地掌握与管理土产，没有具体把握交换物资的时间与地点，只是临时急用外货，盲目购买，使我方陷于被动与吃亏的劣势。① 典型的例子就是八分区一个地方以同样的 50 元作价，收买回价格悬殊的当归和苍术。② 突出反映了掌握经济情报方面的工作严重不足。

此外，对外贸易逆差，运费偏高也在推高物价。而日军向根据地推销伪钞以吸收内地有用资财的做法虽然效果有限，亦是根据地物价上涨不可忽视的重要因素。③

表 5.27　晋西北抗日根据地运费增长比较表

运费＼路线＼年份		1937	1938	1939	1940	1941
临县至兴县	驮骡	1	2	6	15	28
保德至兴县	驮骡	1.5	3	8	17	36

① 晋绥边区行署:《目前贸易中存在的问题与贸易工作的任务》，1944 年 8 月 5 日。晋绥边区财政经济史编写组、山西省档案馆编:《晋绥边区财政经济史资料选编》(金融贸易编)，太原:山西人民出版社，1986 年版，第 442 页。

② 中共晋西区党委:《晋西北货币金融工作概况》，1941 年 12 月。晋绥边区财政经济史编写组、山西省档案馆编:《晋绥边区财政经济史资料选编》(金融贸易编)，太原:山西人民出版社，1986 年版，第 58 页。

③ 晋绥边区行署:《目前贸易中存在的问题与贸易工作的任务》，1944 年 8 月 5 日。晋绥边区财政经济史编写组、山西省档案馆编:《晋绥边区财政经济史资料选编》(金融贸易编)，太原:山西人民出版社，1986 年版，第 442 页。

续表

运费 \ 路线 \ 年份		1937	1938	1939	1940	1941
兴县至太原	驮骡	2.5	4.5	60	90	130

附注：1. 以百斤计算。2. 以法币计算。3. 依兴县资料。

资料来源：中共晋西区党委：《晋西北商业贸易发展概况》，1941 年 12 月。晋绥边区财政经济史编写组、山西省档案馆编：《晋绥边区财政经济史资料选编》（金融贸易编），太原：山西人民出版社，1986 年版，第 504 页。

抗战初期，我方许多商品依赖沦陷区输入，入超较大，[①]造成白洋、法币和伪钞比价不断升高而农币币值下降，推动晋西北抗日根据地物价节节升高。愈来愈高的运费进一步推高了物价。

根据地主销的土特产品如瓷、铁等大多量重价低，故运费在根据地输出产品价格中占比较高，而在外来商品中占比较少。以运价计算，战时运费较战前高出 24—28 倍。根据地土特产品出口面临着巨大的成本压力，难以做到"货尽其流"。[②] 路途越远运费越高，越接近敌据点运费越高，兴县至太原（沦陷区）运费较内地高出一倍以上。运费涨幅远大于总的物价涨幅，变相推动了物价上涨，也成为制约边区土产输出的突出因素。

---

① 晋绥行署：《关于开展贸易稳定金融的秘密的命令》（1944 年 3 月 10 日），山西省档案馆馆藏档案：A90 - 4 - 97 - 2。

② 中共晋西区党委：《晋西北商业贸易发展概况》（1941 年 12 月），晋绥边区财政经济史编写组、山西省档案馆编：《晋绥边区财政经济史资料选编》（金融贸易编），太原：山西人民出版社，1986 年版，第 505 页。

第四节　调控物价之举措

一、增加军队自给　开源节流并举

足够的物质是保障供给和稳定物价的基础。行署在全面开展生产运动的同时，结合精兵简政，积极推动军队加强自给自足，提高自给能力、自我保障能力。

为加强生产，增加军队的自给水平，1943 年 4 月，贺龙在《解放日报》发表《向自给自足的目标迈进》一文①，强调边区部队必须自己动手，致力生产。1943 年 12 月，晋绥军区召开了生产练兵会议，提出了战斗与生产结合、训练与生产结合、工作与生产结合的口号。通过生产运动，部队的自给水平大幅提高。新政权建立后两年半的财政支出中，应支款为 115 847 815.66 元，实支 52 959 436.04 元，实支款不足应支款一半，其中大部分是由军队机关自力更生解决的。1941 年军队收入达 2 000 万元，大大减轻了群众负担，②晋绥军队自给经费比例由 1943 年的 14%，上升到 1944 年的 51%、1945 年的 42.8%。③ 1945 年初军区指示部队，发展生产以农工业为主，一般要做到自给 50%，前线部队应做到自给 25%。④

在推动军队发展生产的同时，适当地降低了军政供给标准，减少了群众负担。1940 年晋西北根据地赤字为 800 万农币，1942 年则增至 3 000 万农币。在开支远大于收入的情况下，边区政府不得

---

① 《解放日报》1943 年 4 月 28 日，第 1 版。

② 刘欣、景占魁：《晋绥边区财政经济史》，太原：山西经济出版社，1993 年版，第 95 页。

③ 刘欣、景占魁：《晋绥边区财政经济史》，太原：山西经济出版社，1993 年版，第 258 页。

④ 刘欣、景占魁：《晋绥边区财政经济史》，太原：山西经济出版社，1993 年版，第 256 页。

不尽量压低供给标准，甚至采取扣发、停发经费的措施，以压缩财政开支。如1941年和1942年间规定每人每日口粮1.5斤、油2钱、盐2钱、菜12两、炭1斤，就是这样过低的供给标准也不能保证按时发给，1941年4—6月的菜金全部停发，并停发4—10月的政府机构和人员经费。到了1942年4月，按预算停发了2/3的经费，5—6月按预算停发了全部经费的6/7，7—9月按预算停发全部经费的4/5。1941年军队夏衣每人只发4元农币，政民冬衣每人只发伪币7元，远不能满足服装要求，故要求各单位自力更生解决。当时粮食困难，部队基本是吃黑豆，每天两三顿糊糊，且不能完全保证。菜很少，基本是吃野菜。① 由于敌人封锁，布匹来源困难，1940年部队的衣服不能按季节供给，到了炎热的“五卅”、六月六，部队仍穿旧棉衣行军作战。天冷了又穿不上棉衣，因没有棉花，改用羊毛代替，缺颜料用桦树皮烧成灰代替。尽管1942年提高了供给标准，但“生活仍然相当艰苦”。②

边区政府通过开源节流两方面统筹施策，大大降低了群众负担，也减轻了农币的发行压力。

二、控制发行数量　稳定本币信用

毛泽东指出：“国家银行发行纸币，基本上应该根据国民经济发展的需要，单纯财政的需要只能放在次要地位。”③晋西北抗日政府把稳定物价作为政府工作目标，“平衡物价、稳定金融”是贸易局四大任务之一，行署为此采取了控制发行、平衡供需、平抑物价的

---

① 刘欣、景占魁：《晋绥边区财政经济史》，太原：山西经济出版社，1993年版，第161页。

② 刘欣、景占魁：《晋绥边区财政经济史》，太原：山西经济出版社，1993年版，第163页。

③ 《我们的经济政策》（1934年1月23日），《毛泽东选集》第一卷，北京：人民出版社，1991年版，第134页。

各项措施，实行适度发行的政策，控制货币发行数量，稳定农币币值与物价。

根据地物价稳定的核心是农钞比价的稳定与否，稳定物价其实就是稳定农钞比价，农钞稳则物价稳。农钞紧缩则币值稳定且回升，农钞发行量大则物价大幅上涨。因此，控制农钞发行量非常必要。行署也认识到，本币的发行要和财政收款有适当比例，发行要合乎规律。①

兴县农民银行最初发行农币的时候，因数量有限，农币是较有信用的。一年内印了三批纸币，第一批是 1937 年 11 月底，只有 2 万元，一律是二角的小票子；年底印了第二批，计 5 万元，都是一元一张的；1938 年初印了第三批，计 10 万元，还未全部印完，即遇日寇“扫荡”，银行搬迁而耽搁。当时的农币，数量少，质量差，但币值比较稳定，在群众中卓有信誉。② 随着军事斗争规模逐步扩大，需要供应的物资大幅增加，财政性发行的压力加大，币值开始不稳。为此，1942 年底，临参会通过并颁发了《关于提高和巩固农币的决议》，促进了农币地位的提高与巩固。农币与银圆的比价一直处于较为稳定的状态，币值较长时间稳定在 50—55 元之间。③

1944 年 4 月以后，随着物资供应的增加，货币发行吸取前一段大发行的教训，采取紧缩政策，因此从 1944 年 4—12 月仅增发 8 394 万，其中贸易 48.1%、财政开支 25.9%、贷款 23.2%、其他

① 《牛荫冠纪念集》编写组编：《牛荫冠纪念集》，北京：中国商业出版社，1996 年版，第 166 页。

② 牛何之：《刘少白奉党之命办银行》(1984 年 3 月)，中共吕梁地委党史研究室编：《吕梁党史资料》，1984 年第 4 辑(总第八辑)第 18 页，1984 年 11 月。

③ 刘欣、景占魁：《晋绥边区财政经济史》，太原：山西经济出版社，1993 年版，第 224 页。

2.8%。财政开支大减。[①] 虽然此举由于银根紧缩过分，市场筹码不足，公私均感困难，但保证了农币币值的回升。这次物价稳定的时期约有一年左右，在战争年代是很不容易、很了不起的一个成绩。

为增加农币发行之物资基础，抗日政府发行了专门的公债。根据临参会决议，行署于1943年初发行了30万元巩固农币公债券，年息5厘，1944年开始付息，每年一次。有力支撑了农币的稳定流通。

公粮变款只收农币则逐步确立了农币的本币地位。为持续稳定物价，政府在抽紧银根后，规定交公粮要本币。由于金融紧缩，根据地内形成了争用本币之情形。如1944年7月，静乐农币较缺，大部群众都是拿着羊绒、羊毛、牛皮、破铜烂铁等物，到市上出卖，然后才能买到所需品。原因是本币流到后方不少。[②] 1944年11月，八分区农币很缺乏，集市上不多见，所以群众都喜欢要农币，很觉宝贵(把农币当宝贝)。[③] 12月，清交市场本币仍然缺乏，流转不大，群众卖粮也不多，每次集上收粮十石上下，对本币只是作一下价，实际上货物代替了本币，但是政府还在尽可能推进通过本币交易。[④] 这些措施的实施有力支撑了农币的声誉和信用。

---

① 晋绥边区行署:《1940年至1947年金融工作总结及今后的任务与方针》，1948年11月。晋绥边区财政经济史编写组、山西省档案馆编:《晋绥边区财政经济史资料选编》(金融贸易编)，太原:山西人民出版社，1986年版，第290页。

② 晋绥边区贸易第八分局编印:《经济旬报》第4期，1944年8月2日。山西省档案馆馆藏档案:A96-3-31-34。

③ 晋绥边区贸易第八分局编印:《经济旬报》第6期，1944年11月30日。山西省档案馆馆藏档案:A96-3-31-16。

④ 晋绥边区贸易第八分局编印:《经济旬报》第9—10期，1945年1月20日。山西省档案馆馆藏档案:A96-3-31-20。

三、统筹金融贸易 掌握定价主动

金融和贸易的协调统一是稳定物价的前提，“金融工作要同贸易局密切配合，共同平抑物价，稳定金融市场。当市场物价上涨时，由贸易局抛售平价物资，促使其价格下降，农币价格回升；当市场价格跌落时，农币价格上涨（地区性的），由贸易局将货物买进，使农币流入市场，促使物价回升，稳定农币价格。必需时，由银行供给贸易局平抑物价所需的外汇”。① 行署统筹实施了货币、贸易、生产三位一体的政策以稳定物价，积极发挥物资的作用以掌握本币价格的主动权。

行署认识到了农币应与物资挂钩，不能盯紧白洋和法币，不能在币值方面同任何外币发生固定联系。（战争状态及根据地方面物资条件下）长期稳在物价上也不可能，因之确定物价应稳涨，也就是农币应稳跌。农币的价格表现在物价上，而物价的涨跌，又是根据商品的供需关系来决定。当某一种商品本身的市场存货不足以供应需要时，价格则必然上涨；反之则可保持平稳或下跌。而贸易公司（银行）则应起主导作用，亦即当某一种商品缺少时，即主动提价以刺激商品供应市场，直到可以稳住时则用尽一切力量（主要是投入物资）稳住。②

为应对1943年后半年起因货币超发引起的农币过快贬值的局面，巩固农币信誉及稳定物价，行署向市场投入了公粮一万石米

---

① 梁正：《浅议刘少白、牛友兰创办农民银行及其对根据地经济发展的贡献》，山西省史志研究院编：《根据地经济建设研究》，太原：山西人民出版社，1997年版，第239页。

② 晋绥边区行署：《一九四〇年至一九四七年金融工作总结及今后的任务与方针》，1948年11月。晋绥边区财政经济史编写组、山西省档案馆编：《晋绥边区财政经济史资料选编》（金融贸易编），太原：山西人民出版社，1986年版，第298页。

回笼并紧缩农币，要求各地于 1944 年 4 月份将回笼的货币解送到行署，并由各级党政军负责同志亲自检查督促此项工作。要求货价不能太低于市价。① 具体落实过程中，要求“在本币波动时，贸易局售货价低于市价百分之五，平时与市价同（对机关部队合作社九五扣），赚钱与政策要双方兼顾。各地卖的盐，要赚到百分之十的利，不可过低，以防公家过于吃亏；也不可过高，以防抬高物价（对游击区可依具体情况决定）。各内地分支行局，必须以政治、经济等各种力量，维持本币于 150 元的水准”。② 到 5 月初政策则见成效，农币对银圆的比价也由原来的 1∶300 多元提高到 1∶180 元左右，与法币的比价也从 0.9 元升值为 0.35 元，各地区间农币价格也没有大的悬殊。③ 此比价一直稳定到 1945 年 5 月，这是农币币值稳定较长的一段时间。

根据物资供需的淡旺季节进行调节以稳定物价，即在淡月时收存货物，旺月积极推销，使私商无法抬高价格。譬如 1944 年底兴县公司准备了红纸，自卖并供给小贩，使纸价由 120 元降到 60—80 元。同年冬天，贸易局准备了丰富的布匹，平衡了布价，也稳定了物价。④

四、扩大农币流通　夯实物价基础

控制物价涨跌主动权的前提是农币在根据地及游击区推广的

---

① 刘欣、景占魁：《晋绥边区财政经济史》，太原：山西经济出版社，1993 年版，第 229 页。

② 晋绥边区行署：《关于开展贸易稳定金融的秘密指示》（1944 年 3 月 10 日），晋绥边区财政经济史编写组、山西省档案馆编：《晋绥边区财政经济史资料选编》（金融贸易编），太原：山西人民出版社，1986 年版，第 45 页。

③ 刘欣、景占魁：《晋绥边区财政经济史》，太原：山西经济出版社，1993 年版，第 229 页。

④ 晋绥边区行署：《半年来金融工作总结》（1945 年 4 月），山西省档案馆馆藏档案：A90－4－99－1。

范围和流通程度，亦唯有如此方可发挥农币的市场核心货币作用，确立农币的主币地位。纸币（包括农币）相较于白洋、烟土、金银等硬通货在晋西北的地位历来较低，“货币在他们的经济生活中所占的地位，真是微乎其微”！行署成立之初，老百姓拿粮食换布，或者把粮食卖掉，换成法币来购买必需品（很少农民把谷米卖掉，把法币藏在家里的，他们知道这些票票不顶事）。[①] 因此，缺乏硬通货背书的农币在发行之初面临困境，亦是根据地经济状况的真实反映。只有扩大农币使用范围，使之达到一定的流通规模，才能使物价得以稳定。如“用农钞可以买到土货，土货出口可以换来日用品，卖了日用品再买土货，可以土货换日用品，如果运转开来，只要农民用农钞可买到东西，农钞就有了威信，就巩固了”。[②] 事实上，农币的推广经历了生产发展、物资供应充足而流通范围逐步扩大的过程。

起初由于农币发行没有物资保证，以农钞买不到沦陷区来货（群众日用品不能拿农钞换来），于是群众的东西也不肯卖成农钞。此时根据地的金融市场服从于沦陷区的金融市场，使农钞没有物质基础。[③] 此时的农币大都挤在根据地的城关市镇，农村里很少，即使有了，立刻就被挤回城镇，而城镇商人也宁愿存货，不愿存钱，本币在市面上浮着，浮来浮去，币价也容易产生波动。如兴县群众

① 张闻天选集传记组、中共陕西省委党史研究室、中共山西省委党史研究室编：《张闻天晋陕调查文集》，北京：中共党史出版社，1994 年版，第 59 页。

② 晋绥边区行署：《中共晋西区党委关于巩固农钞发展贸易的指示》（1941 年 4 月 9 日），晋绥边区财政经济史编写组、山西省档案馆编：《晋绥边区财政经济史资料选编》（金融贸易编），太原：山西人民出版社，1986 年版，第 2 页。

③《现阶段的金融贸易工作》，1941 年 10 月 1 日。晋绥边区财政经济史编写组、山西省档案馆编：《晋绥边区财政经济史资料选编》（金融贸易编），太原：山西人民出版社，1986 年版，第 7 页。

过去在反“扫荡”中转移出去时,需要带上粮食才行(拿上农币不顶用,彼时日军经常来袭,群众常常转移,本币发行数量少,币值又经常大起大落,使用范围有限)。①

经过抗战相持阶段后,晋西北抗日根据地局势逐渐好转,农币的地位也发生了翻天覆地的变化。1944 年反“扫荡”,群众转移时带着农币也能吃得开。张家坪群众因无本币买不到东西,战争期间到罗峪口去闹本币。② 随着根据地生产发展,本币稳定,群众对本币更信任了,也敢使用保存了。如临县一区丁家沟 57 户中 34 户有本币 14 642 元,蛤蟆岭 21 户有本币 4 740 元,河曲五花城一村调查了两个闾(居民组织单位)群众存本币六七万元。沙口村被河西国民党军队抢劫后,一个中农就损失本币 4 000 多元。1944 年三分区收买群众生产品麻色叶、棉花、枣子等推到群众手里本币 3 788 万元,加纺妇工资 60 万,计 3848 万元,再加买布、买毛巾等,估计全区 7.7 万户人家存有农币 3 000 万元以上(商人、机关部队除外)。这说明本币已深入农村,基础更加巩固了。③ 1944 年下半年,尤其是 1945 年上半年的金融形势出现了良好的转机。由于农币的稳定和升值,银洋在市场上基本敛迹。不仅城市大宗交易多以农币为标准,在乡村,老百姓间的交易也主要使用农币。1944 年 12 月初,静乐县贸易局(天池、米峪镇的商店)兑入白洋 255 元、元宝 100

① 晋绥边区行署:《半年来金融工作总结》(1945 年 4 月),山西省档案馆馆藏档案:A90-4-99-1。

② 晋绥边区行署:《半年来金融工作总结》(1945 年 4 月),山西省档案馆馆藏档案:A90-4-99-1。

③ 晋绥边区行署:《半年来金融工作总结》(1945 年 4 月),山西省档案馆馆藏档案:A90-4-99-1。

两(两件)、法币 500 元。由此证明群众对农币信任度逐渐提高。[1] 1945 年后农币币值更趋稳定,《经济旬报》记载了当时的情况:"本币(在目前)很稳定,没有任何惊(波)动,黑市逐渐减少,群众亦以牌价计算。"[2]"本币缺乏,白洋逐渐自行消减了黑市,原因群众能够随时买到自己之所需,白洋不能这样方便(地流通)。"[3]说明了农币之稳定程度和农币流通范围之扩大。在这个时期,农币不仅走出城镇,深入农村,受到农民的欢迎,而且推广到根据地的边沿区、游击区,成为这些地区的流通手段。[4]

农币在根据地本币地位确立以后,亦逐渐被推广到了游击区。而农币在游击区的推广,既是根据地内彻底驱逐伪钞斗争的延续,亦是敌我双方在进入新的战争阶段后在经济战线、货币流通领域进行的一场特殊的战争。故我方的方针是"游击区应努力多多推行本币,打垮伪钞与银洋的阵地,逐渐挤出它去"。[5] 抗战进入反攻阶段,伪钞加速低落,1945 年 2 月 3 日,伪钞跌至 65 元兑 1 元;[6]1945 年 6 月 5 日,伪钞从 200 元跌至 300 元兑 1 元。1945 年后,文水平川石永镇赶会时,较小的交易根本不要伪钞。年轻妇女

---

① 晋绥边区贸易第八分局编印:《经济旬报》第 7 期,1944 年 12 月 18 日。山西省档案馆馆藏档案:A96-3-31-17。

② 晋绥边区贸易第八分局编印:《经济旬报》第 17 期,1945 年 3 月 31 日。山西省档案馆馆藏档案:A96-3-31-27。

③ 晋绥边区银行贸易第八分行局编印:《经济旬报》第 21 期,1945 年 5 月 10 日。山西省档案馆馆藏档案:A96-3-31-7。

④ 刘欣、景占魁:《晋绥边区财政经济史》,太原:山西经济出版社,1993 年版,第 229 页。

⑤ 晋绥边区行署:《关于开展贸易稳定金融的秘密指示》(1944 年 3 月 10 日),晋绥边区财政经济史编写组、山西省档案馆编:《晋绥边区财政经济史资料选编》(金融贸易编),太原:山西人民出版社,1986 年版,第 45 页。

⑥ 晋绥边区贸易第八分局编印:《经济旬报》第 14 期,1945 年 2 月 28 日。山西省档案馆馆藏档案:A96-3-31-11。

把伪钞当花戴，有的过清明节当天堂银行的票子上坟烧了。[①] 与此对应的是农币在游击区的流通。抗战相持阶段及以前，边缘区本币的流入大多是由部队机关菜金及买东西带去的，本币多在村公所里，村公所交款时，一下就又收回来了。这种情况在 1945 年的上半年发生了改变，本币已能在边缘区流行。如三分区孟门由过去流通 20 万，增至 200 万元。梁家岔由过去不用本币用银洋现在大多使用本币，很少使用银洋了。六分区沿大路村庄亦大多通行本币。南沟口、蒲阁塞等新收复区也能通行本币，驱逐了伪钞，银洋也减少了。1944 年 7—8 月，忻州田家坞阮喜财在村里反维持后，他一个人过手的本币即达七八千元。忻州平川商贩卖货也愿意收本币了。静二五分区(过去是游击区)过去均花白洋不愿要本币，近来相反了，原因一是跑后方买货方便，二是本币什么都能买到。[②] 在塞北区过去连农贷都发不出去，现在本币也能行使了。在阳曲旧日行使本币的三个区，一般群众把伪钞装在皮包里，本币随便放在外面，现在本币入了皮包，伪钞相反地放在外面了。这都说明本币市场较以前大为扩大，已推行到边缘区。[③] 农币的大量流通尤其是在游击区的成功推广表明了抗日民主政府军民在经济斗争中已占据了主动，为 1944 年至 1945 年间根据地物价的长期稳定提供了必要的条件，也使根据地在实施货币等各项政策时有了更多的转圜余地。

---

① 晋绥边区贸易第八分局编印:《经济旬报》第 21 期，1945 年 5 月 10 日。山西省档案馆馆藏档案:A96－3－31－7。

② 晋绥边区贸易第八分局编印:《经济旬报》第 9—10 期，1945 年 1 月 20 日，山西省档案馆馆藏档案:A96－3－31－20。

③ 晋绥边区行署:《半年来金融工作总结》(1945 年 4 月)，山西省档案馆馆藏档案:A90－4－99－1。

五、提升行政效率　综合协调管理

一是发挥兴业公司作用、掌握货栈以控制物价。行署贸易局直属兴业公司在调控物价方面发挥着重要作用，边区政府对兴业公司的定位是其“居于全边区物资交流的中心地区，资力亦较大，正是指挥和掌握物价很重要的一个枢纽。兴县物价如能适当掌握，使二、三分区之间，六分区与神府之间，物资能够畅流；反之稍有不当，会使周围市场都受阻碍，影响很大”。① 据《牛荫冠传略》对兴业公司的记载：“每当市场有关国计民生物资价格波动时，它则主动拿物资减价抛售，以便调节市场，保持物价的平稳。如 1943 年后半年物价波动时，经过它的调节，土布由每匹 2 800 元下降为 2 000 元，小米由 551 元一斗下降为 360 元，保证了土布与粮价的稳定，满足了军用民需的供应。”②根据地货栈有决定市场货物价格的作用，对本币的影响也很大。货物往来一般都经过货栈，而市场一般商贩也都在货栈分买货物，货栈的货物以本币作价，商贩业就不以银洋作价了，所以掌握货栈对掌握物价、稳定金融关系很大。保德通过货栈掌握物价的办法是根据各地情况与市场供需情况给客商卖货，客商嫌价低不愿卖时将自己货放出，使物价不至抬高，是很有效的。③

二是管理“牙子”（经纪人）以维护物价秩序。牙子是各类商品

---

① 晋绥边区行署：《晋绥边区贸易工作材料》（1944 年 8 月 29 日），晋绥边区财政经济史编写组、山西省档案馆编：《晋绥边区财政经济史资料选编》（金融贸易编），太原：山西人民出版社，1986 年版，第 450 页。

② 《牛荫冠纪念集（续）》编委会编：《牛荫冠纪念集》（续），第 328 页。

③ 晋绥边区行署：《半年来金融工作总结》（1945 年 4 月），山西省档案馆馆藏档案：A90－4－99－1。

交易中重要的参与者，常有部分斗牙（牙子）乘粮价跌落囤积居奇，等待时机高价抛售，从中牟取暴利。斗牙欺行霸市习以为常。① 如任其自流，必然扰乱物价，故抗日政府加强了对牙子的管理。三分区掌握粮食，开设粮店，规定集市上的粮食，经过指定牙子的过半，与卖方买方都有便利；粮店根据市场需要收放粮食，以减少粮价的大波动。② 兴县牙子王金斗经斗争后捣乱金融就少了；另一个专门作白洋牙子的经几次教育后改行卖了油糕，银洋生意就更少了。③

三是加强对敌经济斗争，建立和完善经济情报网络。根据地贸易管理当局亦注意到了经济情报工作的重要性，并对此项工作做了部署。④ 这方面八分区做得较好。

对外贸易是对敌经济斗争的核心。随着形势的发展，我方的斗争经验逐渐增加，手段不断丰富，金融贸易工作更具针对性。在买入方面，河曲的买盐斗争、汾阳的买棉花斗争都有收获。由于我方统一掌握了河曲各口岸，故封渡后我们存着三个月的盐，彼方又急于售盐，这样使我方转入主动；也由于我方了解彼方情况，利用其内部矛盾，使他们不能一致行动，其涨价企图遂被我各个击破，不但盐价未涨，盐质不减，反而提高我出口物价；也由于我方了解

---

① 山西省汾阳县志编纂委员会编：《汾阳县志》，北京：海潮出版社，1998 年版，第 477 页。

② 晋绥边区行署：《晋绥边区贸易工作材料》（1944 年 8 月 29 日），晋绥边区财政经济史编写组、山西省档案馆编：《晋绥边区财政经济史资料选编》（金融贸易编），太原：山西人民出版社，1986 年版，第 450 页。

③ 晋绥边区行署：《半年来金融工作总结》（1945 年 4 月），山西省档案馆馆藏档案：A90－4－99－1。

④ 晋绥边区行署：《半年来贸易工作总结》1945 年 4 月。晋绥边区财政经济史编写组、山西省档案馆编：《晋绥边区财政经济史资料选编》（金融贸易编），太原：山西人民出版社，1986 年版，第 465 页。

彼方商人情况，运用我方之主动权，打击其奸商，团结较好商人，使其为我方服务，并能运用此优势，使其不得不接受我方之意见。①

而反过来，有了情报则可主动运用价格武器，内部团结一致对敌。清、太的同志知道日伪信义公司已定合同卖给天津大量葡萄，于是把边山群众的葡萄约百万斤，组成合作社一致规定，屯集起来，并扬言根据地需要，不给对方出售。日伪打骂群众索要葡萄，终没有达到目的，于是不得不派人向根据地方面低头。结果，正遇伪钞落价，葡萄价格由三角伪币提到二元五角，而且由对方自己来运，改变了过去群众担送时日伪人员无理敲诈、没收等现象。②

四是积极发展运输事业以降低运费成本。抗日民主政府决心"务使群众运输事业亦发展起来，要普遍地组成群众运输队或运输合作社。贸易局与这些运输事业密切联系，帮助他们发展"。发动公商或机关部队，组织运输合作社，吸收老百姓参加（入股办法依具体条件决定，如牲口顶三股、人力顶一股等）；在经常运货的大路上，定出脚价来（如盘塘驮盐到兴县城每斤脚价四元），广招群众来运；有些路途较长，中途需要设店，贸易局派人在那里开起店来，或与当地群众合开，使运输便利（需要设转货栈处，可设转货栈）；把1943年指定修的几条交通要路很快修理好，以便运输。③ 此后，边

① 晋绥边区行署：《半年来贸易工作总结》，1945年4月。晋绥边区财政经济史编写组、山西省档案馆编：《晋绥边区财政经济史资料选编》（金融贸易编），太原：山西人民出版社，1986年版，第477页。

② 晋绥边区行署：《半年来贸易工作总结》，1945年4月。晋绥边区财政经济史编写组、山西省档案馆编：《晋绥边区财政经济史资料选编》（金融贸易编），太原：山西人民出版社，1986年版，第479页。

③ 晋绥边区行署：《关于开展贸易稳定金融的秘密指示》（1944年3月10日），晋绥边区财政经济史编写组、山西省档案馆编：《晋绥边区财政经济史资料选编》（金融贸易编），太原：山西人民出版社，1986年版，第41—42页。

区运输条件得以改善。

五是对外贸易扭转了逆差。随着我方生产得到发展,物资供应已大大改善,军事方面亦进入战略反攻阶段,到 1944 年扭转了贸易逆差,[①]成为对外贸易中主动的一方。有力保障了外汇供给,亦为根据地物价稳定提供了有力支持。

总之,晋西北地广人稀、物产有限,抗日根据地党政军民面对供给和需求矛盾所带来的巨大通胀压力,同心同德,积极应对,有效地遏制了根据地物价的过快增长,在自然条件远逊于沦陷区和国统区的情况下,物价增幅在抗战胜利前相当一段时间里反而低于二者,殊为不易。物价的有效管控有力推动了根据地商业市场的繁荣,保障了战时军需与民生,并为此后的物价管理工作积累了宝贵的经验。

---

① 晋绥边区行署:《半年来贸易工作总结》(1945 年 4 月),晋绥边区财政经济史编写组、山西省档案馆编:《晋绥边区财政经济史资料选编》(金融贸易编),太原:山西人民出版社,1986 年版,第 475—476 页。

第六章　晋西北抗日根据地商业贸易之意义

在极端困难的情况下，经过不懈的努力，晋西北抗日根据地的商业贸易工作在沟通内外贸易、稳定物价、满足供应、发展经济方面取得了很大成绩，在巩固政权基础、支持工农各业生产发展、活跃金融、推广农币等方面发挥了重要意义，为保证晋西北抗日战争的胜利奠定了基础。

一、搞活了根据地商品流通

随着根据地商业渠道的重新布局与恢复，商品境内外流通更加畅达，输出输入物资增加，各种供应得到保障，商业贸易呈现出兴旺之状。

根据地内物资交流充分，推动了整体经济发展。三分区临县、临南生产土布“上流”神府、二分区等地的数量很大，[①]大量销售到兴、方、静、河、保一带及河西。据统计，1941 年 5 月仅同济号一家

---

① 晋绥边区行署:《半年来贸易工作总结》(1945 年 4 月)，晋绥边区财政经济史编写组、山西省档案馆编:《晋绥边区财政经济史资料选编》(金融贸易编)，太原：山西人民出版社，1986 年版，第 460 页。

买卖布匹营业额即达法币 9 万余元,①大半输往河西。② 河西葭县、神木、府谷等地布匹大部依靠晋西北,数量很大。保德水烟业经过多年发展,产品销往包头、榆林、忻县、河曲等地。③ 临县麻绳输往内地各县甚多;河曲产瓷器、果丹皮、席子行销境内外;保德纸张、旱烟、瓷、煤、果丹皮等运往岢、五、神、朔;临县的纸大批输兴县;临县土烟产量很大,销境内各县;临县铁器、瓷器、铜器,离石顺顺(线口袋)、丝织物可销兴、方、静等山地县份。④ 内地瓷器销于岢岚、五寨、河曲、府谷、保德数县。⑤

调剂境内外物资力度加大,促进了军民生产生活。二、三区之间"粮布互流"、淡月对煤炭的调剂、⑥集市贸易之兴盛,都极大地促进了物资交流和余缺调配。进出口日趋活跃,充分利用了境内、境外资源,推动了根据地生产和经济的整体发展。1945 年夏天,平川麦子都下来后,由于夏旱麦子收成不如去年,八分区汾文支局派了

---

① 中共晋西区党委:《晋西北商业贸易发展概况》(1941 年 12 月),晋绥边区财政经济史编写组、山西省档案馆编:《晋绥边区财政经济史资料选编》(金融贸易编),太原:山西人民出版社,1986 年版,第 502 页。

② 中共晋西区党委:《抗战中的晋西北纺织业》(1941 年 12 月),晋绥边区财政经济史编写组、山西省档案馆编:《晋绥边区财政经济史资料选编》(工业编),太原:山西人民出版社,1986 年版,第 165 页。

③ 保德县志编纂办公室编:《保德县志》,太原:山西人民出版社,1990 年版,第 153 页。

④ 中共晋西区党委:《晋西北商业贸易发展概况》(1941 年 12 月),晋绥边区财政经济史编写组、山西省档案馆编:《晋绥边区财政经济史资料选编》(金融贸易编),太原:山西人民出版社,1986 年版,第 502 页。

⑤ 中共晋西区党委:《抗战前后晋西北磁业的变迁》(1941 年 12 月),晋绥边区财政经济史编写组、山西省档案馆编:《晋绥边区财政经济史资料选编》(工业编),太原:山西人民出版社,1986 年版,第 137 页。

⑥《晋绥边区一九四五年一月至一九四六年六月贸易工作综述》(1946 年 7 月 10 日),晋绥边区财政经济史编写组、山西省档案馆编:《晋绥边区财政经济史资料选编》(金融贸易编),太原:山西人民出版社,1986 年版,第 662 页。

专人一面做管理工作，一面买粮、收账，群众欠合作社和商店之款大部被收成粮食，并把收回的(价值)1 万多元的粮食(大部是麦子)调剂到交西，解决群众青黄不接之困难。[1] 由汾阳边山吸收的粮内调剂到交西麦子 1.7 万斤，由离东调剂给交西小米 12 大石，计粮 3 000 斤。交城在反攻后，调剂到截岔莜面 7 000 斤，在青黄不接之际，调到西冶以及截岔粮食计 5 万斤，阳曲吸收解放区粮 2 万斤供给平川(新解放区)群众。利民商店在静乐供给群众纺织换粮计 5 万斤。[2]

生活必需品供应充分，市场规模日益扩大。1944 年 8 月 3 日的(方山)麻会集上，恒太粮店在一日之内购进杂粮 15 石左右，同日卖出小米 180 斤，大部为手工业工人及最穷苦群众购去，主要原因是小米比其他粮食能多吃些时间(群众购买力低，商业又不发达)。[3] 1944 年 8 月，八分区贸易局组织推销土产换取火硝并组织运输粮食换边山花椒。[4] 到 1945 年初，晋西北抗日根据地彻底扭转了此前物资供应紧张的局面，八分区贸易局主办的《经济旬刊》就刊登了“八分区布尺、盐、碱(近来)不感缺乏”的信息。[5] 娄烦米峪镇是八分区贸易局驻地，也是与后方交易的市

① 晋绥边区银行贸易第八分行局编印:《经济旬报》第 27 期，1945 年 7 月 27 日，山西省档案馆馆藏档案:A96－3－31－6。

②《八分区利民商店调剂物资材料》(1945 年 12 月 30 日)，山西省档案馆馆藏档案:A96－3－31－5。

③ 晋绥边区贸易第八分局编印:《经济旬报》第 5 期，1944 年 8 月 11 日，山西省档案馆馆藏档案:A96－3－31－15。

④ 晋绥边区贸易第八分局编印:《经济旬报》第 7 期，1944 年 12 月 18 日，山西省档案馆馆藏档案:A96－3－31－17。

⑤ 晋绥边区贸易第八分局编印:《经济旬报》第 9—10 期，1945 年 1 月 20 日，山西省档案馆馆藏档案:A96－3－31－20。

场。[①] 八分区贸易局记载，仅 1945 年 1 月前后两旬及 4 月份的交易情形为例统计如下[②]：

后方来货：由临县运入米峪镇白碱 2 165 斤、白麻 330 斤、盐 2 280 斤、麻油 260 斤、辣子 240 斤、汗烟 3 箱 120 斤、土布 60 尺、肥皂 200 条、毛巾 10 打、洋火 200 包、纸烟 1 条、顶针 100 个。

八分区各地来货：由静（宁）二、五区运来白面 1 860 斤、席子 150 丈、席囤 27 丈、豌豆一双石、黑炭 9 000 余斤、兰炭 5 000 余斤、土瓷碗 300 余个；由清太、交、边山运来核桃 2 450 斤、花生 150 斤、花椒 160 斤、葡萄 1 400 斤、果片 100 斤；阳曲来货铁锅 5 驮。

运回后方货物：葡萄 1 300 斤、生铁 50 斤、熟铁 240 斤、熟钢 50 斤、核桃 200 斤、席子 3 丈、花椒 115 斤、花生 100 斤、果片 100 斤。

调剂到八分区各地货物：白碱、白麻、盐、麻油、辣、汗烟、土布、肥皂、毛巾、洋火、纸烟、顶针等货大部运往交东与清源方向；静（宁）二、五区换回了盐、碱、棉花等物；运往阳曲盐（530 斤）、棉花（609 斤）、织布平机（5 架）。

另外，1945 年 4 月，从离东运回米峪镇货：白酒 500 余斤、食盐 300 斤、粮 1 500 斤。从临县运回盐 300 斤、碱 120 斤、麻纸 10 刀。运回后方货：铁轨 2 000 余斤、铁锹 90 根。

从以上交易的数量及货物来源和去向来看，后方货物大部运往了清、交、阳曲、静二、五区，而来自各地的特产则又经米峪镇运往后方或各地。其中，后方来货主要是盐、碱（陕北产）、布、毛巾、烟、肥皂（临、兴产）。

---

① 《八分区利民商店调剂物资材料》（1945 年 12 月 30 日），山西省档案馆馆藏档案：A96 - 3 - 31 - 5。

② 晋绥边区贸易第八分局编印：《经济旬报》第 9—10 期，1945 年 1 月 20 日，山西省档案馆馆藏档案：A96 - 3 - 31 - 20。

据《山西通史》(商业志·商业贸易卷)记载,晋绥边区贸易总局及其分支机构于民国三十四年(1945年)一月至三十五年(1946年)六月的一年半时间里,在边区内及边区与陕甘宁、晋察冀、晋冀鲁豫根据地之间组织调剂粮食400余万公斤、棉布5万余匹、食盐400余万公斤、棉籽4.5万余公斤。[①]其中,各级贸易部门充分发挥了组织和引导作用,甚至自己参与具体经营。同时也显示出当时晋西北内地与外部的流通已经比较顺畅,各类物资充足,必需品的输入和供应得到保障。

二、促进了根据地农副业生产

《抗战日报》社论指出,商业发展能够刺激手工业和农业生产。因为生意兴隆,市面繁荣,手工业生产品才有销路,农民才可以把剩余生产品卖了,才能买成日用必需品或是把货币储蓄起来。[②] 反过来,工农业的发展是商业和贸易的基础,拥有充足的原料和有竞争力的产品才能繁荣市场,真正促进商业发展。根据地商业贸易在支援农业生产、调剂生产物资、推销农副产品等方面都发挥了重要作用。

提供耕具、农具,支援农业生产。贸易部门积极帮助解决耕牛、农具、种子。1944 年,仅三、八分区调剂耕牛即达 80 多头;除六、八分区、塞北区外,各地贸易局提供农具共计 48 200 件,配合各

---

① 山西省史志院编:《山西通史》第 26 卷《商业志 · 商业贸易编》,北京:中华书局,1999 年版,第 16 页。

② 《发展内地商业,组织对外贸易》,《抗战日报》1941 年 5 月 4 日,第 1 版。

地政府调剂了棉籽10万多斤，促进了棉田的扩大。[①] 1945年春耕前，各贸易局帮助农民调剂耕牛3 000头，由内地调往新解放区耕牛2 000头。岚县解放后，兴县贸易局即发动魏家滩合作社买回耕牛63头，供给贫苦农民。贸易局除组织各地骡马大会调剂耕牛外，又帮助群众从外面贩牛进来。如偏关贸易局发动群众从绥远顽区贩来牛50—60头，驴500—600头(可以顶牛使用)。各贸易局亲自贩进者也达200多头，使春耕当中之耕牛虽缺，也得到了一些补充。同时，各贸易局为帮助农民解决农具、种子等生产急需物资，自己也做了一些农具的生意。如1945年三分局调剂锄1 000多张，木把6 000多根，铧子1万多个。六分局从东面买回铁锹1 000多个。

加强种子、地药调剂，搞好春耕春播。各地贸易局也除在骡马大会上组织种子交换外，1945年种棉前，一分局垫付50万元并派专人到临南购买棉籽2万斤以解决岚县、兴县种棉棉籽不足问题，并于冬天再次预购棉籽7万斤以备下年种棉之用。该局为准备来年春天扩大种棉，预先买下7万余斤，于翌年春按原价供给岚县群众2万斤，供给兴县各区4万斤。在三月下雨后，群众又愿增种棉田，一分局又将所余之万斤棉籽无利贷出，增加棉田1 500亩。关于地药方面，1945年，各地贸易局输进3万余斤，供给内地群众使用而有余，重输到东边区的约有2万余斤。其他粮食籽种及种莜麦的烧酒、柏油等，贸易局也进行贷款和调剂等工作。如一分局在1945年天旱下雨后，莜麦下种时，贷款20万元帮助群众买莜麦籽。各地贸易局都做了这方面的工作。如八分局帮助群众种莜麦供酒

---

① 晋绥边区行署:《半年来贸易工作总结》(1945年4月)，晋绥边区财政经济史编写组、山西省档案馆编:《晋绥边区财政经济史资料选编》(金融贸易编)，太原:山西人民出版社，1986年版，第458页。

2万余斤，六分区也供给了些酒。由于贸易部门主动进行了准备与调剂，使群众在农业生产上得到便利。①

收购群众粮棉，保护棉农利益。1945年秋，在棉贱伤农的情况下，各产棉区的贸易局派人下乡收购棉花，仅一、二、三分局就收购棉花55万斤，既保护了棉农的利益，又保证了根据地纺织原料的供给。②

推销农副产品，促进农民增收。二分区贸易局积极帮助土兰生产。由于之前没有就地推广使用，下功夫找寻出路，虽经政府提倡，但生产者也不敢大胆种植土兰。1943—1944年由贸易局包买，才有了群众的种植。所以二分区贸易局仍决定1945年继续负责收购，因为“若无贸易局包买，群众还是不敢多种”。③

三、推动了根据地工矿业发展

抗战爆发后，晋西北地区工矿业陷入困境。当时的情况是河运、旱路均受阻，此前输出商品的传统市场如大同、绥包、太原、祁、榆和陕北、晋西南等地的商路阻塞。④ 所剩无几的一些外销市场也彻底失去了。保德煤业过去的市场“下至碛口，沿

---

① 《晋绥边区一九四五年一月至一九四六年六月贸易工作综述》(1946年7月10日)，晋绥边区财政经济史编写组、山西省档案馆编：《晋绥边区财政经济史资料选编》(金融贸易编)，太原：山西人民出版社，1986年版，第663—664页。

② 刘欣、景占魁：《晋绥边区财政经济史》，太原：山西经济出版社，1993年版，第299页。

③ 晋绥边区行署：《半年来贸易工作总结》(1945年4月)，晋绥边区财政经济史编写组、山西省档案馆编：《晋绥边区财政经济史资料选编》(金融贸易编)，太原：山西人民出版社，1986年版，第472页。

④ 中共晋西区党委：《抗战前后晋西北矿产变迁的原因》(1941年12月)，晋绥边区财政经济史编写组、山西省档案馆编：《晋绥边区财政经济史资料选编》(工业编)，太原：山西人民出版社，1986年版，第86页。

河两岸都可以销，到了1941年因河运不通，销路很少，以前榆家沟所产之炭，销于岢、五，用驴、骡、驼驮去，回来驮粮，双方均有来往，现因敌占停止运输”；保德铁厂在河西也有部分市场，此前“过黄河后分销于府谷、神木、沙梁、木瓜、碛杨等地，晋西北内地各县亦有销售”，“现因敌占，无人来买”；保德瓷业亦如此。临县招贤铁业因为“敌人封锁，河运阻塞，过去大部分市场失掉”而衰落了；临县武家沟铜作坊也因“远路不通，货物去不了，河道通航也困难”，外地市场不能打开，本地消费由于“年头乱道，人们迁就着过，不添办新家具”，故而“就是晋西北地区内，也没有什么人来贩(货)”。本地需求严重不足，外销路线又不畅通，晋西北工矿业形成了“货不快就要吃本钱，抵垫大，穷人不好支持”①的恶性循环，几乎处于停滞状态。临县的招贤是晋西北工业最繁盛的地方，②外销渠道断绝导致该地工商业进一步衰落。由于工业、手工业等各业衰退，晋西北抗日根据地一切必需品的供给都感到异常的缺乏，布匹、火柴、颜料、文具，等等，都变成了非常难得的奇货。③

商业繁荣，销路畅通，是工业、手工业品生产持续发展的重要

---

① 中共晋西区党委：《抗战前后晋西北矿产变迁的原因》(1941年12月)，晋绥边区财政经济史编写组、山西省档案馆编：《晋绥边区财政经济史资料选编》(工业编)，太原：山西人民出版社，1986年版，第86页。

② 《关于招贤翻砂厂生产成本及盈利的调查》(1943年4月19日)，晋绥边区财政经济史编写组、山西省档案馆编：《晋绥边区财政经济史资料选编》(总论编)，太原：山西人民出版社，1986年版，第124页。

③ 晋绥边区行署：《一九四〇年至一九四七年金融工作总结及今后的任务与方针》(1948年11月)，晋绥边区财政经济史编写组、山西省档案馆编：《晋绥边区财政经济史资料选编》(金融贸易编)，太原：山西人民出版社，1986年版，第293—294页。

条件。[①] 为尽快解决原料供应和市场销售问题，促进商品流通情况改善，根据地商业贸易部门采取了如下措施：

一是加强供应，保证生产原料。总局曾由八区运回棉花 800 余斤供给纺织厂，并积极从民间为纺织工业采购原料，四分局供给纺织工人少许必需的棉纱，一个机子 4 块，月货价小布 1 匹。大大提高了工人的劳动效能，增加了土布产能。[②] 1944 年下半年，贸易局为支持纺织业发展，从外地调运了棉花 10.6 万斤，购进轧花机 202 架，还购进大量纺织机械的零部件及辅助材料，并调进棉籽 10 万多斤，支持棉农种棉。以合理价格收购工农业产品，对纺织区内土纱、土布实行包购包销，解除生产者没有销路的后顾之忧。

河曲城关和巡镇两地纺织事业飞跃发展，据不完全统计，到 1944 年 7 月两地已有纺妇 780 人，每人都有纺车 1 架，另有织布机 7 架。纺妇中 95%以上过去从来没纺织过，1944 年 50 多岁的老人乃至 10 岁以下小女孩都参加纺织，许多男人也学习纺织。在城关，纺织共组成 3 个大组，分别在 3 个院内纺织，每天纺 58 斤线。同时还集体种了 4 亩棉花，长得很好。据《抗战日报》报道，河曲纺织唯“目前工具、棉花还感缺乏，政府、贸易局正努力解决中”。[③]

1944 年后半年，除三分区外共供给棉花计 105 758 斤，钢鬃除八分区外计 1 024 900 根、压花机计 202 架、皮轴除机子上所带

① 《发展内地商业，组织对外贸易》，《抗战日报》，1941 年 5 月 4 日，第 1 版。

② 中共晋西区党委：《晋西北商业贸易发展概况》（1941 年 12 月），晋绥边区财政经济史编写组、山西省档案馆编：《晋绥边区财政经济史资料选编》（金融贸易编），太原：山西人民出版社，1986 年版，第 551 页。

③ 《河曲城关、巡镇妇纺飞速发展》，《抗战日报》，1944 年 7 月 15 日，第 2 版。

外，另购回 195 个；梳除六、八分区外计 2 306 个，使纺织原料与工具未感缺乏，便利了纺织业的大量发展。1945 年，贸易（总）局从外地组织回钢鬃 50 万条、梭 1 000 多副、织机 50 多架、棉花 30 万斤以支援纺织业生产。[①] 同年，八分区根据各县纺织发展情形，从外地购入棉花调剂给各县，计有交西 6 518 斤、离东 25 539 斤、交城 1 500 斤、清徐 500 斤、阳曲 2 000 斤、静乐 7 000 斤，合计 43 057 斤。[②]

二是大力扶持，推进工矿生产。贸易局以统制贸易形式帮助土产，对萌芽矿业产品，因产量小、成本高、质量低，在无法与外货竞争时，将同类外货价格提高，只准贸易机关运销，然后提出利润一部分津贴该工矿业经营者，使内地工厂能有时间进行研究改良，提升质量，直至能与外货竞争；内地企业所需原料、器材本地无法生产或替代时，由贸易机关负责供给。[③] 还要负责供给手工业原料，在淡季负责收购，帮助推销，促进工矿业的恢复和发展。[④] 同时，政府在税收上对工矿业以支持，规定外货入口课税增加，土货出口课税减少。1941 年 8 月又规定瓷、煤免税，铁税

---

① 刘欣、景占魁主编：《晋绥边区财政经济史》，太原：山西经济出版社，1993 年版，第 300 页。

②《八分区利民商店调剂物资的资料》（1945 年 12 月 30 日），山西省档案馆馆藏档案：A96-3-31-5。

③《边区一年来工矿业生产总结》（1945 年 7 月），晋绥边区财政经济史编写组、山西省档案馆编：《晋绥边区财政经济史资料选编》（工业编），太原：山西人民出版社，1986 年版，第 71 页。

④ 晋西北行政公署：《关于发展纺织业的决定》（1943 年 8 月 9 日），晋绥边区财政经济史编写组、山西省档案馆编：《晋绥边区财政经济史资料选编》（工业编），太原：山西人民出版社，1986 年版，第 224 页。

减至5%。[①] 各分区贸易局在资金、实物上给企业提供便利，如四分局借给炭窑粮食30石，借给纸厂粮食4石。二分局投资瓷窑法币500元。五分局投资油坊5 975元，煤窑690元。[②] 各贸易分局向生产部门投资粮食达34石、法币500元、农钞6 655元。[③] 八分局在交城县中庄投资32万元，发展利用莜麦秸造纸，又投资200多万元发展肥皂、皮革生产。六分局投资200万元，发展毡房、烧瓷等工业。[④] 在抗日政府的支持下，瓷业、熬盐、熬硝（边区硝有土硝、石硝、植物硝3种）[⑤]、水烟等手工业也有了较快发展。1939年，保德有了水烟作坊，由此刺激了农民种烟的积极性。1944年全县种烟面积为724亩，1945年为958亩。郭家滩从业者有1 000余人，康家滩从业者300多人。保德全县年产水烟100万包左右，产品销往邻县和境外。[⑥]

三是积极收购，促进工业发展。依不完全统计，1941年，各贸易分局加强了与各种生产部门的联系。如兴县支局和产销合作社建立起初步的关系，供给棉花，承销货物。二分局和瓷窑签订合

---

① 《矿业生产中的销路问题》（1941年12月），晋绥边区财政经济史编写组、山西省档案馆编：《晋绥边区财政经济史资料选编》（工业编），太原：山西人民出版社，1986年版，第90页。

② 中共晋西区党委：《晋西北商业贸易发展概况》（1941年12月），晋绥边区财政经济史编写组、山西省档案馆编：《晋绥边区财政经济史资料选编》（金融贸易编），太原：山西人民出版社，1986年版，第551页。

③ 《两个半月贸易工作中的重要教训》（1942年4月15日），晋绥边区财政经济史编写组、山西省档案馆编：《晋绥边区财政经济史资料选编》（金融贸易编），太原：山西人民出版社，1986年版，第426页。

④ 刘欣、景占魁主编：《晋绥边区财政经济史》，太原：山西经济出版社，1993年版，第300页。

⑤ 《吕正操回忆录》，北京：解放军出版社，2007年版，第346页。

⑥ 保德县志编纂办公室编：《保德县志》，太原：山西人民出版社，1990年版，第153页。

同，规定贸易局买货，按合作社待遇，并代销其成品，更进而谋求和纸厂、煤窑建立关系，并筹备建立硫磺厂。[①] 1944 年境内硫磺的大量生产，就是在找到晋察冀的销路后才刺激起来的。河曲贸易局通过资助并推销硫磺，使其产量由 1943 年的 3.3 万斤，增为 1944 年 4、5 月到年底的 15 万斤，仅 1944 年 12 月即产 4.07 万斤，大量输往晋察冀。[②] 河曲的炭封渡以前因价大(高)没销路，生产也少；封渡后河西的炭过不来，边区生产的炭有了销路，才大量生产起来。[③]

此外，对纺织、造纸等行业的支持也取得了良好的效果。各机关团体文件印刷都采用土纸，给造纸业发展以很大的刺激，1941 年行署总务科购入纸张中，土纸占 99%，购进比例比上年增加一倍。[④] 贸易局系统共计运销临县改良机布达 3 000 余匹、粉笔 800 匣、麻油达 7 000 斤，纸 1 万张。[⑤] 1942 年，仅经公营的济

① 中共晋西区党委：《晋西北商业贸易发展概况》(1941 年 12 月)，晋绥边区财政经济史编写组、山西省档案馆编：《晋绥边区财政经济史资料选编》(金融贸易编)，太原：山西人民出版社，1986 年版，第 551—552 页。

② 晋绥边区行署：《半年来贸易工作总结》(1945 年 4 月)，晋绥边区财政经济史编写组、山西省档案馆编：《晋绥边区财政经济史资料选编》(金融贸易编)，太原：山西人民出版社，1986 年版，第 459 页。

③ 晋绥边区行署：《半年来贸易工作总结》(1945 年 4 月)，晋绥边区财政经济史编写组、山西省档案馆编：《晋绥边区财政经济史资料选编》(金融贸易编)，太原：山西人民出版社，1986 年版，第 472 页。

④ 中共晋西区党委：《抗战中的晋西北造纸业》(1941 年 12 月)，晋绥边区财政经济史编写组、山西省档案馆编：《晋绥边区财政经济史资料选编》(工业编)，太原：山西人民出版社，1986 年版，第 277 页。

⑤ 中共晋西区党委：《晋西北商业贸易发展概况》(1941 年 12 月)，晋绥边区财政经济史编写组、山西省档案馆编：《晋绥边区财政经济史资料选编》(金融贸易编)，太原：山西人民出版社，1986 年版，第 551—552 页。

川号、恒信号两商号购销的民间土布就有 10 万匹。[①] 二分局在销售淡季时垫付 200 万元收购麻纸、瓷碗、煤炭等。[②] 八分区贸易支局在群众开展纺织时卖花(棉花)、收购土纱,有力推动了群纺群织活动。

表 6.1　八分区贸易支局收布统计

品名	尺数	品名	丈数
标准布	247 疋	码子布	5 500 丈
临兰布	829 疋	文土布	540 丈
临青布	293 疋	什　布	722 丈
四二布	235 疋		
三二布	725 疋		
什　布	1 515 疋		
合计	3 844 疋(9 610 000 元)		13 261 丈(7 596 600 元)

说明:统计时间为 1945 年 2 月 1 日至 1945 年 5 月 15 日。

资料来源:《八分区利民商店调剂物资的资料》第(1945 年 12 月 30 日),山西省档案馆馆藏档案:A96-3-31-5。

1945 年 3 月上旬,静乐县天池济生分店每天收纱 30 余斤,卖花 40 余斤,5 个工人弹好的棉花不能满足出售之需,米峪镇分店卖花、收土纱较天池分店还多一些。[③] 八分区贸易局积极吸收各地所织之布及其他土产,促进了当地手工业生产的发展。1945 年底吸收了 5 000 丈离东、交西、静乐群众织出的布交到分局。贸易局利民商店所吸收的色叶育子除供八区本地染布自用外,销到延安 4 000 多斤、

① 刘欣、景占魁主编:《晋绥边区财政经济史》,太原:山西经济出版社,1993 年版,第 131 页。

② 刘欣、景占魁主编:《晋绥边区财政经济史》,太原:山西经济出版社,1993 年版,第 300 页。

③ 晋绥边区贸易第八分局编印:《经济旬报》第 15 期,1945 年 3 月 10 日,山西省档案馆馆藏档案:A96-3-31-12。

临县 2 000 斤左右。此外,铁锹及生熟铁都销到了临县。①

表 6.2　八分区贸易局吸收土产表

品名	数量	单价	合计
色叶育子	2 000 斤	160 元	1 120 000 元
铁锹	455 张	455 元	204 950 元
生铁	5 179 斤	6 元	31 074 元
熟铁	3 627 斤	20 元	72 540 元
合计			1 428 564 元

说明:统计时间为 1945 年 2 月 1 日至 1945 年 5 月 15 日。

资料来源:《八分区利民商店调剂物资的资料》(1945 年 12 月 30 日),山西省档案馆馆藏档案:A96－3－31－5。

四是限制外货进入,保护土产发展。新政权成立之初,由于敌伪封锁,商路阻绝,许多外地商品流入不畅,土货自然占领了一部分市场。依兴县统计,战前小商人销售货物中,洋货占55%。1941 年洋纸入口值占总入口商品值的 6.8%,远高于上年的 0.96%。② 瓷由原来的免征变为征收 5%,铁由 10%增至50%,煤亦由免征变为征收 5%,内地产品输出面临着很大的障碍。③

1941 年初,根据地地委书记会议上作出决定,减低土货出境

① 《八分区利民商店调剂物资的资料》(1945 年 12 月 30 日),山西省档案馆馆藏档案:A96－3－31－5。

② 中共晋西区党委:《抗战中的晋西北造纸业》(1941 年 12 月),晋绥边区财政经济史编写组、山西省档案馆编:《晋绥边区财政经济史资料选编》(工业编),太原:山西人民出版社,1986 年版,第 277 页。

③ 《矿业生产中的销路问题》(1941 年 12 月),晋绥边区财政经济史编写组、山西省档案馆编:《晋绥边区财政经济史资料选编》(工业编),太原:山西人民出版社,1986 年版,第 89 页。

税，增加同类洋货入境税，并规定入口商或境内商人到外地贩货必须按照规定带走一定数量的土货。① 这一措施实施后，当年根据地外来货物占比已减至 21%，而市场上土货的比例则由 45%增至 79%。② 1942 年到 1944 年间，根据地实行严格禁止化妆品、迷信品、消耗品、奢侈品等入口的政策，对土布入口课税 20%，油的入口税为 20%，使得根据地麻油价格从 1942 年的 0.35 银圆/斤涨到 0.38—0.5 银圆/斤，促进了土货生产和手工业发展。③ 但随着敌寇实施经济封锁及对根据地实施倾销奢侈品的政策，外货输入数量仍然很大，已大大妨碍了正在发展的内地工业、手工业，故 1944 年行署施行的新"外贸管理办法"和相关"征税细则"中对原来经友区入境货物亦参照沦陷区输入标准课税，并将特许进口者由免税变为课税 30%，土布入境变免税为课税 20%。打击了敌伪倾销，规范了商业贸易秩序，促进了土货输出增加，反过来更刺激了内地生产发展。④

在提高税率限制进口、降低税率推动出口的政策保护下，根据地生产发展使得部分产品除满足自身需求外还有富余，能输出境外。保德县 1942 年 2 月输出土货 12 种，价值 220 314 元，为 1941

① 刘欣、景占魁主编：《晋绥边区财政经济史》，太原：山西经济出版社，1993 年版，第 130 页。

② 中共晋西区党委：《晋西北商业贸易发展概况》（1941 年 12 月），晋绥边区财政经济史编写组、山西省档案馆编：《晋绥边区财政经济史资料选编》（金融贸易编），太原：山西人民出版社，1986 年版，第 499 页。

③ 陈希云：《晋绥财经工作报告》（1946 年 6 月 19 日），晋绥边区财政经济史编写组、山西省档案馆编：《晋绥边区财政经济史资料选编》（总论编），太原：山西人民出版社，1986 年版，第 745 页。

④《两个半月贸易工作中的重要教训》（1942 年 4 月 15 日），晋绥边区财政经济史编写组、山西省档案馆编：《晋绥边区财政经济史资料选编》（金融贸易编），太原：山西人民出版社，1986 年版，第 423 页。

年同期的63倍。当月（1942年2月）纸输出达14 095刀，较上年12月的1 245刀增加了11倍。[①] 新政权建立后的4年间，主要产品如煤的产量由180万斤增加到240万斤，榨油业的产量由146万斤增加到320万斤，纸的产量由15 800令增加到39 300令，均超过战前水平，这些产品除满足根据地需要，减少输入总值外，还能向外输出。[②] 其中，仅油即可输出100万多斤。[③] 边区产柳器、铜铁器、瓷器等产品销售到河西的数量也很大。[④] 临县土布销往河西葭县、神木、府谷等地的数量巨大，为境内用2倍以上；1941年输出到离石沦陷区的数量也很多。[⑤]

五是质量分级分等，树立品牌形象。搞好工业生产本身以外，在营销中给产品创立牌子，建立信用，既可发展贸易，又能刺激生产。如边区产狮子牌布、晋兴纸烟、常用皂维持了一定程度的质量，销路就大，有些甚至深入敌伪据点。[⑥] 三分区贸易局把布分成

---

① 刘欣、景占魁主编：《晋绥边区财政经济史》，太原：山西经济出版社，1993年版，第98—99页。

②《晋绥边区的战斗生产与建设》（1944年12月28日），晋绥边区财政经济史编写组、山西省档案馆编：《晋绥边区财政经济史资料选编》（总论编），太原：山西人民出版社，1986年版，第585页。

③ 中共晋西区党委：《晋西北作坊工业及其他手工业》（1941年12月），晋绥边区财政经济史编写组、山西省档案馆编：《晋绥边区财政经济史资料选编》（工业编），太原：山西人民出版社，1986年版，第262页。

④ 中共晋西区党委：《晋西北作坊工业及其他手工业》（1941年12月），晋绥边区财政经济史编写组、山西省档案馆编：《晋绥边区财政经济史资料选编》（金融贸易编），太原：山西人民出版社，1986年版，第515页。

⑤ 晋绥四分区：《四分区生产建设经济状况》（1941年），山西省档案馆馆藏档案：A29-1-3-1。

⑥ 晋绥边区行署：《半年来贸易工作总结》（1945年4月），晋绥边区财政经济史编写组、山西省档案馆编：《晋绥边区财政经济史资料选编》（金融贸易编），太原：山西人民出版社，1986年版，第471页。

好坏等级,打成包定价出售,就容易多推销。恒信昌购销三分区土布用此办法,在布包上盖上商标,创出信用来,把土布畅销到榆林一带去,买客一听到这种布的牌子,就相信其质量,了解其价格,故易于远道推销。①这种非常有远见的、符合市场规律的做法取得了很好的销售效果,在当时的条件下弥足珍贵。

四、增加了根据地财政收入

经营商业贸易所得自始至终是十分重要的收入。没有稳定的商贸税收就没有稳定的财政收入,也无法为军政系统提供稳定的保障和支持。中共军队进入晋西北之初,根据地政权尚未建立,存在两种政权、两个军队。120 师由于没有政府系统的支持,部队的补给主要靠战动总会和“四大动员”,靠这些做法解决给养既不稳定也十分困难,更不可持续。当时的情况下,没有掌握政权系统的中共无法开展经济建设,发展“农工业生产就很困难,只有从经营贸易上得到一些盈利,借以勉强支持地活下去”。②此时搞活滞塞的流通渠道、恢复凋敝的各业生产、开源增收显得非常必要和迫切。中共政权建立后,把商业贸易工作作为重中之重,采取多种措施推动商贸之恢复和发展。在度过最初混乱的阶段之后,根据地逐渐摆脱了市面萧条的局面。随着政策稳定和管理的逐步规范,商业贸易逐渐恢复和繁荣,税收逐步增加,执政基础日益稳固。税

---

① 晋绥边区行署:《半年来贸易工作总结》(1945 年 4 月),晋绥边区财政经济史编写组、山西省档案馆编:《晋绥边区财政经济史资料选编》(金融贸易编),太原:山西人民出版社,1986 年版,第 473 页。

② 陈希云:《晋绥财经工作报告》(1946 年 6 月 19 日),晋绥边区财政经济史编写组、山西省档案馆编:《晋绥边区财政经济史资料选编》(总论编),太原:山西人民出版社,1986 年版,第 736 页。

收增加情况见下表。

表 6.3 1943—1945 年晋西北抗日根据地各项税收情况表

单位：万元

科目＼数额＼项目		1943		1944		1945	
		完成数	占比%	完成数	占比%	完成数	占比%
出入口货物税	本币	862	69.3	3 147	73	6 727	63.2
	折布	11 053		7 942		17 250	
营业税	本币	256	20.7	889	21.9	3 367	31.3
	折布	3 288		2 245		8 633	
罚　金	本币	124	10.0	219	5.1	591	5.5
	折布	1 592		554		1 517	
合　计	本币	1 242	100	4 257	100	10 686	100
	折布	15 933		10 741		27 400	

注：表内折布以匹为单位；2.6 丈标准布为 1 匹。

资料来源：刘欣、景占魁主编：《晋绥边区财政经济史》，太原：山西经济出版社，1993 年版，第 247 页。

从 1943 年到 1945 年，根据地税收虽经历了一个马鞍形的曲线，但总体上增幅较大。1945 年的税收额比 1943 年增长 70%以上。同时税收结构发生了优化，在出入口货物税和境内营业税都大幅增长的情况下，此前占比较少的营业税比重提升了一半左右，而占比较高的罚金收入萎缩至仅剩 5.5%，显示出经济秩序好转、市场活跃、境内流通与境外贸易互为依存、齐头并进的局面，标志着境内商业已呈现出日益繁荣的景象。大幅增加的税收为晋西北抗日根据地乃至陕甘宁边区提供了宝贵的财源，巩固了根据地的财政收入，巩固了抗日民主政权基础。

五、稳定了根据地金融局面

商业贸易的发展，推动了各项生产发展，根据地的棉花、布匹、和粮食、油、盐等必需品大量供给市场，通过流通渠道，把农币推向根据地以外，使金融有了更有力的保障。①

晋西北抗日民主政府在刚成立时，贸易局和银行及税务局实行三位一体合署办公，促进了金融和贸易工作更加协调。如八分区贸易局也称第八分区分行（即晋西北农民银行分行）局（贸易分局）。

贸易之促进金融稳定，首先是组织本币自己的市场，使本币流通便利。为推广本币，各级贸易部门积极发挥公商、私营摊贩、合作社等各个流通渠道的作用，进一步扩大了农币使用范围。当时每个公商都给若干私商或合作社供货，整个根据地 1 000 个以上的合作社不仅数量庞大，交易的范围也很广。合作社的货走到哪里，就能把农币传播到哪里。合作社及商店带了货去，一面供给货物，支持本币，一面也陆续吸收那里的土产，把本币推行出去。宁三区合作社除自己卖货外，团结着十来个小贩，到那一带卖货收土产，他们都使用本币，有时接收到白洋马上就到银行来兑换。这样一来，本币就行使开了。忻州、离石沦陷区附近及游击区都流通着大量的农币。忻州田家坞阮喜财村里 1944 年七八月反维持后，他一个人过手的本币即达七八千元。忻州平川商贩卖货也愿意收本币了。②

---

① 晋绥边区行署：《半年来金融工作总结》（1945 年 4 月），山西省档案馆馆藏档案：A90－4－99－1。

② 晋绥边区行署：《半年来金融工作总结》（1945 年 4 月），山西省档案馆馆藏档案：A90－4－99－1。

供给物资推广农币,吸收土产巩固币值。1944 年底以来,三分区贸易局向群众收买棉花 6 000 斤、麻 9 万斤、色叶粮食等,向群众放出本币 3 800 多万元。群众既能拿本币买进东西来,自己当然愿意接受本币。通过对土产的收买,使本币流到群众手里,群众有本币,这样就循环开来。河曲通过合作社收买群众土产 400 余万,在本币深入农村上作用也不小。静四区合作社根据过去经验准备了大批布匹、食盐,支持本币,一下就收回几十万,收回以后,一部分用于兑换白洋工作,一部分就大量收麦子,本币又流到老百姓手里。这样就把本币推广出去,并巩固起来。八分区在公粮变款时只要本币,以致相当一段时间里本币缺乏,本币币值稳定了较长的一段时间。

投入物资平衡物价,稳定金融繁荣市场。1944 年 1 月底,面对农币不稳的局面,根据地贸易管理部门先后拨粮 2 000 石,布 1 500 余匹,使本币提高到 150 元。1944 年 3 月,又投入公粮 1 万石提高本币,布置公粮变款 5 500 石,大量吸收本币,最终使本币稳定在 180 元相当长的时间。[①] 瓷铁炭出售者只接收本币,再将瓷铁炭贩运到警备区(沦陷区)换回粮食来在市场上支持本币,对稳定金融秩序本币的巩固有较大作用。二分区兴县计划与煤窑订立合同,双方使用本币结算,也是好办法。兴业公司成立后,大量布匹在市场上的出售也支持了本币,维持了金融市场的稳定。[②]

---

① 晋绥边区行署:《一九四〇年至一九四七年金融工作总结及今后的任务与方针》(1948 年 11 月),晋绥边区财政经济史编写组、山西省档案馆编:《晋绥边区财政经济史资料选编》(金融贸易编),太原:山西人民出版社,1986 年版,第 293—294 页。

②《一年来金融工作的基本总结及今后的任务与方针》(1944 年 8 月 5 日),山西省档案馆馆藏档案:A90-4-101-3。

六、提高了根据地群众收入

各项生产的发展和流通渠道的畅通，增加了群众收入。兴县一区通过发展运输业，组织剩余劳力每天可运到兴市炭栈1万斤炭，可多收入7 000元。[①] 也改善了群众生活，许多农民靠种棉花翻了身，发了财。[②]

群众把标准布叫作“翻身布”。他们无论是参加合作社集体劳动还是围绕合作社生产，都增加了收入。兴县杨家坡合作社共有股本265元，1942年6月底，贸易支局又贷给合作社洋纱1块、小米2大石、棉花50多斤、本币3 000元，共计价值1.5万元。合作社资本增加了，8月份又买进1架织布机，由李有光任合作社主任。到12月初为止，共织布120匹，还代替群众织了80匹，除了织布外，合作社还卖一些日用品，最后结算共赚了白洋300多元。[③] 招贤工人产销合作社1945年年中分红赢利中，有60%来自手工业生产，该合作社有木铺、染房、运销、纺织等业务，其中纺织是主要部分。1945年6月共盈利160余万元，其中织厂即盈利90万余元。[④] 兴县高家村合作社在1945年1—5月的5个半月中，训练出40多个织布妇女，制造了织布机13架，纺车47架，并进行了技术

---

① 刘欣、景占魁主编：《晋绥边区财政经济史》，太原：山西经济出版社，1993年版，第223页。

② 穆欣：《生产战线上的胜利》，1946年5月。晋绥边区财政经济史编写组、山西省档案馆编：《晋绥边区财政经济史资料选编》（工业编），太原：山西人民出版社，1986年版，第390页。

③《兴县杨家坡合作社》《兴县二区群众合作社组织生产为群众服务》《抗战日报》1943年3月14日；晋绥边区财政经济史编写组：《晋绥边区财政经济史资料选编》（工业编），太原：山西人民出版社，1986年版，第732页。

④ 衡华甫：《招贤工人产销合作社七成资本投入生产》，《抗战日报》，1945年6月21日，第2版。

革新,人工效率提高一倍,织布时经机不上水,布的交口大,织的布耐用、好看、美观,每架土机一天能织布 3 丈余。全村织布 937 尺获利 200 余万元。① 临县梁家会合作社自 1943 年 11 月至 1944 年 3 月,促进群众发展副业、运销。在 3 个行政村 10 个自然村组织纺妇 116 个,制造并发出纺车 100 架、2 个改良机、8 个土机(尚未发出),供纺棉花 149 斤,纺妇赚得 1.92 万元工资。② 兴县某消费合作社自 1942 年 8 月转入兼营纺织生产合作社,股金迅速扩大,每日盈余 240 元。③ 交城七区中庄合作社一个 50 多岁的老太纺纱 60 多斤,赚了 1.9 万元,解决了全村的穿衣问题。她到处宣传纺织的好处,合作社借机扩大纺织,共在全村组织了 95 名纺妇,到 1945 年 6 月共赚到 19.2 万多元。④

临县高三女,53 岁,织标准布买下 6 亩地,半头牛,还买下一部土机。⑤ 离石二区兴黎村车茂荣家婆媳 3 人,在 3 天中间即可织 1 匹布;王村车老万的女人,一年之中只纺花即净赚本币 3 500 元;五区坡家垣白致良两个妇女,一年之中竟织布 12 匹,纺花 12 斤,织了 20 条毛口袋,他们两人的生活都因纺织而大大改善了。

---

① 《兴县高家村合作社集中力量发展群众纺织》,《抗战日报》,1945 年 5 月 28 日,第 2 版。

② 晋绥行署:《贸易金融材料》(1944 年 8 月 29 日),山西省档案馆馆藏档案:A90-4-101-1。

③ 晋绥地区行政公署:《晋西北三年来的生产建设》(1943 年),晋绥边区财政经济史编写组、山西省档案馆编:《晋绥边区财政经济史资料选编》(总论编),太原:山西人民出版社,1986 年版第 507 页。

④ 八分区:《关于合作社工作几个问题的整理》(1945 年 12 月),山西省档案馆馆藏档案:A33-7-3-2。

⑤ 《晋绥解放区妇女纺织发展概况》(1948 年),晋绥边区财政经济史编写组、山西省档案馆编:《晋绥边区财政经济史资料选编》(工业编),太原:山西人民出版社,1986 年版,第 595 页。

这种好例子大大激发了民间妇女的生产热忱。[①] 临县都督村全村 162 户，有 157 户从事纺织，一年织布 7 万匹以上，毛巾约 2 万打，使大多数村民因而致富。农民李生正在 1938 年时被赵承绶的骑一军抓丁，家中生活陷于绝境，依靠群众优待抗属勉强维持，织布 3 年后，到 1946 年春，家里已买下平地 51 亩，新修房子 7 间，达到丰衣足食了。兴县居民李成良，原是贫困小商人，1943 年见政府提倡纺织，不征税，便在自己家里成立纺织厂，全由家人纺织。临县索达干村，共有 250 余户，1944 年全年一切负担共计 190 石，同年仅妇女织布 864 匹，赚米 259 石 8 斗，解决全村负担还有余。[②] 临县某村全家二男二女，7 个月纺织净赚银洋 800 元，另一个女子半年纺花，净赚本币 1 600 元，纺车机梭之声，深夜五更均可听见。[③]

根据临南县对群众纺织工作的总结，自织标准布以来，临南突然间增加了收入，刺激了生产，群众对纺织更加关心起来，总计加强(增加)了大小机子近 2 万架。[④] 表 6.4、表 6.5 直观反映出了抗战前后土机与改良机获利之不同。

---

① 亚苏:《晋西北妇女纺织运动》(1943 年 3 月 9 日)，晋绥边区财政经济史编写组、山西省档案馆编:《晋绥边区财政经济史资料选编》(工业编)，太原:山西人民出版社，1986 年版，第 212 页。

② 穆欣:《生产战线上的胜利》(1946 年 5 月)，晋绥边区财政经济史编写组、山西省档案馆编:《晋绥边区财政经济史资料选编》(工业编)，太原:山西人民出版社，1986 年版，第 392 页。

③ 晋绥地区行政公署:《晋西北三年来的生产建设》(1943 年)，晋绥边区财政经济史编写组、山西省档案馆编:《晋绥边区财政经济史资料选编》(总论编)，太原:山西人民出版社，1986 年版，第 507 页。

④《临南县纺织工作总结》(1945 年 8 月 2 日)，晋绥边区财政经济史编写组、山西省档案馆编:《晋绥边区财政经济史资料选编》(工业编)，太原:山西人民出版社，1986 年版，第 255 页。

从获利情况比较，无论土机还是改良机，利润都比战前大大提高，总体上改良机利润又高于土机。

表 6.4　1941 年临南县土机和改良机每匹逐年获利表

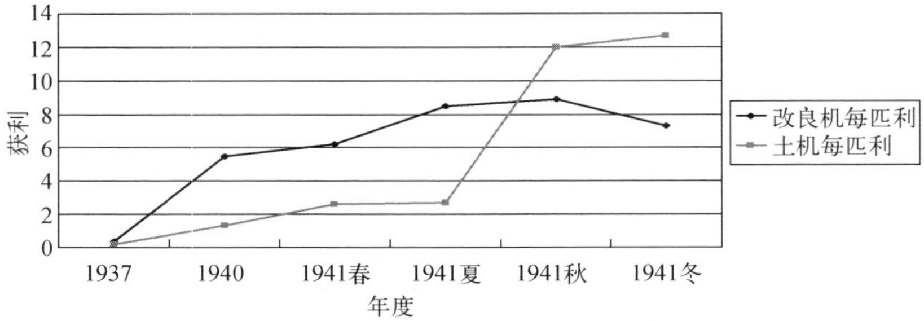

资料来源：中共晋西区党委：《抗战中的晋西北纺织业》（1941 年 12 月），晋绥边区财政经济史编写组、山西省档案馆编：《晋绥边区财政经济史资料选编》（工业编），太原：山西人民出版社，1986 年版，第 170 页。

土机成本为战前 1 800%，布价为战前 2 700%，获利为战前 7 350%（为战前 73 倍）。改良机成本为战前 2 700%，布价为战前 2 600%，获利 1940 年为战前 1 480%，1941 年为 1 990%，约为战前 20 倍。土机原料便宜但费工多，每匹利润为 12.7 元，年产 90 匹，年利润 1 143 元。改良机需用洋纱，每匹利润 7 元，年产量 300 匹，年利润 2 100 元。土机需要技术较低，战前赔本，至 1941 年夏利润亦不及改良机。1941 年秋冬后之洋纱价格飞涨，导致改良机成本提高，但因其产量较高，故土机获利仍始终远落后于改良机。[①] 然无论土机或改良机，民间纺织业之发展极大地促进了群众增收。

群纺群织运动在根据地普遍开展起来，不仅使临南、临县等传

① 中共晋西区党委：《抗战中的晋西北纺织业》（1941 年 12 月），晋绥边区财政经济史编写组、山西省档案馆编：《晋绥边区财政经济史资料选编》（工业编），太原：山西人民出版社，1986 年版，第 170—171 页。

表 6.5 1941 年织布土机和改良机获利逐年变化表

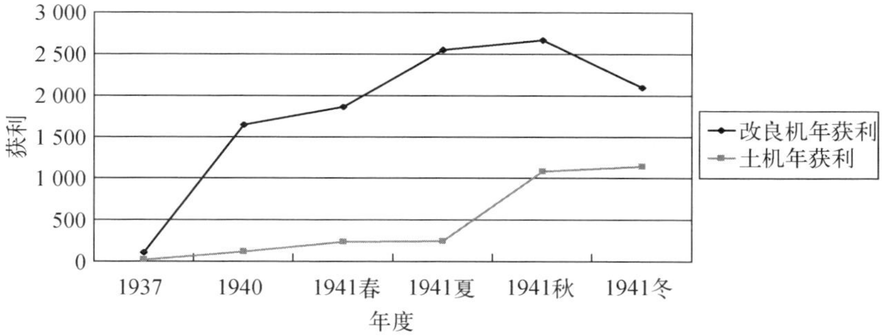

资料来源：中共晋西区党委：《抗战中的晋西北纺织业》(1941 年 12 月)，晋绥边区财政经济史编写组、山西省档案馆编：《晋绥边区财政经济史资料选编》(工业编)，太原：山西人民出版社，1986 年版，第 170 页。

统纺织区的群众收入有了很大提高，也促进了那些素无纺织传统地方群众的增收。如静乐县政府在长里岩、庆善村和县城分别举办了 3 期纺妇培训班，[①]该县八区米峪镇冯巧林纺织合作社的 5 名妇女，在一月内共织布 203 尺，纺了 3 斤共赚本币 4 400 余元，除去会餐花用 900 余元之外，净赚 3 000 余元，每人分红 700 余元，所分红利有的穿了衣服，有的又入成资本。[②]

表 6.6 临南县标布逐年收入统计表

项目			一区	二区	三区	四区	五区	合计
1943 年标布收入(元)			8 000	35 120	24 000	17 600	8 000	92 720
1944 年标布土纱数	出卖	标布(匹)	9 238	22 331				68 350
		小布(匹)						15 670
	出卖纱(斤)							5 620

① 静乐县志编纂委员会编：《静乐县志》，北京：红旗出版社，2000 年版，第 188 页。

② 晋绥边区银行贸易第八分行局编印：《经济旬报》第 25 期，1945 年 6 月 27 日，山西省档案馆馆藏档案：A96－3－31－8。

续表

项　目	一区	二区	三区	四区	五区	合计
1944 年标布收入(折米石)						1 047.96
1945 年标布收入(折米石)						7 200

资料来源:《临南县纺织工作总结》(1945 年 8 月 2 日),晋绥边区财政经济史编写组、山西省档案馆编:《晋绥边区财政经济史资料选编》(工业编),太原:山西人民出版社,1986 年版,第 255 页。

自从开展妇纺运动以来,妇女们在经济上都翻了身,首饰品的需求开始旺盛,刺激了首饰业的复兴,银手镯首饰比 1940 年前还活跃。碛口的银匠铺在当时是最能赚钱的行业,工匠们日夜做活还忙不过来。①

其他行业的收入也有了改善。煤业发展起来后,工人收入提高,保德刘家畔修通了至黄河渡口的大车路,大大提高了煤炭出口量与产量,偏关炭站成立一个月,运出煤 15 万斤,为工人增收 72 万元。②

抗日战争是交战双方在军事、政治、经济、文化等领域综合实力的全面较量。商业贸易无疑在其中起到了关键性作用,只有货畅其流、物尽其用,才能保证起码的军政民各项物资的供应,保障根据地生产生活的有序开展和推进,进而促进工农等诸项事业发展。从这个角度进行回顾和评价,晋西北抗日根据地的商业贸易尽管尚有为数不少的工作需加以改进,但总体上无疑是成功的。

---

① 《碛口市商业调查总结》(1944 年 10 月 15 日),山西省档案馆馆藏档案:A90-4-101-4。

② 《边区工矿业概况》(1945 年 7 月 8 日),晋绥边区财政经济史编写组、山西省档案馆编:《晋绥边区财政经济史资料选编》(工业编),太原:山西人民出版社,1986 年版,第 59 页。

结　语

本书从纵向上对清末民初以来直至抗战胜利期间的晋西北商业贸易之脉络进行了梳理，从横向上对晋西北抗日根据地商业贸易的相关要素及其相互之间的关系进行了分析、概括。具体归纳如下。

一、晋西北抗日根据地商业贸易既是战前之延伸又有明显战时特征

晋西北地区经济社会发展水平在山西总体上居于下游，商业亦如此。就晋西北各地而言，商业发展很不平衡，东缘平川地区远较内地繁荣。清末民初以来，内地商业因广大的西北地区与中原、华北和京师的物资交流增加，转运贸易迅速上升，到20世纪20年代已呈繁荣景象。晋西北内地商业市镇、集市贸易渐趋发达，商业网络逐步完善，带动了多个手工业行业的发展。尽管这种繁荣还严重依赖于转运贸易，而且商业主要集中于中心县城和居于交通要道的集镇，广大农村和边远地区仍很落后，仅靠邻近集市进行一些简单的物物交换。不过，在总体上已有很大改观，无论经商观念的改变还是从业人员的增量，在晋西北内地均表现得非常明显。随着商业贸易范围的扩展和晋西北商人触角的延伸，境内手工业

产品亦更多地走向陕北、甘、宁、绥远等省外广大区域。

20 世纪 30 年代前后山西商业经历了一个短暂的整体性衰退,[①]晋西北商业和手工业与其他地方相比则衰退程度更甚,持续时间更长。其主要原因在于除晋钞贬值、外货倾销等共性的客观因素外,还面临时局不稳、商路改道等不利因素,这些因素与转运贸易衰落、境内生产力水平落后等因素叠加,加重了商业凋敝的程度。而晋西北手工业之衰落除受商业影响、流通阻滞外,其本身所具有的产业化程度低、核心技术、资本、人才缺乏等弱点暴露无遗,表现在产品与竞品存在代差,在境内外市场上竞争性偏弱。长期处于自然经济状态下的晋西北手工业产品始终处于产业的低端部分,绝大多是"(规模)小、(分布)散、(资金)少"类企业,既形不成行业规模优势又缺乏核心技术和管理能力,作为薄弱行业更无急需的来自政府培育、组织、引导、发展的举措,在现代化的工业品面前失去竞争能力亦属自然。

晋西北根据地商业贸易实质上延续了此前本地商业贸易的一些特点,如转运贸易的兴盛、与手工业的紧密结合等。战争爆发后大量军政人员进入,一方面加剧了供给的紧张态势,另一方面客观上刺激了包括手工业在内的境内产业的发展,促进了物资的大量交换和流通。根据地商业类型和私商经营活动与战前的特点完全不同,表现为私商增多、商业利润增加而资本额大幅降低,这既是政府为了发展商业采取的鼓励政策所致,亦是资本所有者对"晋西事变"以来政策不稳引起的心理惊惧使然。同时,根据地商业和手工业的恢复既在客观上有市场需求增长之因素,亦有政府大力支

① 山西省史志院编:《山西通史》第 26 卷《商业志 · 商业贸易编》,北京:中华书局,1999 年版,第 11 页。

持和保护境内生产之努力，这在残酷的对敌环境中显系应有之义。

晋西北抗日根据地产业结构和沦陷区、国统区之间事实上在经济方面存在互补，而根据地因无现代工业，军工原料、医疗器材、油墨颜料等都依赖于沦陷区大城市。根据地之土特产品亦需推销到域外，故其境外贸易活动的开展客观上有市场需求存在。由于晋西北处于输出农副产品输入工业产品的一方，故在整个贸易过程中双方产品之价格剪刀差一直表现为扩大的趋势。

另外需要指出的是，晋西北抗日根据地内部手工业生产的恢复和境内、境外贸易的重新活跃，与战时环境下商路阻绝、外来商品难以进入有关，内需和外需叠加推动了根据地工矿业和商业的短暂繁荣。随着抗战胜利及解放战争邻近结束，中共大批军政机关迁出晋西北，内需减弱，加之各大交通要道和铁路、公路线路恢复通车、全国市场逐步恢复统一、外地货物在时隔十多年后大批进入晋西北，“境外细棉布大量输入，自纺自织粗土布逐渐自行消失”，①以土机为主的土纺土织无法与外来之现代工业品竞争，其他类型的手工业亦是如此。晋西北内地工商业再次受到冲击，重归于沉寂。

二、认识商业贸易内在规律，以发展的眼光研究新时代商业贸易

（1）商业要素与商业繁荣。商业繁荣有赖于若干条件的成熟，影响商业的要素主要有亲商环境、社会氛围、公众受教育程度、人员素质、各类人才数量、社会秩序和法制环境、地理位置、资源禀赋、产业基础、交通和信息状况、服务业基础等。商业的兴盛是相关诸要素综合作用的结果，人为过度制造和拉升所带来的繁荣只

① 静乐县志编纂委员会编：《静乐县志》，北京：红旗出版社，2000 年版，第 188 页。

能是暂时的，存在大量泡沫，本质上是不稳定的。

（2）商业贸易与实体经济。商业是生产环节的延伸，但双方是相对关系。商业发达与否不仅在于其表象更在于其本质，即能否带动本国、本土企业和自主品牌的发展，这是一个聚合了产业扶持政策、促进实体制造产业及服务业发展以及与金融有机融合的大课题，否则表面繁荣之下则是实体经济逐渐"空心化"，即商业的发展必须起到引导、促进生产发展的作用，而不是在纷繁的市场经济中被假象迷失。在全球市场化自由竞争、国际国内两个市场"双循环"的大背景下，商业贸易的发展应有助于推动实体经济发展而避免"脱实向虚"，这一点尤其应该引起我们的警惕。面对现代社会交易过程愈发透明、买卖双方信息愈发对称、商业模式日新月异、新技术新思维层出不穷的现状，如何把控商业贸易政策和措施，通过商业贸易活动达到政策和产业目的，切实下好商业这盘棋，对包括管理者和从业者在内的所有市场参与者而言无疑都是极大的考验。

三、晋西北抗日根据地商业贸易的启示

民国期间的晋西北区域之于山西整体，地理位置上偏于一隅，经济和文化落后，商业与贸易与其他地域尤其是相邻之山西中部平原地区相比籍籍无名。然而，在特定的战争条件下，面对极端困难的局面，晋西北行署在发展经济时采取了基本符合实际的政策，通过对根据地内各生产要素和潜力的最大挖掘，对各个商业成分作用的充分发挥，对既有和新开发的贸易渠道的充分利用，很好地把原则性与灵活性结合起来，保障了战争、满足了军政民的巨大需求。其核心经验有几点：（1）抓好影响经济和商业的关键之点。完善对内之商业政策、对外之贸易政策，积极推动和促进本地土特产

品商品化、发掘商业资源以搞活流通、运用流通渠道助力本币拓展与支撑财政。(2) 以经济发展的“纲”指导具体工作的“目”,抓好了具体的工业行业、商业贸易的建设工作。纺织是整个根据地经济建设的重点,发展纺织工业既能促进棉花种植、群纺群织活动开展,又可增加群众收入,保证军民之穿用。以公营企业统领私人企业和群众纺织的方针,使素无工业基础的地区都亦能在资金、技术上得到帮助,把群纺群织轰轰烈烈地开展起来。类似的做法还有许多,私营商业、合作社的发展亦是如此。整个根据地的经济工作都是在这种轻重有序、缓急相济的指导方针下发展起来的。(3) 重视各种基本经济、商业要素的作用,尊重客观市场规律,引导经济成长和拓展。抗日根据地在发展经济的过程中走过弯路,如对外贸易管理的办法开始实行时与实际情况不符,税收政策与保护土产发展方针相悖等,但都及时进行了调整。在推动各项公营工业、恢复手工业行业发展、拓展商品输出等方面都出台了一些很好的扶持和支持政策,“狮子牌”标准布和晋兴纸烟注重品牌形象的做法、公商恒信昌购销三分区土布时布分成好坏等级、布包上盖上商标、打成包定价出售的销售方式直到今天仍很有借鉴意义。

此外,交通之改变对本地产业实际上提出了更高的要求。流通的畅达、篱笆的撤除反而使竞争力低下的本地产品迅速被外来货挤占市场,抗战即将结束时晋西北市场变化过程之经验同样适用于今天。

经济和商业发展具有其自身规律,战争状态下抗日民主政府对物资和贸易实施强力管制自是应有之道,但也并不意味着对行业规律的摒弃。事实证明,只有遵照规律、按照规律办事,才能使施政结果最接近于政策预期。晋西北根据地的实践证明了这一点,时至今日,这是给我们的最大启示,亦是后人最应该珍视之处。

参考文献

一、档案资料

[1] 中共晋西区党委:《晋西北区党委经济建设材料汇集——商业贸易》,1941 年 12 月,A22 - 7 - 4 - 1,山西省档案馆。

[2]《晋绥四分区生产建设经济状况》,A29 - 1 - 3 - 1,山西省档案馆。

[3] 八分区:《物价、合作社股金、私商作坊资本的统计》(1944 年 5 月 11 日),山西省档案馆馆藏档案:A33 - 7 - 3 - 1。

[4] 八分区:《关于合作社工作几个问题的整理》(1945 年 12 月),A33 - 7 - 3 - 2,山西省档案馆。

[5] 晋绥军区第八分区:《晋绥军区第八分区机关部队家务生产供给情况报告》(1946 年 5 月 19 日),A33 - 7 - 3 - 5,山西省档案馆。

[6]《关于组织八分区部队机关参加统购土布的办法》(1945 年 12 月 10 日),A33 - 7 - 4 - 4,山西省档案馆。

[7] 晋西北行署:《关于缉私工作的指示》(1943 年),A88 - 2 - 34 - 7,山西省档案馆。

[8] 晋西北行署:《晋西北管理对外贸易办法》(1941 年 11 月 1 日),A88 - 5 - 9 - 2,山西省档案馆。

[9]《晋西北金融贸易资料》(1942 年 11 月 19 日),A88 - 5 - 9 - 3,山西省档案馆。

[10] 杨邦舟、杨兴汉:《关于货物、货币变迁调查统计》,A88 - 5 - 11 - 1,山西省档案馆。

[11]《晋绥第四行政区金融问题的报告》,A88 - 5 - 11 - 2,山西省档案馆。

[12] 晋西北行政公署:《关于禁绝银洋、伪币的指示信》(1942 年),A88 - 5 - 12 - 4,山西省档案馆。

[13]《关于维持农钞以配合统购的指示》,A88 - 5 - 12 - 5,山西省档案馆。

[14] 晋西北行署:《关于八专署贸易分局擅自扣油给各级的指示》(1943 年),A88 - 5 - 13 - 2,山西省档案馆。

[15] 晋西北行署:《关于今后半年(七月至年终)贸易金融工作努力方向的指示》(1943 年 7 月),A88 - 5 - 13 - 4,山西省档案馆。

[16] 山西省政府第二游击区行署:《关于粉碎敌人经济进攻大批成立合作社的代电》,A88 - 5 - 13 - 5,山西省档案馆。

[17] 晋西北行署:《1943 年度西北土产公司业务计划大纲》(1943 年),A88 - 5 - 14 - 1,山西省档案馆。

[18] 吕正操、林枫:《关于决定禁止洋兰入口的令》(1945 年 10 月 6 日),A90 - 1 - 98 - 10,山西省档案馆。

[19] 晋绥行署:《关于染坊凡使用土靛免征营业税的令》(1946 年 5 月 27 日),A90 - 4 - 74 - 6,山西省档案馆。

[20] 晋绥税务总局:《晋绥边区四六年度营业税总结》(草稿)(1947 年 7 月),A90 - 4 - 77 - 11,山西省档案馆。

[21] 晋绥行署:《关于开展贸易稳定金融的秘密的命令》(1944 年 3 月 10 日),A90 - 4 - 97 - 2,山西省档案馆。

[22] 晋绥行署:《关于所有商店移交当地贸易局的通知》(1944 年),A90 - 4 - 97 - 9,山西省档案馆。

[23] 晋绥行署:《关于各公商统一经营的令》(1944 年),A90 - 4 - 97 - 10,山西省档案馆。

[24] 晋绥边区行政公署贸易总局:《关于对敌实行经济斗争特决定各点的通令》(1944 年),A90 - 4 - 97 - 12,山西省档案馆。

[25] 晋绥边区行政公署:《关于金融贸易工作成立各合作社及经济问题迅报行署的命令》,(1943 年),A90 - 4 - 97 - 13,山西省档案馆。

[26] 晋绥边区行署:《各区领取票照统计表》(1943 年),A90 - 4 - 97 - 19,山西省档案馆。

[27] 晋绥行署:《为开展对敌经济斗争特拟定公商在忻县、阳曲对外贸易管理办法的通令》(1945 年 4 月 3 日),A90 - 4 - 98 - 7,山西省档案馆。

[28] 晋绥军区:《要迅速纠正在工商业中对外贸易自由主义的现象的训令》(1945 年 6 月 25 日),A90 - 4 - 98 - 9,山西省档案馆。

[29] 吕正操、林枫:《关于进行查禁银洋工作的令》(1945 年 5 月 22 日),A90 - 4 - 98 - 12,山西省档案馆。

[30] 晋绥边区行署:《半年来金融工作总结》(1945 年 4 月),A90 - 4 -

99－1,山西省档案馆。

[31] 晋绥边区行署:《贸易金融材料》(1944 年 8 月 29 日),A90－4－101－1,山西省档案馆。

[32] 晋绥边区行署:《目前贸易中存在的问题与贸易工作的任务》(1944 年 8 月 5 日),A90－4－101－2,山西省档案馆。

[33]《一年来金融工作的基本总结及今后的任务与方针》(1944 年 8 月 5 日),A90－4－101－3,山西省档案馆。

[34]《碛口市商业调查总结》(1944 年),A90－4－101－4,山西省档案馆。

[35]《保德县政府关于杨润世私贩鸦片处刑二年的判决书》,A95－3－168－1,山西省档案馆。

[36] 晋绥行署:《保德县府毒品犯刘黄英拘一月赵代儿找保释放的判决刑罚核准的批复》(1943 年),A95－3－168－2,山西省档案馆。

[37] 晋西北高院:《毒品犯崔嘉宾处刑三年的判决》(1943 年),A95－3－172－1,山西省档案馆。

[38]《晋绥总公司前事务长地主刘克宽破坏革命和贪污之事实》,《晋绥贸易公司及所属单位一些人员贪污、浪费问题的材料》(1947 年 2 月),A96－1－5－1,山西省档案馆。

[39]《李敏个人生活经历的检讨材料》《晋绥贸易公司及所属单位一些人员贪污、浪费问题的材料》(1947 年 2 月),A96－1－5－4,山西省档案馆。

[40]《八区土产产量及现在和过去情形的初步调查》,晋绥第八分区裕民号主办:《经济旬刊》(1946 年 9 月 26 日),A96－3－1－1,山西省档案馆。

[41]《销出药品换回物资统计表(1947 年 2 月 1 日至 5 月 15 日)》(1947 年 5 月 15 日),A96－3－31－4,山西省档案馆。

[42] 八分区利民商店:《调剂物资的材料》(1945 年 12 月 30 日),A96－3－31－5,山西省档案馆。

[43] 晋绥边区银行贸易第八分行局编印:《经济旬报》第 27 期(1945 年 7 月 27 日),A96－3－31－6,山西省档案馆。

[44] 晋绥边区银行贸易第八分行局编印:《经济旬报》第 25 期(1945 年 6 月 27 日),A96－3－31－8,山西省档案馆。

[45] 晋绥边区银行贸易第八分行局编印:《经济旬报》第 26 期(1945 年 7 月 4 日),A96－3－31－9,山西省档案馆。

[46] 晋绥边区贸易第八分局编印:《经济旬报》第 14 期(1945 年 2 月 28 日),A96－3－31－11,山西省档案馆。

[47] 晋绥边区贸易第八分局编印:《经济旬报》第 15 期(1945 年 3 月 10 日),A96－3－31－12,山西省档案馆。

[48] 晋绥边区贸易第八分局编印:《经济旬报》第 1 期(1944 年 6 月 25 日),A96－3－31－13,山西省档案馆。

[49] 晋绥边区贸易第八分局编印:《经济旬报》第 3 期(1944 年 7 月 22 日),A96-3-31-14,山西省档案馆。

[50] 晋绥边区贸易第八分局编印:《经济旬报》第 5 期(1944 年 8 月 11 日),A96-3-31-15,山西省档案馆。

[51] 晋绥边区贸易第八分局编印:《经济旬报》第 7 期(1944 年 12 月 18 日),A96-3-31-17,山西省档案馆。

[52] 晋绥边区贸易第八分局编印:《经济旬报》第 8 期(1944 年 12 月 27 日),A96-3-31-18,山西省档案馆。

[53] 晋绥边区贸易第八分局编印:《经济旬报》第 9—10 期(1945 年 1 月 20 日),A96-3-31-20,山西省档案馆。

[54] 晋绥边区贸易第八分局编印:《经济旬报》第 13 期(1945 年 2 月 20 日),A96-3-31-21,山西省档案馆。

[55] 晋绥边区银行贸易第八分行局编印:《经济旬报》第 23 期(1945 年 5 月 31 日),A96-3-31-24,山西省档案馆。

[56] 晋绥边区贸易第八分局编印:《经济旬报》第 4 期(1944 年 8 月 2 日),A96-3-31-34,山西省档案馆。

[57]《晋绥边区 45 年度缉私案件统计》,晋绥税务总局:《一九四五、一九四六年度经税务局没收私货案件统计表》(1946 年 12 月 30 日),A97-1-20-10,山西省档案馆。

二、史料汇编及志书资料

[1] 实业部贸易局编:《中国实业志》(山西省)上、中、下册,上海:华丰印刷铸字所民国二十六年版。

[2] 山西省财政厅税务局、内蒙古自治区税务局、山西省档案馆、内蒙古自治区档案馆编:《晋绥革命根据地工商税收史料选编》,太原:山西人民出版社,1986 年。

[3] 山西省地方志编纂委员会编:《山西通志》第 26 卷《商业志・供销合作社编》,北京:中华书局,1998 年。

[4] 山西省地方志编纂委员会编:《山西通志》第 26 卷《商业志・商业贸易编》,北京:中华书局,1999 年。

[5] 山西省地方志编纂委员会编:《山西通志》第 27 卷《粮食志》,北京:中华书局,1996 年。

[6] 山西省地方志编纂委员会编:《山西通志》第 28 卷《对外贸易志》,北京:中华书局,1999 年。

[7] 渠绍森、庞义才编:《山西外贸志》上(初稿),山西省地方志编纂委员会办公室 1984 年印行。

[8] 魏宏运主编:《抗日战争时期晋察冀边区财政经济史资料选编》,北

京:中国财政经济出版社,1990年。

[9] 魏宏运主编:《抗日战争时期晋冀鲁豫边区财政经济史资料选编》,北京:中国财政经济出版社,1990年。

[10] 山西省政协《晋商史料全览》编辑委员会编:《晋商史料全览》(全六册),太原:山西人民出版社,2007年。

[11] 山西省政协《晋商史料全览》编辑委员会编:《晋商史料全览》(地方卷11册),太原:山西人民出版社,2006年。

[12] 晋绥边区财政经济史编写组、山西省档案馆编:《晋绥边区财政经济史资料选编》(总论编),太原:山西人民出版社,1986年。

[13] 晋绥边区财政经济史编写组、山西省档案馆编:《晋绥边区财政经济史资料选编》(工业编),太原:山西人民出版社,1986年。

[14] 晋绥边区财政经济史编写组、山西省档案馆编:《晋绥边区财政经济史资料选编》(农业编),太原:山西人民出版社,1986年。

[15] 晋绥边区财政经济史编写组、山西省档案馆编:《晋绥边区财政经济史资料选编》(金融贸易编),太原:山西人民出版社,1986年。

[16] 晋绥边区财政经济史编写组、山西省档案馆编:《晋绥边区财政经济史资料选编》(财政编),太原:山西人民出版社,1986年。

[17] 陕甘宁边区财政经济史编写组、陕西省档案馆编:《抗日战争时期陕甘宁边区财政经济史料摘编》,西安:陕西人民出版社,1981年。

[18] 四川联合大学经济研究所、中国第二历史档案馆编:《中国抗日战争时期物价史料汇编》,成都:四川大学出版社,1998年。

[19] 山西省财政厅税务局、内蒙古自治区税务局、山西省档案馆、内蒙古自治区档案馆编:《晋绥革命根据地工商税收史料选编》,太原:山西人民出版社,1986年。

[20] 中共山西省委党史研究室、中共内蒙古自治区委党史资料征研委办公室、晋绥革命根据地史料征编指导组办公室编:《晋绥革命根据地大事记》,太原:山西人民出版社,1989年。

[21] 刘士铭修,王霷纂,李裕民点校,山西省雁北行署地方志办公室、三晋文化研究会雁北分会整理:《朔平府志》卷12,北京:东方出版社,1994年。

[22] 吕梁地区地方志编纂委员会编:《吕梁地区志》,太原:山西人民出版社,1989年。

[23] 忻州地区志编纂委员会编:《忻州地区志》,太原:山西古籍出版社,1999年。

[24] 山西省忻州市地方志编纂委员会编:《忻县志》,北京:中国科学技术出版社,1993年。

[25] 河曲县志编纂委员会编:《河曲县志》,太原:山西人民出版社,1989年。

［26］宁武县志编纂委员会办公室编:《宁武县志》,太原:山西人民出版社,1989 年。

［27］静乐县志编纂委员会编:《静乐县志》,北京:红旗出版社,2000 年。

［28］原平县志编纂委员会编:《原平县志》,中国科学技术出版社,1991 年。

［29］五寨县志编纂办公室编:《五寨县志》,北京:人民日报出版社,1992 年。

［30］卢银柱校注:《偏关志》,北京:中国文史出版社,2007 年。

［31］牛儒仁主编:《偏关县志》,太原:山西经济出版社出版,1994 年。

［32］保德县志编纂办公室编:《保德县志》,太原:山西人民出版社,1990 年。

［33］神池县志编纂委员会编:《神池县志》,北京:中华书局,1999 年。

［34］岢岚县志修订编纂委员会编:《岢岚县志》,太原:山西古籍出版社,1999 年。

［35］李文凡主编:《离石县志》,太原:山西人民出版社,1996 年。

［36］康茂生主编:《岚县志》,北京:中国科学技术出版社,1991 年。

［37］临县志编纂委员会编:《临县志》,北京:海潮出版社,1994 年。

［38］交城县志编纂委员会编:《交城县志》,太原:山西古籍出版社,1994 年。

［39］山西省汾阳县志编纂委员会编:《汾阳县志》,北京:海潮出版社,1998 年。

［40］方山县志编纂委员会编:《方山县志》,太原:山西人民出版社,1993 年。

［41］李培信主编:《文水县志》,太原:山西人民出版社,1994 年。

［42］贾维桢、尚永红、孙海声主编:《兴县志》,北京:中国大百科全书出版社,1993 年。

［43］山西省柳林县志编辑委员会编:《柳林县志》,北京:海潮出版社,1995 年。

［44］古交市地方志办公室编:《古交志》,太原:山西人民出版社,1996 年。

［45］娄烦县志编纂委员会编:《娄烦县志》,北京:中华书局,1999 年。

［46］清徐县地方志编纂委员会编:《清徐县志》,太原:山西古籍出版社,1999 年。

［47］孝义县地方志编纂委员会编:《孝义县志》,北京:海潮出版社,1992 年。

［48］李志斌、黄冀:《山阴县志》,北京:中国华侨出版社,1999 年版。

［49］王金平主编:《兴县文史资料》第十辑,山西省内部图书准印字(2010)第 62 号,2011 年 3 月。

[50] 中共吕梁地委党史研究室编:《吕梁党史资料》1984 年第一辑(总第八辑),1984 年 11 月。

[51] 娄烦县政协文史委员会编:《娄烦文史资料》第一辑,1985 年 12 月。

[52] 娄烦县政协文史委员会编:《娄烦文史资料》第二辑,1987 年 7 月。

[53] 娄烦县政协文史委员会编:《娄烦文史资料》第三辑,1989 年 7 月。

[54] 娄烦县政协文史委员会编:《娄烦文史资料》第四辑,1995 年 8 月。

[55] 娄烦县政协文史委员会编:《娄烦文史资料》第五辑,1999 年 12 月。

三、报纸

[1]《抗战日报》

[2]《解放日报》

[3]《中国日报》

[4]《大河报》

四、著作

[1] 王孝通:《中国商业史》,北京:团结出版社,2007 年。

[2] 刘录开、钟廷豪主编:《中国革命根据地商业史》,北京:商业出版社,1997 年。

[3] 商业部商业研究所编:《革命根据地商业回忆录》,北京:商业出版社,1984 年。

[4] 张正明:《明清晋商及民风》,北京:人民出版社,2003 年。

[5] 张正明等主编:《中国晋商研究》,北京:人民出版社,2006 年。

[6] 张正明、马伟:《话说晋商》,北京:中华工商联合出版社,2006 年。

[7] 中共中央文献研究室编辑:《周恩来书信选集》,北京:中央文献出版社,1988 年。

[8] 中央统战部、中央档案馆:《中国共产党抗日统一战线文件汇编(下)》,北京:档案出版社,1986 年。

[9] 刘存善:《阎锡山传》,山西省定襄县阎锡山故居文物管理所编印,2004 年。

[10] 魏宏运主编:《晋察冀抗日根据地财政经济史稿》,北京:档案出版社,1990 年。

[11] 魏宏运、左志远主编:《华北抗日根据地史》,北京:档案出版社,1990 年。

[12] 赵秀山主编:《抗日战争时期晋冀鲁豫边区财政经济史》,北京:中国财政经济出版社,1995 年。

[13] 薛暮桥:《抗日战争时期和解放战争时期山东解放区的经济工作》,济南:山东人民出版社,1984 年。

[14] 朱玉湘主编:《山东革命根据地财政史稿》,济南:山东人民出版社,1989 年。

[15] 山西省地方志编纂委员会编:《山西通史》,太原:山西人民出版社,2001 年。

[16] 刘建生、刘鹏生:《晋商研究》,太原:山西人民出版社,2005 年。

[17] 刘建生、刘鹏生:《山西近代经济史》,太原:山西经济出版社,1992 年。

[18] 刘大鹏著,乔志强校注:《退想斋日记》,太原:山西人民出版社,1990 年。

[19] 乔志强主编:《山西通史》,北京:中华书局,1997 年。

[20] 穆雯瑛:《晋商史料研究》,太原:山西人民出版社,2001 年。

[21] 山西省史志院编:《晋绥革命根据地史》,太原:山西古籍出版社,1999 年。

[22] 山西省史志院编:《晋绥革命根据地政权建设》,太原:山西古籍出版社,1998 年。

[23] 山西省地方志编纂委员会编:《根据地经济建设研究》,太原:山西人民出版社,1997 年。

[24] 陈廷煊:《抗日根据地经济史》,北京:社会科学文献出版社,2007 年。

[25] 张国祥主编:《山西抗日战争史》(上下卷),太原:山西人民出版社,1992 年。

[26] 牛崇辉编著:《晋绥革命根据地研究》,北京:中国广播电视出版社,1994 年。

[27] 杨世源:《晋绥革命根据地货币史》,北京:中国金融出版社,2001 年。

[28] 刘欣、景占魁主编:《晋绥边区财政经济史》,太原:山西经济出版社,1993 年。

[29] 张闻天选集传记组、中共陕西省委党史研究室、中共山西省委党史研究室编:《张闻天晋陕调查文集》,北京:中共党史出版社,1994 年。

[30] 史志诚主编:《陕甘宁边区禁毒史料》,西安:陕西人民出版社,2008 年。

[31] 总参谋部《贺龙传》编写组:《贺龙传》,北京:当代中国出版社,2007 年。

[32] 李国成:《娄烦史话》,北京:文物出版社,2008 年。

[33] 张维邦:《山西省经济地理》,北京:新华出版社,1987 年。

[34] [英]贝思飞著,徐有威等译:《民国时期的土匪》,上海:上海人民出版社,1992 年。

[35] [美]埃德加·斯诺:《西行漫记》,北京:三联书店,1979 年。

[36] 日本防卫厅战史室编,天津市政协编译组译:《华北治安战》上、下,

天津:天津人民出版社,1982 年。

[37] 武鸣伦主编:《漫话三泉古镇》,汾阳市民俗学会 2012 年 12 月编印。

[38] 费正清:《美国与中国》(第四版),北京:世界知识出版社,2003 年。

[39] 中国中央文献研究室:《朱德年谱》(中),北京:中央文献出版社,2006 年。

[40] 丁钟晓编著:《山西煤炭简史》,北京:煤炭工业出版社,2011 年。

[41] 张福民:《热血晋绥》,太原:山西春秋电子音像出版社,2011 年。

[42] 中国国际贸易促进会、中国人民银行、中华全国工商业联合会、中国民主建国会中央委员会、中共山西省委员会和中国银行共同主编:《南汉宸纪念册》,北京:中央文献出版社,2005 年。

[43] 王汉三:《工卫旅抗日斗争史纪实》(征求意见稿),山西省文史研究馆印 1981 年。

[44] 邓加荣、韩小蕙:《南汉宸传》,北京:中国金融出版社,1993 年。

[45] 徐向前:《徐向前回忆录》,北京:解放军出版社,2007 年。

[46] 李维汉:《李维汉回忆与研究》,中共党史出版社,1986 年。

[47] 毛泽东:《毛泽东选集》第 3 卷,北京:人民出版社,1991 年。

[48] 赵政民:《阎锡山军事活动年谱》,太原:山西古籍出版社,1999 年。

[49] 萧军:《延安日记(1940—1945)》(上下卷),香港牛津大学出版社,2013 年。

[50] 张玮:《战争·革命与乡村社会——晋西北租佃制度与借贷关系之研究》,北京:中国社会科学出版社,2008 年。

[51] 岳谦厚、张玮:《黄土·革命与日本入侵——20 世纪三四十年代的晋西北农村社会》,太原:书海出版社,2005 年。

[52] 岳谦厚:《战时日军对山西社会生态之破坏》,北京:社会科学文献出版社,2008 年。

[53] 岳谦厚:《日本占领期间山西社会经济损失的调查研究》,北京:高等教育出版社,2010 年。

[53] 岳谦厚:《20 世纪三四十年代的晋陕农村社会——以张闻天晋陕农村调查资料为中心的研究》,北京:中国社会科学出版社,2010 年。

[54] 岳谦厚:《抗日战争时期山西人口伤亡与财产损失(专题卷)》,太原:山西人民出版社,2010 年。

[55] 岳谦厚:《边区的革命(1937—1949)——华北及陕甘宁根据地社会史论》,北京:社会科学文献出版社,2014 年。

[56]《牛荫冠纪念集》编写组编:《牛荫冠纪念集》,北京:中国商业出版社,1996 年。

[58]《牛荫冠纪念集(续)》编委会编:《牛荫冠纪念集》(续)。

[59] 王书平:《人文离石》,太原:山西人民出版社,2011 年。

[60] 鲁顺民:《天下农人》,广州:花城出版社,2015 年。

[61] 史念海:《河山集》二集,北京:三联书店,1981 年。

五、论文

[1] 郑启东:《1995—2005 抗日战争时期经济研究述评》,《抗日战争研究》,2008 年第 3 期。

[2] 杨青:《抗战时期党的私营工商业政策与抗日根据地的私营工商业》,《中共党史研究》,2004 年第 1 期。

[3] 徐秀春:《抗日战争时期中国共产党的商业政策》,《北京商学院学报》,1998 年第 2 期。

[4] 于松晶、薛微:《抗日根据地物价管理》,《历史档案》,1999 年第 1 期。

[5] 秦燕:《近代陕北的商业贸易》,《延安大学学报》,2001 年第 4 期。

[6] 刘录开、李永:《抗战时期陕甘宁边区的商业》,《北京工商大学学报》,1991 年第 1 期。

[7] 王致中、魏丽英:《伟大的历史性创造——论抗战时期陕甘宁边区的私营工商业政策与实践》,《甘肃社会科学》,1995 年第 5 期。

[8] 陈志杰:《抗战时期陕甘宁边区私营商业发展的政策因素》,《社会科学家》,2003 年第 104 期。

[9] 陈志杰:《抗战时期陕甘宁边区公营商业的构成与经营》,《抗日战争研究》,2004 年第 2 期。

[10] 李祥瑞:《抗战时期陕甘宁边区的公营商业》,《西北大学学报》,1984 年第 4 期。

[11] 李祥瑞:《抗战时期陕甘宁边区盐的产销及其经济地位》,《西北大学学报》,1987 年第 2 期。

[12] 王晋林:《抗战时期陕甘宁边区商业发展的政策因素及原因》,《社科纵横》,2010 年第 1 期。

[13] 魏建克、高尚斌:《抗日战争时期陕甘宁边区私营商业兴存考析》,《抗日战争研究》,2010 年第 4 期。

[14] 黄正林:《抗战时期陕甘宁边区的盐业》,《抗日战争研究》,1999 第 4 期。

[15] 黄正林:《抗战时期陕甘宁边区的农村经济研究》,《近代史研究》,2001 年第 3 期。

[16] 李俊良:《抗战时期陕甘宁边区的工商业税收》,《西北大学学报》,1989 年第 2 期。

[17] 李建国:《试论近代西北地区的鸦片烟毒问题》,《新疆大学学报》,2005 年第 6 期。

[18] 李建国:《试论陕甘宁边区的通货膨胀与反通货膨胀措施》,《抗日战

争研究》,2007 年第 2 期。

[19] 许建平:《抗日战争时期陕甘宁边区私营经济的发展》,《中国经济史研究》,1995 年第 3 期。

[20] 任学岭:《论陕甘宁边区的边、法币斗争》,《延安大学学报》,1997 年第 2 期。

[21] 张永刚:《抗战时期晋察冀边区的合作社商业》,《山东师范大学学报》,2008 年第 2 期。

[22] 张照青:《抗战时期晋察冀边区物价问题研究》,《中国经济史研究》,2008 年第 3 期。

[23] 傅尚文:《晋察冀边区北岳区的粮食战》,《历史教学》,1985 年第 2 期。

[24] 魏宏运:《论晋察冀抗日根据地货币的统一》,《近代史研究》,1987 年第 2 期。

[25] 张励声:《抗战时期晋察冀边区银行和货币战》,《南开学报》,1983 年第 5 期。

[26] 唐锡林:《晋察冀抗日根据地的经济政策》,《历史教学》,1988 年第 2 期。

[27] 唐锡林:《试论晋察冀抗日根据地的工商政策》,《烟台师院学报》,1987 年第 2 期。

[28] 魏宏运:《论晋冀鲁豫抗日根据地的集市贸易》,《抗日战争研究》,1997 年第 1 期。

[29] 魏宏运:《晋冀鲁豫抗日根据地的商业贸易》,《历史教学》,2007 年第 12 期。

[30] 刘建生、刘鹏生:《阎锡山与山西商业贸易》,《晋阳学刊》,1996 年第 2 期。

[31] 景占魁:《阎锡山与 20 世纪 30 年代山西对外贸易》,《经济问题》,2000 年第 6 期。

[32] 张玮:《抗战前后晋西北乡村私人借贷》,《抗日战争研究》,2011 年第 3 期。

[33] 韩志宇:《晋绥边区工商税政策的演变》,《近代史研究》,1986 年第 4 期。

[34] 雷和平、袁林:《解放战争时期西北解放区的货币发行》,《内蒙古金融研究》,2003 年第 2 期。

[35] 郝建贵:《晋绥革命根据地货币斗争史料》,《山西财经学院学报》,1982 年第 3 期。

[36] 郝建贵、郝品:《抗战时期的晋西北农民银行》,《山西文史资料》,1999 年第 1 期。

[37] 金丰、李树萱:《晋绥根据地是怎样解决财政问题的》,《经济问题》,1983 年第 8 期。

[38] 刘彦威:《近代山西农产商品化的条件和特点》,《古今农业》,1996 年 4 期。

[39] 王志芳:《抗战时期西北农民银行的农贷》,《抗日战争研究》,2010 年第 2 期。

[40] 李刚、黄冬霞:《试论民国时期陕北地区羊毛贸易的兴衰》,《延安大学学报》,2005 年第 5 期。

[41] 马玉山:《明清山西市镇经济初探》,《山西大学学报》,1992 年第 4 期。

[42] 乌廷玉:《解放前北方农村集市贸易》,《北方文物》,1998 年第 4 期。

[43] 行龙、张万寿:《近代山西集市数量、分布及其变迁》,《中国经济史研究》,2004 年第 2 期。

[44] 龚关:《近代华北集市的发展》,《近代史研究》,2001 年第 1 期。

[45] 张晓玲:《抗战时期晋绥边区的集市贸易》,《历史教学》,2014 年第 10 期。

[46] 王先明:《士绅构成要素的变异与乡村权力——以二十世纪三四十年代晋中晋西北为例》,《近代史研究》,2005 年第 2 期。

[47] 王先明、韩振国:《抗日根据地基层权力结构变迁初探——以抗战时期晋西北根据地为例》,《福建论坛·人文社会科学版》,2010 年第 3 期。

[48] 岳谦厚、张玮:《抗战时期张闻天之晋陕农村调查简述——兼述新发现的晋西北兴县农村调查原始资料》,《晋阳学刊》,2005 年第 2 期。

[49] 岳谦厚、张文俊:《晋西北抗日根据地的"中农经济"——以 1942 年张闻天兴县 14 村调查为中心的研究》,《晋阳学刊》,2010 年第 6 期。

[50] 岳谦厚、董春燕:《抗日根据地时期中共基层干部群体——以晋西北抗日根据地为中心的研究》,《安徽史学》,2009 年第 1 期。

[51] 岳谦厚、刘威:《战时陕甘宁边区的劳动英模运动》,《安徽史学》,2011 年第 1 期。

[52] 岳谦厚、张基辉:《中共重构下的晋西北乡村领袖——以"张初元模式"为个案研究》,《中共党史研究》,2007 年第 6 期。

[53] 岳谦厚、郝东升:《抗战时期中共领导下的米脂地主经济》,《中共党史研究》,2009 年第 6 期。

[54] 岳谦厚、田明:《抗战时期日本对山西工矿业的掠夺与破坏》,《抗日战争研究》,2010 年第 4 期。

[55] 岳谦厚、乔傲龙:《抗战时期日军对山西的毒化侵略》,《抗日战争研究》,2012 年第 1 期。

[56] 岳谦厚、宋儒:《晋察冀抗日根据地基层干部待遇与廉政建设问

题》,《抗日战争研究》,2014 年第 4 期。

[57] 渠桂萍、王先明:《试论晋西北抗日根据地乡村权力结构的变动(1937—1945)》,《社会科学研究》,2002 年第 1 期。

索　引

H

J

K

L

M

N

P

Q

S

T

W

X

Y

Z